"十三五"国家重点出版物出版规划项目

质量管理与可靠性

第3版

主　编　苏　秦
副主编　徐人平　盖雨聆　张涑贤
参　编　慈铁军　张天会　崔艳武　张　弛
　　　　李乘龙　王俊杰　张鹏伟　张文博
　　　　王灿友

机械工业出版社

本书以全面质量管理为基础,以设计—制造—服务的产品质量生命周期为主线,突出当前社会发展的新技术、新理念和对质量管理提出的新要求,系统介绍了质量管理与可靠性的理论体系和应用方法。全书共分为10章,包括质量管理概论、质量管理体系及评价、设计质量控制、质量检验、过程控制与质量改进、质量成本与质量绩效、数据质量与信息质量、服务质量管理、供应链质量管理、可靠性设计与分析等内容。

本书可作为高等院校工业工程、管理科学与工程及其他专业本科生、研究生的教材或参考书,还可作为企业生产管理人员、质量管理人员的参考书和自学用书。

本书是"十三五"国家重点出版物出版规划项目(现代机械工程系列精品教材)。

图书在版编目(CIP)数据

质量管理与可靠性/苏秦主编. —3版. —北京:机械工业出版社,2019.6
(2025.3重印)
"十三五"国家重点出版物出版规划项目
ISBN 978-7-111-63554-3

Ⅰ.①质⋯ Ⅱ.①苏⋯ Ⅲ.①质量管理–可靠性管理 Ⅳ.①F273.2

中国版本图书馆 CIP 数据核字(2019)第 182109 号

机械工业出版社(北京市百万庄大街22号　邮政编码100037)
策划编辑:裴　泱　　责任编辑:裴　泱
责任校对:郑　婕　　封面设计:张　静
责任印制:张　博
天津嘉恒印务有限公司印刷
2025年3月第3版第8次印刷
184mm×260mm・19.75印张・477千字
标准书号:ISBN 978-7-111-63554-3
定价:54.80元

电话服务　　　　　　　　网络服务
客服电话:010-88361066　　机 工 官 网:www.cmpbook.com
　　　　　010-88379833　　机 工 官 博:weibo.com/cmp1952
　　　　　010-68326294　　金 书 网:www.golden-book.com
封底无防伪标均为盗版　机工教育服务网:www.cmpedu.com

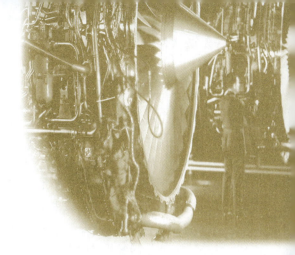

序

  每一个国家的经济发展都有自己特有的规律，而每一个国家的高等教育也都有自己独特的发展轨迹。

  自从工业工程（Industrial Engineering，IE）学科于20世纪初在美国诞生以来，在世界各国得到了较快的发展。工业化强国在第一、二次世界大战中都受益于工业工程。特别是在第二次世界大战后的经济恢复期，日本、德国等国均在工业企业中大力推广工业工程的应用，培养工业工程人才，并获得了良好的效果。美国著名企业家、美国福特汽车公司和克莱斯勒汽车公司前总裁李·艾柯卡先生就是毕业于美国里海大学工业工程专业。日本丰田生产方式从20世纪80年代创建以来，至今仍风靡世界各国，其创始人大野耐一的接班人——原日本丰田汽车公司生产调查部部长中山清孝说："所谓丰田生产方式就是美国的工业工程在日本企业的应用。"工业工程高水平人才的培养，对国内外经济发展和社会进步起到了重要的推动作用。

  1990年6月，中国机械工程学会工业工程研究会（现已更名为工业工程分会）正式成立并举办了首届全国工业工程学术会议，这标志着我国工业工程学科步入了一个崭新的发展阶段。人们逐渐认识到工业工程对中国管理现代化和经济现代化的重要性，并在全国范围内掀起了学习、研究和推广工业工程的热潮。更重要的是，1992年国家教育委员会批准天津大学、西安交通大学试办工业工程专业，随后重庆大学也获批试办该专业，1993年，这三所高校一起招收了首批本科生，由此开创了我国工业工程学科的先河。而后上海交通大学等一批高校也先后开设了工业工程专业。时至今日，全国开设工业工程专业的院校增至257所。我在2000年9月应邀赴美讲学，2003年应韩国工业工程学会邀请赴韩讲学，其题目均为"中国工业工程与高等教育发展概况"。他们均对中国的工业工程学科发展给予了高度评价，并表达了与我们保持长期交流与往来的意愿。

  虽然我国工业工程专业教育自1993年就已开始，但教材建设却发展缓慢。最初，相关院校都使用由北京机械工程师进修学院组织编写的"自学考试"系列教材。1998年，中国机械工程学会工业工程分会与中国科学技术出版社合作出版了一套工业工程专业教材，并请西安交通大学汪应洛教授任编审委员会主任。这套教材的出版有效地缓解了当时工业工程专业教材短缺的压力，对我国工业工程专业高等教育的发展起到了重要的推动作用。2004年，中国机械工程学会工业工程分会与机械工业出版社合作，组织国内工业工程专家、学者编写出版了"21世纪工业工程专业系列教材"。这套教材由国内工业工程领域的一线专家领衔主编,联合多所院校共同编写而成,既保持了较高的学术水平,又具有广泛的适应性,全面、系统、准确地阐述了工业工程学科的基本理论、基础知识、基本方法和学术体系。这套教材的出版,从根本上解决了工业工程专业教材短缺、系统性不强、水平参差不齐的问题,满足了普通高等院校工业工程专业的教学需求。这套教材出版后,被国内开设工业工程专业的高校广泛采用,也被富士康、一汽等企业作为培训教材,有多本教材先后被教育部评为"普通高等教育'十一五'国家级规划教材""'十二五'普通高等教育本科国家级规划教材",入选国家新闻出版广电总局'十三五'国家重点出版物出版规划项目",得到了教育管理部门、高校、企业的一致认可,对推动工业工程学科发展、人才培养和实践应用发挥了积极的作用。

随着中国特色社会主义进入新时代,我国高等教育也进入了新的历史发展阶段,对高等教育人才培养也提出了新的要求。同时,近年来我国工业工程学科发展十分迅猛,开设工业工程专业的高校数量直线上升,教育部也不断出台新的政策,对工业工程的学科建设、办学思想、办学水平等进行规范和评估。为了适应新时代对人才培养和教学改革的要求,满足全国普通高等院校工业工程专业教学的需要,中国机械工程学会工业工程分会和机械工业出版社组织专家对"21世纪工业工程专业系列教材"进行了修订。新版系列教材力求反映经济社会和科技发展对工业工程人才培养提出的最新要求,反映工业工程学科的最新发展,反映工业工程学科教学和科研的最新进展。除此之外,新版教材还在以下几方面进行了探索和尝试:

1)探索将课程思政与专业教材建设有机融合,坚持马克思主义指导地位,践行社会主义核心价值观。

2)努力把"双一流"建设和"金课"建设的成果融入教材中,体现高阶性、创新性和挑战度,注重培养学生解决复杂问题的综合能力和高级思维。

3)遵循教育教学规律和人才培养规律,注重创新创业能力的培养和素质的提高,努力做到将价值塑造、知识传授和能力培养三者融为一体。

4)探索现代信息技术与教育教学深度融合,创新教材呈现方式,将纸质教材升级为"互联网+教材"的形式,以现代信息技术提升学生的学习效果和阅读体验。

尽管各位专家付出了极大的努力,但由于工业工程学科在不断发展变化,加上我们的学术水平和知识有限,教材中难免存在各种不足,恳请国内外同仁多加批评指正。

中国机械工程学会工业工程分会　主任委员

于天津

前言

质量是 21 世纪的主旋律。1996 年 12 月，我国由国务院颁布《质量振兴纲要》；2012 年，国务院颁布实施《质量发展纲要（2011-2020 年）》，2014 年 5 月 10 日，习近平总书记在河南考察工作时，提出了"三个转变"——推动中国制造向中国创造转变、中国速度向中国质量转变、中国产品向中国品牌转变。习近平总书记强调："质量是人类生产生活的重要保障。人类社会发展历程中，每一次质量领域变革创新都促进了生产技术进步、增进了人民生活品质。"2022 年《政府工作报告》中明确提出，推进质量强国建设是重要工作任务之一。加快建设质量强国，增强我国质量水平和竞争力，是在新一轮科技革命和产业变革中把握新机遇、迎接新挑战的战略选择。

《质量管理与可靠性》作为 21 世纪工业工程专业规划教材，分别于 2006 年、2013 年出版第 1 版和第 2 版，得到工业工程及相关领域广大师生的一致认可，并被评为"十三五"国家重点出版物出版规划项目。为满足数字化社会发展对人才培养提出的新要求，特别是我国质量强国建设对质量管理学科教学科研提出的新要求，并及时推广本学科领域研究的新成果和新应用，对本教材再次进行修订。

本次修订基于第 2 版的逻辑结构，内容更新主要体现以下几个方面：①强调数字化社会和新一轮科技革命，如大数据、区块链等新技术等大环境变化对质量带来的新机遇和新挑战，特别是我国质量发展、质量强国战略、质量创新的新需求对人才培养中的现代质量管理理念以及先进质量管理技术的新要求；②适当增加数据质量与电子商务质量的比重；③调整学习目标、复习思考题，更换大部分案例，使之与教材内容相匹配，能更好地反映数字化社会和行业发展的质量管理实践问题，增强每章引导案例和章后案例中的中国元素以及思政元素，新增章后新形态视频思政案例；④对既有内容进行修订和勘误，进一步提高教材质量。

修订后全书共分为 10 章，包括质量管理概论、质量管理体系及评价、设计质量控制、质量检验、过程控制与质量改进、质量成本与质量绩效、数据质量与信息质量、服务质量管理、供应链质量管理、可靠性设计与分析等内容。

本书由西安交通大学管理学院苏秦教授任主编，参加修订的有西安建筑科技大学张涑贤教授、西安理工大学张鹏伟副教授、西北工业大学李乘龙副教授、西安交通大学管理学院的张文博、王灿友等。本书第 1 章、第 8 章由苏秦、张涑贤、张文博修订，第 2~4 章由苏秦、张鹏伟修订，第 5~7 章由苏秦、李乘龙修订，第 9 章、第 10 章由苏秦、张文博、王灿友修订。

本书在编写过程中，广泛参考了国内外多种同类著作、教材和教学参考书，在此向国内外的有关著作者表示感谢。

由于时间仓促，加之编者水平有限，书中难免有不足和疏漏之处，希望使用本书的读者提出宝贵的意见。

苏　秦

目　　录

序
前言

第 1 章　质量管理概论 ··· 1
引导案例 ··· 1
学习目标 ··· 2
1.1　质量概述 ·· 2
　　1.1.1　质量的基本概念 ··· 2
　　1.1.2　质量概念的发展 ··· 4
　　1.1.3　质量的相关术语 ··· 5
1.2　质量先驱的质量哲理 ·· 6
　　1.2.1　现代质量管理之父——戴明 ··· 6
　　1.2.2　朱兰的质量三部曲 ··· 9
　　1.2.3　零缺陷之父——克劳士比 ·· 10
　　1.2.4　其他质量管理专家 ··· 12
　　1.2.5　各种质量哲学的比较 ·· 13
1.3　质量的法律法规和标准 ··· 14
　　1.3.1　质量的法律法规 ·· 14
　　1.3.2　标准与标准化 ··· 14
1.4　质量管理及其发展 ··· 16
　　1.4.1　质量管理的概念 ·· 16
　　1.4.2　质量管理的发展过程 ·· 17
　　1.4.3　全面质量管理 ··· 19
　　1.4.4　我国质量管理的发展 ·· 22
1.5　现代质量管理面临的环境 ·· 23

1.5.1 全球化进程加剧 ……………………………………………………………… 23
1.5.2 国内质量发展新环境 …………………………………………………………… 23
1.5.3 顾客需求复杂多变 ……………………………………………………………… 24
1.5.4 服务型制造模式形成 …………………………………………………………… 25
1.5.5 信息质量受到关注 ……………………………………………………………… 26
复习思考题 …………………………………………………………………………………… 27
案例分析题 …………………………………………………………………………………… 27
视频思政案例 ………………………………………………………………………………… 28

第2章 质量管理体系及评价 …………………………………………………………… 29

引导案例 ……………………………………………………………………………………… 29
学习目标 ……………………………………………………………………………………… 30
2.1 质量管理体系基本知识 ………………………………………………………………… 30
 2.1.1 ISO 9000 族标准的产生和发展 ……………………………………………… 30
 2.1.2 ISO 9000 族标准的构成及特点 ……………………………………………… 32
 2.1.3 基本概念和质量管理原则 …………………………………………………… 34
2.2 质量管理体系的基本要求 ……………………………………………………………… 38
 2.2.1 ISO 9001 标准的应用范围 …………………………………………………… 38
 2.2.2 总要素要求的要点 …………………………………………………………… 38
2.3 质量管理体系的建立与持续改进 ……………………………………………………… 47
 2.3.1 质量管理体系的建立 ………………………………………………………… 47
 2.3.2 建立质量体系的要求 ………………………………………………………… 48
 2.3.3 质量管理体系的总体设计 …………………………………………………… 49
 2.3.4 质量管理体系成文信息编制 ………………………………………………… 50
 2.3.5 质量管理体系的运行 ………………………………………………………… 51
 2.3.6 质量管理体系的评价 ………………………………………………………… 51
 2.3.7 质量管理体系的改进 ………………………………………………………… 53
2.4 卓越质量管理模式 ……………………………………………………………………… 55
 2.4.1 美国波多里奇（Baldrige）质量奖 …………………………………………… 55
 2.4.2 欧洲质量奖 …………………………………………………………………… 57
 2.4.3 戴明奖 ………………………………………………………………………… 59
 2.4.4 我国的国家质量奖和卓越绩效评价准则 …………………………………… 60
复习思考题 …………………………………………………………………………………… 62
案例分析题 …………………………………………………………………………………… 62

视频思政案例 ·· 67

第 3 章　设计质量控制 ·· 68
引导案例 ·· 68
学习目标 ·· 69
3.1　设计质量概述 ·· 69
3.1.1　设计定义及过程 ··· 70
3.1.2　面向质量的产品设计 ·· 71
3.1.3　设计质量与产品质量 ·· 72
3.1.4　设计质量要素 ·· 73
3.1.5　产品质量设计的模型 ·· 74
3.2　设计质量控制分析 ··· 75
3.2.1　设计质量控制原则 ··· 75
3.2.2　设计质量特性分类 ··· 77
3.2.3　设计质量特性分级 ··· 77
3.2.4　设计质量评价 ·· 79
3.3　设计质量控制技术 ··· 80
3.3.1　质量功能展开（QFD） ·· 80
3.3.2　TRIZ 理论 ··· 84
3.3.3　稳健设计方法（田口设计方法） ··· 88
3.3.4　QFD、TRIZ 和稳健设计的集成应用 ··· 93
3.4　产品和服务的设计和开发 ··· 93
3.4.1　设计和开发策划 ··· 94
3.4.2　设计和开发输入 ··· 94
3.4.3　设计和开发控制 ··· 94
3.4.4　设计和开发输出 ··· 94
3.4.5　设计和开发更改 ··· 95
复习思考题 ·· 95
案例分析题 ·· 95
视频思政案例 ··· 97

第 4 章　质量检验 ··· 98
引导案例 ·· 98
学习目标 ·· 99

4.1 质量检验与产品验证 …………………………………………………………… 99
　4.1.1 质量检验与产品验证的概念 ………………………………………… 99
　4.1.2 质量检验计划的编制 ………………………………………………… 100
4.2 抽样检验的基本原理 ………………………………………………………… 107
　4.2.1 抽样检验的基本概念 ………………………………………………… 107
　4.2.2 抽样检验特性曲线 …………………………………………………… 108
4.3 计数抽样检验 ………………………………………………………………… 110
　4.3.1 计数标准型抽样检验 ………………………………………………… 110
　4.3.2 计数挑选型抽样检验 ………………………………………………… 113
　4.3.3 计数调整型抽样检验 ………………………………………………… 117
4.4 计量抽样检验概述 …………………………………………………………… 126
　4.4.1 计量抽样检验的基本原理 …………………………………………… 126
　4.4.2 不合格品率的计量标准型一次抽样检验 …………………………… 126
4.5 检验系统的管理 ……………………………………………………………… 137
　4.5.1 检验误差 ……………………………………………………………… 137
　4.5.2 计量管理 ……………………………………………………………… 144
复习思考题 ………………………………………………………………………… 147
案例分析题 ………………………………………………………………………… 148
视频思政案例 ……………………………………………………………………… 150

第 5 章　过程控制与质量改进

引导案例 …………………………………………………………………………… 151
学习目标 …………………………………………………………………………… 152
5.1 过程能力分析 ………………………………………………………………… 152
　5.1.1 过程能力 ……………………………………………………………… 152
　5.1.2 过程能力指数 ………………………………………………………… 152
　5.1.3 过程不合格品率的计算 ……………………………………………… 154
　5.1.4 过程能力的分析 ……………………………………………………… 157
5.2 过程控制图 …………………………………………………………………… 157
　5.2.1 控制图概述 …………………………………………………………… 157
　5.2.2 计量控制图 …………………………………………………………… 159
　5.2.3 计数控制图 …………………………………………………………… 161
　5.2.4 控制图的观测分析 …………………………………………………… 163
　5.2.5 控制图的应用 ………………………………………………………… 165

5.3 红珠实验和漏斗实验 ……………………………………………………… 166
5.3.1 红珠实验 ………………………………………………………… 166
5.3.2 漏斗实验 ………………………………………………………… 168
5.4 质量问题与质量改进 ……………………………………………………… 170
5.4.1 质量问题的类型 …………………………………………………… 170
5.4.2 质量改进的概念 …………………………………………………… 170
5.4.3 质量问题与质量改进的关系 ……………………………………… 171
5.4.4 质量改进的基本过程与步骤 ……………………………………… 172
5.5 六西格玛系统改进方法 ………………………………………………… 175
5.5.1 六西格玛质量的含义 ……………………………………………… 175
5.5.2 六西格玛质量的统计意义 ………………………………………… 176
5.5.3 六西格玛管理的基本原则 ………………………………………… 177
5.5.4 六西格玛管理的组织与培训 ……………………………………… 178
5.5.5 质量改进方法 ……………………………………………………… 181
5.5.6 质量设计 …………………………………………………………… 184
复习思考题 …………………………………………………………………… 185
案例分析题 …………………………………………………………………… 187
视频思政案例 ………………………………………………………………… 191

第6章 质量成本与质量绩效 ………………………………………………… 192
引导案例 ……………………………………………………………………… 192
学习目标 ……………………………………………………………………… 192
6.1 质量成本 …………………………………………………………………… 193
6.1.1 质量成本的基本概念和构成 ……………………………………… 193
6.1.2 质量成本核算 ……………………………………………………… 194
6.1.3 合理的质量成本构成 ……………………………………………… 197
6.1.4 质量成本分析 ……………………………………………………… 198
6.1.5 劣质成本 …………………………………………………………… 199
6.2 质量经济性 ………………………………………………………………… 201
6.2.1 质量的经济性 ……………………………………………………… 201
6.2.2 产品生命周期全过程的经济性 …………………………………… 202
6.2.3 质量经济性管理 …………………………………………………… 203
6.3 绩效测量 …………………………………………………………………… 206
6.3.1 绩效测量概述 ……………………………………………………… 206

6.3.2 绩效测量体系的设计 ········ 208
6.3.3 测量数据的分析与使用 ········ 210
复习思考题 ········ 211
案例分析题 ········ 212
视频思政案例 ········ 215

第7章 数据质量与信息质量 ········ 216

引导案例 ········ 216
学习目标 ········ 216
7.1 数据质量和信息质量的定义 ········ 217
  7.1.1 数据与信息 ········ 217
  7.1.2 数据质量和信息质量问题的来源 ········ 217
  7.1.3 数据质量和信息质量的区别与联系 ········ 218
7.2 数据质量和信息质量管理 ········ 220
  7.2.1 数据和信息的过程观与产品观 ········ 220
  7.2.2 数据质量和信息质量的维度 ········ 221
  7.2.3 数据质量和信息质量的评价及其改进方法 ········ 221
7.3 数据质量和信息质量的现状与前景 ········ 222
  7.3.1 TDQM 框架 ········ 222
  7.3.2 ISO 标准 ········ 224
  7.3.3 大数据产业 ········ 225
7.4 质量信息管理 ········ 226
  7.4.1 质量信息概述 ········ 226
  7.4.2 质量信息分析 ········ 227
  7.4.3 质量信息管理系统 ········ 229
  7.4.4 计算机辅助质量信息管理系统 ········ 231
复习思考题 ········ 233
案例分析题 ········ 233
视频思政案例 ········ 234

第8章 服务质量管理 ········ 235

引导案例 ········ 235
学习目标 ········ 235
8.1 服务及服务质量概述 ········ 236

8.1.1 服务及客户服务 …… 236
8.1.2 服务质量的内涵 …… 238
8.1.3 服务质量的维度 …… 239
8.2 典型服务质量模型 …… 240
8.2.1 感知服务质量模型 …… 240
8.2.2 差距分析模型 …… 240
8.2.3 容忍区域模型 …… 241
8.2.4 Dabholkar 模型 …… 242
8.2.5 其他模型 …… 243
8.3 服务交互过程模型 …… 244
8.3.1 CAMSE 模型 …… 244
8.3.2 客户服务过程蓝图 …… 245
8.3.3 电子商务服务交互 …… 245
8.4 服务质量测量 …… 246
8.4.1 C2C 服务的质量测量 …… 246
8.4.2 B2C 服务的质量测量 …… 248
8.4.3 B2B 服务的质量测量 …… 250
复习思考题 …… 251
案例分析题 …… 252
视频思政案例 …… 253

第9章 供应链质量管理 …… 254

引导案例 …… 254
学习目标 …… 255
9.1 供应链质量管理的理论基础 …… 255
9.1.1 供应链管理的概念 …… 255
9.1.2 供应链中的全面质量管理（TQM） …… 256
9.1.3 ISO 9000 与供应链管理 …… 257
9.2 供应链质量管理的定义与内涵 …… 259
9.2.1 供应链质量管理的定义 …… 259
9.2.2 供应链质量管理的内涵 …… 260
9.2.3 供应链质量管理的内容 …… 261
9.3 供应链质量管理的工具与方法 …… 262
9.3.1 传统质量管理工具的适用性 …… 262

9.3.2　供应链背景下的质量管控策略 …… 263
　9.3.3　供应链的质量绩效测量与评价 …… 263
复习思考题 …… 264
案例分析题 …… 265
视频思政案例 …… 266

第10章　可靠性设计与分析 …… 267
引导案例 …… 267
学习目标 …… 268
10.1　可靠性介绍 …… 268
　10.1.1　可靠性的概念 …… 268
　10.1.2　可靠性的设计分析流程 …… 272
　10.1.3　可靠性相关技术介绍 …… 273
10.2　可靠性设计方法 …… 279
　10.2.1　可靠性设计准则 …… 279
　10.2.2　主要设计方法介绍 …… 282
10.3　可靠性分析方法 …… 288
　10.3.1　故障模式影响及分析 …… 288
　10.3.2　故障模式、故障影响及危害性分析（FMECA）…… 290
　10.3.3　主要分析方法介绍 …… 291
复习思考题 …… 296
案例分析题 …… 296
视频思政案例 …… 297

附录　标准正态分布表 …… 298

参考文献 …… 299

第 1 章
质量管理概论

 引导案例

从基于流程到以客户为中心——华为的质量体系建设

2016 年 3 月 29 日,中国质量领域最高政府性荣誉"中国质量奖"颁奖仪式在人民大会堂举行,华为获得了该奖项制造领域第一名的殊荣。

从 2000 年开始,华为已经进入了快速发展的通道,有了自己完整的产品体系。在这种高速增长中,质量问题突显,客户的抱怨声越来越大。针对这一问题,华为召开了一次"质量反思大会",着手建立自己的质量体系。集成产品开发(Integrated Product Development,IPD)和软件能力成熟度模型(Capability Maturity Model for Software,CMM)是华为质量体系建设的第一个阶段。IPD 和 CMM 是全球通用的语言体系,全球通用的语言使得客户可以理解华为的质量体系,并可以接受华为的产品与服务。第一阶段帮助华为建立了基于流程来抓质量的管理模式。

随着华为的业务在欧洲大面积开展,新的问题出现了:每个国家用户需求不同、政府监管要求不同、行业质量标准也不同。华为渐渐意识到标准对于质量管理的作用。伴随着欧洲业务成长起来的,是华为自己的一套"集大成的质量标准",这是华为质量体系建设的第二个阶段。在这个阶段,华为进一步在流程基础上,强化了标准对于质量的要求,通过量化指标让产品得到客户的认可。经过多年摸索,华为现在已经可以在全球统一发布新款手机。

接下来,华为的开拓重点到了日本、韩国等市场,来自这些市场的客户的苛刻要求让华为对质量有了更深入的理解。在拓展欧美市场时,只要产品有一定的达标率就可以满足客户要求,就会被定义为好产品,但是产品达标率到了日本却行不通,在日本客户看来,无论是百分之一、千分之一的缺陷,只要有缺陷就有改进的空间。在流程和标准之外,质量还有更高的要求,这不仅需要一个大的质量体系,更需要一个企业质量文化的建设。工匠精神、零缺陷、极致,这些词时时鞭策着华为员工。2007 年 4 月,华为 70 多名中高级管理者召开了质量高级研讨会,以克劳士比"质量四项基本原则"(质量的定义、质量系统、工作标准、质量衡量)为蓝本确立了华为的质量原则,这是华为质量体系建设的第三个阶段。

因为客户的需求在变,所以没有一套质量体系是可以一成不变的。完成了流程、标准、文化的纬度建设,华为又遇到了新问题:如何让客户更满意。此时,卡诺(Noriaki Kano)的质量观成为华为学习的新方向。卡诺定义了三个层次的用户需求:基本型需求、期望型需求和兴奋型需求,将客户满意与不满意标准引入质量管理领域。围绕客户满意度,华为的质量体系建设进入第四个阶段:以客户为中心的闭环质量管理体系。这就要求在质量零缺陷之外,要更加重视用户的体验。也正因为这个以客户为中心的闭环质量管理体系,使得华为获得了"中国质量奖"。

讨论题:华为的质量体系建设如何体现质量定义及质量管理的发展?

学习目标

1. 掌握质量的基本概念,熟悉质量的发展过程。
2. 熟悉戴明、朱兰、克劳士比的质量管理哲学,了解其他质量管理专家的管理理念。
3. 了解质量的法律法规、质量监督和标准化。
4. 掌握质量管理的概念和全面质量管理,熟悉质量管理的发展过程,了解我国质量管理的发展状况。
5. 了解现代质量管理面临的环境。

1.1 质量概述

1.1.1 质量的基本概念

对于现代社会中的人们来说,"质量"并不是一个新鲜的概念。早在一万年前的远古石器时代,人类就有了质量意识,而且对所制作的石器进行简陋的检验。正如人类对一切事物的认识过程一样,社会对"质量"的理解在不同的历史阶段也表现出了不同的特点。

质量作为事物的一种本质特性,也是质量管理的主要对象。全面、正确地理解质量的内涵,掌握质量的实质概念,从各方面来说都具有非常重要的作用。

1. 从质量维度定义质量

(1) 产品维度 我们每个人都对质量有着不同的理解,这也就产生了众多对质量的定义。哈佛商学院的戴维·加文将这些质量定义归为五类:

- 难以形容的:质量是一种直觉的感知,只可意会,不可言传,如同美丽或爱。
- 基于产品的:质量存在于产品中,产品的零部件和特性就是产品的质量。
- 基于用户的:顾客满意的产品或服务,就是好的质量。
- 基于制造的:符合设计规格的产品具有好的质量。
- 基于价值的:性价比好的产品或服务具有好的质量。

在上述五种质量定义的基础上,加文还提出了八个质量维度,以描述产品的质量。各维度具体内容如下:

- 性能:性能是指产品达到了预期目标的效能。如汽车速度、载重量。
- 特征:特征是指用来增加产品基本性能的属性,包括蕴涵在产品之中的许多"新花样"。如电视机中的环绕立体声响、高清晰度等，产品的新特征成为产品附加价值的基础。

- 可靠性：可靠性是指产品在设计的使用寿命期内，完全按照设计的标准实现其应有的功能。一个产品在其寿命期内故障率很低，则该产品就具有高的可靠性。
- 符合性：符合性是一种最传统的质量定义。通常在产品设计时，会将产品的性能量化，例如冰箱的容量、体积、耐久性，而这些产品的要求被称为规格，规格可容许少量的变动，即容差，如果产品规格全部在容差之内，则它就具有符合性。
- 耐久性：耐久性是一个产品保持其应有性能的时间量，使用时间越长，就越有耐久性。例如：电灯泡就是一种不太耐用的产品，非常容易受损且无法修复，相反，垃圾桶则非常耐用。
- 服务性：可维护性是指产品易于修复。如果一个产品可以很容易地修复且很便宜，则产品就具有可维护性。许多产品需要由技术人员提供服务，例如：电脑维修，如果维修服务是快速的，有礼貌的，易于获得的且有能力的，则该品牌产品可视为具有良好的可服务性。
- 美感：美感是一种主观感觉特征，如：味觉、触觉、听觉、视觉及嗅觉。如汽车内装饰材料如果采用塑料制品可以减少保养时间而且便宜、耐用，但是大多数人还是选择真皮内饰，主要原因还是体现一种令人愉悦的美感。
- 感知质量：感知质量是以顾客的感觉为准的。顾客以个人的感知来判断产品的好坏，就是感知质量。同样，像品牌形象、知名度、广告宣传这样有影响的因素也会影响到顾客的感知质量。

(2) 服务维度　加文归纳出的质量维度更多地关注于实体产品的质量，而服务作为一种无形产品，具有顾客直接参与等特殊性，因此，服务质量就比一般产品的质量更难定义。

三位来自得州 A&M 大学的市场营销教授，提出了服务质量维度，许多服务公司接受了服务维度理念并加以采用，各内容如下：

- 有形性：有形性包括服务设施、设备、人员和所要传递信息的展示方式，例如，宾馆的床单泛黄，必将得到比较低的质量评分；商店为营造良好的购物氛围，要设计布置适宜的灯光。
- 可靠性：服务可靠性不同于产品可靠性，服务可靠性是指服务提供者可靠地、准确地进行服务承诺的能力。例如，公司可能会仅依据声誉来招聘顾问，如果顾问能提供顾客所需服务，达到顾客满意，顾客将支付费用，否则，顾客可以拒绝付费。
- 响应性：响应性是指服务提供者帮助顾客并迅速提供服务的意愿。例如，当你打电话给银行寻求服务时，他们多久才会回应？你的问题很快得到处理了吗？
- 保证性：保证性是指服务人员具有的知识、礼节以及自信，表达出值得信任的能力。如果要动心脏手术，你必定想要找一位有能力，有经验的医生来实施才放心。
- 移情性：顾客渴望服务提供者的移情性。换句话说，顾客渴望服务人员给予修改化的关怀。在餐饮业有句名言："如果仅仅为了钱，你将无法生存。"如果服务人员始终只注意顾客的价值而忽略顾客的感觉，就会降低服务的质量。

就像产品质量有许多维度一样，服务质量也有许多其他维度，如可用性、专业性、适时性、完整性和愉悦性等，在进行服务设计时，应该使这些不同的服务维度同时得以考虑，因为只有这样才能提升企业的整体服务质量。

2. ISO 9000 质量管理体系标准中质量的定义

国际标准化组织（International Standard Organization，ISO）在其国际标准 ISO 9000：2015

《质量管理体系——基础和术语》中对质量的定义为：一个关注质量的组织倡导一种文化，其结果导致其行为、态度、活动和过程，它们通过满足顾客和其他有关的相关方的需求和期望创造价值。

组织的产品和服务质量取决于满足顾客的能力以及对有关的相关方预期或非预期的影响。产品和服务的质量不仅包括其预期的功能和性能，而且还涉及顾客对其价值和利益的感知。

由于组织、顾客和其他相关方的需求是动态的、广泛的，因此在理解质量定义的同时，还应该考虑质量概念的以下特征：

（1）*广义性*　质量不仅指产品的质量，还包括过程、体系的质量。

（2）*时效性*　组织、顾客和其他相关方的需求和期望会因时间、地点而变化，质量要求必须不断做出相应调整。

（3）*相对性*　需求的日趋多元化、个性化导致对同一产品的同一功能也可能有不同的需求。只要能满足需求，就应该认为产品质量是好的，也就是说，质量没有绝对的标准。

（4）*经济性*　"物超所值""物美价廉""性价比"等均描述了质量的经济性。质量和价格是产品在市场中的两个基本参数。

1.1.2　质量概念的发展

质量概念是在历史发展中产生的。随着历史的进步，质量概念也在不断地进行补充、丰富和发展。传统的质量概念，界定在以产品生产为基础的经济方法上，即质量被认为是产品的某种特征。从制造技术发展的过程看，这种观念是与自动化大生产、为社会提供大批量、同质的产品同步形成的。

在市场机制下，传统的质量观念也得到不断扩展，人们逐渐认为，质量不仅要符合耐用性标准，而且要包括可靠性、安全性、维修性等质量特征，这反映了价值观念的变化。应该说，对可靠性、维修性特征的要求，是质量特征在时间维度上的扩展。

20世纪后期，随着世界经济的发展和人民生活水平的提高，市场环境快速变动，消费者需求日趋主体化、个性化和多样化，传统的大量生产制造模式对此响应越来越缓慢。先进制造模式在对大量生产制造模式的质疑和扬弃中应运而生。强烈的市场竞争，使质量的定义发生了根本变化，从按生产质量标准变为以用户的满意度来度量质量，而质量的主体——产品的概念也从实物产品发展为产品与服务，质量的主体也扩展为过程、系统、管理、工作等。

近半个世纪以来，对质量概念的认识大体上经历了以下3个阶段。

1. **符合性质量**

早期的质量概念非常简单，就是要符合产品的设计要求，达到产品的技术标准。这种符合性质量观表述比较直观、具体，要么是，要么非。它的不足之处在于只是从生产者的立场出发，静态地反映产品的质量水平，而忽视了最重要的方面——顾客的需求。

2. **适用性质量**

随着市场竞争日趋激烈以及人们生活水平的提高，人们发现很多产品即使符合了设计要求,达到了技术标准,却不一定能够为顾客所接受。朱兰将质量定义为"质量是一种适用性",这一定义可分解为以下4点:设计质量、质量一致性、可使用性和现场服务。设计质量涉及市场调查、产品概念及设计规范;质量一致性包括技术、人力资源及管理;可使用性强调可靠性、维修性及物流支持;现场服务包括及时性、满意度及完整性。只有满足了这4个参数,才能体现适用性质量观的内涵。适用性质量概念的判断依据是顾客的要求。这一表述跳出了生产者的框框,把对质量的评判权交给了用户,具有动态意识,适应了时代发展的潮流。这是质量概念认识上的一个飞跃。

3. 全面质量

20世纪90年代后,桑德霍姆、费根堡姆、克劳斯比等一批著名专家不约而同地先后提出"全面质量"的新概念,并被人们逐渐认同。

所谓全面质量,不仅指最终的产品,而且覆盖与产品相关的一切过程的质量,覆盖产品的整个寿命周期,包括了工作质量、服务质量、信息质量、过程质量、部门质量、人员质量、系统质量、公司质量、目标质量等。全面质量是一种以人为本的管理系统,其目的是以持续降低的成本,持续增加顾客满意。

"全面质量"概念更集中地反映了现代经济生活中人们所追求的价值观。顾客对企业提供的产品是否满意体现了顾客的价值观;企业是否能提供顾客满意的产品则体现了企业的价值观,二者尽可能完美地统一起来便形成了费根堡姆提出的"质量价值链"。这种"质量价值链"将受益的相关方(即顾客、业主、员工、供方和社会)的利益联结在一起,这也是"全面质量"新概念的实质与核心所在。狭义质量和全面质量的比较如表1-1所示。

表1-1 狭义质量和全面质量的比较

要 素	狭 义 质 量	全 面 质 量
对象	提供产品(包括服务)	提供的产品及所有与产品有关的事物(附加服务)
目的	本组织受益	本组织及所有相关方受益
相关者	外部顾客	内部和外部顾客
包含过程	与产品提供直接相关的过程	所有过程:制造、支持性过程、销售等
涉及人员	组织内部与质量直接有关的人员	组织内所有人员
产业	制造业	各行业:制造、服务、政府等,包括营利或非营利行业
相关工作	组织内部有关职能和部门	组织内所有职能和部门
培训	以质量部门的人员为主	组织内所有人员
质量的评价主要基于	符合工厂规范、程序、标准	满足和超越顾客需求

1.1.3 质量的相关术语

1. 过程(Process)

过程是"利用输入产生预期结果的相互关联或相互作用的一组活动"。

注1:过程的"预期结果"称为输出,还是称为产品或服务,需随相关语境而定。

注2：一个过程的输入通常是其他过程的输出，而一个过程的输出又通常是其他过程的输入。

注3：两个或两个以上相互关联和相互作用的连续过程也可作为一个过程。

注4：组织为了增值通常对过程进行策划并使其在受控条件下运行。

注5：对形成的输出是否合格不易或不能经济地进行确认的过程，通常称之为"特殊过程"。

注6：这是ISO/IEC导则，第1部分的ISO补充规定的附件SL中给出的ISO管理体系。

2. 程序（Procedure）

程序是"为进行某项活动或过程所规定的途径"。

注1：程序可以形成文件，也可以不形成文件。

3. 产品（Product）

产品是"在组织和顾客之间未发生任何交易的情况下，组织产生的输出"。

注1：在供方和顾客之间未发生任何必要交易的情况下，可以实现产品的生产。但是，当产品交付给顾客时，通常包含服务因素。

注2：产品最主要的部分通常是有形的。

注3：硬件是有形的，其量具有计数的特性（如：轮胎）。流程性材料是有形的，其量具有连续的特性（如：燃料和软饮料）。硬件和流程性材料经常被称为货物。软件由信息组成，无论采用何种介质传递（如：计算机程序、移动电话应用程序、操作手册、字典内容、音乐作品版权、驾驶执照）。

1.2 质量先驱的质量哲理

质量管理作为一门独立的学科，能够发展到今天的这种水平，包含了不可计数的献身于质量管理的前辈们的努力。从研究质量规律的专家到致力于质量改进的实践者，每个人都做出了自己应有的贡献。但是在质量管理领域，有屈指可数的几位学者，他们以惊人的洞察力和睿智的思想，直接改变了世人对质量的看法，对质量管理这门学科的发展产生了深远的影响。戴明（W. Edwards Deming）、朱兰（Joseph Juran）、克劳士比（Philip B. Crosby），以及费根堡姆（A. V. Feigenbaum）、石川馨（Kaoru Ishikawa）等，就是这样的先哲。由于对质量管理的巨大贡献，他们被尊称为质量大师。

1.2.1 现代质量管理之父——戴明

戴明博士有一句颇富哲理的名言："质量无须惊人之举。"作为质量管理的先驱者，戴明学说对国际质量管理理论和方法始终产生着异常重要的影响。

戴明1900年出生于美国艾奥瓦州，逝于1993年12月。1928年获耶鲁大学数学物理学博士学位，这为他以后的质量观奠定了基础。1950年，戴明前往日本，在工业界担任讲师和顾问，对日本的质量管理做出了巨大贡献。1956年荣获裕仁天皇颁布的二等瑞宝奖。以戴明命名的"戴明品质奖"，至今仍是日本品质管理的最高荣誉。1987年，里根总统给他颁发国家技术奖。1980年，NBC播出《日本能，我们为什么不能》节目后，戴明的管理理念在美国刮起了一阵质量革命的旋风，大幅提高了美国的生产力与竞争地位。

1. 戴明的基本质量观

（1）戴明的质量定义　　与别的质量巨匠不同，戴明从来没有对质量下过一个精确的定义。在他的晚年著作中,他曾这样写道,"如果一种产品或服务对别人有所帮助,并且能够持续占有一个不错的市场份额,那么可以说他们拥有质量。"

(2) **减少变异** 戴明强调,通过减少生产和设计过程中的变异性来改进产品和服务的质量。在他看来,不可预测的变异是影响产品质量的主要因素。统计技术是不可缺少的管理工具。通过减少变异,可以使系统获得可预测的稳定产出。戴明曾演示过两个著名的实验——红珠实验与漏斗实验,借此来表明不能正确认识系统中的变异时可能导致的危害,以及会由此而做出的错误决策。本书第 5 章中将对这两个实验作详细介绍。

(3) **持续改进** "质量能够以最经济的手段,制造出市场上最有用的产品。"戴明认为,质量的改进应该是一种持续的过程。并且通过质量的改进,可以提高生产效率,降低生产成本,进而以较低的价格和较高的质量获得顾客满意,从而保持市场份额,为社会提供更多的工作岗位。

图 1-1 是戴明提出的质量改进连锁反应图。戴明特别强调高层领导对质量改进有不可推卸的责任。

图 1-1 质量改进连锁反应图

(4) **戴明循环(PDCA 循环)** 戴明博士最早提出了 PDCA 循环的概念,所以又称其为"戴明环"。PDCA 循环是能使任何一项活动有效进行的一种合乎逻辑的工作程序,特别是在质量管理中得到了广泛的应用,是一个基本的质量工具。

2. 戴明的质量管理 14 点(Deming's 14 Points)

戴明学说简洁易懂,其主要观点"十四要点"成为 20 世纪全面质量管理(TQM)的重要理论基础。戴明管理 14 点的全称是《领导职责的十四条》。这是戴明博士针对美国企业领导提出来的。分别介绍如下:

(1) **创造产品与服务改善的恒久目的** 最高管理层必须从短期目标的迷途中归返,转回到长远建设的正确方向。也就是把改进产品和服务作为恒久的目的,坚持经营。这需要在所有领域加以改革和创新。

(2) **采纳新的哲学** 绝对不容忍粗劣的原料、不良的操作、有瑕疵的产品和松散的服务。

(3) **停止依靠大批量的检验来达到质量标准** 检验其实是等于准备有次品。检验出来已经是太迟,且成本高而效益低。理解检验的目的是为了改进流程并降低成本。

(4) **要有一个最小成本的全面考虑** 在原材料、标准件和零部件的采购上不要只以价格高低来决定对象。

(5) **坚定不移地改进生产及服务系统** 在每一活动中,必须减少浪费和提高质量,无论是采购、运输、工程、维修、销售、分销、会计、人事、顾客服务及生产制造。

(6) **建立现代的岗位培训方法** 培训必须是有计划的,且必须是建立于可接受的工作标准上。必须使用统计方法来衡量培训工作是否奏效。

(7) **建立并贯彻领导方法** 督导人员必须要让高层管理知道需要改善的地方。当管理当局知道需要改善的地方之后，必须采取行动。

(8) **驱除恐惧心理** 所有同事必须有胆量去提出问题或表达意见。消除恐惧，建立信任，营造创新的气氛。

(9) **打破部门之间的围墙** 每一部门都不应独善其身，而是需要发挥团队精神。跨部门的质量圈活动有助于改善设计、服务、质量及成本，激发小组、团队及员工之间的努力。

(10) **取消对员工发出计量化的目标** 激发员工提高生产率的指标、口号、图像、海报都必须废除。很多配合的改变往往是在一般员工控制范围之外，因此这些宣传品只会导致反感。虽然无须为员工定下可计量的目标，但公司本身却要有这样的一个目标：永不间歇地改进。

(11) **取消工作标准及数量化的定额** 定额把焦点放在数量，而非质量。计件工作制更不好，因为它鼓励制造次品；取消定额管理，代之以学习流程性能及如何加以改进。

(12) **消除妨碍基层员工工作顺畅的因素** 任何导致员工失去工作尊严的因素都必须消除。消除障碍，使员工找回因工作而自豪的权利。

(13) **建立严谨的教育及培训计划** 由于质量和生产力的改善会导致部分工作岗位数目的改变，因此所有员工都要不断接受训练及再培训。一切训练都应包括基本统计技巧的运用，鼓励教育及员工的自我提高。

(14) **创造一个能推动以上13项的管理组织** 为实现转变采取行动。

3. 渊博知识体系（Profound Knowledge System）

随着戴明博士对质量的不断认识，他的质量哲学也在发生着变化。戴明博士在生命的晚期，提出了"渊博知识体系"，将以上管理14点的潜在基础加以系统化。能够准确地理解这套体系，对于我们有效地理解和吸收管理14点的精华，是很必要的。

戴明的渊博知识体系包括4大部分，彼此相互关联：①对于系统的认识；②有关变异的知识；③知识的理论；④心理学。

(1) **系统（Systems）** 系统是指组织内部可以共同作用，从而促使组织实现目标的各项职能或活动的总和。一个系统必须有目标，没有目标就不构成系统。任何系统的所有元素必须共同作用，系统才会有效。系统也必须加以管理。系统各部分之间的相互依赖愈高，就愈需要彼此之间的沟通与合作，而同时整体性的管理也愈重要。事实上，正是由于管理者未能了解各组成部分的依赖性，采用目标管理而造成了损失。戴明强调管理者的工作是达到系统的整体优化。虽然公司各部门都各有职责，但其产生的效果不是相加的，而是相互影响的。某一部门为达到本身的目标而独行其是，或许会影响到另一部门的成果。

(2) **变异（Variation）** 渊博知识体系的第二个组成部分是对统计理论和变异的基本理解。变异是无处不在的，生产系统中同样如此，它可能产生于生产过程的各个环节。消除生产过程中的波动变异，使其可以预测，获得稳定的产出，是戴明质量观的重要思想。变异可以分为两类：源自偶然性因素的变异和源自必然性因素的变异。第一类变异占总变异的80%~90%，它们是系统的自然属性，虽然个别现象是随机的，但是总体表现具有统计规律性；第二类变异来源于系统的外部干扰，通过合适的统计工具，可以很容易地判断出来，并加以消除。

仅受偶然性因素控制的系统通常处于稳定状态。管理者在尝试改善结果的时候，通常会犯两类错误，两者的成本都很高。这两种错误是：

错误1：把源自偶然性因素产生的变异，误认为源自必然性因素而做出反应。

错误2：把源自必然性因素的变异，误认为源自偶然性因素而没有做出反应。

过程或许是在统计管制状态下，也可能不是。如果在统计管制状态下，则未来可能的变异将可预测。成本、绩效、质量以及数量，也都可以预测，这种情形称之为稳定状态。如果过程不稳定，则称之为不稳定状态，其绩效无法预测。

（3）知识理论（Theory of Knowledge） 戴明强调，任何认识都具有理论性，实践本身并不能产生理论。仅仅模仿成功的案例，而不借助理论真正地理解它，有可能会造成重大损失。预测是管理工作的重要部分：任何理性的计划，无论多么简单，都会包含对状况、行为、人员绩效、程序、设备或原料的预测。理论引领我们做出预测。没有预测，经验与范例也不能教导我们什么。理性的预测有赖于理论，而预测可增进知识。企业取得持续不断的成功所运用的具体方法深深扎根于理论之中，管理者有责任学习并应用这些理论。

（4）心理学（Psychology） 心理学有助于我们了解他人，以及人与环境、顾客与供应商、管理者与下属和任何管理系统的互动。人人都各不相同。身为一个管理者必须体察到这种差异，并且利用这种差异，让每个人的能力与性格倾向发挥到极致。然而这并非等于将人员排等级。

戴明的渊博知识体系中，极少原创，并没有过多的新东西。戴明的贡献在于将一些基本概念创造性地联系起来。他认识到这些不同学科之间的协调作用，并将它们发展成为一个完整的管理理论。

1.2.2 朱兰的质量三部曲

"所有质量改进都应当一个项目、一个项目地进行，没有其他捷径可走。"

朱兰博士是世界著名的质量管理专家，生于1904年。他所倡导的质量管理理念和方法始终影响着世界以及世界质量管理的发展。他的质量计划、质量控制和质量改进被称为"朱兰三部曲"。他最早把帕累托原理引入质量管理。由朱兰博士主编的《质量控制手册》（Quality Control Handbook）被称为当今世界质量控制科学的"圣经"，为奠定全面质量管理（TQM）的理论基础和基本方法做出了卓越的贡献。

朱兰在戴明之后，于20世纪50年代在日本讲授质量原则，是质量研究机构的主要力量。朱兰的课程被设计成以最小的风险配合企业当前的战略业务计划。与戴明认为统计学是共同的语言不同，他主张组织内部不同层次的员工使用不同的"语言"。高层管理者的语言是"钱"，以便使质量问题引起他们的注意；工人的语言是"事情"；中层管理者应当会说前面两种语言，同时还起着上传下达的沟通作用。

1. 适用性质量

朱兰认为，质量的本质内涵是"适用性"，而所谓适用性（Fitness for Use）是指使产品在使用期间能满足使用者的需求。朱兰提出，质量不仅要满足明确的需求，也要满足潜在的需求。这一思想使质量管理范围从生产过程中的控制，进一步扩大到产品开发和工艺设计阶段。

2. 质量三部曲

（1）**质量计划**　实现质量目标的准备程序。

（2）**质量控制**　对过程进行控制保证质量目标的实现。

（3）**质量改进**　有助于发现更好的管理工作方式。

质量计划的制订应首先确定内部与外部的顾客，识别顾客需求，然后将顾客需求逐步转化为产品的技术特征、实现过程特征及过程控制特征。质量控制则包括选择控制对象、测量时间性能、发现差异并针对差异采取措施。朱兰的质量改进理论包括论证改进需要、确定改进项目、组织项目小组、诊断问题原因、提供改进办法，证实其有效后采取控制手段使过程保持稳定。

质量三部曲为企业的质量问题的解决提供了方向。但是，朱兰通过对很多公司的考察发现，在许多企业内，人们把精力过多的放在了质量控制环节，而质量计划和质量改进没有引起应有的重视。因此，朱兰呼吁，组织应该放更多的注意力在除去质量控制的其余两个环节，尤其是质量改进环节。

3. 质量螺旋（Quality Loop）

朱兰博士提出，为了获得产品的合用性，需要进行一系列的活动。也就是说，产品质量是在市场调查、开发、设计、计划、采购、生产、控制、检验、销售、服务、反馈等全过程中形成的，同时又在这个全过程的不断循环中螺旋式提高，所以也称为质量进展螺旋。由于每项环节具有相互依存性，符合要求的全公司范围的质量管理需求巨大，高级管理层必须在其中起着积极的领导作用。

4. 80/20 原则

朱兰博士尖锐地提出了质量责任的权重比例问题。他依据大量的实际调查和统计分析认为，企业产品或服务质量问题，追究其原因，只有 20% 来自基层操作人员，而恰恰有 80% 的质量问题是由于领导责任所引起的。在国际标准 ISO 9000 中，与领导责任相关的要素所占的重要地位，在客观上证实了朱兰博士的"80/20 原则"所反映的普遍规律。

1.2.3　零缺陷之父——克劳士比

"质量是免费的，但它不是礼物。"

1964 年，克劳士比提出了"零缺陷"的口号：第一次就把事情做对。对待错误，即使是微不足道的差错，也决不放过，一定要消除原因，避免其再次出现。"零缺陷"要求我们把一次做对和次次做对作为工作质量的执行标准，而不是口号。而要做到这一点，就要把工作重心放在预防上，在每一个工作场所和每一项工作任务中预防。

1. 质量管理的绝对性

克劳士比认为，质量管理有一些原则是绝对的、基本的。

（1）**质量即符合要求**　对于克劳士比来说，质量既存在又不存在。在他的质量哲学里没有不同的质量水平或质量等级，质量的定义就是符合要求而不是好。同时，质量要求必须可以清晰地表达，以帮助组织在可测知的目标的基础上，而不是在经验或个人观点的基础上采取行动。如果管理层想让员工第一次就把事情做对，组织必须清楚地告诉员工事情是什么，并且通过领导、培训和营造一种合作的氛围来帮助员工达到这一目标。

(2) **质量的系统是预防**　产生质量的系统是预防,在错误出现之前就消除错误成因。预防产生质量,而检验并不能产生质量。检验只是在过程结束后,把坏的和不好的挑出来,而不是促进改进。预防发生在过程的设计阶段,包括沟通、计划、验证以及逐步消除出现不符合的时机。通过预防产生质量,要求资源的配置能保证工作正确地完成,而不是把资源浪费在问题的查找和补救上面。

克劳士比认为,培训、纪律、榜样和领导具有预防作用。管理层必须下决心持续地致力于营造以预防为导向的工作环境。

(3) **工作标准是零缺陷(第一次就把事情做对)**　工作标准必须是零缺陷,而不是"差不多就好","差不多"的质量态度在克劳士比方法中是不可容忍的。而零缺陷的工作标准,则意味着我们任何时候都要满足工作过程的全部要求。

克劳士比相信,没有理由假设某些事情能不符合要求。他强调,必须要改变管理层对质量的认知和态度。在管理者当中普遍存在着这样一个态度:他们相信错误是不可避免的,并且是企业日常经营活动中很正常的一部分,人们应该学会如何与它为伍。实际上,正是管理层的态度制造了绝大部分管理上的问题。质量改进过程的终极目标是零缺陷或"无缺陷"的产品和服务,即让质量成为习惯。零缺陷并不仅仅是一个激励士气的口号,而是一种工作态度和对预防的承诺。零缺陷工作态度是这样一种工作态度:对错误"不害怕、不接受、不放过"。零缺陷并不意味着产品必须是完美无缺的,而是指组织中的每个人都要有决心第一次及每一次都要符合要求,而且不接受不符合要求的东西。

(4) **质量的衡量标准是"不符合要求的代价"**　不符合要求的代价是浪费的代价,是不必要的代价。质量成本不仅包括那些明显的因素,比如返工和废品的损失,还应包括诸如花时间处理投诉和担保等问题在内的管理成本。通过展示不符合项目的货币价值,可以增加管理者对质量问题的注意,从而促使他们选择时机去进行质量改进,并且这些不符合要求引发的成本可以作为质量改进取得成效的见证。

这些基本原则将帮助管理层以质量改进为核心。更重要的是,帮助他们完成从克劳士比所称的"传统的智慧"(指认为质量提升必然伴随着成本的上升的观念)到质量和成本并不互相影响这一认知的转变。根据克劳士比的理论,当质量上升时,成本是降低的——因此,质量是没有经济成本的。

2. 质量改进的基本要素

克劳士比把问题看作是一种不符合要求的"细菌",我们可以通过接种疫苗避免问题的产生。质量改进的基本要素由3个独特的管理行动组成——决心、教育和实施。当管理层了解到需要通过交流和赞赏以促进变革所需的管理行动时,决心就会表现出来。每位员工都应了解质量改进的必要性。教育提供给所有员工统一的质量语言,帮助他们理解自身在整个质量改进过程中所应扮演的角色,帮助他们掌握防止问题发生的基本知识。实施,是通过发展计划、资源安排及支持环境共同构建一种质量改进哲学。在实施阶段,管理层必须通过榜样来领导,并提供持续的教育。

克劳士比认为,教育是任何一个组织在任何阶段都必不可少的过程,可用"6C"来表示,也可称为"变革管理的6个阶段"。

第一个 C 是领悟（Comprehension），它表明理解质量真谛的重要性。这种理解必须首先始于高层，然后逐渐扩展到员工。没有理解，质量改进将无从落地。

第二个 C 是承诺（Commitment），它也必须开始于高层，管理者制定出"质量政策"以昭示自己的心迹。

第三个 C 是能力（Competence），在这个阶段的教育与培训计划对系统地执行质量改进过程是至关重要的。

第四个 C 是沟通（Communication），所有的努力都必须诉诸文字，成功的经验都要在组织内共享，以使置身于公司中的每一个人都能够完整地理解这个质量目标。

第五个 C 是改正（Correction），主要关注于预防与提升绩效。

第六个 C 是坚持（Continuance），它强调质量管理在组织中必须变成一种生活的方式。坚持是基于这样一个事实，即第二次才把事情做对既不快、也不便宜。所以，质量必须融入所有的日常经营活动之中，通过质量改进过程管理，使质量成为一种习惯，成为人们做人做事的一种方式。

1.2.4　其他质量管理专家

1. 费根堡姆

费根堡姆，曾作为美国通用电气公司质量总经理，担任过国际质量学会第一任董事长、美国质量管理协会两任主席和一任董事长，因为 1961 年在其著作《全面质量管理》中提出全面质量管理而闻名。费根堡姆的质量观可以在以下 3 个质量步骤中得到体现。

（1）质量第一　管理层的注意力应该放在制订合适的计划上面，而不应该仅仅放在对不合格项的处理纠正上。管理者要对质量保持持续的关注并做出努力。

（2）现代质量技术　由于传统的质量部门只能解决系统中 10%～20% 的问题，这样，为了满足未来消费者的需求，从办公室人员到工程技术人员应协同一致地采用新的技术去改进系统的表现。

（3）组织承诺　组织的全体人员应得到持续的培训和激励，鼓舞员工的士气和增强质量意识，并且认识到组织的每一项工作都影响着组织的最终产品的质量。

2. 石川馨

日本能够在战后迅速崛起，除了有戴明、朱兰等人的理论指导，在日本质量圈中有一位大师功不可没，他就是石川馨。没有他的领导，日本的质量运动不会获得今天这样的成功。1972 年，石川馨著有《质量控制指南》一书。

（1）基本质量思想

1）质量，始于教育，终于教育。

2）了解顾客需求是质量改进的第一步。

3）当质量监督检验不再是必需的生产环节时，这时质量控制才达到理想的状态。

4）治标更要治本。

5）质量控制是企业所有员工的责任，并贯穿于所有环节。

6）不要将目的与手段相混淆。

7）质量优先，关注长期利润。

8）高层管理者应明白质量问题的产生并不都是下属的责任。

9）没有分布信息的数据是不可信的。

10）企业中95%的质量问题可以通过简单的分析工具加以解决。

11）质量圈。石川馨提出，在公司内部一个单独部门中由非监督人员和领导人组成团队，自发地去研究如何改进他们工作的有效性。

(2) 石川馨图　"石川馨图"又叫因果图，也称为鱼刺图、特性要因图等。它是利用"头脑风暴法"，集思广益，寻找影响质量、时间、成本等问题的潜在因素，然后用图形形式来表示的一种十分有效的方法，它揭示的是质量特性波动与潜在原因的关系。我们将在后面作详细介绍。

因果图有3个显著的特征：

1）是对所观察的效应或考察的现象有影响的原因的直观表示。

2）这些可能原因的内在关系被清晰地显示出来。

3）内在关系一般是定性的和假定的。

(3) 广义的质量概念　石川馨对质量的概念也有许多重要的观点，他认为质量反映顾客的满意程度，顾客的需要和要求是变化的，因此质量的定义也是不断变化的，高质量就是满足顾客不断变化的期望。在谈到质量定义时，他认为，狭义的解释，质量的含义是指产品质量；广义的解释，质量包含工作质量、服务质量、信息质量、过程质量、部门质量、人员质量、系统质量、公司质量、目标质量等。这个广义的质量概念就是全面质量的概念。

1.2.5　各种质量哲学的比较

戴明、朱兰和克劳士比的哲学体系为质量管理提供了基本原则。尽管这3种质量哲学中许多思想都是共通的，但是其间仍然存在着一些差异，没有正确或者错误，组织应该根据自身的特殊情况，选择其中的一种特定哲学加以实行。

第一，他们对质量概念的理解与定义是不同的。戴明从未对质量下一个定义或加以准确描述；而朱兰则提出了适用性质量的概念；克劳士比则认为，质量既存在又不存在，质量的定义就是符合要求而不是好或不好。

第二，对于如何改进企业的质量水平，戴明提倡的是一种企业甚至全社会范围内的广泛文化变革。他强调，质量管理制度的施行应采取"强制"手段，要求普遍性地接受，彻底改变员工的行为与认知。因此戴明要求企业必须进行重大的变革来推动企业的质量管理运动。与戴明"急风暴雨"的观点相反，朱兰和克劳士比的质量管理计划被设计成以最小的风险配合企业当前的战略业务计划，质量改进的方法与现存的组织结构十分吻合，企业无须进行大的调整。

第三，克劳士比提倡"零缺陷"，鼓励组织内的全体人员都应做好本职工作，力趋实现完美，第一次就把事情做对。但是戴明与朱兰认为，大多数的缺陷是由工人控制之外的设计低劣的制造系统引起的，管理者要承担更大的责任，劝诫生产线工人制造完美毫无意义。

第四，与朱兰、戴明不同的是，克劳士比的质量哲学更偏重于行为理论，他更强调改变企业文化、管理者与员工的态度以及管理与组织流程等，而不是统计技术的运用。

尽管存在着一些差异，但是我们应该看到，这些质量先驱对质量的追求方向是一致的。他们对质量的重要性比任何人都要清楚，提倡对质量永无终止地改进，为现代质量理论做出了巨大的贡献。

1.3 质量的法律法规和标准

1.3.1 质量的法律法规

随着经济的国际化进程的发展，产品的生产、销售和消费的国际性越来越普遍。产品责任及其相应的法律、法规也必然从国内法发展到国际法。由于各国关于产品责任含义、理论的差异，使跨国的产品责任案件日益增多。

就我国而言，现行的产品质量责任法律制度主要是围绕国家的质量监督体制和产品的质量问题。我国涉及产品质量的法律法规主要包括3个方面。

1) 产品质量的基本法。即《中华人民共和国产品质量法》。

2) 产品质量涉及的专门法律。如《中华人民共和国标准化法》《中华人民共和国计量法》《中华人民共和国食品安全法》《中华人民共和国药品管理法》《中华人民共和国进出口商品检验法》等。

3) 有关产品质量的综合性法律。如《中华人民共和国合同法》《中华人民共和国消费者权益保护法》《中华人民共和国商标法》《中华人民共和国反不正当竞争法》等。

改革开放以来，随着市场逐步向买方市场环境发展，有关产品质量的法律法规体系已基本建立，虽然现在还存在着许多有待修改、补充和完善之处，但与立法相比，执法不严、有法不依的现象还很严重。从"人治"到"法治"任重而道远。与国际通用的技术法规、标准差距很大。

我国《产品质量法》2009年修正案规定："产品质量应当检验合格，不得以不合格产品冒充合格产品。"实际上是仅以合格与否来判断企业的产品责任。由于现实中的标准或规定存在问题，并且判定权又在生产、销售者手中，常常使消费者处于被动地位而蒙受损失。世界上一些发达国家已形成了完整的产品责任法律体系，其立法所依据的理论已从疏忽理论、担保理论到严格责任理论。同一种产品在不同的国家承担不同的责任，显然有悖于公平的市场竞争规则。

在市场经济的环境下，特别是在不完全的市场经济的条件下，作为买卖双方争议和行为的评判，质量监督，作为一种功能随之产生和发展起来了。在20世纪里，许多发达国家的质量监督基本都经历了产生、发展并逐步完善的过程。

1.3.2 标准与标准化

1. 标准与标准化概念

标准是规范性文件之一。其定义是：为了在一定的范围内获得最佳秩序，经协商一致制定并由公认机构批准，共同使用的和重复使用的一种规范性文件（GB/T 20000.1—2014）。换句话说，标准就是为在一定范围获得最佳秩序，为各种活动或其结果提供使用和重复使用，经协商一致制定并由公认机构批准的一种规范性文件。标准与其他规范性文件的区别是：经协商一致制定并由公认机构批准。只有符合这两点才称为标准。

ISO 和 IEC 将标准基本上分两部分：可公开获得的标准，是指国际标准、国家标准和地方标准；其他标准，是指企业标准、公司标准。

标准化，是为了在既定范围内获得最佳秩序，促进共同效益，对现实问题或潜在问题确立共同使用和重复使用的条款以及编制、发布和应用文件的活动（GB/T 20000.1—2014）。

注1：标准化活动确立的条款，可形成标准化文件，包括标准和其他标准化文件。

注2：标准化的主要效益在于为了产品、过程或服务的预期目的改进它们的适用性，促进贸易、交流以及技术合作。

该定义的含义如下：

（1）**标准化是一项制定条款的活动**　条款是这个概念的关键词，它是"规范性文件内容的表达方式，一般采用陈述、指示、推荐或要求等形式"。可见，由条款组成了规范性文件。将一组相关的条款集中起来就构成了规范性文件的实质内容。标准化过程由3个关联的环节组成，即制定、发布和实施标准。标准化3个环节的过程已作为标准化工作的任务列入《中华人民共和国标准化法》的条文中。《中华人民共和国标准化法》第三条规定："标准化工作的任务是制定标准、组织实施标准和对标准的实施进行监督。"这是对标准化定义内涵的全面清晰的概括。

（2）**条款的特点是共同使用和重复使用的，条款的对象是现实的问题或潜在的问题**　标准化活动过程在深度上是一个永无止境的循环上升过程，即制定标准，实施标准，并在实施中随着科学技术进步和生产经验的总结对原标准适时进行总结、修订，再实施。每循环一周，标准就上升到一个新的水平，充实新的内容，产生新的效果。这个活动过程是一个不断扩展的过程。如过去只制定产品标准、技术标准，现在扩展到制定管理标准、工作标准；过去标准化工作主要在工农业生产领域，现在已扩展到安全、卫生、环境保护、交通运输、行政管理、信息、服务等领域，且正随着社会科学技术进步而不断地扩展和深化。

（3）**标准化的目的是"为了在一定范围内获得最佳秩序"**　最佳秩序可以体现在多个方面，如在各项管理工作中，按照 ISO 9000 族标准建立质量管理体系，可持续改进产品质量，增强顾客满意，保护消费者和社会公共利益；同时可以消除贸易壁垒，扩大国际贸易和交流等。

在此定义中，"最佳"是从整个国家和整个社会利益来衡量，而不是从一个部门、一个地区、一个组织来考虑。尤其是环境保护标准化和职业健康安全标准化，主要是从国计民生的长远利益来考虑。在开展标准化工作过程中，可能会遇到贯彻一项具体标准对整个国家产生很大的经济效益或社会效益，而对某一个具体企业在一段时间内可能会受到一定的经济损失的事例。但为了整个国家和社会的长远经济利益或社会效益，我们应该充分理解和对待"最佳"的要求。

（4）**规范性文件**　规范性文件是为各种活动或其结果提供规则、导则或规定特性的文件（GB/T 20000.1—2014）。

就标准而言，定义中的"各种活动或其结果"就是"产品、过程和服务"；"文件"是指载有信息的各种媒体。

规范性文件是标准、技术规范、规程和法规等文件的总称。但这些规范性文件都有各自的特点。

2. 标准化与质量管理的关系

（1）**标准是质量的依据**　标准与质量的关系可用一句中国老话来表示，即"不以规矩，不能成方圆"。因此，标准是质量的依据，没有标准就没有质量。产品标准决定产品质量，产品标准的水平决定产品质量的水平。

（2）**质量管理活动是制定标准的基础**　标准不是凭空产生的，而是在总结人们过去成功经验的基础上产生的。人们在生产实践中连续不断的质量管理活动，使人们对各种产品、物品、事务、作业的认识不断深化，当这种认识达到普遍认同的程度，标准才能形成。新制定的标准总是在现有基础上考虑到未来的发展，具有一定的先进性。用先进的标准指导人们的生产和其他社会实践活动，可以促进产品质量、生产过程质量和其他社会活动及其结果的质量达到新的先进水平。

（3）**质量管理与标准化相互促进**　标准是相对固定的，即在一定时期内是固定不变的。如果不用标准的形式把成功的经验固定下来，成功的经验就得不到巩固和推广应用。质量管理活动是不断变化的。当质量管理活动渐进地发展累积到一定程度出现某种飞跃时，质量管理水平就上了一个新台阶。这时，原来的标准已不能适应新形势下的需要，于是导致对原标准的修订，或废止原标准，制定新标准。因此，以制定、发布和实施标准为主要内容的标准化活动贯穿于质量管理活动的始终。标准与质量管理一静一动，动静相宜，互相促进。

1.4　质量管理及其发展

1.4.1　质量管理的概念

ISO 9000：2015 版中将质量管理定义为："关于质量的管理"。

注：质量管理包括制定质量方针和质量目标，以及通过质量策划、质量保证、质量控制和质量改进实现这些质量目标的过程。

质量管理职能是通过建立、实施、保持和改进质量管理体系来实现的。质量管理是组织全部管理活动的重要组成部分之一，由于其他管理活动过程本身就存在质量管理，因此只有将它们融为一体，组织才能实现其自身目标。在质量管理中组织也必须考虑经济因素，即要考虑质量系统的经济效益。

- 质量方针是由组织的最高管理者正式发布的该组织总的质量宗旨和方向。通常质量方针与组织的总方针相一致，并为制定质量目标提供框架。质量方针应具有相对稳定性，同时也必须为适应组织内外部环境的变化及时进行修订。其内容应体现组织满足要求和持续改进质量管理体系有效性的承诺，需要在贯彻中不断评审其适用性。质量方针应通过适当、有效的方式在组织内各层次进行沟通，要求能使全体员工理解并实施。质量管理的 7 项基本原则分别是以顾客为关注焦点、领导作用、全员积极参与、过程方法、改进、征询决策和关系管理。

- 质量目标是在质量方面所追求的目的。质量目标通常是依据组织的质量方针制定的，一般组织需要对自身的相关职能和层次分别规定质量目标。质量目标是动员和组织员工实现质量方针的具体体现，是企业经营目标的重要组成部分。它应切实可行、可测量，且富有挑战性，并与质量方针保持一致，以利于评价和改进质量目标。其制定、实施和评价应随着组织内外环境的变化而不断地进行。组织应依据质量目标实现的程度评价组织质量管理体系的有效性。

- 质量控制是质量管理的一部分，致力于满足质量要求。质量控制通过控制产品质量形成各环节的影响因素"5M1E"（人、Man/Manpower，机、Machine，料、Material，法、Method，测、Measure，环、Environment），达到其规定的要求。质量控制的方式有：统计过程控制、技术控制、自适应控制等。质量要求随时代进步而不断变化，因此质量控制的内容和方法也具有动态性，应不断地完善和改进。

- 质量保证致力于提供质量要求会得到满足的信任。它不同于保证质量，保证质量属于质量控制范围，仅仅是质量保证的基础，质量保证的核心是提供足够的信任。它分为内部质量保证和外部质量保证。内部质量保证是对组织的管理者提供信任，使其确信组织的质量管理体系有效运行；外部质量保证主要是向顾客提供信任，展示组织具备持续满足其要求的能力。质量保证证实的方法可包括：组织的自我合格声明；提供体系或产品的合格证据；外部的审核合格结论；国家质量认证机构提供的认证证书等。

- 质量改进致力于增强满足质量要求的能力。质量要求可以是有关任何方面的，如有效性、效率或可追溯性。质量改进的对象、途径和方法不尽相同。一般而言，质量改进应进行必要的策划，确定拟改进的项目，制订实施的计划，采取相应的措施，评价改进的效果等。

- 持续改进是指增强满足要求的能力的循环活动。制定改进目标和寻求改进机会是一个持续的过程，该过程使用审核发现和审核结论、数据分析、管理评审或其他方法，通常会生成相应的纠正措施或预防措施。

1.4.2 质量管理的发展过程

人类历史上自有商品生产以来，就开始了以商品的成品检验为主的质量管理方法。根据历史文献记载，我国早在 2400 多年以前，就已有了青铜刀枪武器的质量检验制度。按照质量管理所依据的手段和方式，质量管理发展历史大致划分为以下 4 个阶段。

1. 传统质量检验阶段

这个阶段从出现原始的质量管理方法，一直到 19 世纪末资本主义的工厂逐步取代分散经营的家庭手工业作坊为止。这段时期受家庭生产或手工业作坊式生产经营方式的影响，产品质量主要依靠工人的实际操作经验，靠手摸、眼看等感官估计和简单的度量衡器测量而定。工人既是操作者又是质量检验、质量管理者，且经验就是"标准"。因此，有人又将这个阶段称之为"操作者的质量管理"。这些质量标准基本上还是实践经验的总结。

2. 质量检验阶段

工业革命改变了一切。机器工业生产取代了手工作坊式生产，劳动者集中到一个工厂内共同进行批量生产劳动，于是产生了对正式的企业管理和质量检验管理技术的需要。由于生产规模的扩大以及职能的分解，为了保证产品的正确生产，独立的质量部门承担了质量控制职能。检验工作是这一阶段执行质量职能的主要内容。质量检验所使用的手段是各种各样的检测设备和仪表，它的方式是严格把关，进行百分之百的检验。大多数企业都设置专职的检验部门和人员，有人称它为"检验员的质量管理"。从 20 世纪初到 20 世纪 40 年代，质量管理水平一直处于这个阶段。

这种检验有其弱点。其一，它属于"事后检验"，无法在生产过程中完全起到预防、控制的作用，一经发现废品，就是"既成事实"，一般很难补救；其二，它要求对成品进行百分之百的检验，这样做有时在经济上并不合理（它增加检验费用，延误出厂交货期限），有时从技术上考虑也不可能（例如破坏性检验），在生产规模扩大和大批量生产的情况下，这个弱点尤为突出。

3. 统计质量控制阶段

从20世纪40年代初到20世纪50年代末，以美国休哈特（Walter A. shewhart）、日本戴明为代表提出了抽样检验的概念，最早把数理统计技术应用到质量管理领域。此时运用数理统计方法，从产品的质量波动中找出规律性，采取措施消除产生波动的异常原因，将生产的各个环节控制在正常状态，从而更经济地生产出品质优良的产品。这种方法最先是在美国国防部使用，其后在民用工业上得到应用。这一阶段的特征是数理统计方法与质量管理的结合。由于采取质量控制的统计方法给企业带来了巨额利润，第二次世界大战以后，很多国家都开始积极开展统计质量控制活动，并取得了成效。利用数理统计原理，预防产出废品并检验产品质量的工作，由专职检验人员转移给专业的质量控制工程师承担。这标志着将事后检验的观念改变为预测质量事故的发生并事先加以预防的观念。

但是这个阶段过分强调质量控制的统计方法，忽视其组织管理工作，使得人们误认为"质量管理就是统计方法"，而专业的数理统计方法理论又比较深奥，因此质量工作成了"质量管理专家的事情"，对质量管理产生了一种"高不可攀、望而生畏"的感觉。这在一定程度上限制了质量管理统计方法的普及推广。

4. 全面质量管理阶段

第二次世界大战以后，社会生产力迅速发展，科学技术日新月异，质量管理的理论也得以发展。最早提出全面质量管理概念的是美国通用电气公司质量经理费根堡姆。1961年，他的著作《全面质量管理》出版。该书强调执行质量职能是公司全体人员的责任，应该使企业全体人员都具有质量意识和承担质量的责任。而戴明、朱兰等美国专家在日本的努力则真正掀起了一场质量革命，使得全面质量管理运动思想最先在日本蓬勃发展起来。

20世纪80年代以后，全面质量管理的思想逐步被世界各国所接受，并且各国在运用时各有所长。在日本被称为全公司的质量控制（CWQC）或一贯质量管理（新日本制铁公司），在加拿大总结制定为4级质量大纲标准（即CSAZ299），在英国总结制定为3级质量保证体系标准（即BS5750）等。1987年，国际标准化组织（ISO）又在总结各国全面质量管理经验的基础上，制定了ISO 9000《质量管理和质量保证》系列标准。现今，全面质量管理思想仍然对企业发挥着巨大的作用。

随着国际贸易的迅速扩大，产品和资本的流动日趋国际化，相伴而产生的是国际产品质量保证和产品责任问题。1973年在海牙国际私法会议上通过了《关于产品责任适用法律公约》，之后欧洲理事会在丹麦斯特拉斯堡缔结了《关于造成人身伤害与死亡的产品责任欧洲公约》。同时，旨在消除非关税壁垒，经缔约国谈判通过的《技术标准守则》对商品质量检测合格评定、技术法规等方面作了详尽的规定。由于许多国家和地方性组织相继发布了一系列质量管理和质量保证标准，制定质量管理国际标准已成为一项迫切的需要。为此，经理事会成员国多年酝酿，国际标准化组织（ISO）于1979年单独建立质量管理和质量保证技术委员会（TC176），负责制定质量管理的国际标准。1987年3月正式发布ISO 9000～9004质量管理和质量保证系列标准。该标准总结了各先进国家的管理经验，将其归纳、规范。该标准发布后引起世界各国的关注，并予以贯彻，其适应了国际贸易发展需要，满足了质量方面对国际标准化的需求。

1987年，摩托罗拉建立了产品生产的"6σ"概念和相应的质量管理方法。采取6σ方法管理后，该公司平均每年提高生产率12.3%，由于质量缺陷造成的费用消费减少了84%，运作过程中的失误降低了99.7%。通用电气公司（GE）1995年开始引入6σ管理方法，随后其经济效益加速增长：1998年公司因此节省资金达75亿美元，经营率增长4%，达到了16.7%的历史高水平；1999年，GE公司因6σ节省资金达160亿美元。正是GE全面实施6σ模式取得的辉煌业绩使6σ质量管理方法名声大振。此后，6σ方法被视为质量管理秘诀而得以广泛的学习和效仿。6σ的管理方法是当前美国和欧美传播最为迅速的经营方法之一，这主要是由于实施6σ的先导公司都取得了令人瞩目的成功。这些显著的成绩和效益以及6σ方法的可操作性吸引着越来越多的世界级公司投身于6σ质量管理中，持续不断地改进自己的过程和性能，以降低成本，提高效益，增加市场份额，获得更大的竞争优势。

1.4.3 全面质量管理

1. 全面质量管理的概念

费根堡姆于1961年在其《全面质量管理》一书中首先提出了全面质量管理的概念："全面质量管理是为了能够在最经济的水平上，并考虑到充分满足用户要求的条件下进行市场研究、设计、生产和服务，把企业内各部门研制质量、维持质量和提高质量的活动构成一体的一种有效体系。"随着人们在实践中对全面质量管理理论的丰富，全面质量管理的概念也得到了进一步的发展。

日本企业界将全面质量管理（Total Quality Management，TQM）定义为：企业组织所有部门和全体人员，综合运用多种方法，对生产全过程中影响产品质量的各种因素进行控制，以最经济的办法，生产顾客满意的产品。

日本著名的质量管理专家石川馨认为TQM是具有以下7种核心价值观的管理体系，它们分别是：以顾客为重、以员工为重、重视团队工作、重视安全、鼓励坦诚、要求全员参与、以过程为重。

1992年，美国9大公司的主席联合多所重点大学经济学院/工程学院的院长及著名经济顾问，确认了如下一种对TQM的定义：全面质量管理是一种以人为本的管理系统，其目的是以持续降低成本，持续增加顾客满意。它是综合的系统方法（不是一个度量领域或程序），是高水平战略的必需部分；全面质量水平作用于所有职能，涉及从高层到基层的所有员工，并向前向后扩展至包括供应链与顾客链。全面质量管理取得不断学习并适应持续不断的变化，最终实现组织整体成功。全面质量管理的根基是哲学，包括系统、方法与工具。系统允许变化，哲学也如此。全面质量管理注重强调个人与社会力量的价值。

国际标准化组织在ISO 9000：2000标准中，将TQM定义为：一个组织以质量为中心，以全员参与为基础，目的在于通过让顾客满意和本组织所有成员及社会受益而达到长期成功的管理途径。

理解要点：

1）有时把"全面质量管理"（TQM），称为"公司范围内的质量管理"（CWQC）、"TQC"等。

2）全面质量管理是对一个组织进行管理的途径，除了这种途径之外，对于一个组织而言还可以有其他途径。

3）TQM 是一个体系或途径，其目的在于：最经济地生产顾客满意的产品，通过让顾客满意和本组织内所有成员及社会受益，实现企业的持续发展。

所谓全面质量（TQ），除了产品质量外，还包括过程质量、体系质量，它不仅是固有质量特性，还包括赋予质量特性等。

4）全面质量管理的基本特点是：以全面质量为中心，全员（指组织中包括最高管理者在内的所有成员）参加为基础，通过对质量环的全过程进行管理，即"三全管理"。使顾客及其他相关方满意。

5）全面质量管理取得成功的关键，是组织的最高管理者强有力和持续的领导，以及实施全员教育和培训。

2. 全面质量管理的内涵

全面质量管理的内涵如表 1-2 所示。

表 1-2　全面质量管理的内涵

项　目	内　容
涵盖范围	所有活动，包括服务与行政
错误的处理	预先防范错误发生
责任归属	每一成员均对质量负责
利益来源	持续改进各种工作的质量，建立质量管理系统，减少工作的错误与浪费
对顾客的看法	对内在或外在顾客，均强调整体输出过程的顺利
质量改进	长时间的；顾客导向；组织学习
问题解决的重心	工作团队满足并且解决顾客的问题
考核	重视与改善有关的事实，以事实为根据的绩效考评
员工的特性	将员工视为管理的内部顾客
组织文化	集体努力；跨部门合作；鼓励授权；顾客满意；追求质量
沟通方式	下行、平行、斜向、多向沟通
意见表达与参与方式	正规程序、QC 小组、态度调查
工作设计	质量、顾客导向、革新、宽广的控制幅度、自主化的工作范围、充分授权
培训项目	广泛技能知识、跨部门业务、诊断问题与解决问题的相关知识，生产力与品质
绩效评估	团队目标、由顾客、其他平级部门以及领导三者共同考核，强调质量与服务
薪资制度	以团队为基础发放工资与奖金以及非金钱性质的表扬
卫生医疗与工作安全	安全问题、安全计划、保健计划、员工互助
考评升迁与职业生涯发展	由同部门员工考评、解决问题的能力、以团体表现决定升迁、不同部门的水平式职业生涯途径

有多少种行业就有多少种不同的全面质量管理方法，但是它们具有共同的基本要素：以顾客为关注点；授权与团队合作；持续改进和学习；以事实为管理依据；领导与战略策划。

(1) **以顾客为导向** 全面质量管理的核心是满足顾客的需求，因此企业为了取得真正的长期经济效益，管理必须始于识别顾客的质量要求，终于顾客对他手中的产品感到满意。在当今的经济活动中，任何一个组织都要依存于他们的顾客。全面质量管理中的顾客分又为外部和内部两种，他们都是企业关注的对象。外部顾客是企业产品或服务输出的接受者，是企业的生命线，企业的各项活动都要以他们为中心来展开。这里要强调的是内部顾客。企业生产和服务过程是由各种流程和工序组成的，下一道工序就是上一道工序的顾客。内部顾客满意是外部顾客满意的基础。如果能在企业树立为下一道工序服务的思想，使每一道工序都坚持高标准，都为下一道工序提供便利，那么企业的产品质量目标就能更加顺利地实现。组织或企业只有满足或超过了自己的顾客需求，才能获得继续生存下去的动力和源泉。全面质量管理以顾客为中心，要求不断地通过进行持续的质量改进来满足顾客的需求。

(2) **授权与团队合作** 全面质量管理要求企业内部全体员工参与到质量改进的运动中来。授权与培训是必需的。既然整个企业的工作是以顾客为导向的，那么离顾客更近的员工必然要受到更加的重视。最了解和熟悉一项工作的人是工作的执行者，只有他才真正知道应该如何去提高这项工作的质量。为了能够对顾客要求做出更迅速的响应，必然要给予他们更多的决策权。管理者要给予员工充分的信任与权力，授权是必不可少的。为了保证员工有能力做出决策，首先要对员工进行必要的培训，使他具备足够的技能。只要当管理者相信他们的员工能够为企业的质量改进做出贡献时，员工才会真正地去努力提高质量。那些一方面要求员工提高工作质量，一方面却不给部下授权和培训机会的管理者，无疑是叶公好龙型的管理者。

创造合适的组织结构也是实现全员参与的重要手段。例如，跨职能的工作团队就是一个最普遍的做法。在企业内部，部门之间的责任目标分割与各自为政，可能会导致不同部门的人员努力方向不同，以致干扰了整个企业目标的实现。一个跨职能的工作团队，可以在团队内部形成一个整体目标，有效地避免个体利益掩盖整体利益的现象，并且可以利用成员的不同知识背景，更加迅速、准确地解决问题。

(3) **持续改进与学习** 持续改进是全面质量管理的核心思想，统计技术和计算机技术的应用正是为了更好地做好持续改进工作。改进每一项工作的质量，然后对之持续改进，是全面质量管理的目标。顾客需求的迅速变化，使企业必须要持续改进才能持续获得顾客的支持。另一方面，市场竞争的激烈，使得企业的经营处于一种"逆水行舟，不进则退"的局面，要求企业以顾客需求为导向，不断改进自己的产品或服务质量才能生存。这也注定了对企业各项工作的质量改进工作是一个没有终点的持续过程。要实现产品质量的持续改进，需要制定必要的质量战略和策划，以及良好的实施和及时的评估。

改进有以下几种类型：通过新型产品和改良产品及服务提升顾客价值；通过更佳的工作流程减少错误、缺陷和浪费，以提高生产率和经营业绩；改进柔性、响应速度和周期时间。

(4) **领导与战略策划** 领导在质量管理中的地位至关重要，朱兰的80/20原则就说明了这一点。领导者承担着对质量改进的主要责任，是质量方针的制定者和质量任务的分配者。领导者需要将组织的宗旨、方向和内部环境统一起来，并创造一个环境能使员工充分参与，这样才能带领全体员工共同去实现组织的质量目标。总经理应作为全面质量管理的总设计师，使组织中所有员工和资源都融入全面质量管理中。

全面质量管理还需要企业从战略层面对质量活动进行界定和规划，这也是对领导作用的一种强化。战略策划为质量活动的开展提供了内部政策保证和控制策略、改进策略。如果相关的战略策划能和企业的使命、价值观一样得到全面的贯彻，它就能为组织成员指明一个统一、清晰的方向，从而最终实现组织的质量目标。

1.4.4 我国质量管理的发展

在中华人民共和国成立后至20世纪70年代末，我国质量管理基本上是处于质量检验阶段，沿用的是苏联20世纪40~60年代使用的百分比抽样方法。直到20世纪80年代初，我国计数抽样检查标准制定贯彻后，才逐步跨入第三个质量管理阶段——统计质量管理阶段。1979年，全国性的质量管理群众团体——中国质量管理协会成立。1985年，随着原国家经济委员会颁布了《工业企业全面质量管理暂行办法》，全面质量管理在全国被普遍推广。

我国推行全面质量管理的过程中，在实践和理论方面都发展较快。全面质量管理从工业企业逐步推行到交通运输、商业企业，甚至有些金融、卫生等领域的企事业单位也已积极推行全面质量管理。质量管理的一些概念和方法也先后被制定为国家标准。为了参与国际竞争，与国际惯例接轨，1992年我国颁布了GB/T 19000—ISO 9000系列标准，等同采用了质量管理和质量保证国际标准；1994年颁布了GB/T 19000—ISO 9000族标准；2000年原国家技术监督局颁布了GB/T 19000族标准等同采用2000版ISO 9000族标准；2016年国家质量监督检验检疫总局和国家标准化管理委员会发布了GB/T 19000—ISO 9000族标准。

目前，我国正处于市场经济体制逐步建立和完善的过程中，尽管质量总体水平稳步上升，但是市场上的产品质量良莠不齐。存在的问题有：假冒伪劣商品屡禁不止，充斥市场，严重危害消费者的生命财产安全；产品合格率低，售后服务得不到保证；产品制造过程浪费严重，效率低下；企业质量管理基础薄弱，生产人员质量意识淡薄。为了保障消费者利益，政府陆续出台了一些质量法律和法规，如《产品质量法》《消费者权益保护法》《计量法》《标准化法》等，使我国的产品质量管理走上了法制的轨道。企业质量认证认可制度也在完善过程中，统一规范的质量认证体系逐步建立。2001年，中国质量管理协会重新启动了全国质量管理奖评审工作。所有这些工作，都极大地推动了我国质量管理工作的发展，有利于我国产品质量水平的整体提高，增强了我国产品的国际竞争力。目前，我国已经出现了一批企业，它们凭借着性能先进、质量过硬的名优产品与完善的顾客服务，不但赢得了国内消费者的青睐，并且成功地进入了国际市场，起到了很好的示范作用。

值得注意的是：我们在推行质量管理过程中，必须鼓励"百花齐放"，不可能也没有必要在全国强制推行一种质量管理模式。相反，要倡导适合各种行业、各企事业特点的先进、实用有效的质量管理方法。

回顾质量管理的发展历史，可以清楚地看到。人们在解决质量问题中所运用的方法、手段，是在不断发展和完善的，而这一过程又是同社会科学技术的进步和生产力水平的不断提高密切相关的。同样可以预料，随着新技术革命的兴起，以及由此而提出的挑战，人们解决质量问题的方法、手段必然会更为完善、丰富。

1.5 现代质量管理面临的环境

1.5.1 全球化进程加剧

当代世界经济的重要特征是经济全球化,它也是世界经济发展的重要趋势,有利于资源的生产资源和生产要素在全球的重新配置、资本和产品的全球性流动和科技的全球性扩张。主要表现为贸易自由化、生产国际化和金融全球化。其中金融全球化是经济全球化的重要表现和关键环节,与贸易自由化和生产国际化紧密相关,三者共同构成经济全球化的具体内容。

推动经济全球化不断深入的另一动力是科学技术的发展。例如,技术手段的进步减少了传统贸易模式中对部分资源的依赖;传统国际贸易的交易过程也随着信息技术和电子商务的发展而发生了深刻的变化,许多交易环节都开始通过网络进行;运输成本的降低推动了经济全球化和企业间分工合作的深化发展;技术进步也带来了全球商品和服务需求的增加。

(1) **外包业务的盛行** 外包(Outsourcing)最初是作为企业的一个战略管理模型被提出的。在讲究专业分工的二十世纪末,企业为维持组织核心竞争能力,降低营运成本,提高品质,集中人力资源,提高顾客满意度,将组织的非核心业务委托给外部的专业公司。如今随着经济全球化和企业间分工合作的不断发展,外包业务也不断发展成为企业的一种全球性活动。

外包业是新近兴起的一个行业,为企业动态地配置自身和其他企业的外部资源提供了一种高效的手段。但在这样一种动态的环境和结构下如何确保质量,成为企业未来需要面对的一个严峻问题。

(2) **资源与环境的挑战** 近年来,我国能源消费增长迅猛,且这种消费需求继续增长的趋势在未来较长一段时间仍将保持下去。如果我国重复发达国家以往走过的发展道路,那么能源对于我国经济发展的作用将非常明显。

人类对于资源的获取与开发造就了社会的飞速发展与进步,但在这一过程中也打破了自然界的平衡与稳定,导致了一系列环境的问题。例如,不合理的破坏性开采自然资源导致了资源的枯竭;大量废弃物的肆意排放污染了环境;自然环境遭到了破坏,导致了生态失衡。这些问题都会严重阻碍企业的发展。

现今的企业要面对的质量管理压力远比过去大得多。企业的领导者需要不断审时度势,来进行本企业质量管理系统的调整。例如,随着 ISO 14000 标准的颁布,企业的竞争不仅是产品性能、质量等方面的竞争,也是绿色产品、绿色制造与环境保护水平之间的竞争,以赢得政府与顾客的青睐。这就要求企业把环境因素纳入企业的质量管理之中,在产品、生产、服务、活动的各个环节建立完善环境管理体系,对环境因素进行控制。只有当企业的质量管理体系、环境管理体系都健全有效并追求相同的目标时,才能够持续提供高质量的产品和服务。

1.5.2 国内质量发展新环境

质量体现着人类的劳动和智慧,承载着人们对美好生活的向往,不仅反映一个企业和产业的核心竞争力，也反映一个国家的综合实力和一个民族的整体素质。实施质量强国战略，是党中央在科学研判我国经济发展基本特征的基础上做出的重大战略决策。习近平总书记在党的十九大报告中指出："我国经济已由高速增长阶段转向高质量发展阶段"。因此，要持续保持我国经济健康发展，必须推动经济发展质量变革、效率变革、动力变革，提高全要素生产率，从简单追求速度转向坚持质量第一、效益优先，不断提高企业的产品和服务质量，提高企业经营效益。只有坚持质量第一、效益优先，才能实现我国经济的良性循环和竞争力提升。

在现代国际经济发展史上，质量在大国崛起中扮演着重大的推进作用。德国、日本、美国等发达国家的实践表明，在社会经济进入快速发展的关键时期，在解决发展速度的同时，必须解决发展质量的问题，必须把质量摆在重要的战略位置来抓。质量强国战略是推动经济高质量发展的重大战略。

发展的质量和效益不够高，是当前我国经济发展存在的主要问题之一。供给侧结构性改革是实现经济高质量发展的关键举措，质量强国战略的实施将大大加快我国供给侧结构性改革步伐。供给侧结构性改革的一个重要目标是出清过剩产能，而产能过剩的实质就是低质量供给满足不了高质量需求。实施质量强国战略，使企业成为质量提升主体，能够有力促进市场主体走向提质增效的发展道路，全面提高产品和服务质量，也将推动建立优质优价的市场秩序，从而加快出清那些低质量的过剩产能。供给侧结构性改革的另一个重要目标是加快新旧动能转换。从根本上说，提高产品和服务质量要靠创新。实施质量强国战略必然会促进以科技创新为主的新动能加速生成，促进新旧动能加快转换。

我国质量整体水平的提高滞后于经济规模的增长。主要原因是企业提升质量的内在动力不足，自主创新和品牌创建的能力不强，原创性产品和技术不多，生产和使用中资源能源消耗大、环境污染严重，质量安全事故时有发生，制约质量创新和发展的深层次矛盾仍然存在。

因此要求企业进行质量创新，实现由中国制造走向中国创造。企业要在生产实践中所反映的产品质量、工作、服务等方面以满足顾客需求为目标不断提高。质量创新是企业核心竞争力的体现，现代质量创新的起点已经很高，顾客的要求又已经越来越苛刻，涉及的面也越来越广，企业能否成功主要看其核心竞争力能否满足这些要求。进入知识经济时代，质量创新已经进入了更高的层次，因此一个企业所具有的各方面能力很难满足创新中所遇到的所有问题，所以合作系统的支持是创新成功至关重要的条件。灵捷竞争时代已经从企业与企业之间的竞争转入以合作求竞争。

目前质量问题已经成为当代中国亟待解决的重大课题，在这个大环境下，现代企业追求的发展应该是提质增效的升级的发展，提质就是要全面提高产品质量、服务质量、工程质量和环境质量，从而提高经济发展质量。如何做到提质增效是现代企业需要认真思考和解决的问题。

1.5.3 顾客需求复杂多变

当前顾客的消费需求和能力与以往相比有了新的特点，例如，随着社会进步以及经济发展，消费者的整体经济水平有了显著的提高，正因如此，顾客消费的期望与选择也发生了变化,且经济状况的改善会使本身具备差异的个人之间具有更多样和复杂的消费需求。其中最主要的需求变化在于消费者对产品的需求开始以满足自我需要为中心,呈现出个性化与多样化的特点。整个社会文化也都在鼓励和尊重个人的价值取向。如果企业不能及时调整,以主动适应顾客的这种需求变化,将很难在竞争激烈的市场中取得一席之地。这需要企业及时把握顾客的各种需求,以顾客为中心,来进行产品设计、开发与生产的安排。

戴维·A.加文(David A. Garvin)指出产品和服务具有性能、特色、可靠性、符合性、耐用性、服务性和美学特性7个质量维度,它们构成了顾客需求的基础。通过提高和完善这些性能来满足顾客需求,可以有效提高企业效益。客户驱动质量(Customer-driven Quality)是美国马尔科姆·鲍德里奇国家质量奖的核心价值标准之一,这是一种主动满足顾客需求的方法,以收集与顾客有关的资料为基础来了解顾客的需求和偏好,并提供令其满意的产品和服务。虽然管理者一般都认为倾听与了解顾客是有益的,但是一些公司实行的顾客反馈机制并不正确,以至于公司处于一种被动而非主动的客户服务模式之中。在一个动态环境中,顾客需求不断发生变化,当顾客的期望增加时,公司的质量绩效也随之增加。然而,当顾客需求增加的速度比质量与服务改进还要快时,问题也便产生了,这使公司处于被动模式之中,此时可能需要对主要过程与服务进行重新设计。

由于消费者的需求本来就是捉摸不定与快速变化着的,当企业根据顾客的需求变化对生产系统进行不断调整以响应这种变化的时候,顾客的需求也在变化,如何在这样一个不断变化的系统中保证产品的质量便成了一个问题。众所周知,传统的经典质量管理理论一直都在强调生产系统的"稳定"。消除变异与波动,保持这种稳定是质量管理人员们一直在努力追求的。当企业为了适应顾客需求的变化必须快速地对质量管理系统进行调整时,当变化成为必须面对的频繁现象时,质量管理理论对于"稳定"的强调正面临着尴尬。在新形势下如何使质量工作可以紧随市场的变化,在为顾客提供个性化产品的同时又保持企业质量工作整体上的稳定,是我们将要长期面对的两难抉择。

1.5.4 服务型制造模式形成

服务型制造是服务与制造相融合的先进模式,是传统制造产品向"产品服务"的转变。在服务型制造系统中,制造企业和服务企业以产品的制造和服务的提供为依托,向客户提供覆盖从需求调研、产品设计、工程、制造、交付、售后服务到产品回收及再制造等产品服务系统全生命周期的价值增值活动,以提供面向服务的制造活动,实现低成本、高效率的产品制造,为顾客提供基于制造的服务。

服务型制造模式希望通过生产性服务、制造服务和顾客的高效参与协作来实现分散化服务制造资源的整合和价值链各环节的增值,这个过程需要融合技术驱动型创新和用户驱动型创新。

生产模式的变革,向原有的质量管理方法提出了一些新的问题。例如,在敏捷制造模式的企业中,其核心能力是"精于变化的能力"。作为敏捷型企业,为了适应市场环境不断变化的需求,必须不断重组其经营过程,而重组就是要不断地根据实际需求,采取灵活多变的组织结构、柔性的生产过程等达到敏捷性的基本要求。敏捷型企业中的质量管理具有很强的动态性、离散性和实时性的特征。而作为国际通行的 ISO 9000 质量标准体系从其本质来说，是一个相对稳定的质量管理体系，它虽然为敏捷型企业提供了标准的程序化管理，但是它忽视了敏捷型企业特别看重的人的因素与团队协作精神，并且很难适应竞争快速多变的市场需求。因此仅依靠 ISO 9000 体系的建立来进行敏捷型企业的质量管理是不够的，必须结合企业自身特点，将全面质量管理和 ISO 9000 体系进行有机的融合，来解决质量管理工作中出现的新问题。

由上可知，随着制造模式的变革，企业的质量管理工作也必须做出相应的调整。无论在理论上还是实践中，这样的探索都是刚刚起步。

1.5.5　信息质量受到关注

现代社会是一个信息高速发展的社会，科技发达、信息流通，人们之间的交流越来越密切，近年来，大数据（Big Data）也吸引了越来越多的关注。大数据是指无法在一定时间范围内用常规软件工具进行捕捉、管理和处理的数据集合，是需要新处理模式才能具有更强的决策力、洞察发现力和流程优化能力的海量、高增长率和多样化的信息资产。大数据具有大量（Volume）、高速（Velocity）、多样（Variety）、低价值密度（Value）、真实性（Veracity）的 5V 特点。大数据成为企业和社会关注的重要战略资源，企业组织可以利用相关数据和分析帮助它们降低成本、提高效率、开发新产品、做出更明智的业务决策等。因而，企业必须要提前制定大数据营销战略计划，抢占市场先机。

大数据技术的战略意义不在于掌握庞大的数据信息，而在于对这些含有意义的数据进行专业化处理。大数据势必会带来大量低质量数据，想要成功，企业需要理解原始数据与有效数据分析之间的差距，并通过数据处理消除低质量数据，提高数据质量。

但是，随着信息的渗透而引发的变革也对质量管理工作提出了巨大的挑战。产品信息、库存信息、销售信息、物流信息、客户信息等种类纷繁且庞大复杂的信息，它们本身的质量如何保证、企业如何选取与使用等都是亟待解决的问题。

信息质量问题最早是从数据质量发展而来的。事实上早在 20 世纪 70 年代，就有美国学者提出了数据质量的概念。朱兰也在早期对于高质量的数据给出如下描述："能够满足企业运营、决策制定以及计划安排的使用"。此外，高质量的数据还被认为是能够准确描述其所指向的现实世界的构成。除了数据外部使用所带来的问题以外，如今电脑以及大型服务器的使用已经变得非常普遍，移动数据处理设备的使用也变得越来越平常，数据量正呈现出爆炸性的增长趋势，此时数据内部的一致性问题也变得越来越突出。例如，政府部门使用大型计算机修复民众个人信息中的姓名拼写错误，同时对民众进行实际追踪，针对其是否搬家、死亡、入狱或其他可能造成生活变化的情况进行数据信息的更新。企业方面，尤其是对于企业的营销活动来说，更加注重其客户数据的质量。对于任何行业、任何用途的数据来说，其质量的保证都是一个重要的属性。一份行业研究表明，美国经济中由于数据质量问题所带来的成本大约每年有 6000 亿美元（Eckerson，2002）。

目前关于数据质量更多的研究围绕在如何准确描述数据的众多属性，从而有效评价数据质量。虽然有关数据质量的国际标准 ISO 8000 已经出台，但关于数据质量的诸多属性目前还未有一个统一的标准，通常来说都要求数据的准确性、合适性、时效性、完整性以及相关性。而对于这些属性的具体含义各学者之间也没有一个统一的共识（Wang等，1993）

数据质量在信息系统中也具有非常广泛的应用，并且随着信息系统在商业应用方面的普及，信息质量的概念逐渐取代了数据质量。虽然信息质量的定义目前也未有一个确定的描述，但如今企业各个方面都已经无法脱离网络与信息的力量而存在了，从数据仓库（Data Warehousing）到商务智能（Business Intelligence），再到客户关系管理（Customer Relationship Management，CRM）以及供应链管理（Supply Chain Management，SCM）等都是如此。面对网络时代给质量管理工作带来的机遇与挑战，质量管理理论与其他学科一样也正在酝酿着革命性的突破。

复习思考题

1. 简述质量概念的发展过程，并回答这样发展的原因有哪些。
2. 什么是全面质量管理，全面质量管理为社会带来了哪些益处？
3. 简述戴明的质量管理14点，并结合生活中的实例进行分析。
4. 简述朱兰的质量三部曲的观点和克劳士比的管理理论。
5. 对比各个管理专家的管理理论之间的相同及不同点。
6. 现代质量管理体系是什么样的？与传统的质量管理体系有什么不同？
7. 质量、标准化和质量监督工作之间有什么关系？
8. 在当前社会中，企业、消费者和政府对质量的标准有什么不同，为什么？
9. 结合日常生活中的事例分析质量管理体系的发展趋势。
10. 现代社会的环境对质量管理人员提出了哪些要求？为什么？

案例分析题

上汽通用汽车有限公司质量管理

2015年7月16日，上汽通用汽车有限公司（以下简称上汽通用）向国家质检总局备案了召回计划，将自2015年10月1日起，召回部分进口2009~2012年款别克昂科雷汽车，生产日期为2008年8月15日~2012年2月1日。据该公司统计，在中国地区共涉及23309辆。本次召回范围内的车辆，在长期使用后，后举升门气压撑杆内可能有杂质颗粒进入，导致气压下降。由于后举升门的保护程序不够完善，极端情况下，气压撑杆不足以将后举升门维持在全开状态，若人员忽视或未注意到车辆的报警提示，并在后举升门开启区域内停留，会增加人员受伤风险，存在安全隐患。上汽通用将为召回范围内的车辆采取对后举升门的保护程序进行升级并检修后举升门气压撑杆的措施，以消除该隐患。

上汽通用将通过别克特约售后服务中心主动与用户联系，安排免费检修事宜。用户可拨打免费客户服务热线、登录国家质检总局网站进出口商品检验栏目或缺陷产品管理中心网站及关注微信公众号来了解本次召回的详细信息，此外还可拨打国家质检总局缺陷产品管理中心热线电话或地方出入境检验检疫机构的质量热线反映在召回活动实施过程中的问题或提交缺陷线索。

上汽通用凭借业内领先的卓越绩效管理和企业综合质量与竞争能力，一举荣获第十五届全国质量奖，并在6家获奖企业中以优异的成绩名列首位。上汽通用的质量优势首先体现在通用汽车的全球体系中。目前，通用汽车全球169家工厂中有22家获得"BIQ Level4"的精益制造最高级别认证，上汽通用的工厂就占据4席，还有2家上汽通用新工厂已经通过现场评审，正在终评的公示阶段。

本届全国质量奖评委从卓越绩效模式的各个维度全面考核了上汽通用的质量管理体系，并高度评价了其所具有的6大优势，包括良好的战略管理机制和流程、具有特色的企业文化体系，涵盖优化组织结构和创新人才开发培养机制与技术核心能力储备和提升，以及全公司制造系统的精益生产与出色的信息化建设等。这些优势正是上汽通用卓越经营的集中体现。

请根据案例回答下列问题：

1. 上汽通用为什么要执行召回计划？
2. 执行召回计划会对企业造成什么影响？
3. 上汽通用是如何进行全面质量管理的？

 视频思政案例

新时代北斗精神　　　大国工匠：大技贵精

第 2 章
质量管理体系及评价

 引导案例

用好 ISO 国际管理标准

随着中国与世界各国经济联系日益紧密，中国工程建设企业在国际工程承包领域所占份额日益增长，特别是"一带一路"倡议的推进，给中国国际工程总承包企业带来了更多的机遇，同样，也带来了众多挑战。中国建筑市场所采用的传统的工程项目管理模式与国际通用的工程项目管理模式有一定的差异，利用 ISO 国际管理标准，使中国工程建设企业在海外的总承包项目管理过程与国际工程管理模式相适应。ISO 9000 质量管理体系标准是一个采取系统的方法管理业务过程，使组织能够提供符合顾客满意的产品或服务。

A 公司与阿联酋本地工程公司组成 B 联合体承建阿布扎比 REEM 岛开发工程 A 区的工程项目。联合体建立了相对完善的项目管理体系和项目质量管理体系，但是因为部分中方管理人员的国际化管理水平不高，对当地的技术规范和管理程序不适应，造成在项目质量管理中出现了很多问题。REEM 岛项目实施过程中出现的诸多质量管理问题，归根结底是 B 联合体的项目质量管理体系运行状况不好。

在 B 联合体质量手册中应对项目质量管理体系做出总体要求，项目质量管理体系要符合 ISO 9001 质量管理体系要求和 OHSAS 18001 健康、安全体系要求。法律法规、项目合同、项目手册、项目管理计划、管理程序文件及现场指令都是建立 B 联合体项目质量管理体系的输入条件。B 联合体应该遵守由当地政府和权威部门发布的不同形式的依法必须执行的文件，包括法律、法规、标准、规范和许可证。合同协议作为业主和承包商就这个项目的约定也是依法必须执行的文件。B 联合体要编制质量手册作为针对 REEM 岛项目专门编辑的文件，用于指导项目质量管理体系的实施。B 联合体的项目质量管理体系是该项目总体质量体系的重要组成部分。ISO 9000 国际质量管理标准应作为 REEM 岛项目质量管理体系的基准。质量管理方法只有密切地遵循 ISO 9000 体系，并进行适当的调整以适应该项目，才能适应项目中的不同要求。为便于使用，B 联合体还要将质量管理体系内容嵌入到分包的质量管理过程和程序中。这能有助于分包提升质量管理能力，各个承包商只需参考合同文件而不必再去查阅 ISO 9000 文件。这样也可以避免当合同文件与 ISO 9000 文件矛盾或歧义时导致的冲突。B 联合体质量管理团队没有建立完善的与 ISO 9001 类似的质量偏离报告，质量偏离报告是在现场使用的，用于记录和处理在施工中遇到的问题或已经发生的错误的文件。只有建立质量管理体系的报告体系，才能通过质量偏离报告程序确保由合适的人对所出现的问题做出正确的响应。B 联合体的质量管理体系应采用 PDCA 循环：计划—实施—检查—处置。利用 PDCA 循环质量管理原理，才能通过做好计划工作去保证工程质量。

中国企业走出国门，迈向世界的过程中，要有效地利用 ISO 国际管理标准，在严格执行质量体系标准和质量体系文件的前提下，根据工程实际情况建立工程质量管理体系，更好地完成海外项目，令中国工程名扬世界。

中国工程建设企业在"一带一路"机遇下如何更好地利用 ISO 国际管理标准，使中国工程建设企业在海外的总承包项目管理过程与国际工程管理模式相适应？

（资料来源：吕亚靖. 阿联酋设计建造总承包项目质量管理案例研究 [D]. 大连：大连理工大学，2017.）

学习目标

1. 了解 ISO 9000 族标准的产生和发展，掌握 ISO 9000 族标准的构成及特点，熟悉基本概念和质量管理原则。
2. 了解 ISO 9001 标准的应用范围，熟悉总要素要求的要点。
3. 了解建立质量体系的要求和质量管理体系的总体设计。
4. 熟悉质量管理体系的成文信息编制和质量管理体系的运行。
5. 熟悉质量管理体系的评价，了解质量管理体系的改进。
6. 熟悉美国波多里奇质量奖、欧洲质量奖、戴明奖以及我国的国家质量奖和卓越绩效评价准则。

2.1 质量管理体系基本知识

2.1.1 ISO 9000 族标准的产生和发展

1. ISO 9000 族标准的产生

第二次世界大战期间，在战争中使用的武器，要求性能良好，国家、政府在采购军品时，在对产品特性提出要求的同时，还对供应商提出了质量保证的要求，世界军事工业从而得到迅猛的发展。20 世纪 50 年代，美国发布了 MIL-Q-9858A《质量大纲要求》，成为世界上最早的有关质量保证方面的标准。而后，美国国防部制定和发布了一系列的对生产武器和承包商评定的质量保证标准。20 世纪 70 年代初，借鉴军用质量保证标准的成功经验，美国标准化协会（ANSI）和美国机械工程师协会（ASME）分别发布了一系列有关原子能发电和压力容器生产方面的质量保证标准。

美国军品生产方面的质量保证活动的成功经验，在世界范围内产生了很大的影响。一些工业发达国家，如英国、美国、法国和加拿大等国在 20 世纪 70 年代末先后制定和发布了用于民品生产的质量管理和质量保证标准。随着世界各国经济的相互合作和交流,对供方质量体系的审核已逐渐成为国际贸易和国际合作的需求。世界各国先后发布了一些关于质量管理体系及审核的标准。但各国实施的标准不一致,给国际贸易带来了障碍,质量管理和质量保证的国际化成为当时世界各国的迫切需要。

随着地区化、集团化、全球化经济的发展,市场竞争日趋激烈,顾客对质量的期望越来越高。各个组织为了竞争和保持良好的经济效益,努力设法提高自身的竞争能力以适应市场竞争的需要。为了成功地领导和运作一个组织,需要采用一种系统的透明的方式进行管理,针对所有顾客和相关方的需求,建立、实施并持续改进管理体系的业绩,从而使组织获得成功。

顾客要求产品应具有满足其需求和期望的特性,这些需求和期望在产品规范中加以表述。如果提供产品的组织的质量管理体系不完善,那么规范本身就不能保证产品始终满足顾客的需要。因此,在这方面的关注,导致了质量管理体系标准的产生,并把它作为对技术规范中有关产品要求的补充。

国际标准化组织于1979年成立了质量管理和质量保证技术委员会,负责制定质量管理和质量保证标准。1986年,ISO发布了ISO 8402《质量——术语》标准,1987年发布了ISO 9000《质量管理和质量保证标准——选择和使用指南》、ISO 9001《质量体系——设计开发、生产、安装和服务的质量保证模式》、ISO 9002《质量体系——生产和安装的质量保证模式》、ISO 9003《质量体系——最终检验和试验的质量保证模式》、ISO 9004《质量管理和质量体系要素——指南》6项标准,统称为ISO 9000系列标准。

ISO 9000系列标准的颁布,使各国的质量管理和质量保证活动统一在这一基础之上。标准总结了工业发达国家先进企业的质量管理的实践经验,统一了质量管理和质量保证的术语和概念,并对推动组织的质量管理,实现组织的质量目标,消除贸易壁垒,提高产品质量和顾客的满意程度等产生了积极的影响,得到了世界各国的普遍关注和采用。迄今为止,它已被全世界150多个国家和地区等同采用为国家标准,并广泛用于工业、经济和政府的管理领域,有50多个国家建立了质量管理体系认证制度,世界各国质量管理体系审核员注册的互认和质量管理体系认证的互认制度也在广泛范围内得以建立和实施。

2. ISO 9000族标准的发展

为了使1987年版的ISO 9000系列标准更加协调和完善,ISO/TC 176质量管理和质量保证技术委员会于1990年决定对标准进行修订,提出了《90年代国际质量标准的实施策略》。其目标是:"要让全世界都接受和使用ISO 9000族标准;为了提高组织的运作能力,提供有效的方法;增进国际贸易、促进全球的繁荣和发展;使任何机构和个人可以有信心从世界各地得到任何期望的产品以及将自己的产品顺利销售到世界各地。"

按照《2000年展望》提出的目标,标准分两阶段修改。第一阶段修改称之为"有限修改"。即1994年版的ISO 9000族标准。第二阶段修改是在总体结构和技术内容上作较大的全面修改,即2000年版ISO 9000族标准。其主要任务是:"识别并理解质量保证及质量管理领域中顾客的需求,制定有效反映顾客期望的标准;支持这些标准的实施,并促进对实施效果的评价。"

第一阶段的修改主要是对质量保证要求(ISO 9001,ISO 9002,ISO 9003)和质量管理指南(ISO 9004)的技术内容作局部修改,总体结构和思路不变。通过ISO 9000—1与ISO 8402

两项标准，引入了一些新的概念和定义，为第二阶段修改提供了过渡的理论基础。1994 年，ISO/TC 176 完成了对标准第一阶段的修订工作，发布了 1994 年版的 ISO 8402、ISO 9000—1、ISO 9001、ISO 9002、ISO 9003 和 ISO 9004—1 等 6 项国际标准，到 1999 年底已陆续发布了 22 项标准和两项技术报告。

ISO/TC 176 完成了标准的第一阶段修订后，立即进入了第二阶段的修订工作。1996 年，在广泛征求世界各国标准使用者意见、了解顾客对标准修订的要求并比较修订方案后，ISO/TC 176 相继提出了《2000 版 ISO 9001 标准结构和内容的设计规范》和《ISO 9001 修订草案》，作为对 1994 年版标准修订的依据。

2000 年 12 月 15 日，ISO/TC 176 正式发布了新版本 ISO 9000 族标准，统称为 2000 年版 ISO 9000 族标准。该标准的修订充分考虑了 1987 年版和 1994 年版标准以及现有其他管理体系标准的经验，因此，它将使质量管理体系更加适合组织的需要，可以更适应组织开展其商业活动的需要。

2015 年 9 月 15 日，ISO/TC176 正式发布了新版本 ISO 9000 族标准，统称为 2015 年版 ISO 9000 族标准。2015 年版标准融合已制定的有关质量的基本概念、原则、过程和资源的框架，提出了明确的质量管理体系，以帮助组织实现其目标。其适用于所有组织，无论其规模、复杂程度或经营模式，旨在增强组织在满足其顾客和相关方的需求和期望以及在实现其产品和服务的满意方面的义务和承诺意识。

综上所述，不难理解 ISO 9000 族标准的产生和发展绝非偶然：它既是当代科学、技术、社会与经济发展的必然产物，又是质量管理的理论和实践相结合的成果。具体地说，科学技术的进步与经济发展水平的提高为 ISO 9000 族标准的产生创造了客观条件；世界各国推行质量管理和质量保证活动的成功经验为 ISO 9000 族标准的产生奠定了实践基础；质量管理科学的发展为 ISO 9000 族标准的产生提供了必要的理论基础；国际贸易的激烈竞争是产生 ISO 9000 族标准的现实要求，ISO 9000 族标准的产生和发展不仅顺应了发展国际经济贸易与交流合作的需要，而且，还对规范市场行为，促进企业加强质量管理，提高产品质量，增强市场竞争力产生了积极效果，特别是在我国市场经济体制建立过程中和经济增长方式的转变中将会发挥出越来越大的作用。

2.1.2 ISO 9000 族标准的构成及特点

1. ISO 9000 族标准的构成

2015 版 ISO 9000 族标准的结构由 3 项核心标准、7 项质量管理体系的指南、7 项质量管理体系技术支持指南和一些技术报告组成。

（1）核心标准

ISO 9000：2015《质量管理体系　基础和术语》

ISO 9001：2015《质量管理体系　要求》

ISO 9004：2009《组织持续成功的管理一种质量管理方法》

（2）质量管理体系的指南

ISO 10001：2007《质量管理顾客满意度组织行为规范指南》

ISO 10002：2004《质量管理顾客满意度组织处理投诉指南》

ISO 10003：2007《质量管理顾客满意度组织外部争议解决指南》

ISO 10004：2015《质量管理顾客满意度监视和测量指南》

ISO 10008：2015《质量管理顾客满意度商家对消费者电子商务交易指南（B2CECT）》

ISO 10012：2003《质量管理体系测量过程和测量设备管理指南》

ISO 19011：2011《管理体系审核指南》

（3）质量管理体系技术支持指南

ISO 10005：2005《质量管理体系质量计划指南》

ISO 10006：2003《质量管理项目管理质量指南》

ISO 10007：2003《质量管理 技术状态管理指南》

ISO 10014：2006《质量管理 财务和经济效益实现指南》

ISO 10015：1999《质量管理 培训指南》

ISO 10018：2015《影响人们参与和能力的指南》

ISO 10019：2005《质量管理体系 咨询师的选择及其服务指南》

（4）支持质量管理体系的技术报告

ISO/TR 10013：2001《质量管理体系文件指南》

ISO/TR 10017：2003《统计技术应用指南》

2. ISO 9000 族标准的特点

从修订变化上来看，2015 年版质量管理体系标准具有以下特点：

（1）"基本概念和质量管理原则"代替了"质量管理体系基础"，增强了该标准的广泛适用性，还提高了与其他管理体系的融合性。

（2）质量管理原则由原来的 8 项合并为 7 项，将具有长期和重要的指导意义。

（3）新增了 5 个基本概念，分别是质量、质量管理体系、组织的环境、相关方和支持。并且术语和定义增加到 138 个。

（4）采用了 ISO 指令第一部分附录 SL 中的高层次架构（HLS），其实质是建立包括 10 个方面内容，适用于组织的任何管理体系的标准化架构，也更好地与其他管理体系标准保持一致。

（5）增加了两个资料性附件，分别是新结构及概念说明、ISO 10000 系列质量管理标准，来支撑新版标准。

（6）新版标准将基于风险的思维应用于策划和实施质量管理体系过程，有助于确定形成文件的信息的范围和程度。由于新版标准中应用基于风险的思维，因而一定程度上减少了规定性要求，并以基于绩效的要求代替。在过程、形成文件的信息和组织职责方面的要求比 2008 版标准具有更大的灵活性。

（7）新版标准未要求在组织质量管理体系的形成文件的信息中应用本标准的结构和术语。组织可根据自己的实际情况来酌定，更多地注重效果，形式可以多样化。

（8）改善和扩大服务型组织对新版标准的适用性。

（9）增强对领导作用的要求，未使用"管理者代表"的称谓，但分配了类似的职责和权限，这样组织可以根据组织规模、类型、发展阶段和领导架构等实际情况来自行决定是否需要该职位，这也是新版标准适用性和人性化的表现。

（10）更加重视过程的绩效分析和评价，进而促进过程的监视和测量活动的展开。

（11）更加注重取得预期成果，以提高客户满意度。

2.1.3 基本概念和质量管理原则

1. 基本概念

（1）**质量**　一个关注质量的组织倡导一种文化，其结果导致其行为、态度、活动和过程，它们通过满足顾客和其他有关的相关方的需求和期望创造价值。

组织的产品和服务质量取决于满足顾客的能力以及对有关的相关方预期或非预期的影响。产品和服务的质量不仅包括其预期的功能和性能，而且还涉及顾客对其价值和利益的感知。

新的定义从高度、外延和价值3方面对质量进行了重新界定。

（2）**质量管理体系**

1）质量管理体系包括组织识别其目标以及确定实现预期结果所需过程和资源的活动。

2）质量管理体系为有关的相关方提供价值并实现结果所需的相互作用的过程和资源。

3）质量管理体系能够使最高管理者通过考虑其决策的长期和短期后果而充分利用资源。

4）质量管理体系给出了识别在提供产品和服务方面处理预期和非预期后果所采取措施的方法。

通过以上四点，可以清晰地看出质量管理体系的作用，其关键就是：确定过程和资源、优化资源利用和提供措施方法。

（3）**组织环境**　理解组织环境是一个过程，此过程确定影响组织的宗旨、目标和可持续性的各种因素。它既考虑组织诸如价值观、文化、知识和绩效等内部因素，还考虑诸如法律、技术、竞争、市场、文化、社会和经济环境等外部因素。

组织的宗旨表达方式的示例包括：组织的愿景、使命、方针和目标。

组织环境是2015版标准新增加的概念术语，应将其理解为一个过程。这个过程确定了影响组织的愿景、目标和可持续性的各种因素。

（4）**相关方**　相关方的概念超越了仅关注顾客的范围，考虑所有有关的相关方是重要的。

识别相关方是理解组织环境的过程的组成部分。有关的相关方是指若其需求和期望未能满足，将对组织持续性产生重大风险的各方。为降低风险，组织需明确向有关的相关方提供何种必要的结果。

组织的成功有赖于获取、赢得和保持有关的相关方的支持。

2015版标准强调了相关方的概念内涵和外延，其超越了仅关注顾客和一般相关方，考虑所有的相关方是至关重要的。

（5）**支持**

1）总则。最高管理者对质量管理体系的支持和全员参与，能够提供充分的人力和其他资源、监视过程和结果、确定和评价风险和机遇以及实施适当的措施。

对资源负责任的获取、调配、维护、改善和处置认真负责，可支持组织实现其目标。

2）人员。人员是组织内必不可少的重要资源。组织的绩效取决于体系内工作人员如何表现。

通过对质量方针和组织预期结果的共同理解,可使组织内人员积极参与并保持协调一致。

3)能力。当所有员工了解并应用自身发挥作用和履行职责所需的技能、培训、教育和经验时,质量管理体系是最有效的。为人员提供开发这些必要能力的机会是最高管理者的职责。

4)意识。当人员了解自身的职责以及他们的行为如何为实现目标做出贡献才会获得意识。树立质量意识的前提必须先建立起责任意识。

5)沟通。有计划和有效的内部(如整个组织内)和外部(如有关的相关方)沟通,可提高人员的积极参与程度并增进理解。

沟通是加强理解和参与管理的基础。因此,组织应对沟通进行系统的策划,并在内部和外部进行有效的开展,以提高员工的参与程度和加深对质量管理体系、组织的环境、顾客及其他相关方的需求和期望的理解。

2. 质量管理原则

2015版ISO 9000标准详细列出了7项质量管理原则的介绍、理论依据、获益之处和可开展的措施,作为基本概念的支持,体现了概念和原则的统一,同时,更益于组织的理解和实际操作。

(1)以顾客为关注焦点 "以顾客为关注焦点"作为质量管理的第一个基本原则,提出组织依存于顾客。因此,组织应当关注和理解顾客当前和未来的需求,满足顾客要求,并争取超过顾客期望。以顾客为关注焦点,就是贯彻顾客优先的原则。在处理相关方的关系时,顾客是第一位的,因为舍此其他受益的各方的利益都难以保证。

1)概述。质量管理的主要关注点是满足顾客要求并且努力超越顾客期望。

2)理论依据。组织只有赢得和保持顾客和其他有关的相关方的信任才能获得持续成功。与顾客互动的每个方面都提供了为顾客创造更多价值的机会。理解顾客和其他相关方当前和未来的需求有助于组织的持续成功。

3)主要益处。可能的获益是:增加顾客价值,增强顾客满意,增进顾客忠诚,增加重复性业务,提高组织声誉,扩展顾客群以及增加收入和市场份额。

4)可开展的活动。可开展的活动包括:辨识从组织获得价值的直接和间接的顾客;理解顾客当前和未来的需求和期望;将组织的目标与顾客的需求和期望联系起来;在整个组织内沟通顾客的需求和期望;对产品和服务进行策划、设计、开发、生产、交付和支持,以满足顾客的需求和期望;测量和监视顾客满意并采取适当的措施;针对有可能影响到顾客满意的有关的相关方的需求和适当的期望,确定并采取措施;积极管理与顾客的关系,以实现持续成功。

(2)领导作用 主要针对最高管理者,但对于其他各层管理者,在自己的管辖的范围内,也应该发挥相应的作用。统一的宗旨和方向以及全员参与,能使组织将战略、方针、过程和资源保持一致,以实现组织的目标。

1)概述。各级领导建立统一的宗旨和方向,并且创造全员积极参与的环境,以实现组织的质量目标。

2)理论依据。统一宗旨和方向的建立以及全员的积极参与,能够使组织将战略、方针、过程和资源保持一致,以实现其目标。

3)主要益处。可能的获益是:提高实现组织质量目标的有效性和效率;组织的过程更加协调；改善组织各层级和职能间的沟通；开发和提高组织及其人员的能力，以获得期望的结果。

4）可开展的活动。可开展的活动包括：在整个组织内，就其使命、愿景、战略、方针和过程进行沟通；在组织的所有层级创建并保持共同的价值观、公平以及道德的行为模式；创建诚信和正直的文化；鼓励全组织对质量的承诺；确保各级领导者成为组织人员中的楷模；为人员提供履行职责所需的资源、培训和权限；激发、鼓励和认可人员的贡献。

（3）**全员参与** 全员积极参与是各种管理成功的必要条件。在质量管理体系中，人是最活跃、最具创新精神、最重要的因素。只有全体员工共同努力和契合，质量管理体系才能取得成功。

1）概述。在整个组织内各级人员的胜任、被授权和积极参与是提高组织创造和提供价值能力的必要条件。

2）理论依据。为了有效和高效地管理组织，尊重并使各级人员参与是重要的。认可、授权和能力提升会促进人员积极参与实现组织的质量目标。

3）主要益处。可能的获益是：增进组织内人员对质量目标的理解并提高实现目标的积极性；提高人员改进活动参与度；促进个人发展、主动性和创造力；提高人员的满意度；增强整个组织内的相互信任和协作；促进整个组织对共同价值观和文化的关注。

4）可开展的活动。可开展的活动包括：与员工沟通，以提升他们对个人贡献的重要性的理解；推动整个组织内部的协作；促进公开讨论，分享知识和经验；授权人员确定绩效制约因素并大胆地采取积极主动措施；认可和奖赏员工的贡献、学识和改进；能够对照个人目标进行绩效的自我评价；进行调查以评估人员的满意度，沟通结果并采取适当的措施。

（4）**过程方法** 系统的识别和管理组织所应用的过程，特别是这些过程之间的逻辑系统和相互作用，称之为"过程方法"。

1）概述。只有将活动作为相互关联的连贯系统进行运行的过程来理解和管理时，才能更加有效和高效地得到一致的、可预知的结果。

2）理论依据。质量管理体系是由相互关联的过程所组成。理解体系是如何产生结果的，能够使组织优化其体系和绩效。

3）主要益处。可能的获益是：提高关注关键过程和改进机会的能力；通过协调一致的过程体系，得到一致的、可预知的结果；通过过程的有效管理、资源的高效利用及跨职能壁垒的减少，获得最佳绩效；使组织能够向相关方提供关于其稳定性、有效性和效率方面的信任。

4）可开展的活动。可开展的活动包括：规定体系的目标和实现这些目标所需的过程；确定管理过程的职责、权限和义务；了解组织的能力，并在行动前确定资源约束条件；确定过程相互依赖的关系，并分析每个过程的变更对整个体系的影响；将过程及其相互关系作为体系进行管理，以有效和高效地实现组织的质量目标；确保获得运行和改进过程以及监视、分析和评价整个体系绩效所需的信息；管理能影响过程输出和质量管理体系整个结果的风险。

（5）**改进** 改进是组织维持目前业绩水平必不可少的，同时也是为应对内部和外部的环境变化，并创造新的机会。由于改进是无止境的，所以持续改进应是组织的永恒目标。组织要在市场竞争中立于不败之地，就必须适应这种永恒变化的环境，坚持改进。

1）概述。成功的组织持续关注改进。

2）理论依据。改进对于组织保持当前的绩效水平，对其内、外部条件的变化做出反应并创造新的机会都是极其重要的。

3）主要益处。可能的获益是：改进过程绩效、组织能力和顾客满意；增强对调查和确定根本原因及后续的预防和纠正措施的关注；提高对内外部的风险和机遇的预测和反应的能力；增加对渐进性和突破性改进的考虑；加强利用学习实现改进；增强创新的驱动力。

4）可开展的活动。可开展的活动包括：促进在组织的所有层级建立改进目标；对各层级员工在如何应用基本工具和方法方面进行培训，以实现改进目标；确保员工有能力成功筹划和完成改进项目；开发和展开过程，以在整个组织内实施改进项目；跟踪、评审和审核改进项目的计划、实施、完成和结果；将改进考虑因素融入新的或变更的产品、服务和过程开发之中；认可和奖赏改进。

（6）循证决策 有效决策应建立在数据、信息分析和评价的客观事实基础上。如果缺乏数据分析，缺乏具体事实的基础，进行"拍脑袋式"决策，往往那个会导致组织定位不准确，产生误导，使组织迷失方向甚至出现灾难性后果。因此，为了防止决策失误，组织必须以事实证据为依据，并通过周密分析来做出决策。

1）概述。基于数据和信息的分析和评价的决定，更有可能产生期望的结果。

2）理论依据。决策是一个复杂的过程，并且总是包含一些不确定性。它经常涉及多种类型和来源的输入及其解释，而这些解释可能是主观的。重要的是理解因果关系和可能的非预期后果。对事实、证据和数据的分析可导致决策更加客观和可信。

3）主要益处。可能的获益是：改进决策过程；改进对过程绩效和实现目标的能力的评估；改进运行的有效性和效率；提高评审、挑战以及改变意见和决定的能力；提高证实以往决定有效性的能力。

4）可开展的活动。可开展的活动包括：确定、测量和监视证实组织绩效的关键指标；使相关人员获得所需的所有数据；确保数据和信息足够准确、可靠和安全；使用适宜的方法分析和评价数据和信息；确保人员有能力分析和评价所需的数据；依据证据，权衡经验和直觉进行决策并采取措施。

（7）关系管理 相关方是与组织的业绩或成就有利益关系的个人和团体。由于相关方对组织达到稳定地提供满足顾客要求和适用法律法规要求的产品和服务的能力，具有影响或潜在影响。因此，组织要对相关方关系进行有效的识别和管理。

1）概述。为了持续成功，组织管理其与有关的相关方（如供方）的关系。

2）理论依据。有关的相关方影响组织的绩效。当组织管理其与所有相关方的关系以使相关方对组织的绩效影响最佳时，才更有可能实现持续成功。对供方及合作伙伴的关系网的管理是尤为重要的。

3）主要益处。可能的获益是：通过对每一个与相关方有关的机会和制约因素的响应，提高组织及其相关方的绩效；在相关方中对目标和价值观有共同的理解；通过共享资源和能力以及管理与质量有关的风险，提高为相关方创造价值的能力；具有管理良好、可稳定提供产品和服务流的供应链。

4）可开展的活动。可开展的活动包括：确定有关的相关方（如供方、合作伙伴、顾客、投资者、员工或整个社会）及其与组织的关系；确定并对优先考虑需要管理的相关方的关系；建立权衡短期利益和考虑长远因素的关系；收集并与有关的相关方共享信息、专业知识和资源；适当时测量绩效并向相关方提供绩效反馈，以增强改进的主动性；与供方、合作伙伴及其他相关方确定合作开发和改进活动；鼓励和认可供方与合作伙伴的改进和成绩。

2.2 质量管理体系的基本要求

2.2.1 ISO 9001 标准的应用范围

ISO 9001 标准面向不同行业的各类组织。组织的规模不同、生产的产品类别不同时，不影响标准的使用。标准的具体用途如下：

(1) 用于组织的质量管理　组织参照 ISO 9001 标准建立、实施质量管理体系，并持续地进行改进，使产品质量稳步提高，增强顾客满意程度；通过内部审核，以标准为依据对组织的质量管理体系进行评价，以评定本组织满足顾客和法律法规要求以及组织自身要求的能力。

(2) 用于第二方评定和注册　组织为了自身的目的对另一组织的质量管理体系或某一过程进行评定，当其符合规定要求时予以注册，称之为第二方评定和注册。在进行第二方评定时，可按照 ISO 9001 标准，对被评组织的质量管理体系进行评定。通过这种评定，做出是否符合标准的认定，并对认定合格的组织予以注册认可，与其结成互利的供需关系。

(3) 用于第三方质量管理体系认证和注册　由认证机构对组织的质量管理体系进行审核，当其符合规定要求时予以注册，称之第三方认证和注册。组织为了提高其质量信誉、证实其能力，为在市场竞争中处于有利地位，或者为了减少不同顾客对其质量管理体系评定的工作量，节约评价费用，向独立的经主管部门认可的质量管理体系认证机构申请，依据 ISO 9001 标准对本组织质量管理体系进行审核，并做出判断，符合标准要求时应予以注册。通过第三方认证和注册的组织应保持并改进其质量管理体系，并承诺对所有的顾客都实施认证合格的质量管理体系。

(4) 用于合同引用情况　在订货合同中经双方协商，可引用 ISO 9001 标准条款，明确对供方组织质量管理体系的要求。需要强调，ISO 9001 标准本身不是强制性的，但一经引入订货合同便成为强制性的要求。

(5) 用于法规引用的情况　有些国家的政府、区域性组织和其他社会组织，将 ISO 9001 标准作为一些法规的引用文件，从而使标准的各项要求变成了强制性的要求。

2.2.2 总要素要求的要点

1. 质量管理体系总要求和过程方法

(1) 质量管理体系总要求　采用质量管理体系是组织的一项战略决策，能够帮助其提高整体绩效，为推动可持续发展奠定良好基础。在日益复杂的动态环境中持续满足要求，并针对未来需求和期望采取适当行动，这无疑是组织面临的一项挑战。为了实现这一目标，组织可能会发现，除了纠正和持续改进，还有必要采取各种形式的改进，如突破性变革、创新和重组。

(2) 过程方法　在建立、实施质量管理体系以及提高其有效性时采用过程方法，通过满足顾客要求增强顾客满意。

将相互关联的过程作为一个体系加以理解和管理，有助于组织有效和高效地实现其预期结果。这种方法使组织能够对其体系的过程之间相互关联和相互依赖的关系进行有效控制，以提高组织整体绩效。

过程方法包括按照组织的质量方针和战略方向，对各过程及其相互作用进行系统的规定和管理，从而实现预期结果。可通过采用 PDCA 循环以及始终基于风险的思维对过程和整个体系进行管理，旨在有效利用机遇并防止发生不良结果。

单一过程各要素及其相互作用如图 2-1 所示。每一过程均有特定的监视和测量检查点，以用于控制，这些检查点根据相关的风险有所不同。

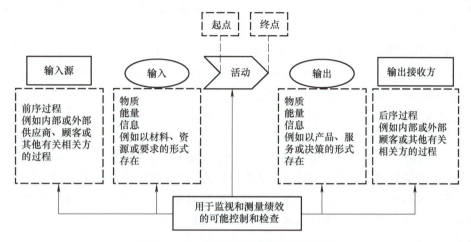

图 2-1　单一过程各要素及其相互作用

PDCA 循环能够应用于所有过程以及整个质量管理体系。图 2-2 表明了质量管理体系如何构成 PDCA 循环的。

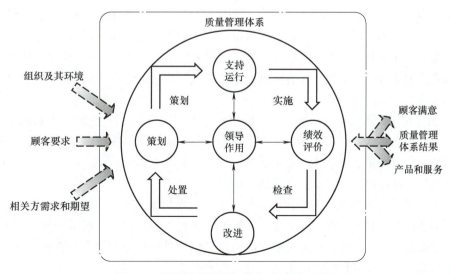

图 2-2　质量管理体系如何构成 PDCA 循环

2. 质量管理体系成文信息要求

在 ISO 9001：2008 中使用的特定术语如"文件"、"程序文件"、"质量手册"、"质量计划"和"记录"等，在 ISO 9001：2015 中均规定为"保持成文信息"要求。质量手册、程序等在过去标准中明确要求的文件称谓被取消了。统一用"成文信息"表述，从而给使用标准者以更大的操作空间。

组织以灵活的方式将其质量管理体系形成成文信息。质量管理体系成文信息应与组织的全部活动或部分活动有关。

(1) 类型 组织的质量管理体系应包括：本标准要求的成文信息；组织确定的为确保质量管理体系有效性所需的成文信息。对于不同组织，质量管理体系成文信息的多少与详略程度可以不同，取决于组织的规模，以及活动、过程、产品和服务的类型；过程及其相互作用的复杂程序；人员的能力。

(2) 创建和更新 在创建和更新成文信息时，组织应确保适当的：标识和说明（如标题、日期、作者、索引编号）；形式（如语言、软件版本、图表）和载体（如纸质的、电子的）；评审和批准，以确保适宜性和充分性。

(3) 成文信息的控制 应控制质量管理体系和本标准所要求的成文信息，以确保：在需求的场合和时机，均可获得并适用；予以妥善保护（如防止泄密、不当使用或缺失）。为控制成文信息，适用时，组织应进行下列活动：分发、访问、检索和使用；存储和防护，包括保持可读性；变更控制（如版本控制）；保留和处置。对于组织确定的策划和运行质量管理体系所必需的来自外部的成文信息，组织应进行适当识别，并予以控制。对所保留的、作为符合性证据的成文信息应予以保护，防止非预期的更改。

3. 管理职责

最高管理者应确保组织内相关角色的职责、权限得到分配、沟通和理解。通过以下方面，证实其对质量管理体系的领导作用和承诺：

(1) 对质量管理体系的有效性负责 最高管理者是质量管理体系的有效性的第一责任人。

(2) 确保制定质量管理体系的质量方针和质量目标，并与组织环境相适应，与战略方向相一致 质量方针和目标的建立，是组织质量管理体系各过程遵循的基础，并作为评定其有效性的依据。对每个组织来说制定适合于自身的质量方针和质量目标，具有举足轻重的意义。最高管理者必须亲自抓好质量方针的制定，并确保在此基础上建立质量目标并分解落实到有关职能和层次上。

(3) 确保质量管理体系要求融入组织的业务过程 组织的生存主要依赖核心的"业务"活动来支撑。组织将质量管理体系要求纳入业务运行，体现新标准在两个方面的考虑：一是质量管理体系要求一定要和具体业务相结合，并融入日常工作和活动中；二是防止具体业务与质量管理体系相脱离，而变成独立系统在运行。

(4) 促进使用过程方法和基于风险的思维 与过去相比，过程方法的意识有了很大的提高，组织的各层员工都不同程度地接受了过程方法和相关的培训，掌握了一些过程方法知识但仍然处于较低水平。因此，提高过程方法的意识也是最高管理者的重要责任之一。过程方法的意识提高了，风险意识的提高也就不是什么难事了。

(5) 确保质量管理体系所需的资源是可获得的 最高管理者必须确保获得建立、实施、保持和改进质量管理体系所需的资源。这是保证质量管理体系有效运行的基本条件。然而，在许多通过认证的组织中，人力资源短缺、测试设备不足的情况较为普遍。其原因或为认识不足，或为资金不足。因此，最高管理者要做到确保资源的获得，应对识别资源的短缺给予足够的关注并采取得力措施落实。

（6）**沟通有效的质量管理和符合质量管理体系要求的重要性**　所谓传达的重要性是指确保各级有关人员都能重视传达工作。有效的质量管理通常包括成功制定质量方针和质量目标，进行适宜可行的质量策划，有效实施质量控制、质量保证和质量改进等活动。最高管理者传达以上信息的重要性是极为关键，也是必需的。

（7）**确保质量管理体系实现预期结果**　最高管理者必须对质量管理体系预期的结果和有效性负责，确保质量管理体系实现预期的结果。此处所述各项作用和承诺，均应视为有力的推动和保障措施。预期结果没有实现，说明策划或过程的有效性有问题。所以，标准在这里的要求是强调策划中的预防，也就是说只有对过程策划和过程有效性有保证，才能确保预期结果的实现。

（8）**促使人员积极参与、指导和支持他们为质量管理体系的有效性做出贡献**　员工是组织基层活动的细胞，质量管理体系的有效性是和每一位员工的贡献分不开的。因此，最高管理者应善于吸纳能够为质量管理体系有效性做出贡献的人才，也就是选人和配置人员，包括职责的调整。

（9）**推动改进**　最高管理者应该自己保持持续改进的思想和工作作风。持续改进应该成为一种习惯，这种习惯重在持续和坚持，形成影响使组织的所有员工都能从日常小事做起，坚持不懈，从而形成良好的习惯。

（10）**支持其他相关管理者在其职责范围内发挥领导作用**　各层领导的团结一心，也是做好质量管理体系工作最重要的一环。形成一个团结的、向上的、有责任的、有战斗力的领导团队，这个组织也将是有发展前途的组织，更是有希望成功的组织。

4. **资源管理**

（1）**提供所必需的资源**　质量管理体系基于过程。任何使用资源将输入转化为输出的活动可视为过程。资源是将输入转化为输出的前提和必要条件，是质量管理体系得以运行的前提和必要条件。组织应确定和提供足够的资源，这些资源至少应确保满足以下需求：实施、保持质量管理体系并持续改进其有效性；通过满足顾客要求增强顾客满意度。

基于质量管理体系的基本要求，资源至少应包括人力资源、基础设施和工作环境。此外，资源还应包括信息、合作伙伴、自然资源和财务资源。

（2）**人力资源**　人力资源是应确定和提供的第一资源，人力资源能力建设又是人力资源建设的重点。质量管理体系要求所有从事影响产品质量工作的人员应有能力胜任所在岗位的工作，这种能力是基于适当的教育、培训、技能和经验。

组织应确定从事影响产品质量工作的人员具备胜任所在岗位工作的必要能力，分析各岗位现有人员的实际状况以及对能力的需求，确定现有的和要求的能力之间的差距；当选择培训作为弥补能力差距的措施后，应确定由于员工现有能力与工作所要求的能力不匹配所需要的培训，并将规定的培训需求形成文件。根据培训需求，对培训进行设计和策划，提供培训，以满足对培训的需求，从而弥补可能存在的任何能力方面的差距。在完成培训后规定的期间内，组织应对培训的结果及其有效性进行评价，以验证经过培训的人员所达到的水平。

这里对培训的描述提出了培训的 4 个阶段：确定培训需求、设计和策划培训、提供培训和评价培训结果，体现了培训过程的 PDCA 循环。组织应对培训过程的 4 个阶段进行监视，以证实培训过程实现策划结果的能力。意识教育是能力建设的重要内容，组织应确保所有员工能提高对所在岗位重要性和相关性的认识，以及知道如何在各自的岗位上为实现质量目标做出贡献。

（3）**基础设施** 组织应确定、提供基础设施并对其加以维护。"基础设施"是指组织运行所必需的设施、设备和服务的体系。这里所说的基础设施是特指为达到产品符合性所需要的基础设施，包括建筑物、工作场所和相关的设施。

（4）**工作环境** 工作环境是指工作时所处的一组条件。这里所说的工作环境强调的是为达到产品符合性所需的工作环境。营造适宜的工作环境，不但对产品符合性，还会对人员的能动性、满意程度和业绩产生积极的影响。组织应确定这样的环境，包括人的因素和物的因素，并对这样的环境进行科学的管理。

5. 产品实现

产品实现是指产品策划、形成直至交付的全部过程，是直接影响产品质量的过程。产品实现所需的过程包括：与顾客有关的过程、设计和开发、采购、生产和服务提供以及监视和测量装置的控制等五大过程，这些过程又包括相应的一系列子过程。

（1）**产品实现的策划** 组织策划和开发产品实现所需的过程。质量策划是质量管理的一项重要活动，构成了质量管理的一部分。最高管理者的一项重要职责，就是对质量管理体系进行策划。这里所说的策划是针对具体产品、项目或合同所需过程的策划。在对产品实现进行策划时，应考虑和确定以下内容：产品的质量目标和要求；确定产品对过程、文件和资源的需求；产品所要求的验证、确认、监视、检验和试验活动，以及产品接受准则；为提供实现过程及其产品满足要求的证据所需的记录。

从上述内容可以看出，虽然对产品实现所需各过程没有提出有关文件方面的要求，但并不是不需要文件，而是要求组织通过对产品实现的策划来考虑、确定文件的需求，包括文件的数量、类型等。文件的产生应在策划之后，而不是在策划之前，文件是策划的结果之一。策划是一个过程，策划的输出可能采用各种形式，可以是一种文件形式，也可以以非文件的形式存在。组织应根据自身的特点和需要选择更适合运作的某种形式。质量计划是质量策划的结果之一，质量计划也是策划输出通常采用的一种形式。

（2）**与顾客有关的过程** 与顾客有关的过程包括确定与产品有关的要求、评审与产品有关的要求以及与顾客沟通 3 个子过程。

1）确定与产品有关的要求。具体说，组织至少应确定下列与产品有关的要求：顾客规定的要求，包括对交付及交付后活动的要求；顾客虽然没有明示，但规定的用途或已知的预期用途所必须的要求；与产品有关的法律法规要求；组织确定的任何附加要求。

2）评审与产品有关的要求。组织在向顾客做出提供产品的承诺之前，应对上述与产品有关的要求进行评审，评审的目的是为了确保产品要求得到规定、与以前表述不一致的合同或订单的要求予以解决、组织有能力满足规定的要求。若顾客要求发生变更，组织应确保相关文件得到更改、相关人员知道已变更的需求。

3) 顾客沟通。顾客沟通与内部沟通都是存在于组织之中的信息传递的重要过程。组织应加强对与顾客沟通过程的控制，确定和实施与顾客沟通的安排，包括计划和措施。这些安排应对获得以下信息是有效的：产品信息；询问、合同或订单的处理，包括对其修改；顾客反馈，包括顾客抱怨。

(3) 设计和开发　设计和开发是指将要求转换为产品、过程或体系的规定的特性或规范的一组过程。

根据对"产品和开发"所下的定义，需要特别说明或强调的是：

1) 设计和开发包括产品设计和开发、过程设计和开发、体系设计和开发，标准对设计和开发的要求是针对产品设计和开发。

2) 产品设计和开发必须满足标准对设计和开发的要求，过程设计和开发时可以按标准对设计和开发的要求对过程设计和开发进行控制，也可以根据对产品实现策划的要求对过程设计和开发进行策划和控制，只要确保过程设计和开发有能力实现所策划的结果即可。

3) 对某些组织而言，特别是那些向顾客提供服务的组织，往往产品和过程之间、服务和服务提供之间并没有明确的界限或难以界定。若出现上述情况，对该组织而言，无论是产品设计和开发还是过程设计和开发，都必须满足标准对设计和开发的要求。

4) 产品设计和开发是指将要求转换为产品规定的特性或规范的一组过程，即产品设计和开发包括将要求转换为产品规定的特性的一组过程或将要求转换为产品规范的一组过程，后者在以前往往不被视为设计和开发。基于市场竞争和满足顾客的需要，一些企业制定新的产品标准，一些服务组织出台新的服务规范，这些过程也应视为产品设计和开发。服务设计和开发，也应按照标准对产品设计和开发的要求进行控制。

① 设计和开发策划。组织在对产品设计和开发进行策划时应确定以下内容：设计和开发阶段；适合于每个设计和开发阶段的评审、验证和确认活动；设计和开发的职责和权限。组织应对参与设计和开发的不同小组之间的接口进行管理，确保有效沟通，明确职责分工。组织对设计和开发进行控制。随着设计和开发的进展，设计和开发策划的输出在适当时应予以更新。

② 设计和开发输入。设计和开发输入与产品要求有关，组织应确定与产品要求有关的输入。这些输入至少应包括：功能和性能要求；适用的法律法规要求；以前类似设计提供的适用信息；设计和开发所必需的其他要求。组织应对这些输入进行评审，以确保这些输入对产品有关的要求而言是充分与适宜的。

③ 设计和开发输出。设计和开发输出应在放行前得到批准，并满足设计和开发输出的要求；为采购、生产和服务提供适当的信息；包含或引用产品接收准则；规定对产品的安全和正常使用所必需的产品特性。

④ 设计和开发评审。组织应依据对设计和开发所策划的安排，在适宜的阶段对设计和开发进行评审。这种评审应是系统的，以便评价设计和开发的结果满足要求的能力；识别任何问题并提出必要的措施。

⑤ 设计和开发验证。组织应依据对设计和开发策划的安排，对设计和开发进行验证，以确保设计和开发输出满足输入的要求。

⑥ 设计和开发确认。组织应依据对设计和开发所策划的安排，对设计和开发进行确认，

以确保产品能够满足规定的使用要求；满足已知的预期用途的要求。只要可行，组织应在产品交付或服务实施之前完成对设计和开发的确认。

根据对设计和开发评审、验证和确认的要求可以看出，有关设计和开发评审、验证和确认的活动是否都要进行、何时进行、如何进行，都要依据对设计和开发所策划的安排进行，不仅再次体现了策划的重要性，也说明了设计和开发策划的安排依据产品的不同而会有简单和复杂之分。组织应重视对产品设计和开发的策划，依据策划的结果确定该产品设计和开发应开展的活动。

⑦ 设计和开发的更改。设计和开发的更改主要是指对已经评审、验证或确认的设计结果的更改。组织应首先对这种更改加以识别，包括更改的内容和范围、更改的必要性和可行性，并保持记录。在识别更改基础上，适当时，组织应对设计和开发更改的内容进行评审、验证和确认，并在更改实施前得到批准。设计和开发更改的评审内容应包括评价这种更改对产品组成部分和已交付产品所带来的影响，以确定更改的适宜性、合理性、有效性。

（4）采购

1）采购过程。采购的产品既包括硬件，也包括软件；既包括采购的产品，也包括采购的服务或过程；既包括产品的组成部分，也包括支持或服务于产品的部分。组织应对影响随后的产品实现或影响最终产品的那些采购产品和提供采购产品的供方进行控制，确保所采购的产品符合规定的要求，控制的类型、方法和程度则取决于影响的程度。

提供采购产品的供方，其管理、过程直接影响采购产品的质量。组织应加强对供方的控制，制定选择、评价和重新评价供方的准则，根据供方按组织的要求提供产品的能力，包括管理能力、过程能力评价和选择供方。

2）采购信息。为了确保采购的产品符合规定的采购要求、组织提供的采购信息应准确表述拟采购的产品，规定采购的要求。采购信息一般体现在采购文件中。组织在与供方沟通前，应确保所规定的要求是充分和适宜的。采购信息包括产品、程序、过程和设备的批准要求、质量管理体系的要求。

3）采购产品的验证。采购产品的验证可采用供方现场验证、查验供方合同合格证明、进货检验等一种或多种方式。为确保采购的产品符合规定的采购要求，组织应确定并实施所需的检验和其他必要的活动。

当组织或顾客拟在供方的现场实施验证时，组织应在采购信息中对拟验证的安排和产品放行的方法做出规定。

（5）生产和服务提供

1）生产和服务提供的控制。组织应对生产和服务提供的控制进行策划，以使生产和服务提供在受控条件下进行。这些受控条件包括获得表述产品特性的信息，必要时，获得作业指导书，使用适宜的设备，获得和使用监视和测量装置，实施监视和测量，放行、交付和交付后活动的实施。

2）生产和服务提供过程的确认。标准所要求确认的生产和服务提供过程是指过程的输出不能由后续的监视和测量加以验证的过程，或仅在产品使用或服务已交付之后问题才显现的过程。组织应对这样的过程进行确认，确认的目的是要证实这些过程实现策划结果的能力。经确认，如果存在这样一些过程，组织应对这些过程做出安排，加强对这些过程的控制。这些安排包括为过程的评审和批准规定准则、设备的认可和人员资格的鉴定、使用特定的方法和程序、记录的要求、再确认。

特殊过程是指对形成的产品是否合格不易或不能经济地验证的过程。特殊过程的过程输出体现了两个特点或性质：过程的输出不易验证；过程的输出不能经济地验证。显然，特殊过程与要确认的生产和服务提供过程是有区别的。要确认的过程必定是特殊过程，但特殊过程依照组织和产品不同，未必都是标准所要求确认的过程。

3）标志和可追溯性。当需要区别不同的产品或没有标志就难以识别不同的产品时，组织应采用适宜的方法，包括采用标志制度来识别不同的产品，防止在产品实现的全过程中对产品的误用或混淆。不同的产品有不同的监视和测量的要求，即使功能用途相同但质量要求不同的产品也有不同的监视和测量的要求，组织应针对不同的要求，采用适宜的方法识别产品状态，防止误用或混淆。

可追溯性是指追溯所考虑对象的历史、应用情况或所处场所的能力。当产品有可追溯性要求时，产品要有唯一性标志，组织应控制和记录产品的唯一标志。

4）顾客财产。组织应爱护顾客财产。这里所说的顾客财产是指顾客所拥有的由组织控制或使用的财产。这里所说的"爱护"包含了妥善保管和正确使用两层含义。

组织应采用适宜的方法识别供其使用或构成产品一部分的顾客财产，并应加以验证，进行保护和维护。若顾客财产发生丢失、损坏或发现不适用的情况，组织应记录这些情况并报告顾客。

5）产品防护。当产品在组织内部处理和交付到预定的地点期间，组织应针对产品的符合性提供防护，防止产品的损坏、变质和误用。这里所说的"产品"包括最终产品，也包括用于产品的组织部分。防护应包括标志、搬运、包装、储存和保护等内容，涉及产品的搬运、包装、储存、防护和交付的过程。

6）监视和测量装置的控制。组织应确定在产品实现过程中所需实施的监视和测量以及监视和测量所需的装置，目的是为产品满足所确定的与产品有关的要求提供证据。在需要确保测量结果有效的必要场合，对测量设备应按下列要求进行控制：对照国际或国家的测量标准，按照规定的时间间隔或在使用前进行校准或检定，当不存在上述标准时，应记录校准或检定的依据；进行调整或必要时再调整；得到识别，以确定其校准状态；防止可能使测量结果失效的调整；在搬运、维护和储存期间防止损坏或失效。同样需要确保测量结果有效，但有些场合组织不必一定采用上述方法，而可以考虑采取其他一些简便且有效的措施来控制测量设备。无论采取哪些方法和措施，都应确保测量结果有效。无论在哪种场合，当发现测量设备不符合要求时，都应对以往测量结果的有效性进行评价。

当计算机软件用于规定要求的监视和测量时，应在初次使用前确认其满足预期用途的能力，必要时再确认。

6. 测量、分析和改进

（1）总则　组织应对监视、测量、分析和改进过程进行策划，并实施这些过程，以满足下列方面的需要：证实产品的符合性；确保质量管理体系的符合性；持续改进质量管理体系的有效性。

组织对所需的监视、测量、分析和改进的策划和实施，应包括对所需的适用方法及其应用程序的确定。在确定所需的适用方法时,特别要注意对适用的统计技术的确定。因为在监视、测量、分析和改进过程中,往往可观察到数据的异常,利用适用的统计技术对这些数据进行统计分析,能更好地帮助理解异常的性质、程度和原因,从而有助于问题的解决,甚至防止由数据异常引起的问题并促进持续改进。

(2) 监视和测量

1) 顾客满意的监视。顾客满意是指顾客对其要求已被满足的程度的感受。顾客满意是一个相对的概念,相对于顾客,不同的顾客的要求不同,感受也不同;相对于要求,顾客要求因时间和空间的变化而不同,感受也不同;相对于程度,满足顾客要求的程度不同,感受也不同。

顾客满意指的是顾客的一种感受,用简单的"满意"和"不满意"、"有意见"和"没意见"等往往难以真实地、客观地反映顾客的这种感受。顾客抱怨是反映顾客满意程度低的最常见的一种方式,但没有抱怨不一定表明顾客很满意。即使要求符合顾客的愿望并得到满足,顾客也不一定很满意。

组织应确定如何获取信息,采取各种方法、多种渠道,尽可能多地获取有关顾客感受的各种信息,并监视这些信息。组织还应该确定如何利用这些信息,采用适当的方法,如统计技术,对获取的信息进行分析和处理,作为对质量管理体系业绩的一种评价,并促进质量管理体系持续改进。

2) 内部审核。内部审核和管理评审都是组织建立自我评价、自我改进机制的手段。组织应按策划的时间间隔实施内部审核,其目的是确定质量管理体系是否符合产品实现策划安排结果的要求;符合标准所规定的质量管理体系要求;符合组织所确定的质量管理体系要求;符合质量管理体系得到有效实施和保持的要求。

应将内部审核程序形成文件。"内部审核程序"至少应规定以下方面的职责和要求:审核的策划、审核的实施、审核结果的报告以及审核记录的保持。审核员不应审核自己的工作。审核员的选择和审核的实施应确保审核过程的客观性和公正性。

组织应确保及时采取纠正和预防措施,消除内审中已发现的或潜在的不合格因素及其产生的原因,并验证所采取措施的有效性。

3) 过程的监视和测量。组织应采用适宜的方法监视质量管理体系过程。质量管理体系过程包括与管理活动、资源管理、产品实现和测量有关的过程。这种对过程的监视是必需的,若有适宜的方法可以对过程进行测量,则应测量。在采用适宜的方法时,一定要注意对适用的统计技术如统计过程控制的使用,对过程的监视和测量的目的是要证实过程实现所策划的结果的能力。若证实过程未能达到所策划的结果,则应采取纠正和预防措施,以确保产品的符合性。

4) 产品的监视和测量。对产品的监视和测量应考虑和确定以下几点:对象——产品的特性;目的——验证产品要求已得到满足;依据——产品实现所策划的安排;时机——产品实现过程的适当阶段。应保存符合接收准则的证据,记录应指明有权放行产品的人员。一般情况下,根据产品实现策划安排所规定的对产品的监视和测量的工作都已圆满完成后,产品才能放行和交付使用。但在同时满足下列两个条件的特殊情况下,产品也可放行和交付使用:有关授权人批准;适用时顾客批准。

特别需要引起注意的是，特别情况下的产品放行和交付使用，并没有放宽对产品的要求，仍需满足在本节开头所强调的组织对质量管理体系的两种要求。

（3）不合格品控制　组织应确保识别在产品实现过程的各阶段可能产生的不合格品并加以控制，以防止该不合格品仍按预期的要求交付和使用。组织应对发现的不合格品进行评审，在评审的基础上通过下列一种或几种途径进行处置：采取措施，消除已发现的不合格品；经有关授权人员批准，使用时经顾客批准，让步使用、放行或接收不合格品；采取措施，防止其原预期的使用或应用。应将不合格品控制程序形成文件。"不合格品控制程序"至少应对不合格品控制和不合格品处置的职责和权限做出规定。在不合格品得到纠正之后再次进行验证，以证实其符合要求。需要注意的是，为了减少使顾客不满意的程序，组织对于在交付或开始使用后所发现的不合格品所采取措施一定要与减轻不合格品影响的程序相适应。

（4）数据分析　组织应确定、收集来自各方面的数据并对其进行分析。数据分析的目的是：证实质量管理体系的适宜性和有效性；评价在何时可以持续改进质量管理体系的有效性。数据分析提供的信息至少应包括以下方面：顾客满意度；与产品要求的符合性；过程和产品的特性及趋势，包括采取预防措施的机会等。

（5）改进

1）持续改进。持续改进质量管理体系的有效性是组织的最高管理者在质量方针中所做出的承诺，促进持续改进质量管理体系的有效性应通过使用以下手段或措施：质量方针、质量目标、审核结果、数据分析、纠正和预防措施以及管理评审。

2）纠正措施。纠正措施是指为消除已发现的不合格或其他不期望情况的原因所采取的措施。纠正是为了消除已发现的不合格所采取的措施。纠正可连同纠正措施一起实施，但纠正和纠正措施是有区别的，主要区别在于对象不同：纠正的对象是不合格，纠正措施的对象是不合格的原因。

组织应采取措施，以消除不合格的原因，防止不合格的再次发生。纠正措施程序应形成文件，该程序应规定以下要求：评审不合格；确定不合格的原因；评价确保不合格不再发生的措施的需求；确定和实施所需的措施；记录所采取措施的结果；评审所采取的纠正措施。

3）预防措施。预防措施是指为消除潜在不合格或其他潜在不期望情况的原因所采取的措施。组织应采取措施，以消除潜在不合格的原因，防止不合格的发生。预防措施程序应形成文件，该程序应规定以下要求：确定潜在不合格及其原因；评价防止不合格发生的措施的需求；确定和实施所需的措施；记录所采取的措施的结果；评审所采取的预防措施。

2.3　质量管理体系的建立与持续改进

2.3.1　质量管理体系的建立

质量管理体系是指通过周期性改进，随着时间的推移而逐步发展的动态系统。无论其是否经过正式策划，每个组织都有质量管理活动。新版标准为如何建立正式的体系提供了指南，以管理这些活动。有必要确定组织中现有的活动和这些活动对组织环境的适宜性。ISO 9001 及 ISO 9004 一起，可用于帮助组织建立一个统一的质量管理体系。

正式的质量管理体系为策划、实施、监视和改进质量管理活动的绩效提供了框架。质量管理体系无须复杂化，而是要准确地反映组织的需求。在建立质量管理体系的过程中，标准中给出的基本概念和原则可提供有价值的指南。

质量管理体系策划不是一件单一的活动，而是一个持续的过程。这些计划随着组织的学习和环境的变化而逐渐完善。计划要考虑组织的所有质量活动，并确保覆盖本标准的全部指南和 ISO 9001 的要求。该计划应经批准后实施。

组织定期监视和评价质量管理体系计划的实施及其绩效是重要的。周密考虑的指标有助于这些监视和评价活动。

审核是一种评价质量管理体系有效性的方法，目的是识别风险和确定是否满足要求。为了有效地进行审核，需要收集有形和无形的证据。基于对所收集的证据的分析，采取纠正和改进措施。知识的增长可能会带来创新，使质量管理体系绩效达到更高的水平。

2.3.2 建立质量体系的要求

企业在建立质量体系时，应遵循下面的要求：

1. 强调质量策划的要求

质量策划是指确定质量以及采用质量体系要素的目标和要求的活动。策划的结果一般应形成计划。为提高产品或服务的质量，增强质量体系的有效性，需要精心的策划和周密的计划。任何一项新的工作和质量经营活动，取得成功的第一步就是做好质量策划并制订质量计划。ISO 9004—1 特别强调："更看重于策划"。

2. 整体优化的要求

质量体系如同别的体系一样，是由若干事物相互联系、相互制约而构成的整体。建立质量体系必须树立系统的观念，采取系统工程的方法，其核心则是为了实现整体优化。一个组织在建立、保持和改进质量体系的各个阶段，包括质量体系的策划、质量体系文件的编制、各质量要素活动的接口与协调等，都必须以整体优化为原则。

3. 强调预防为主的要求

预防为主就是将质量管理的重点从管理"结果"向管理"因素"转移。不是出现了不合格才去采取措施，而是采取适当步骤消除产生现存或潜在不合格的因素，按问题的性质来确定采取措施的程序，避免再发生不合格，做到防患于未然。全面质量管理推行的以预防为主的方针，在 ISO 9000 族标准中已经得到了很好的体现，正如 ISO 9004—1 标准在"组织目标"中所强调指出的"所有的控制都应针对减少和消除不合格，尤其是预防不合格。"

4. 强调满足顾客对产品质量的要求

满足顾客和其他受益者对产品质量的需求是建立质量体系的核心。任何组织首先关心的应是其产品的质量。ISO 9004—1 标准提出，"为了取得成功，组织提供的产品应该达到：满足适当规定的需要、用途或目的；满足顾客的期望；符合适用的标准和规范；符合社会要求；反映环境需要；以有竞争力的价格及时提供；经济地提供。"

5. 强调过程概念的要求

所有工作都是通过过程来完成的。每一过程都是输入、输出，输出是过程的结果，是有形的或无形的产品。过程本身应当是一种增值转换。每一过程以某种方式包含着人或其他资源。一个组织的质量管理就是通过对组织内各种过程进行管理来实现的。

6. 强调质量与效益统一的要求

为实现质量与效益的统一，必须从顾客和组织两个方面权衡利益、成本和风险诸因素的关系。一个有效的质量体系，应该是既能满足顾客的需要和期望，又能保护组织的利益，成为使质量最佳化及对质量加以控制的有价值的管理资源。ISO 9004—1 提出"质量体系的财务系统考虑"就是要求以财务用语来度量质量体系的有效性，并以质量体系活动的财务报告等方式作为提供识别无效活动和发起内部改进活动的手段，从而促进质量体系的完善和产品质量水平的提高，实现质量和效益的统一。

7. 强调持续的质量改进的要求

致力于使顾客满意和实施持续的质量改进，是组织的各个职能和各个层次的管理者始终追求的目标。组织应"根据质量要求，达到、保持并寻求不断改进其产品质量"，同时应"改进其自身的工作质量，以持续满足所有顾客和其他受益者明确和隐含的需要。"

8. 强调全面质量管理作用的要求

全面质量管理提出了长期的全球管理战略，以及组织内的所有成员为了组织自身及其成员、顾客和社会的整体利益而参与的概念。

ISO 9000 族标准是全面质量管理经验的总结和升华的产物，而且它的未来还将继续受到全面质量管理发展的影响，因此应该十分注重全面质量管理的作用。

2.3.3 质量管理体系的总体设计

质量管理体系总体设计是按 ISO 9000 族标准在建立质量管理体系之初对组织所进行的统筹规划、系统分析、整体设计，并提出设计方案的过程。

质量管理体系总体设计的内容为：领导决策，统一认识；组织落实，成立机构；教育培训，制订实施计划以及质量管理体系策划。

（1）**领导决策，统一认识** 建立和实施质量管理体系的关键是组织领导要高度重视，将其纳入领导的议事日程，在教育培训的基础上进行正确的决策，并亲自参与。

（2）**组织落实，成立机构** 首先，最高管理者要任命一名管理者代表，负责建立、实施和改进公司质量管理体系。然后，根据组织的规模，建立不同形式、不同层次的贯标机构。

（3）**教育培训，制订计划** 除了对领导层的培训外，还必须对贯标骨干及全体员工分层次进行教育培训。

（4）**质量管理体系策划** 质量管理体系策划是组织最高管理者的职责，通过策划确定质量管理体系的适宜性、充分性和完善性，以保证体系运行结果有效。

质量管理体系策划的具体工作内容为：识别产品、识别顾客，并确定与产品有关的要求；制定质量方针和目标；识别并确定过程；确定为确保过程有效运行和控制所需的准则和方法；确定质量管理体系范围；合理配备资源等。

2.3.4 质量管理体系成文信息编制

在 ISO 9001：2015 版标准中，质量手册、程序等在过去标准中明确要求的文件称谓均被取消了。统一用"成文信息"表述，从而给使用标准者以更大的操作空间。

组织以灵活的方式将其质量管理体系形成成文信息。质量管理体系成文信息应与组织的全部活动或部分活动有关。

1. 质量手册的编制

ISO 9001：2015 版标准对"质量手册"的定义是："组织的质量管理体系的规范"。为了适应组织的规模和复杂程度，质量手册在其详略程度和编排格式方面可以不同。质量手册是组织质量管理的纲领性文件，是组织内部的法规，也是对外展示组织质量管理体系结构、运作状态和提供质量保证的证据。质量手册是依据 ISO 9000 族标准及其有关法规编制的，因而具有系统性、规范性和科学性的特点。

（1）**质量手册的内容**　质量手册的内容至少应包括质量管理体系的范围，包括非适用情况的说明及对其判断的理由；质量管理体系过程及其相互作用的描述；为质量管理体系所编制的形成文件的程序或对这些程序的引用。通常涉及以下内容：

1）名称、范围和通用领域，发布令。
2）目次。
3）介绍本组织及手册本身的前言。
4）本组织的质量方针和目标。
5）组织结构、职责和权限的说明。
6）质量管理体系的描述和质量管理体系程序的引用。
7）定义。
8）质量手册使用指南。
9）支持性资料的附录。

（2）**编制质量手册的工作步骤**　确定并列出现行适用的质量管理体系政策目标和程序，或列出相应的编制计划。

1）确定过程及质量管理体系范围。
2）从有关方面收集涉及质量管理体系的资料。
3）散发并整理对现行做法的调查表。
4）从业务部门收集补充的原始文件或参考资料。
5）确定待编手册的格式和结构。
6）根据预定的格式和结构对现有文件分类。
7）使用适合本组织的方法完成质量手册的草案。

2. 记录的编制

ISO 9001：2015 版标准对"记录"的定义是："阐明所取得的结果或提供所完成活动的证据的文件"。记录可用于正规化可追溯性活动，并为验证、预防措施和纠正措施提供证据。通常记录不需要控制版本。记录具备可追查性的基本功能。

（1）记录的构成　记录是由原始记录、统计报表和分析报告等构成，它们以不同的形式反映了质量管理体系运行动态和产品质量状态。原始记录是以数字、文字或图表等形式对生产经营活动的过程和结果做出的首次直接记载；统计报表是按质量管理需要，根据原始记录进行汇总统计形成的报表；分析报告是对专项质量活动进行调查研究、总结分析后形成的文字报告。

（2）记录的编制要求

1）记录的设计应与其他质量管理体系文件，特别要与程序文件协调一致、接口清楚。

2）记录的编制应与质量手册和程序文件的设计同步进行，并应对其编号、格式、审批程序等做统一规定。

3）记录的编制应满足证实需要，并且有可追溯性。

2.3.5　质量管理体系的运行

质量管理体系文件编制完成后，体系将进入试运行阶段。试运行的目的是考验质量管理体系文件的有效性和协调性，并对暴露的问题采取纠正和改进措施，以达到进一步完善质量管理体系的目的。

1. 质量管理体系文件的发布和宣讲

质量管理体系文件经批准后，应由组织的最高管理者发布。并通过一定的形式宣布质量管理体系投入运行和新的质量管理体系文件生效。在此阶段，教育培训应该先行。

2. 组织协调

质量管理体系是借助其组织结构的组织与协调来运行的。组织与协调工作的主要任务是组织实施质量管理体系文件，协调各项质量活动，排除运行中的各种问题，使质量管理体系正常运行。

3. 质量监控

质量管理体系在运行过程中，各项活动及其结果不可避免地会发生偏离标准的现象，因此必须实施质量监控。质量监控的主要任务是对产品、过程、体系进行连续监视、验证和控制，发现偏离质量标准或技术标准的问题及时反馈，以便采取纠正措施，使各项质量活动和产品质量均能符合规定的要求。

4. 信息管理

在质量管理体系运行中，质量信息反馈系统对异常信息进行反馈和处理，实行动态控制，使各项质量活动和产品质量处于受控状态。信息管理与质量监控和组织协调工作是密切相关的。异常信息经常来自于质量监控，信息处理要依靠组织协调工作。三者的有机结合，是质量管理体系有效运行的保证。

2.3.6　质量管理体系的评价

质量管理体系评价包括内部审核、管理评审、自我评价。

1. 内部审核

（1）内部审核的概念　组织应按照策划的时间间隔进行内部审核，以提供有关质量管理体系的下列信息：是否符合组织自身的质量管理体系要求；是否符合 ISO 9001：2015 版标准的要求；是否得到有效的实施和保持。

1）依据有关过程的重要性、对组织产生影响的变化和以往的审核结果，策划、制定、实施和保持审核方案，审核方案包括频次、方法、职责、策划要求和报告。

2）规定每次审核的审核准则和范围。

3）选择审核员并实施审核，以确保审核过程客观公正。

4）确保将审核结果报告给相关管理者。

5）及时采取适当的纠正和纠正措施。

6）保留成文信息，作为实施审核方案以及审核结果的证据。

（2）内部审核的程序

1）准备与策划。主要工作有：编制审核计划；任命审核组长，指定审核员；编制检查表等。

2）实施。审核员到达受审核部门，通过提问、验证、观察进行质量管理体系运行客观证据的收集，并作好现场审核记录。

3）审核结果评价。现场调查、取证以后，根据审核发现判断审核内容是否符合标准或文件的规定。判定不合格项，编制不合格报告，并提交审核报告。

4）制定和确认纠正措施。受审核部门针对审核中发现的不合格项制定纠正措施，审核员可以参加受审核部门对纠正措施的讨论和对有效性的评价。这一点与外部质量审核有较大的差异，外审员在审核时不能参与受审核方咨询性的活动。

5）改进与评价效果。这是内部审核的后续工作。受审核部门要逐个落实纠正措施，并对采取的纠正措施进行评价。审核员要对前次审核中不合格项的纠正措施是否有效进行审核，并提交报告。内部审核不合格项的纠正措施得到有效追踪，审核才告结束。

2. 管理评审

ISO 9001：2015 版对"管理评审"的内容进行了全新的更改。

（1）总则 最高管理者应按照策划的时间间隔对组织的质量管理体系进行评审，以确保其持续的适宜性、充分性和有效性，并与组织的战略方向一致。

（2）管理评审输入 策划和实施管理评审时应考虑下列内容：

1）以往管理评审所采取措施的情况。

2）与质量管理体系相关的内外部因素的变化。

3）下列有关质量管理体系绩效和有效性的信息，包括其趋势：顾客满意和有关相关方的反馈；质量目标的实现程度；过程绩效以及产品和服务的合格情况；不合格及纠正措施；监视和测量结果；审核结果；外部供方的绩效。

4）资源的充分性。

5）应对风险和机遇所采取措施的有效性。

6）改进的机会。

（3）管理评审输出 管理评审的输出应包括与下列事项相关的决定和措施：

1）改进的机会。

2）质量管理体系所需的变更。

3）资源需求。组织应保留成文信息，作为管理评审结果的证据。

坚持管理评审制度，有利于组织的质量管理体系持续有效和不断改进，也是组织建立自我改进、自我完善机制的重要措施。

3. 自我评价

自我评价是对组织活动及绩效就其成熟度所做的全面而系统的评审。

根据组织的绩效和最佳实践，自我评价应被用于确定组织的优势和劣势。自我评价既可用于组织的整体，也可用于各个过程。必要时，自我评价可帮助组织确定改进和（或）创新的优先次序，并策划和实施改进和（或）创新。

自我评价结果有助于：持续改进组织的整体绩效；引导组织向实现和保持持续成功的方向发展；适当时，在组织过程、产品和结构方面进行创新；认定最佳实践；识别进一步的改进机会。

组织应将自我评价结果与组织内相关人员沟通，以共同分享对组织及其未来方向的理解。组织也应将自我评价结果作为管理评审的输入。

2.3.7 质量管理体系的改进

改进是为改善产品的特征及特性和/或提高用于设计、生产和交付产品的过程的有效性和效率所开展的活动。当改进是渐进的，并且积极地寻求进一步改进的机会，这就是持续改进。持续改进是增强满足要求的能力的循环活动。制定改进目标和寻求改进机会的过程是一个持续过程，在该过程中常常使用"审核发现""审核结构""数据分析""管理评审"或其他方法找出存在的问题，并指明原因，其结果是使组织提出纠正措施或预防措施。

持续改进的对象是质量管理体系。持续改进质量管理体系的目的是提高组织质量管理体系有效性和效率，实现质量方针和质量目标，增加顾客和其他相关方满意的机会。有效性是完成策划的活动和达到结果的程度；效率是达到的结果与所使用的资源之间的关系。

质量管理体系改进是旨在提高质量管理体系有效性和效率，为本组织及其顾客和其他受益者提供更多收益的质量改进活动。包括为实现质量管理所需的组织结构改进、程序改进、过程改进和资源改进。

1. 质量管理体系改进的原则

质量管理体系改进的基本原则是：

1）应把满足受益者的期望和需要作为推进质量体系改进的基本动力。作为受益者之一的社会，其要求在世界范围内已越来越严格，同时，期望和需要也越来越明确，在实施质量体系改进时应作足够充分的考虑。

2）应根据组织调整经营战略、方针与目标的需要，调整、改进质量体系，在资源配置上应充分考虑知识、技术、手段的更新和满足动态管理的需要，在战略上确保质量体系能够更好地服务于组织获得长期成功的总体目标的实现。

3）应以提高质量管理体系的有效性作为质量改进的主要目标，在未明确质量目标之前，不能从事质量体系的改进。为此，应认真开展对质量体系的评价，并通过评价务实地确立质量改进目标。同时，在增强体系有效性的前提下，提高质量体系的效率。

4）质量管理体系改进应从改进过程入手，从改善过程接口做起，而且应运用系统工程的理论与方法，注重增强过程之间的协同性，以提高质量体系整体有效性和整体效率。

5）质量管理体系组织结构的改进，应将传统的职能型金字塔式的组织结构向过程型扁平式的组织结构转变，以提高质量体系的协调功能，增强体系对环境的应变能力。

6）质量管理体系改进要以扎实的体系结构为基础。要以质量振兴为基础，把人作为体系最宝贵的资源，实现以人为本的管理，注重通过持续的培训不断提高人员的素质和技能，包括高层管理者的质量经营素质。同时，应建立优良的质量文化，增强全员为实现组织的质量方针、目标的凝聚力，调动人员积极性，焕发创造力，改善体系环境。

7）质量管理体系改进应建立减少质量损失、降低质量成本、增长经济效益的经济目标。有效利用资源，发挥资源的使用效率。这是衡量质量管理体系改进效果的重要原则。

2. 质量管理体系改进的方法

质量管理体系改进的方法，主要有"硬"系统工程法、"软"系统工程法及业务流程重组法3种。

（1）"硬"系统工程法　将"硬"系统工程方法论应用于质量管理体系改进，其基本程序为：分析及确定改进需求，确定质量管理体系改进的目标；拟定质量管理体系改进的备选方案；分析备选方案；选择最佳方案；实施质量管理体系改进的最佳方案。

（2）"软"系统工程法　将"软"系统工程方法论应用于质量管理体系改进，其基本阶段为：质量管理体系问题情景描述与表达；相关质量过程的根定义；构造并检验概念模型；概念模型与现实的比较；提高并实施"可行的和需要的"变革。

"硬"质量体系改进方法适用于质量管理体系结构良好的系统，而"软"质量体系改进方法适用于质量管理体系结构不良的系统。事实上，往往"硬"、"软"兼有，故应二者并用。

（3）业务流程重组法　业务流程重组法（BPR）是美国迈克·哈默教授首先提出的。BPR的基本思想和方法，是为了更好满足顾客要求，为使作为现代企业绩效标志的成本、质量、服务、速度、效益等得到显著的改进，在对现有机构与现有过程重新评价的基础上，对企业的组织体系的职能结构进行重新设计并对生产要素重新配置，以充分发挥企业竞争优势的经营管理思想和方法。

3. 改进和持续改进活动的基本步骤

1）分析和评价现状，以识别改进区域。

2）确定改进目标。

3）寻找可能的解决办法，以实现这些目标。

4）评价这些解决办法并作为选择。

5）实施选定的解决办法。

6）测量、验证、分析和评价实施的结果，以确认这些目标已经实现。

7）正式采纳更改（即形成正式的规定）。

8）必要时，对结果进行评审，以确定下一步改进的机会。

2.4 卓越质量管理模式

2.4.1 美国波多里奇（Baldrige）质量奖

1. 波多里奇质量奖概述

美国国家质量奖以20世纪80年代里根政府商务部长马尔科姆·波多里奇的名字命名。波多里奇在任期内，成功地将商务部的预算削减30%以上，行政人员削减25%，并且为提高美国产品的质量和质量管理水平做出了很大的努力。

评选对象主要包括以下4类：制造企业或其子公司、服务业企业或其子公司、小企业、教育和医疗卫生机构。它经过3个阶段的评审，并对所选出的优秀企业进行实地考核，选出最优秀的企业，由最高评审人员联名向美国商业部长推荐，作为美国国家质量奖的候选企业。在评审过程中，对于那些落选企业也都给出评审报告，反馈给企业。波多里奇质量奖评选的目的是促进各组织将改进业绩作为提高竞争力的一个重要途径，并且使达到优秀业绩组织的成功经验得以广泛推广并由此取得效益。波多里奇质量奖每年评选2～3名获奖企业，经过十余年的实施，它已成为美国质量管理界的最高荣誉的奖项，对美国和世界质量管理活动都起到了巨大的推动作用。

2. 波多里奇质量奖的核心

波多里奇质量奖的评审标准在推动美国组织达到世界级质量水平的过程中扮演了重要角色，它不仅被美国各地而且被世界很多国家所采纳。这套标准可以作为组织自我评价的基础，通过致力于两大目标，即不断提升客户价值和全面提高组织业绩，来增强组织的竞争力。

评审项目有7项，分别是领导力、战略规划、以顾客和市场为关注焦点、测量分析和知识管理、人力资源的开发与管理、过程管理以及经营绩效（其中以顾客和市场为关注焦点、人力资源的开发与管理、经营绩效这3项，在教育组织类别的奖项评比中表述为关注于学生和投资人以及市场、关注于全体教员和职员、组织绩效；在健康卫生组织类别的奖项评比中表述为关注于病人和其他客户以及市场、关注于全体职员、组织绩效）。波多里奇质量奖的评审标准每年都会作一些细节上的修订。2011年度标准的各项目和条款的分值设置情况，如表2-1所示。可以明显发现其中分值比重最大的是经营绩效，这也体现了波多里奇质量奖所提倡的"追求卓越"（Quest for Excellence）的质量经营理念。

表2-1 2011年度波多里奇质量奖评审项目和条款

一、领导力	120
1.1 高层领导	70
1.2 治理和社会责任	50
二、战略规划	85
2.1 战略制定	40
2.2 战略实施	45

（续）

三、以顾客为关注焦点	85
3.1 顾客的声音	45
3.2 顾客契合	40
四、测量、分析和知识管理	90
4.1 组织绩效的测量、分析和改进	45
4.2 信息、知识和信息技术管理	45
五、以员工为本	85
5.1 员工环境	40
5.2 员工契合	45
六、以运营为关注焦点	85
6.1 工作系统	45
6.2 工作过程	40
七、结果	450
7.1 产品和过程结果	120
7.2 以顾客为关注焦点的结果	90
7.3 以员工为本结果	80
7.4 领导和治理的结果	80
7.5 财务和市场的结果	80
总分	1000

整套波多里奇质量奖的评审标准是一个完整的框架结构，其各评审项目相互关联和集成。如图2-3所示，它是一个系统的视图。从顶至底排列着3类基本要素：组织轮廓、系统业务

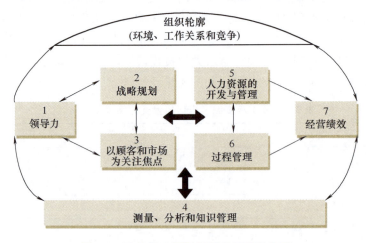

图2-3　波多里奇质量奖评审标准结构图

和系统基础。组织轮廓全面描述了组织业务,其中环境、工作关系和面临的竞争挑战,构成了整个业绩管理系统框架的指南。居中的系统业务包括了6个评审项目。1(领导力)、2(战略规划)、3(以顾客和市场为关注焦点)构成了"领导作用"三角关系,认为领导力是组织的主要驱动力,在制定目标、价值观、系统时具有重大作用。5(人力资源的开发与管理)、6(过程管理)、7(经营绩效)构成了"绩效表现"三角关系,绩效是企业最主要的目标之一,也是质量管理的重要组成。水平宽箭头连接了这两个三角关系,确保了组织的成功。由于箭头是双向的,表明在一个有效的业绩管理系统中反馈的重要性。4(测量、分析和知识管理)作为系统基础,制定了基于事实和知识驱动来有效管理组织的标准。

波多里奇质量奖的核心价值观和其相关的概念贯穿在标准的各项要求之中,其内容充分体现了现代质量经营的理论和方法,是组织追求卓越取得成功的经验总结。它主要体现在领导的远见卓识、顾客推动、组织和个人的学习、尊重员工和合作伙伴、灵敏性、关注未来、创新的管理、基于事实的管理、社会责任、重在结果及创造价值、系统的观点。

2.4.2 欧洲质量奖

1. 欧洲质量奖概述

1988年,欧洲14家大公司发起成立了欧洲质量管理基金会(EFQM)。EFQM所发挥的巨大作用在于:强调质量管理在所有活动中的重要性,把促成开发质量改进作为企业达成卓越的基础,从而增强欧洲企业的效率和效果。1992年,欧洲质量基金会设立了欧洲质量奖。

欧洲质量奖是欧洲最具声望和影响力的用来表彰优秀企业的奖项,代表着EFQM表彰优秀企业的最高荣誉。该奖项一共设有4个等级,分别是欧洲质量优胜奖、欧洲质量金奖、欧洲质量决赛奖和欧洲质量优秀表现奖。申请欧洲质量奖的组织可以分为4类:大企业、公司运营部门、公共组织和中小型企业。前3类欧洲质量奖的申请者遵循如下几项通用原则:

1)雇员不少于250人。
2)申请者至少有50%的活动在欧洲开展。
3)前3年内申请者没有获得欧洲质量奖。
4)同年同一母公司的独立运营分部申请者不得超过3家。

申请者首先根据模式自我评估,然后以文件形式将结果提交给EFQM,一组有经验的评审员再对申请评分。质量奖评判委员会由欧洲各行业领导者,包括以前获奖者的代表和欧盟委员会、欧洲质量管理基金会以及欧洲质量管理组织的代表组成。他们首先确定评审小组将对哪一家申请者进行现场访问。现场访问之后,基于评审小组的最终报告,评判委员会选择确定提名奖获得者、质量奖获得者和质量最佳奖获得者。在每一类别质量奖中,质量最佳奖获得者均选自质量获得者中最好的。获奖者都将参加声望很高的欧洲质量论坛。媒体将对此做广泛大量的报道。在整个欧洲他们都将得到认可,成为其他组织的典范。质量论坛会后的一年中,将进行一系列的会议,请获奖者与其他组织分享他们的经验以及达到优秀的历程。

2. 欧洲质量奖的企业卓越观念

欧洲质量奖的企业卓越观念体现在:结果导向;以顾客为中心;领导和坚定的目标;过程和事实管理;人员开发与参与;不断学习,创新改进;发展伙伴关系;公共责任。EFQM

卓越经营模式作为评价欧洲质量奖申请者的框架模型而产生，它已成为欧洲范围内应用最为广泛的组织框架。

EFQM 卓越经营模式是一种非说明性的框架模型，它认可实现卓越经营的多种方法。在这一前提下，必须强调以下的基本概念：

（1）**注重结果** 卓越取决于兼顾并满足所有相关受益者的需要（包括员工、顾客、供应商、社会以及企业的所有者）。

（2）**以顾客为中心** 卓越是指创造被认可的顾客价值。顾客是产品和服务的最终裁决者，使顾客忠诚、留住顾客以及获得市场份额，都是通过清楚识别顾客目前和潜在需求而得到的最优化。

（3）**领导力和持久的目标** 组织中的领导行为创造了清晰一致的组织目标，也创造了使组织及其员工取得卓越的环境。

（4）**基于过程和事实的管理** 当组织内部的所有活动被理解并系统地加以管理时，当有关现行运营和有计划的改进等决策是通过使用可靠信息做出时，组织运行就最有效。

（5）**人力资源的开发和全员参与** 组织中员工的潜能是通过价值分享、相互信任和授权的文化氛围，即鼓励员工参与得以充分释放的。

（6）**持续的学习创新改进** 当组织在不断学习、创新和改进的文化氛围中进行管理和分享信息时，其绩效最优。

（7）**合作伙伴的发展** 当组织与其伙伴有互惠关系，建立信任、分享信息并保持一致时，其工作量最有效。

（8）**社会责任** 当采用的道德手段超出社会的期望和要求时，组织及员工的长期利益会得到最好的保护。

如图 2-4 所示，框架模型中 9 项内容是组织达到卓越的评审标准。其中有 5 项是手段，有 4 项是结果，即与绩效、顾客、员工和社会有关的优秀结果是通过领导者驱动方针和战略、员工、合作伙伴资源和过程得以实现的。手段标准指明组织做什么，而结果标准揭示了企业组织能够获得什么。结果因为手段引起，同时结果的反馈进一步改进了手段。图中的箭头则强调了模型的动态性，表明创新和学习能够改进手段，进而改进结果。

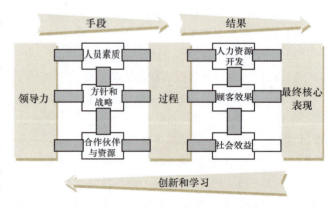

图 2-4　EFQM 卓越经营模式图

对于手段标准的内容，需要描述的内容包括：①采用的方法。使用什么方法和过程来说明标准，其理论基础是什么，如何把它们与方针和战略以及模型其他标准联系起来。②方法在组织垂直面上的所有层次和水平面上的所有领域展开的程度。展开是系统的，并且提供方法展开程度的信息。③评审和复审方法及方法展开的步骤。需要强调所采用的测量手段、所需的学习方法以及改进所采取的步骤。

对于结果标准的内容,提供的信息应当包括:①组织用于衡量结果的参数,以及历史期间各参数的统计趋势。趋势应强调组织的目标和实际绩效,条件允许还可以包括竞争对手或类似组织的绩效以及业内标杆型组织的绩效。②说明参数取舍的理论依据,这些参数如何覆盖了组织的各项活动。③对于采用的参数,要提供说明其重要性的依据。

2.4.3 戴明奖

1. 日本戴明奖概述

日本戴明奖于1951年由日本科技联盟设立,用来奖励在质量控制和提高生产率方面做出最大贡献的公司和个人。该奖以美国已故统计专家、质量控制技术先驱戴明博士的姓氏命名。它分为3个类别:戴明个人奖、戴明应用奖和工厂质量控制奖。其中戴明应用奖授予私营或国有小企业、大企业的部门,并于1984年向海外公司开放。每个年度对获奖企业的数量并没有限制。戴明奖的评审并非要求符合戴明奖委员会提出的质量管理模式,而是由企业自己认识自己的现状,制定目标,评审整个组织进行改进、变革的结果及其过程,以及将来的有效性。评审委员会设定符合该企业实际状况的课题,并致力于评审其是否采取了与企业实际状况相符的措施,通过这些措施是否可期待实现更高目标。无疑,评审由作为第三者的评审委员会进行,但其判定却是根据企业对全面质量管理所采取的措施、运营的状况以及所获得的成效等做出综合判断。从此意义上来讲,其中蕴涵了发展的动因。

2. 日本戴明奖的TQM概念

戴明奖认为,TQM是为了能够及时地、以适当的价值提供顾客满意的质量产品或服务,有效地运营企业的所有部门,为实现企业目的做贡献的系统活动。

(1)顾客 不仅是买主,还包括使用者、利用者、消费者、受益者等利益相关人。

(2)质量 是指有用性、可靠性、安全性等。需要考虑对社会、环境及后代的影响等。

(3)产品或服务 向顾客提供产品或服务的同时,还包括提供系统、软件、能源等。

(4)提供 是指从生产出"产品或服务"到交给顾客为止的活动,即除了调查、研究、策划、开发、设计、生产准备、购买、制造、施工、检验、接受订货、运输、销售、营业等之外,还包括顾客使用中的维护或售后服务及使用后的废弃或再生等活动。

(5)有效地运营企业的所有部门 是指在适当的组织、经营管理的基础上,以质量保证体系为中心,综合成本、数量、交货期、环境、安全等各个管理体系,以尽可能少的经营资源,迅速实现企业目的的所有部门、所有阶层的员工共同推进的工作。为此,需要在尊重人的价值观的基础上,培养掌握核心技术、有活力的人;适当地运用统计方法,根据事实进行对PDCA的管理、改进;进而通过适当地运用科学方法或有效、灵活地运用信息技术,重新构筑经营系统。

(6)企业目的 通过长期、持续地实现顾客满意,确保企业长期正当利益和增长,包括在员工满意的同时,谋求社会、交易对象、股东等与企业有关者的利益。

(7)系统活动 是指为了实现企业的使命,在明确中长期战略及适当的质量战略和方针的基础上,由具有强烈使命感的最高经营层领导制定的一系列有组织的活动。

2.4.4 我国的国家质量奖和卓越绩效评价准则

1. 全国质量管理奖概述

在 20 世纪 90 年代以前,我国有名目繁多的质量奖评选活动,包括国家设立的和社会组织设立的各种质量奖,其中以营利为目的的评奖活动愈演愈烈,对消费者和生产者产生了误导。于是,1991 年国务院第 65 号文件停止了政府部门主办的质量评比活动,带有计划经济色彩的国家质量金奖、银奖退出了市场。随着新世纪的到来和全球经济一体化的加速,为了有效提高我国产品质量和质量管理水平,增强国内企业乃至国家整体竞争能力,国务院决定重新设立中国国家质量奖。中国国家质量协会根据我国《产品质量法》的有关条款及中国质量协会的理事会决议,于 2001 年启动了全国质量管理奖评审工作。

全国质量管理奖每年评审一次,分为全国质量管理奖、全国质量管理奖提名奖和全国质量管理奖鼓励奖 3 个类别。评审范围为:工业、工程建筑、交通运输、邮电通信及商业、贸易、旅游等行业的国有、股份、集体、私营和中外合资及独资企业。评审程序主要包括以下几个步骤:企业申报、资格审查、资料审查、现场评审、综合评价和审定。

2. 全国质量管理奖的核心价值观和卓越绩效评价准则

全国质量管理奖的核心价值观和相关概念是为实现组织卓越的经营绩效所必须具有的意识。它贯穿在标准的各项要求之中,归纳为 11 条:领导者作用;以顾客为导向追求卓越;培养学习型组织和个人;建立组织内部与外部的合作伙伴;快速反应和灵活性;关注未来追求持续稳定发展;管理创新;基于事实的管理;社会责任与公民义务;重在结果及创造价值;系统的观点。我国的全国质量管理奖的评审标准是在借鉴国外的质量奖特别是美国波多里奇质量奖的基础上,充分考虑我国质量管理的实践以后建立起来的。

考虑到国家质量奖表彰的只是少数企业,为引导大多数企业追求卓越绩效,提高管理水平,增强竞争优势。因此,在建立了新的质量奖励的同时,由国家质量监督检验检疫总局和国家标准化委员会于 2012 年 8 月 1 日发布了 GB/T19580《卓越绩效评价准则》国家标准和 GB/Z19579《卓越绩效评价准则实施指南》国家标准化指导性技术文件,并且于 2013 年 1 月 1 日开始实施。评价准则为企业追求卓越提供一个经营模式的总体框架;为企业诊断当前管理水平提供一个系统的检查表;也为国家质量奖和各级质量奖的评审提供评价依据。

卓越绩效评价准则内容由 7 个类目、23 个评分项构成,其分值分布如表 2-2 所示。

表 2-2 卓越绩效评价准则分值分布

类目/评分项名称	评分项分值	类目分值
4.1 领导		110
4.1.1 高层领导作用	50	
4.1.2 组织治理	30	
4.1.3 社会责任	30	
4.2 战略		90
4.2.1 战略制定	40	
4.2.2 战略部署	50	

(续)

类目/评分项名称	评分项分值	类目分值
4.3 顾客与市场		90
4.3.1 对顾客和市场的了解	40	
4.3.2 顾客关系与顾客满意	50	
4.4 资源		130
4.4.1 人力资源	60	
4.4.2 财务资源	15	
4.4.3 信息和知识资源	20	
4.4.4 技术资源	15	
4.4.5 基础设施	10	
4.4.6 相关方关系	10	
4.5 过程管理		100
4.5.1 过程的识别和设计	50	
4.5.2 过程的实施与改进	50	
4.6 测量、分析与改进		80
4.6.1 测量、分析和评价	40	
4.6.2 改进与创新	40	
4.7 结果		400
4.7.1 产品和服务结果	80	
4.7.2 顾客和市场结果	80	
4.7.3 财务结果	80	
4.7.4 资源结果	60	
4.7.5 过程有效性结果	50	
4.7.6 领导方面的结果	50	
总分		1000

从上述的我国卓越绩效评价准则与美国质量奖评价标准（见表2-1）的比较可以看出：

1）标准的结构框架相同，都分为7个部分，评分总分为1000分。

2）每部分的结构不尽相同。例如在卓越绩效评价标准中第4个类目"资源"，与相应的美国质量奖评价标准第5部分"人力资源的开发与管理"相比，不仅强调了人力资源的作用，还增加了诸如财务资源、基础设施、信息、技术以及相关方关系等其他资源；又如在卓越绩效评价标准中第6个类目"测量、分析与改进"，与美国质量奖评价标准相比，增加了"改进"这一评分项。

3）关于各评分项的分值分布，结合我国国情与企业实际情况，在借鉴美国质量奖评价标准的基础上作了适当调整。例如，对"过程管理"类目调高了分值，反映出我国质量管理实践中过程控制能力不足，必须在此方面重视和加强的现实要求。

在GB/Z 19579《卓越绩效评价准则实施指南》的附录A部分，提出了卓越绩效评价准则的框架图（见图2-5）。该框架图以美国波多里奇质量奖评审标准结构图（见图2-3）为蓝本，并参照了EFQM卓越经营模式图（见图2-4）的思想，进行了创造性的改进，形象而生动地表达出卓越绩效评价准则的7个类目之间的逻辑关系。

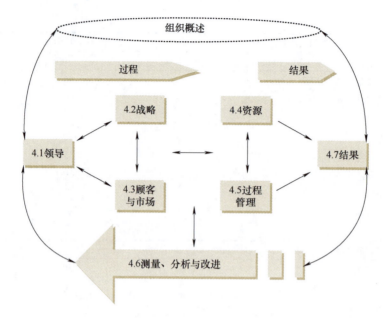

图 2-5 卓越绩效评价准则框架图

复习思考题

1. ISO 9000 族标准为什么会产生？从产生至今有哪些发展？
2. 请简述 ISO 9000 族标准的构成和特点。
3. 请简述以过程为基础的质量管理体系模式。
4. 质量管理体系的评价过程是什么？
5. 简述质量管理体系方法的逻辑步骤。
6. ISO 9001 标准的应用范围是什么？
7. 请简述组织中的管理者和员工在质量管理体系中发挥作用的不同之处。
8. 请简述内部审核的目的、程序以及对外部审核的影响。
9. 简述日本戴明奖、欧洲质量奖和美国波多里奇质量奖，对比它们的不同及相同之处。
10. 针对现有的质量管理体系和当前的社会环境提出一些改进意见。

案例分析题

针对下列各场景，判断是否有不合格项，并指出不合格项是不符合 ISO 9001 中的哪条，简述其理由。

1. RS 有限公司计划在 8 月下旬接受 ISO 9001：2015 版质量管理体系第三方认证。为此总经理决定在 7 月 16~18 日开展内部审核。审核一组来到公司。办公室王主任非常热情，准备了许多瓜果。张组长谢绝了王主任的好意，马上切入审核正题，问："办公室的主要质量职能有哪些？标准中哪些条款由办公室主管？"王主任拿出质量手册打开说："办公室的质量职能在手册中已明确规定。办公室负责的标准条款主要有 4.2.2 质量手册、4.2.3 文件控制、4.2.4 质量记录的控制、5.3 质量方针、5.4 策划、5.5.1 职责和权限、5.5.3 内部沟通、5.6 管理评审、6.2 人力资源、8.2.2 内部审核、8.5 改进等"。张组长问:"还有没有?"王主任想了想肯定地说:"没有"。

2. 组长建议先看培训,负责培训的杨工程师捧出一大摞早已准备好的培训资料。各类人员培训规范齐全,并有年度培训计划,该计划未形成红头文件下发,但有王主任批准签字。在审查主要工种培训时,小组查到了课堂培训记录、试卷。除此以外再无培训记录。张组长问到主要、关键、特殊岗位持证情况时,杨工程师翻出台账,该台账记录了所有发证人员名单。张组长问:"哪些岗位为关键的?"杨工说:"过去没有明确,文件上也没有确定,我自个儿定的"。张组长问:"行车、锅炉工、内审员、电气等人员为何没有发证记录"?杨工程师说:"这些人员都是委托外部培训的,所以不做记录"。在查到为用户代培时,杨工程师大叹苦经:"你也知道,公司没有场地,这项工作搞了两次,都是借用他人场地进行的"。"那么培训记录存放时间多长?"张组长顺便问一句。"5 年。"杨工程师答道。

3. 审核到文件控制时,王主任说这事由他回答,同时他向每个审核员递了一根香蕉:"不要太紧张,吃了再说。"审核员吃完香蕉后,查看了文件控制的有关记录。收发放记录很清晰,都有签字。当问及文件复印如何控制时,王主任说:"需经过他的同意才能复印,由复印人员进行复印登记"。审核员查阅了复印登记本,发现 6 月 3 日复印"供方评定控制程序"5 份,便问:"这 5 份派什么用途?"王主任说:"原文件发放时没有发至财务部、品质部,按文件规定财务部负责供方财务控制,品质部负责供方质量控制,所以应补发。"查文件发放记录无此记载。

4. 公司例会制度规定:厂务会议每月召开一次,总经理主持,办公室负责记录。审核员张刚在查看厂务会议记录时发现:2017 年 5、6 月两个月没有厂务会议记录。王主任解释说:"这两个月刘总出国去了,没有召开厂务会议。"

5. 根据张组长要求,王主任提供了一本 2017 年全公司方针目标管理表二级汇编。该汇编包括了公司、职能部门和各个分厂方针目标管理表。张组长翻阅时,没有见到二桥分厂方针目标管理表。供应部方针目标管理表中第三项目标为"保质保量满足生产需要",品质部方针目标管理表中第四项目标为"成品一次交验合格率 98%",该目标在公司方针目标管理表中规定为 98.5%。

张组长问:"公司方针目标上半年达成情况怎样?""上半年进行过一次方针目标对标自查活动。"王主任边说,边拿出一摞方针目标对标自查表。张组长抽查了品质部、销售部、热加工分厂三份对标自查表,三个部门对目标达成情况都有统计数据,但均无统计分析说明。其中销售部有两项目标(销售款、资金回笼率)仅达成要求的 30%。

6. 与此同时,审核三组正在审核技术部的产品开发。今年以来,技术部开发了两项产品,其中一项产品正在进行工作图设计,另一项产品已投入批量生产。关于已投产的 CPD30 叉车产品,技术部李副经理提供了一整套的设计文件和资料,包括产品开发建议书、产品设计任务书、设计计算书、各种系统原理图、产品零件图、部件图、装配图、设计评审报告,以及样机试验报告等。参加产品设计任务书评审的人员有技术部设计组、生产、供应、财务等部门代表;参加装配图设计评审的人员有设计组、工艺组、供应、动力、服务、财务等部门代表。季组长问:"参加设计评审人员是怎样确定的?""在设计控制程序上有明文规定。

我们是严格按照文件规定执行的"。李副经理回答。这时，审核员小季拿着样机试验报告，询问整机性能试验有没有原始记录，李副经理说有，并马上派马工（程师）去取。马工说不知道资料放在哪儿，站在一旁的王小姐说可能在李工那里，她去取。审核员小季继续审查样机试验报告，他对检测要求中最大起升速度变化率≥240mm/s这一指标产生疑问，李副经理叫来负责整机测试的陈工。陈工解释道该指标有误，正确为240mm/s×(1±10%)，但大于等于240mm/s符号蓄电池叉车等标准要求。小季问："王小姐什么时候能取来资料？"李副经理解释道："王小姐正在资料室寻找，再过10min就可拿来。"

7. 季组长一边迅速翻阅着桌上一大堆设计文件和资料，一边问："CPD30叉车的设计确认资料在哪儿？"李副经理拿出一本产品鉴定资料说："设计确认是和产品鉴定一起进行的，因为那天有许多专家到场，如果把产品鉴定和设计确认分开不太合适。有关设计确认的结果都在产品鉴定报告中。"季组长打开产品鉴定报告，该报告格式是由原机械工业部在1993年统一规定的。

这时审核员小季又催问王小姐的整机性能试验原始记录有没有找到。正说着王小姐进来了，两手空空。前后相隔约一个半小时。站在一旁的陈工程师说他有整机性能试验记录，放在办公室里。过了一会儿，陈工程师拿着一本脏兮兮的笔记本进来了。他翻了老半天才找到所需要的记录。小季拿过来一看，密密麻麻地记着一大堆数据，但根本看不懂是什么意思。陈工程师解释说："这些都是试验原始数据，试验报告上的数据是根据这些数据整理而成的"。说到这儿，下班的铃声响了。

8. 审核二组来到供应部，接待他们的是内勤张女士。张女士说："黄经理今天有事出去了，不知什么时候才能回来。临走时他交代过我了，有关采购资料都在我这儿"。李组长问："公司采购产品的目录有没有"？张女士想了想说："大概有的吧，我去找找"。找了老半天没有找着，便捧来一摞资料说："所有资料都在这里，你们自己可以翻翻看。"李组长见问不出什么，便和其他审核人员一起开始翻阅资料。

9. 李组长查供方评定资料。供应部已编制合格供方目录。李组长问张女士："这项工作是由谁负责的？"张女士叫来老邝，老邝是供应部原辅材料采购的业务主管。老邝说"供方评定我只负责列出所有原供方名单，评定是由黄经理、我和小王三人进行的。主要是根据供方以往的供货业绩确定的"。李组长把原供方名单核对了一下，只有一家没上合格供方目录。老邝说："这些供方都是老的，最新的也要在一年以上，比较熟悉，所以基本保持不变"。李组长又问："这些合格供方经谁批准？"老邝说："胡副总看过，点过头"。

10. 审核员李立在翻阅今年6~7月的采购订单时，请老邝介绍采购过程。老邝说："首先由生产部门提出申请，经黄经理审批后再交由采购员采购"。李立问："当涉及新的技术质量要求时怎么处理？"老邝说："通常由技术部门提出，如果技术部门不提出，就按原要求采购"。李立指出采购单内没有技术质量要求一栏。老邝说："如果有新的技术质量要求，我们一般写在备注栏内"。李立又问："有没有采购产品的技术标准（文件）？"老邝说："没有。如果需要，我们向技术部要"。

11. 李组长抽出8、9两个月的所有采购单，与合格供方目录核对。所有采购单上的供方都能在目录中找到。李组长问："今年1~7月供方退货有几批？让步接收有几批"？"退货大概有吧，确切几批我不清楚。"老邝说："对供货质量问题，我们一向抓得很紧。前个星期，我们还罚了乌元厂一万元呢？"李组长问："有没有对供方供货业绩定期重新分析、评价？"

老邵不以为然:"供货问题一出就向供方反馈并处理,没有必要对供方供货业绩进行分析"。

12. 审核二组提出到仓库看看。老邵陪着他们来到仓库。审核员看到库房内分成两个区域,一边货架上挂着醒目的标牌:"不合格品";另一边的一大块地方放着未打开包装的箱子,这个区域也立着一个标牌:"待检",再里面是验收合格的零配件、材料。

审核员走到标有"不合格品"的货架旁,注意到货架旁有几个没盖子的木箱,放着很多接插件。上面有一张单据是分厂退回来的,反映质量有问题。审核员问老邵是如何处理的。老邵急忙回答:"我们已经与配套厂交涉了,要求他们处理并承担责任。但是配套厂负责人认为这批产品交货后,复验是合格的,不应该由他一方承担损失"。

李组长问谁是收货检验员,老邵指着一位女士喊:"小王,请你来一下,检查组要问你一些事"。那位叫小王的女士走了过来。李组长问:"请你介绍一下货物验收程序好吗?"小王说:"当货物到达后,仓库保管员接收并将货物放在标有'待验'牌子的区域,然后交给我收货单,我根据公司订货单号,从我的档案中取出订购单,并按订单上要求从资料室取来相关图样和技术文件,检验收到的货物"。

审核员问:"检测频次是多少?"检验员回答:"关键重要尺寸100%检查,一般尺寸抽查,从未发现过问题的只抽查5%~7%"。审核员问:"出现不合格品,你怎么做?"检验员回答:"我开一张拒收单,说明拒收理由,送给供应部一联,品质部一联,然后我将拒收标签贴在货物上,放在标有'不合格品'牌子的货架上"。

13. 审核三组下午的审核是从品质部开始的。审核组先到精密测试室。测试室非常干净,装有空调。季组长问:"对测试室有没有温湿度要求?"测试室组长说:"有,温度在25℃±1℃。"季组长看了看四周墙壁,问:"测试室有没有温湿度计?"测试室组长笑答:"过去有的,不知怎的不见了,我也没重新安装。"季组长来到一位正在进行千分表检定的检定员身旁,问有没有资格证,该检定员从抽屉里拿出两本资格证,说她已取得长度、仪表两类资格证书。审核员小季对精测室巡视了一遍,所有计量标准器存放都非常整齐,并有防护措施。但发现精测室3只干湿温度计无校准合格证,校棒40余根无任何标识。测试室组长解释说:这些校棒都是报废的。

14. 接着审核三组来到计量检测中心办公室。中心主任显得非常自信,主动问审核组:"你们要看什么问什么,不会让你们失望的"。季组长要求先看计量检测方面的台账资料,如周检计划、计量器具台账、计量器具检定卡片、记录等。中心主任指着身旁的小伙子说:"这事由他负责,小李你去拿来。"并介绍道:"小伙子是去年从计量学院分配来的,工作很认真,人很老实,也很钻研"。不一会儿,小伙子捧来了一大摞资料,堆满一桌。审核组开始翻阅起来。很显然,小伙子在资料整理方面确实花了一番心血,似乎应有的台账、记录都齐全。审核员小季查看了计量器具周检计划,并与计量器具台账进行了核对,没有差错,又与送检结果统计和检定书核对,发现压力表送检计划为42只,送检结果统计为47只,检定证书上为48只,小季请他解释一下。小伙子略显慌乱,怔了半天说:"其中6只是备用压力表,所以没有列入送检计划"。

15. 审核三组又转到品质部办公室,品质部经理接待了他们。审核组长要求他们拿出2018年5~7月三个月的所有检验资料。审核员小季查进货检验,季组长查成品检验。小季抽查了6月8份外购外协检验报告,发现NO.012316转向桥总成送检60台、抽验10台,NO.0875门架总成送检20台、抽检10台。小季问为什么不按照QS3201抽样方案规定实施抽检。品质部经理说:这是他决定的。他认为这样做比抽检方案严格,也易操作。季组长抽查了 10 月份 5 台整机性能检验资料。产品编号为 5060841 的叉车终端测试台检验记录（检验日期为 2018 年 6 月 10 日）中侧滑量 S≤5m/km，实测 6m/km；转向轮转角外角 55°~60°，实测 54°；废气排放（必测）无记录。季组长问："两个检测项目不合格，一项未测，怎么还定为优等品呢？"品质部吴高级工程师解释道："这是两个不重要的指标，测不测无所谓，废气排放属抽测项目，整机抽查时已抽测"。"那么优等品还有没有标准"？季组长追问。吴高级工程师说："检验员都很清楚，通常都由他们决定"。

16. 季组长在查完整机性能测试资料后，提出要看质量检验计划。吴高级工程师拿出一份打印的质量检验计划。按该计划规定，季组长抽查了 6 份检验资料，基本符合。在查到多路阀进货检验点时，季组长要求提供检验规程，吴高级工程师找了半天没找到。他说这件事原来由印工程师管，由于他已调走，可能已散失。季组长针对这个问题又查了几个进货检验点，结果发现转向器电机、三连机连试、三连机和发动机空载时均无检验规程。

17. 临走时，季组长要求品质部提供产品质量法、计量法两部法律。品质部经理认为：法律工作由办公室负责，在办公室处可能有这两部法律。

18. 审核一组来到成品库，成品库很大，叉车停放也很整齐。仓库保管员正在擦洗一台叉车，张组长问："按照规定每天要保证多少台叉车处于表面清洁、机能正常的待发货状态？"保管员答："10 台"。张组长点点头，随后问："待发货状态怎样标识？"保管员说："我们心里都很清楚。喏，这些都是待发货叉车"。审核员张红数了数，共有 12 台，但无标识。审核组在成品库巡视一周，发现有两台叉车整机外露件有锈斑，保管员马上过去把这些锈斑给除掉了。审核员回到成品库发货处，查阅了 8 月份出入库单并进行了核对，无差错。审核员张刚拿着笔记本把在销售部记录的 5 份合同编号与提货单日期对照，发现合同编号 RS01007-01 交付期延迟两个月、合同编号 RS01008-025 交付期延迟 10 天。

19. 第二天上午，审核一组来到前处理分厂。前处理分厂比较脏乱。陈厂长说："我这个地方搞不干净的，谁来也搞不好"。张组长笑了笑，问陈厂长"你这儿有几个特殊工序？""什么特殊工序？我这儿没有特殊工序的。""例如淬火工序，你们是怎么控制的？"张组长问。陈厂长不以为然道："执行淬火工艺卡呗，还有什么控制措施？"他们一行人来到淬火工序，两名工人正在汗津津地干活，还有 3 名工人正坐着聊天。审核员张刚查看了热处理记录，里面稀稀拉拉地记录着一些数据，签字的地方只有一个姓。他发现批号为 NO.1256、图号为 GD5763-1 的一批 50 件齿轮中，有 20 件淬火硬度达不到标准。材质化验报告说明，这些齿轮材料不是所要求的 40Gr 钢。又查 No.1234 批号投料单和化验单，说明投产的材质是 S50 圆钢。他还发现有两份工艺文件，都是技术部工艺室发布的有关文件。一份是 2017 年 1 月 13 日发布的编号为 DT-9401 的热处理工艺规程，另一份是 2017 年 3 月 1 日发布的 DT-9403 热处理作业指导书，两者在工艺参数和时间等方面不完全一致。

20. 继续往前走，来到下料工段。地上满是棒料，行走都较困难。锯下的棒料分堆放在地上，堆与堆间距很小，下料后钢材端部材质的涂漆标志已看不到了。每堆上只有一张卡片说明生产批、零件号，材质和数量。陈厂长找来了工段长，问："DP 棒料什么时候能赶出来？"工段长说："最快也要后天。"陈厂长有点不快，说："不行，你们明天一定要赶出来。"审核组长过来问工段长："你们这批棒料的标志呢？"工段长笑着说："你看生产任务都忙不过来。况且没有标志我们也很清楚这些是什么材质的棒料，从来没搞错过。"

21. 审核组一行来到机加工车间。审核员在一台车床前发现一个工件筐内装有 20 根联轴器，筐内 NO.689 号过程卡上表明该批共有 25 根联轴器。车工解释说，在车床上车孔前，互检时他发现有 5 根联轴器漏钻了几个孔，因此退回到本小组的钻床上去补钻了。审核员在该加工小组的钻床前果然发现了一个工件筐，内有 5 根联轴器，但筐内没有任何文件。钻床工人说："我知道这些是什么工件，我有图样，按图钻孔不会错的"。

审核员要求看看图样，该图样图号为 XY9608-16。审核员发现图样上面有一尺寸用钢笔作了修改，并附有工艺室主任的签名。车间主任说，此尺寸是这根联轴器的关键尺寸，尺寸的修改有助于产品性能的改善。

22. 往前走，有一车工正在加工 5t 制动检验模。审核员查看到图纸绘制在一张铅画纸上，编号为铸钻 ZL107，日期为 2018 年 6 月 16 日，有一个签名。审核员问："这个签字的人是谁？"工人说："这是设计工程师。""为什么没有批准人的签字？"二桥分厂厂长插话："该图样是质量改进用的，由设计者出白图就可以了，用不着批准。另外，公司的程序文件上也无明确规定"。

请根据案例回答下列问题

1. 在对所有场景判断和综合分析的基础上，完成《不合格项报告》。在报告中，必须对每一个不合格项进行事实描述，指出其与 ISO 9001 中具体条款的违反之处，以及违反的程度（一般/严重）；展开有针对的原因分析；提出相应的纠正措施。具体可参考下列格式。

不合格项报告

编号：_____

审核类型	□内审 □初次审核 □第一次监督检查 □复评 □扩大/缩小 □其他		
受审核方		受审核部门	
审核员		审核时间	
不符合项事实描述：			
原因分析：			
纠正措施：			

2. 以《不合格项报告》为主要依据，完成《审核报告》。主要内容可参考以下建议：第一部分——概况说明，包括了审核时间范围、受审核方、审核目的、审核范围（包括产品及过程、部门和场所等）、审核依据、审核的主要参与人员等；第二部分——不合格项分布统计，统计和分析不合格项在不同部门、不同条款的分布情况，为下一步改进工作指出重点；第三部分——审核结论，以确定受审核方的质量管理体系文件是否符合标准要求、体系运行是否有效、目标是否合理以及是否实现等。

 视频思政案例

中国第一张 CCC 认证证书　　　　从重轨到"鞍钢宪法"

第3章
设计质量控制

福特金牛座汽车设计：将质量作为第一优先考虑因素

1902年，亨利·福特（Henry Ford）将一家货车店改为现在的福特汽车公司。1908年，该公司生产了第一辆低成本的T型汽车。由于人人负担得起T型汽车的价格，福特汽车公司因而创造了销售佳绩，"用汽车环绕世界"便是用来形容该款汽车。此后，福特汽车公司又相继推出了水星（Mercury）、雷鸟（Thunderbird）、野马（Mustang）以及金牛座（Taurus）等车型。这些车型均是福特汽车公司的重要资产，但金牛座排名第一。金牛座的故事生动地说明了在产品设计和开发的所有环节中质量的重要性。

尽管福特汽车公司有其悠久的历史，但其曾在20世纪70年代惨遭滑铁卢。当时，美国汽车市场上充斥着质量优良的日本汽车，福特汽车公司的竞争力立刻一落千丈。到70年代后期，福特汽车公司更是面临销售量下降、全球竞争加剧、大幅裁员以及可能的永久财务损失等问题。管理层明白若只是像往常一样小幅度地修改经营方针，公司将面临破产的命运，唯一的希望是推出一款新型的高质量汽车，这就是金牛座。

对福特汽车公司而言，金牛座不仅仅是一款新车，它代表福特汽车公司能以崭新的方法制造汽车。这次，公司不是以职能专业技术来组织金牛座的开发，而是把来自不同职能领域的人们融入研发小组。福特汽车公司同样意识到金牛座不可能吸引所有的顾客群，因此把金牛座设计为产品线的一部分，而非作为拯救公司的唯一产品。福特汽车公司仔细地记录了金牛座的整个制造过程以及从中学到的成功经验和失败教训。金牛座一上市，福特汽车公司就宣扬了一套新的产品开发理念，即面向顾客的设计理念。以下为产品设计新方法的基本原则（在金牛座方案中率先使用）：

（1）高层管理者应以主要里程碑而非日程进度表来评审产品开发方案。

（2）产品零部件供应商应对其零部件的原型负责，它们可对外转包零部件原型的生产，但必须对其质量、性能和成本负责。

（3）用于制造试运行汽车的零部件应该使用生产工具来制造。

以上原则的发展，连同福特汽车公司"面向顾客的理念"中包括的其他原则，代表了福特汽车公司产品开发的新理念。幸运的是，金牛座销售良好，并成为美国汽车业的新典范，美国大众热情地接受了金牛座的改进技术和设计特色。此外，金牛座还树立了福特汽车公司制造汽车的标准。继金牛座的设计之后，福特汽车公司实践了许多其他的创新管理理念，包括并行工程、早期的制造输入、原型改进以及竞争性比较。福特汽车公司在金牛座开发过程中获得的对产品设计的新态度，帮助公司重登全球汽车业的头把交椅。

如果福特汽车公司延续传统，没有将质量作为开发产品设计的新理念，公司将面临何种状况？福特汽车公司还会在激烈的竞争中存活吗？

（资料来源：福斯特. 质量管理集成的方法［M］. 何桢，译. 北京：中国人民大学出版社，2006.）

学习目标

1. 熟悉产品质量与设计质量的关系。
2. 熟悉设计质量控制的原则。
3. 了解设计质量控制技术。
4. 掌握设计质量的评价方法。
5. 熟悉产品和服务的设计和开发中的主要活动。

3.1 设计质量概述

产品经过质量设计过程，便形成设计质量。设计质量是指所设计的产品是否能够满足顾客需求、性能是否易于制造和维护、经济性是否合理、对生态环境是否造成危害、风险是否最小等。对产品设计过程中的质量进行有效的管理、控制，对产品的质量起着关键的作用。

产品成本的 70%~80% 取决于产品的设计，因此在产品设计过程中降低成本具有决定性的意义。设计决定了新产品的质量，大部分构成产品竞争力的要素，都是在产品的设计阶段确定的。产品的功能只可能由设计决定，产品的质量虽然主要取决于设计和制造两个方面的因素，但产品最终能否满足用户要求关键取决于产品设计阶段。设计活动是影响产品质量的一项重要活动，没有质量优良的设计，是制造不出质量优良的产品的，新产品的设计质量控制是现代质量管理的核心。

设计水平的高低决定了产品的竞争力，因此，产品的质量管理应从设计阶段抓起，产品的固有质量和经济性也在设计阶段就确定了。21 世纪，随着新经济时代的来临和我国加入世界贸易组织（WTO），要实现我们宏伟的发展目标，就必须在设计技术和设计质量管理方面跟上时代的步伐。新产品的设计是企业经营的核心，直接关系到企业的前途和命运。

新产品的设计是一个复杂的过程，涉及许多方面的知识和常识，工作风险性较大。怎样设计出质量好、利润高的产品，并使设计的新产品在运行和使用中尽量少出问题，已成为产品质量管理的重要方面。在设计过程中，发现质量缺陷越早，付出的代价就越小，并且产品的大多数缺陷出现在新产品刚刚推出时，因此在质量管理活动中，应重视新产品的设计质量控制。

在 ISO 9001：2015 版标准中，对设计的定义为"将对客体的要求转换为对其更详细的要求的一组过程。"

构成设计和开发输入的要求通常是研究的结果,它与形成设计和开发输出要求相比较,可以更概括性地表达为更普通的含义。这些要求通常从特性方面来规定。在一个项目中,可以有多个设计和开发阶段。

设计和开发的性质可使用限定词表示,比如产品设计和开发、服务设计和开发、过程设计和开发。

在 ISO 9001:2015 版标准中没有设计质量控制的相关条款,并在标准中将 ISO 9001:2008 版中的"产品"替换为"产品和服务",并有"产品和服务的设计和开发"这一论述,可以视为对"设计质量控制实施"这一部分的替换。在产品和服务的设计与开发中主要活动有设计和开发策划、设计和开发输入、设计和开发控制、设计和开发输出、设计和开发更改 5 个环节。

产品的质量主要取决于设计和制造两个方面的因素,但是设计阶段是影响产品最终能否满足用户要求的关键。设计是影响产品质量的一项重要活动,如果产品设计不够优良,制造的产品质量也不会优良。产品设计水平的高低决定了产品的竞争力。产品的固有质量和经济性也在设计阶段就确定了。因此,产品的质量管理应从设计阶段抓起。

3.1.1 设计定义及过程

1. 设计的定义

在 ISO 9001:2015 版标准中,对设计的定义为"将对客体的要求转换为对其更详细的要求的一组过程。"

构成设计和开发输入的要求通常是研究的结果,它与形成设计和开发输出要求相比较,可以更概括性地表达为更普通的含义。这些要求通常从特性方面来规定。在一个项目中,可以有多个设计和开发阶段。

2. 设计的过程

具体来讲,产品设计过程一般包括 9 个阶段,即产品理念形成,顾客未来需求预测,面向产品开发的技术选择,面向过程选择的技术开发,最终产品定义,产品营销与分销准备,产品设计与评价,制造系统设计,产品制造、交付和使用。

(1) **产品理念形成** 产品理念形成是设计过程的第一步。在本阶段,企业外部与内部将开展头脑风暴,产生新的理念。企业外部包括营销部门、管理部门、研发部门和雇员,而提供产品新理念的企业外部则主要是顾客。原始设备制造商和合同制造商与顾客紧密合作以开发新产品。另外,还可确定顾客需求以形成产品理念。其他的企业外部可以是与市场相关联的人员,例如,顾问、竞争对手和供应商。研发部门提出的理念(又称研发推力)与营销部门提出的理念(又称营销拉力)有本质区别。前者往往是打破常规、带有风险和技术创新。而营销部门提出的理念更倾向于拓展性(即其通常基于现有设计),且与顾客需求联系紧密。

(2) **顾客未来需求预测** 设计过程的第二阶段是顾客未来需求预测,即利用数据预测未来的顾客需求。英特尔的设计师和个人电脑的微处理器制造商总是能正确预测,并适时计划和推出符合科技发展需求的新产品。由于程序和网络中图形的大量增加,英特尔推出新的芯片以满足这些需求。而且，英特尔公司总是以不超过市场消化新科技的速度推出这些微处理器，同时总是能保持在技术曲线稍前的位置，从而领先竞争对手一步。产品设计师须仔细计划、缜密思考，以便能够随时提供超出顾客需求的有价值的产品。获得未来顾客需求信息的途径不唯一，问卷调查或许可以得出新见解，但这些信息通常不足以完全掌握顾客的未来需求。

（3）面向产品开发的技术选择　　在面向产品开发的技术选择阶段，设计师在顾客可接受的成本范围内，以及能够提供最好性能产品的前提下，选择产品的材料和技术。在设计过程中使用技术可行性报告，分析出现的种种情况，例如，产品性能所需的参数、制造需要、材料物理性能上的局限性、特殊考虑、制造技术上的改变以及检测时产品的质量状况等。本阶段可进行部分初步工作，以识别关键质量特征，以及因材料不同而导致变异的可能性。

（4）面向过程选择的技术开发　　面向过程选择的技术开发阶段，是指选取那些能够将前面步骤中的材料转化为最终产品的过程。从质量的角度来看，因为需要开发稳健的机械、过程和流程，所以不论是自动的还是手工的过程，均需选择要使用的技术。

（5）最终产品定义　　最终产品定义阶段为产品的最终设计和规格拍板定案，并通过识别基本产品和衍生品来定义产品族。

（6）产品营销与分销准备　　产品营销与分销准备阶段包括与营销相关的一系列活动，例如，提出营销计划，营销计划应定义顾客和分销流程；与生存相关的活动，应识别供应链，并定义分销网。如今，该步骤经常要求顾客购买产品后的售后服务过程，如保养、质保和修理等。

（7）产品设计与评价　　产品设计与评价阶段需要定义产品结构、设计、生产、装配件的检测以及生产系统的检测。产品设计规格表示应对产品主要特征、功能及状况进行设计，其中包括产品特征、预期寿命、预期用途、产品开发的特殊要求、生产的基础设施、包装和营销计划。

（8）制造系统设计　　制造系统设计是指选择过程技术，以生产出低成本高质量的产品。过程技术的选择应考虑项目要求和公司的财务状况，过程必须稳定且具有能够生产出满足规格要求的产品的能力。该领域的一个发展是先进的公司渴望以最低的成本和最少缺陷生产出新的产品。在过去，该领域的标准运作过程是先生产出一定比例的缺陷品来证明系统的有效性，而当前这种运作过程有了新的发展，先进的公司渴望以最低的成本和最少的缺陷生产出新的产品。例如，早期的炉管生产商先生产出一小批炉管进行检查，然后调整生产线，再生产另一批炉管检查，如此重复直到合格为止，而这早已不是推出新产品的最符合成本效益的方法了。

（9）产品交付和使用　　交付和使用是设计过程的最后阶段，之后顾客便可享受这一系列设计过程的成果。

3.1.2　面向质量的产品设计

设计产品时，首先必须回答许多问题。例如，顾客所需的功能是什么？目前产品具备哪些功能？产品所选用的材料有何局限性？有更好的材料可用吗？生产该产品需要多少成本？

需要多少成本才能使产品在市场上获得成功？

何谓面向质量的产品设计？质量有许多不同的维度，每个维度都有其不同的设计问题。以性能维度为例：何谓关键性能特征？顾客需要多少性能？有多少性能是不必要的？如何平衡性能的各竞争性维度（例如音频输出与失真）之间的关系？从产品质量维度中可以衍生出许多类似的问题，必须早在设计过程中就回答所有这些问题。例如，对计算机生产商来讲，耐久性是一个重要的质量维度，所以设计小组应积极寻找新的聚合体来制作坚固的外壳，以保护内部电路。计算机晶片以价格低廉且性能可靠的硅为原料，但近年来，研究人员发现其他可作为晶体的材料，比如导电性聚合物、有机晶体结构、无机化合物砷化镓以及稀土陶瓷等耐高温的超导体，每一种材料都有其超越硅的独特优势——或速度快，或低耗性，或易于制造。但时间证明：由于其成本低廉且资源丰富，硅仍然是制作晶片的首选材料。也许将来的某一天，计算机内存会被装在被称为"气泡"的电磁场中，或是处于其他状态下。

工程师需从营销和生产部门获得信息，以了解顾客需求、营销需求和实际生产状况。若完全放手让工程师去做，他们可能设计出许多超出需求的产品。以一个录像机或电视机遥控器为例，遥控器上的许多按钮是你从来不会使用的，索尼公司曾对顾客实际使用的按钮进行调查，并根据调查的结果来简化电视机遥控器的设计。

3.1.3 设计质量与产品质量

设计质量（Design Quality）是指所设计的产品是否能够满足顾客需求、是否易于制造和维护、经济性是否合理、对生态环境是否造成危害、风险是否最小等。在产品设计的过程中，对设计的质量进行有效的管理、控制，对产品的质量起着关键的作用。

国际标准化组织（ISO）指出了产品质量包含以下 4 个方面：

（1）**与确定产品需要有关的质量——市场调研质量** 市场调研质量是产品质量的出发点，是企业进行市场研究和产品销售两个质量管理职能环节共同构成的营销职能的首要任务。通过市场调研和售后用户的反馈意见，确定市场对产品质量的需求和期望，以便设计出市场需要的产品。

（2）**与产品设计有关的质量——设计质量** 设计质量是设计过程中对产品功能及加工制造过程中所考虑的质量，如产品的适用性、可靠性、互换性、可装配程度、加工制造难度和使用中的可维修性等。产品的设计决定产品的质量水平和先天性质量，决定产品满足用户适用性需求的程度，同时也决定企业的经济效益和企业的生存发展。

（3）**与产品设计的符合性有关的质量——制造质量** 制造质量是在制造过程中制造出符合产品设计图样和技术文件要求的程度，也就是制造过程和结果符合产品设计质量的程度。制造质量易受到生产手段（包括产品工艺方法、加工设备、工装、检测仪表和试验设备等）和制造人员素质的影响。

（4）**与产品保障有关的质量——顾客质量** 顾客质量是指为了向用户在产品生命周期范围内，按需要提供的售后保障服务，它涉及产品的使用质量和服务质量。

根据 ISO 指出的产品质量的 4 个方面可以看出，设计质量是产品质量的一部分，但也是最关键、最核心的部分，它直接决定了产品质量。

设计是针对具体产品的一项独立的工作，具有继承性和创新性。任何新产品的设计都会产生新的质量问题，产品设计阶段是产生这些问题的主要阶段，没有对产品的设计质量进行有效的控制，等于舍本逐末，就做不到产品质量的全面管理，产品质量也就无法从根本上得到提高。

3.1.4 设计质量要素

在产品质量管理活动中，影响产品质量以及对产品质量波动有影响的因素称为质量因素。这些因素决定产品质量的优劣，因此在产品的设计质量控制过程中，对质量因素的选取是否恰当，直接影响产品的固有质量。

根据各种质量因素对产品质量的影响作用不同，从设计的观点看，质量因素可分为控制因素、标示因素、信号因素和误差因素。

1. 控制因素

控制因素是指为了改进产品的质量特性，在技术上能控制其水平（取值范围）的因素，因此也称为可控因素或设计变量、设计参数。例如，材料种类、产品结构形式、结构参数、时间、温度、压力、浓度等易于控制的因素，均为控制因素。产品的设计质量控制过程中，就是选择最适宜的控制因素水平及其组合，以得到价廉物美的产品。

2. 标示因素

标示因素是指维持环境与使用条件等方面的因素，其水平值在设计前就已经确定。产品的各种使用条件、设备的差别、操作人员的熟练程度等都属于标示因素。例如在利用 X 射线对钢板焊缝进行无损检测过程中，X 射线机的电压有 3 种取值，对应于同一焊缝，就要根据这 3 种电压分别选择适合的曝光时间，以便在 X 光底片上得到清晰的焊缝成像。在这种情况下，X 射线机的 3 种电压就是标示因素，曝光时间是控制因素。在产品的质量设计过程中，是针对标示因素的某种水平状态下，通过调节其他各个控制因素水平，寻求各控制因素最适宜的水平与使用范围。

3. 信号因素

信号因素是为了实现目标结果而选取的因素，是指产品的质量特性需要达到的目标值。汽车的转向盘转角、压力机的压力、染色工艺的染料用量等都属于信号因素。信号因素可对产品质量特性值（即产品输出特性值）和目标值之间的偏差进行校正。因此，设计过程中选取的信号因素应具有易于改变的水平，一般要求其水平易于控制、检测、校正和调整，并与产品的输出特性值呈线性或非线性关系，使输出特性值按一定比例随其改变而改变，以保证输出特性值符合目标值。所以，在质量设计过程中，设计人员应根据行业规范、用户需求和经验选择某些因素作为信号因素，不能任意选择。

4. 误差因素

误差因素是指除控制因素、标示因素和信号因素以外，难于控制、不可能控制或控制代价很高的，并且对产品质量有干扰的其他所有因素。误差因素通常是引起产品质量波动的主导因素，因此又称为质量波动源、噪声因素、质量干扰因素、不可控因素。

根据误差因素对产品质量特性产生波动的原因，大致可以把误差因素分为 3 种类型：

外部干扰——产品在使用过程中,由于环境因素和使用条件发生变化而影响产品质量稳定性的干扰因素。

内部干扰——产品在存放和使用中,其组成部分随时间的推移而发生老化、磨损、腐蚀、蠕变以及失效等现象,从而影响产品正常发挥其功能的质量干扰因素。

随机干扰——在同一设计制造条件下,由于操作人员、材料、机器设备、环境等方面存在波动,从而使产品质量特性值发生波动的干扰因素。这种干扰具有随机性,因此称为随机干扰。

这 3 种质量干扰引起的产品质量特性值波动愈小,产品质量就愈稳定,产品质量就愈好。在产品的设计质量和制造质量控制过程中,对这 3 种干扰因素的控制是否可行,如表 3-1 所示。

表 3-1　质量干扰因素与设计、制造的控制关系

控制 \ 干扰	外部干扰	内部干扰	随机干扰
设计质量控制	可行、有效	可行、有效	可行、有效
制造质量控制	无效	无效	可行、有效

一般来说,产品的质量波动是客观存在的,不可能完全消除。通过设计质量和制造质量控制,可以减小或衰减波动的幅度。合格产品是指其质量波动在允许的范围内的产品,不合格产品是指质量波动超出允许范围的产品。由表 3-1 可知,设计质量控制可以有效地控制和衰减外部干扰、内部干扰和随机干扰引起的质量波动,而制造过程中的质量控制只能控制由随机干扰引起的质量波动。所以说,设计质量控制对产品的质量起着重要的作用。

3.1.5　产品质量设计的模型

产品质量设计模型如图 3-1 所示,包含的基本要素有:设计参数(即可控因素)x、误差因素(或噪声因素)z、信号因素(即输入因素)y_0、质量特性(即输出特性)y。设计参数 x 和误差因素 z 影响着产品的输出特性值 y。一般而言,不能选择标示因素的水平,它只是在于调节各个控制因素的水平,寻求控制因素最佳水平与最佳组合。因此,在产品质量设计模型中,将标示因素归入设计参数中,不单独列出。

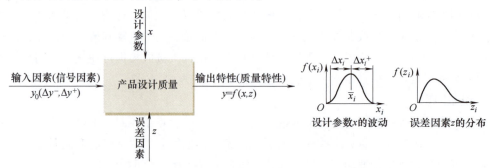

图 3-1　产品质量设计模型

图 3-1 产品质量设计模型中，y_0 指产品的输入特性需要达到的目标值，它有一定的极限偏差范围，为 $[\Delta y^-, \Delta y^+]$。设计参数 x 是各个控制因素的集合，由于设计阶段确定的水平值，在制造过程中，会产生偏差，因此设计参数也有一定的极限偏差 Δx，它是各个控制因素极限偏差的集合。误差因素 z 是其他不可控因素的集合。从图 3-1 可知，产品的质量特性值 y 与对其有影响的设计参数 x 和误差因素 z 有关。可用函数表示为：

$$y = f(x, z)$$

如果通过一组的试验，观测到产品质量特性 y_i（$i = 1, 2, 3, \cdots, N$）的一组值，这样就可根据数理统计学中的方法，计算该组值的均值和标准差分别为：

$$\bar{y} = \frac{1}{N} \sum y_i$$

$$S = \sqrt{\frac{1}{N-1} \sum (y_i - \bar{y})^2}$$

产品的质量设计过程中，为了稳定产品性能，就应该使设计输出结果的均值和标准差满足以下两个条件

条件 1：$\bar{y} \equiv y_0$，一批产品的质量特性均值应恒等于目标特性值。

条件 2：$|S| < \frac{1}{k}|\Delta y|$，一批产品的质量特性值的标准差应小于目标特性值极限偏差与一常数的比值。

条件 2 中 k 为常数，它与误差因素的概率分布有关。例如，误差因素的概率分布为正态分布时，k 取 3。满足上述这两个条件的产品，才是合格产品。

3.2 设计质量控制分析

设计质量控制就是按照规定程序和规范，控制和协调各阶段的设计工作，以保证产品的设计质量，及时地以最少的耗费完成设计工作。因此，设计质量控制就是对设计过程的工作质量进行控制。设计过程分为设计策划过程、设计输入过程、设计输出过程、设计评审过程、设计验证过程、设计确认过程、设计更改过程、设计的状态管理过程。设计质量控制就是要相应地对每一个设计子过程进行质量控制。

3.2.1 设计质量控制原则

为了对产品的设计质量进行控制，在设计过程中应遵循以下设计质量控制原则。

1. 需求原则

设计过程中最基本的出发点是要满足客观需求，即满足顾客或市场的需求，只有满足市场需求的产品，才会有生命力。通过市场调研，了解市场信息，确定产品的需求，不能凭主观臆断来推测市场需求，这是确保设计成功的关键因素。设计过程中应注意区分显性需求和隐性需求，并应从动态的角度观察市场需求，适时地进行产品的升级换代，以适应市场的需求。

2. 信息原则

在设计质量控制过程中，应注意信息的收集和交流，包括市场信息、科学技术信息、测

试信息、评审信息和制造工艺信息等。为了保证设计质量，设计人员必须要全面、充分、正确和可靠地掌握这些与设计相关的信息。

3. 系统原则

对于设计的对象，都可以看成是一个待定的技术系统。任何系统的输入有物质流、能量流和信息流，输出为满足特定要求的功能。因此设计质量控制中将设计问题视为功能结构系统，引入系统论的方法来解决设计中的问题。

4. 继承原则

科学技术发展的规律表明，任何新技术、新工艺的产生，都是基于原来技术和工艺的基础上做出的重大创新或局部革新。完全抛弃原有技术和工艺，在经济上是很不合算的，也是不可能的。因此在设计过程中，为了降低产品成本，缩短产品设计研发周期，应继承原有技术中的比较先进、合理的部分，抛弃其落后的部分，开发出具有创新性的产品，加快新产品的更新换代。

5. 效益原则

产品成本的70%～80%取决于产品的设计过程，产品的制造成本、使用成本和报废等成本在设计过程中就基本确定了。因此设计要讲求效益，包括技术经济效益和社会效益。设计质量控制中，应把设计过程管理与预期效益紧密联系起来，同时兼顾社会效益与生产制造过程的经济性。

6. 简化原则

为了降低成本、确保产品质量、提高产品可靠性，在确保产品功能的前提下，设计应遵循简化原则。

7. 定量原则

随着计算机软硬件技术的迅速发展和广泛运用，使信息的分析和处理成为可能，促使各个领域都尽可能做出科学的定量评价。因此设计过程中，除了对技术参数应明确定量外，其他也应尽可能进行定量评价，使产品的技术与经济性，可以得到辨证的、统一的评价，便于设计管理的科学化。

8. 时间原则

随着市场竞争的全球化，竞争越来越激烈，谁先推出新产品谁就先获益，新产品是确保企业获得竞争力的前提。因此在设计开发产品的过程中，必须估计市场的变化，以免设计出来的产品没有市场需求。

9. 合法原则

设计活动必须符合国家的法律、法规、国家的政策以及国家标准等。在设计过程中会涉及许多法律和法规，还会涉及相关的国家政策和标准化问题，因此设计人员应熟悉相关的法律、法规、政策、标准，提高设计质量，避免法律纠纷。

10. 审核原则

设计过程类似生产制造过程，它是一种信息加工、分析、处理、判断、决策和修正的过程。生产制造过程中为了检验每一道工序的质量，必须对每一道工序的质量进行检验。同样为了对设计质量进行控制，必须对设计的每一设计程序进行审核或评审，以免有错误的设计信息转入下一个设计程序。严格的审核制度是确保设计质量的重要措施。

3.2.2 设计质量特性分类

产品在设计过程中,通常通过测定或测量产品特定的功能或特性,用所得的数值来评定其好坏,称这一数值为质量特性值。产品的设计质量特性值有以下几类:

1. 输出特性和原因特性

对于设计过程而言,输出特性是指设计输出的产品质量特性。对输出特性值有影响的原因系统的特性,称为原因特性。一般来说,产品本身特性定为输出特性,把零部件或子系统的质量特性定为原因特性。产品的输出特性相对于影响它的原因特性,也称为上位特性;而影响输出特性的原因特性,也称为下位特性。

2. 计量特性和计数特性

产品的有些输出特性,表现为一定的连续量时,则把这类特性称为计量特性。例如,产品的重量、寿命、长度、强度等,都可用连续的量来表示,这些特性值都属于计量特性值。

产品的输出特性值不能用连续量表示,只能定性地分成若干个等级,一个一个地计数时,则把这类特性称为计数特性。

3. 静态特性和动态特性

产品在使用过程中,其功能特性对于任何时刻给定的输入信号,都产生恒定的输出结果,则称其质量特性是静态的。对于使用者的某个意志或某个目标值,每发出一个信号,系统便产生相应的输出结果,即产品质量特性随输入条件的变化而变化,则称这样的质量特性是动态的。

4. 望目特性、望大特性和望小特性

当产品的设计质量特性存在理想的目标值 y_0(即标准中心,一般不为零)时,如果产品的输出质量特性值的波动极限偏差在目标值的两侧对称分布,且波动越小,其设计质量特性就越好,则称这类特性为望目特性。此类设计质量特性值可以在望目特性值的上、下极限范围内波动。例如,对于某一轴,要求其尺寸为 (50 ± 0.05) mm,则该轴尺寸的望目特性值 y_0 为 50mm,实际加工制造的尺寸应满足 $|y - y_0| \leq 0.05$ mm,并且误差越小,轴的质量特性就越好。

某些产品的质量特征是当其值增大时,产品的质量性能就好,理想的质量特性值是取无穷大。这类质量特性值规定了一个下限值,产品的输出质量特性值不能低于该特性值,称这种特性值为望大特性值。例如,材料的抗拉强度,希望它愈大愈好,但不能小于某一给定的最低值。

与望大特性值相反,某些产品的输出质量特性值增大时,产品的质量性能就变差。期望这种质量特性值越小越好,其目标值为零时,产品性能达到理想状态。这种质量特性值就称为望小质量特性值。例如,汽车排放的尾气对环境的污染越小越好,最理想的情况下希望其目标值为零。

3.2.3 设计质量特性分级

1. 设计质量特性分级的重要性

一个产品是由许多零部件组成的,产品的设计就包括零部件的设计,产品的设计质量也就由产品零部件的设计质量来保证。每个零部件又包含有许多设计质量特性，产品的设计质量就是由这些零部件的设计质量特性有机地组合和关联所决定的。

如果能识别各个零部件的设计质量特性对产品的安全性、功能、经济性等方面造成的某种程度的不利影响，则在设计过程中，便可以区别对待各个零部件的设计质量特性。对于影响产品设计质量较大的、关键的和重要的零部件，可以抓住重点，提高这些零部件的设计质量特性；对影响产品设计质量较小的、次要的零部件，则不必要求较高的设计质量特性。这样，在设计过程中，对各个零部件设计质量特性的重要度进行分级有利于降低产品的成本，提高产品的设计质量。同样，当各个零部件在制造过程中的质量特性超出规定的设计范围时，也会在不同程度上影响产品的质量。如果掌握了哪些零部件的制造质量未达到规定的设计质量要求时，会影响产品的质量，则在设计时可以确定适当的控制生产制造方法和检测手段，提高这些零部件的制造质量。因此产品在设计过程时，应对产品的设计质量特性的重要度进行分级，并将设计意图和要求传递给制造、采购、检验等后续过程中，以便制订制造质量计划和质量检验计划，采取重点预防措施，保证产品的质量。

2. 设计质量特性分级的内容

产品的设计质量特性分级涉及整个产品及其零部件。产品的设计质量特性分级，首先是针对整个产品而言的；其次，产品的质量是由其零部件的质量特性来保障的。因此，设计质量特性分级也要对产品的各个零部件进行相应的质量特性分级。

产品及其各个零部件的质量特性较多，没有必要对所有设计质量特性都进行分级，应根据产品的总体设计质量要求，抓住关键零部件的关键设计质量特性进行分级。一般对产品性能、安全性能、环保特性以及可能导致用户索赔和抱怨等方面明显影响产品功能的设计质量特性进行分级。例如，对于制造业而言，包括产品零部件制造过程中的尺寸公差、形状位置公差、表面粗糙度、表面硬度以及重要的产品外观等方面。

当然，对于产品或零部件中未进行分级的设计质量特性或次要的设计质量特性，并不意味着可以忽视，对这些的设计质量特性应能满足产品的使用要求。

3. 设计质量特性重要度分级方法

一般由设计人员运用专业技术知识进行设计质量特性的分级，根据产品的总功能，按照"产品—部件—零件"的步骤进行功能展开，并联系产品及其零部件的设计质量特性值的容差进行分级。如果某些质量特性直接影响产品性能、安全性等产品设计质量特性分级的内容时，则可确定其重要度为关键特性或重要特性。如果某些质量特性仅仅是可能导致产品功能逐渐丧失，则可定义该质量特性的重要度为次要特性或一般特性。

具体实施设计质量特性重要度分级时，根据企业和产品的具体情况，运用专业技术知识和功能分析法，找出影响产品功能、性能、可靠性的关键特性和重要特性。依据可靠性分析的结果，确定每一个零部件失效后的危害性、失效发生的概率，将零部件划分为关键件、重要件和一般件。最后编写产品的质量功能特性分析文件，在关键件、重要件的设计图样和技术文件上标注设计质量特性重要度分级与分类符号。

标准 JB/T 5058—2006《机械工业产品质量特性重要度分级导则》对质量特性重要度的分级定义如表3-2所示。

表 3-2 质量特性重要度分级定义

特性分级	分级定义
关键特性	如发生故障，会发生人身安全事故、丧失产品主要功能、严重影响产品的使用性能和降低产品寿命、对环境产生违反法规的污染，以及必然会引起使用单位申诉的特性
重要特性	如发生故障，会影响产品使用性能和寿命，使用单位可能提出申诉的特性
一般特性	如发生故障，对产品的使用性能及寿命影响不大及不致引起使用单位申诉的特性

4. 设计质量重要度分级的标识

产品设计质量重要度分级的标识常采用符号表示法和表格法。

（1）**符号表示法**　在零件的设计图样上直接用符号来标识设计质量重要度分级，这种标识比较直观、方便、传递准确，施工人员一目了然，传递效果和所起作用较好。常见的用符号分级表示设计质量重要度的标识方法如表 3-3 所示。

表 3-3 设计质量特性重要度分级的标识

设计质量特性分级	特性分级标识形式					
	1	2	3	4	5	6
关键特性	[G]	[1]	[A]	●	⊕	▽
重要特性	[Z]	[2]	[B]		⊖	▽
一般特性	不标注	[3]	[C]	○	不标注	

例如：有一标注为：$28^{+0.02}_{\ 0}$　[Z]

$\nabla_{[G]}$

表面硬度 62~64HRC　[Z]

接触面积不小于 80%　[A]

则其标注表示为：

尺寸的上偏差为一般特性，下偏差为重要特性；表面粗糙度为关键特性；表面硬度为重要特性；接触精度为关键特性。

（2）**表格法**　虽然在零部件的设计图样上直接标识设计质量特性重要度的传递效果和所起作用较好，但是，对于复杂的零件，尺寸较多，质量特性标注在图样上就显得拥挤。因此，对于复杂的零件，宜采用表格法标注设计质量特性。采用表格法标注分级要求时，设计专用的表格，规定零件的质量特性重要度分级情况和说明，作为独立的文件发放给施工人员，配合零件的设计图样进行零件的施工。

由于用专门的表格对零件的设计质量特性重要度进行说明和分级，它与设计图样是分开的，这样施工人员容易忽略零件的设计质量特性重要度分级情况，使传递效果差，造成制造质量不能满足设计质量，最终影响产品质量。

3.2.4 设计质量评价

1. 设计质量评价指标

选用什么特性来表现质量问题，是专业技术人员必须考虑的。但选取什么样的特性值及其评价指标和评价方法，则是设计质量控制人员应考虑的问题。人们常常根据产品的功能特性来评价产品的设计质量特性。可用以下指标来评价产品的设计质量特性：部分缺陷、功能特性指数、质量损失函数、质量信息熵函数。

2. 设计质量评价分类

设计质量评价是根据确定的目标来测定对象的质量属性，并将这种质量属性变为客观定量的值或主观效用的行为。设计质量的评价体系是由技术性评价、经济性评价、市场环境评价、生态环境评价、效益和风险评价等组成的综合评价体系。

根据设计所处的阶段，质量评价分为：①事前评价。即在决定产品或系统是否要进行设计开发，对产品进行规划研究时进行的评价。②中间评价。即在产品或系统的设计中期所进行的评价。③事后评价。即完成产品或系统的设计后，评价设计输出结果是否达到预期的目标。④跟踪评价。即产品或系统经过一段时间的使用或运行后，发现某些意想不到的情况，需要重新进行评价。

3. 设计质量评价方法

用于评价设计质量的方法很多，常用的评价方法有以下几类：专家评价法、经济分析法、运筹学和其他数学方法、混合法等。每一类评价方法又可分成很多种方法。运筹学和其他数学类的方法中，用到数学知识要多一些，常用的有多目标决策法、层次分析法、模糊评价法、灰度评价法、数理统计法等。

3.3 设计质量控制技术

20世纪80年代以后，国外的大公司和国内一些企业逐步认识到产品设计质量对产品质量的贡献，认识到产品设计质量创新在产品全生命周期内的重要地位，于是把许多新技术、新理论和新方法运用到产品的设计阶段，以控制产品的设计质量，从源头上控制产品质量。

设计是产品开发研制的首要程序，是产品质量的源头，决定了产品的"固有质量"。常用的设计质量控制技术有质量功能展开（Quality Function Development，QFD）、发明问题解决理论（Theory of Inventive Problem Solving，俄文首字母缩写为TRIZ）、田口方法（Taguchi's Method）和可靠性设计中的故障树分析法（FTA）、失效模式及影响分析法（FMEA），以及失效模式、影响及危害性分析法（FMECA）。

QFD设计理论可以解决做什么的问题，TRIZ理论可以解决怎么做的问题，田口方法可以解决具体怎么做的问题。将QFD、TRIZ和田口方法进行有机集合，可以为产品的设计质量提供有力的支持工具。

3.3.1 质量功能展开（QFD）

1. QFD概述

QFD理论在20世纪60年代后期起源于日本三菱重工，目的是在建造复杂货轮的后勤系统时，创造出一种体系，使建造货轮的每一个步骤适合于客户的具体要求。1966年，在日本政府的支持下，赤尾洋二（Yoji Akao）和几所大学的教授提出了QFD设计理论方法，取得了很好的成效。后来被日本的其他公司采用，逐步得到世界各国的重视，现在已成为一种重要的产品设计质量控制技术。

QFD 是一项从传统生产质量控制转向设计质量控制的转换典范。传统的生产质量控制是通过对生产过程的实物检验，用观察、测试和检测的手段进行控制的。采用 QFD 可使检验生产质量转向检查产品的设计质量——产品的内在质量，QFD 使设计成为现实之前就已引进许多无形的要素，产品质量就融于设计之中。

QFD 包含两层含义，一是狭义的质量功能展开，即用目的手段，将形成质量的功能乃至业务，以不同的层次展开到具体的部分。二是质量展开，是将顾客的需要转换为图样和设计要求及产品生产过程中各阶段的要求，以确定产品的设计质量，并将其系统地、关联地展开到设计要求、零部件要求、工艺要求以及生产要求等过程，如图 3-2 所示。

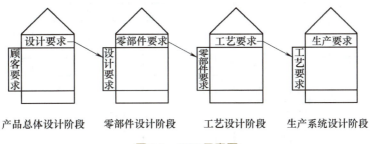

图 3-2 QFD 示意图

QFD 展开的过程是：先用一系列的矩阵和图表把顾客要求转化为工程特性或设计要求，再根据同样的原理把设计要求转化为部件和零件质量特征，把部件和零件质量特征转化为工艺和工序要求，直到制造过程中详细而精确的操作和控制。设计要求、部件质量要求、零件质量要求、工艺要求和工序要求大多为定量的工程技术要求，故又称为工程特性，有时也称为代用的质量特性，以区别于顾客需求的真正产品质量特性。

QFD 是一种集多学科团队工作过程为一体的用于规划和设计开发新产品的方法，它通过收集顾客或市场需求信息，用一系列的矩阵和图表将顾客的需求特性转化为产品设计过程中产品质量特性和设计要求，进而展开为部件、零件质量特性的技术要求，工艺要求，制造和检验技术要求。这样，来自顾客或市场的需求信息准确地转移到产品生命周期中的每一个设计阶段中，减少顾客或市场需求和产品设计制造之间的"隔阂"，保证产品的设计质量满足顾客或市场需求。由于质量功能展开过程加强了各部门的协作和配合，可以大大缩短产品研制设计周期，减少设计和试制过程技术文件的更改，提高工作效率和降低成本。采用 QFD 方法可以集中反映顾客需求、利用竞争环境和市场潜能来优化设计目标、加强各部门团队协作精神、提供柔性的易于理解的信息，并把顾客的潜在需求或定性需求转化为产品设计的定量目标，从而使设计的产品能在最短的时间，以合理的价格和质量满足市场需求，赢得商机。

2. QFD 的体系结构和步骤

QFD 的核心是质量屋（House of Quality, HOQ），质量屋是由一系列的二维矩阵和图表构成的，根据不同的应用目的，质量屋构成上有一定的差异，但构建质量屋的基本思想和方法是一致的。QFD 的质量屋基本上是由一项设计声明和 8 个不同参数的矩阵图表构成，如图 3-3 所示。

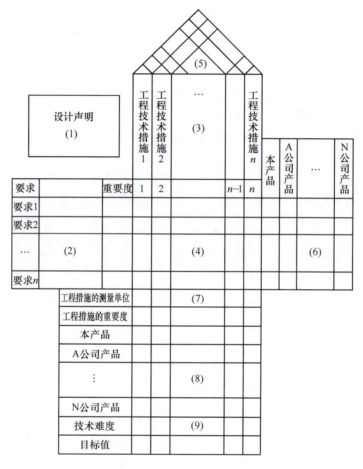

图 3-3　QFD 质量屋的构成

图 3-3 所示质量屋中,各部分组成及步骤为：

(1) **设计声明**　目标声明在质量屋的左上方,该目标声明描述需要设计的产品或设计小组要努力达到的目标,有时目标声明可不列在质量屋的图表中,而描述在其他资料中。

(2) **顾客需求及其重要度**　顾客需求及其重要度图表在质量屋的左部,该部分是对质量屋中顾客要求及其重要度的描述。顾客满意首先得听取顾客的要求,产品设计的初始阶段是确定顾客需求的阶段,根据顾客的需求选择和确定产品设计方案。通过对顾客或市场进行调查,获取顾客对需要设计产品即目标产品的要求,并对获取的每个要求进行重要性度量,即确定权重。

顾客提出的有些要求比较笼统,必须对所提要求分类、分级逐步展开、细化。对顾客提出的所有要求,要确定其重要性度量值,确定这些要求中哪一项更重要,可用 1～5 或 1～10 来衡量重要性,数字愈大说明重要性愈大。重要性度量在 QFD 过程中起到很重要的作用,对重要性度量值的确定必须准确反映顾客的意见。

(3) **工程技术措施**　工程技术措施在质量屋的上部,描述实现顾客需求的方式。通过顾客需求及其重要度分析,明确了顾客对所设计的产品的看法,顾客需要"什么"已经清楚,而具体"如何"做呢，就需要用设计生产过程中有关人员都能懂的工程语言来描述产品的特性。根据顾客的各项要求，产品设计和生产过程中相关的人员就应协作，运用集体智慧，进行多层次、多方位思考"如何"实现这些要求，找出实现顾客要求的方式，即根据顾客要求确定可定量的工程技术措施。

(4) 关系矩阵 关系矩阵位于质量屋的中部，描述顾客需求特性与工程技术措施之间的关系，是分析每项工程技术措施是怎样实现相应顾客需求的方法，它明确了哪一项措施可以最佳地实现所有的顾客需求。

关系矩阵有助于形成设计、生产等过程的人员对复杂事物的清晰思维，并提供机会对思维的正确性进行反复交叉检查。关系矩阵图表中的顾客需求可能与一项工程技术措施相关，也可能与多项工程技术措施相关。例如，一方面，当在关系矩阵图表上发现某项工程技术措施与任何一项顾客需求没有关系时，就可确定该工程技术措施可能是多余的，或者设计人员在收集顾客需求时漏掉了某项需求；另一方面，当某项顾客需求与所列的任何工程技术措施都没有关系时，就应增加工程技术措施，以满足顾客需求。

关系矩阵图表中可用数字表示工程技术措施与顾客需求之间关系紧密的程度，也可用符号来表示。用数字表示时，可用 0~5 或 0~10 来表示。例如，用 0~5 表示：0 表示没有关系存在；1 表示关系不紧密；3 表示关系一般；5 表示关系紧密；2 和 4 分别表示 1~3 和 3~5 的中间关系。用符号表示时，表示相关与不相关的符号有：两个"＋"号表示强烈明确的正相关关系；一个"＋"号表示正相关关系；一个"－"号表示负相关关系；两个"－"号表示强烈的负相关关系；通常两个"×"运用于要删除的负相关关系，没有标注表示无关系。符号的种类不是唯一的，仅仅是一种表示方法，还可用其他符号表示，所用的符号要在质量屋图表上说明其含义。

(5) 相关性矩阵 相关性矩阵位于工程技术措施顶部的一个三角形矩阵，形状像一个屋顶，故也称为"屋顶"，表示各个工程技术措施之间的相互关系。相关性矩阵是由各个工程技术措施的 X、Y 两条轴线相交旋转 45° 而形成的，它体现了各个工程技术措施之间，哪些措施是相互支持的，而哪些措施又是有冲突的。如某两项措施之间有冲突，表明需要对这两项措施进行更多的研究。相关性矩阵可以帮助设计研究人员运用同一资源达到多种目标。

在相关性矩阵中运用符号来表示工程技术措施之间的关系，以便在质量屋图表上一目了然地知道各个措施之间的相互关系。相关性矩阵的符号表示方法与关系矩阵是一样的，参见关系矩阵中的相关内容。在"屋顶"相关性矩阵中，一个正相关关系说明两种措施之间关系协调，而一个负相关关系则说明两者之间会有不利影响。

(6) 市场竞争性评价矩阵 市场竞争性评价矩阵位于质量屋的右部，在顾客要求特性方面描述了顾客对本公司的产品和其他公司产品的看法。顾客要求矩阵图表中已经明确了顾客对产品的具体要求，对照这些要求调查顾客对本公司产品和其他公司产品进行评价，用顾客的评价作为同别的竞争对手进行比较的依据。这样有助于明确本公司与其他公司之间的差距并消除这种差距，保持自己的优势，提高自己的竞争能力。

用数字对本公司产品和其他公司产品在顾客需求特性方面的优劣进行度量，把每项顾客要求中得分值最高的竞争对手作为公司的最低奋斗目标。如果在某项顾客要求中自己公司的分值最高，则继续保持。随着顾客对产品的市场竞争性评价工作结束，产品设计开发人员很清楚地知道什么样的产品或服务能满足顾客,这样开发出来的产品就畅销,就有市场竞争能力。

(7) **工程技术措施特性指标及其重要度** 工程技术措施特性指标及其重要度位于关系矩阵的下面,描述每项工程技术措施的指标(单位)及其重要度度量。

(8) **技术竞争性评价矩阵** 技术竞争性评价矩阵位于质量屋的下部,是由工程技术人员提供的评估数据,描述本公司和其他竞争对手的产品在所采取的工程技术措施方面的具体观测值和技术难度。根据对观测值的对比分析,可以确定每项工程技术措施的最大值,找出本公司与其他公司在某项工程技术措施方面的差距。

(9) **技术难度和目标值** 技术难度和目标值位于质量屋的最下部。设计人员根据工业技术水准和本公司的水平,确定各项技术措施的技术难度,设定各项工程技术措施的目标值,以便对原有产品进行相应的改进,使产品在技术特性上立于不败之地。

图 3-4 中显示的是关于质量屋的一个简单例子。这是一家汉堡包店想要改进其产品的案例。按照以上步骤,这家汉堡包店建立起了一个质量屋。房间是每一个顾客属性与技术特征的关系矩阵。例如,口味与调料的关系密切,与脂肪含量有一定关系。在质量屋的顶部,尺寸与成本为强正相关(尺寸增长,成本必定提高)。通常需要进一步对这些关系作量化处理,然后经过数据分析,找出对满足顾客需求贡献最大的技术特征,即关键特性,作为下一步展开的重要输入。

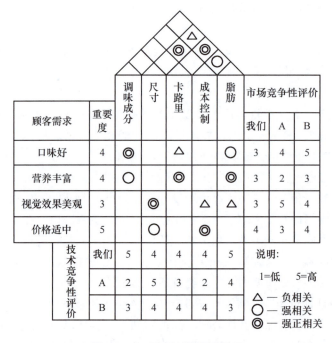

图 3-4 汉堡店改进的质量屋

3.3.2 TRIZ 理论

1. TRIZ 理论概述

TRIZ 的英文含义为发明问题解决理论(Theory of Inventive Problem Solving,俄文首字母缩

写 TRIZ），它是一种创新性问题解决方法指导性理论。TRIZ 是苏联的 Genrich Altshuller 在阅读和研究分析世界各国大量专利后，提出的一种创新设计理论。TRIZ 认为，创新并不是灵感的闪现和随机的探索，它存在着解决问题的一般规律，这些规律和原则可以告诉人们按照什么样的方法和过程去进行创新，并对结果具有预测性和可控制性。Altshuller 经过对大量专利的研究发现，同样的原则在不同行业问题的创造性解决方法中被应用。因此 Altshuller 认为，将已有解决问题的方法建立知识库，问题就可通过类似的方法得到解决（即类推方法）。而对于一些可能从未遇到过的问题（创新性问题），也可以从现有专利中总结出设计的基本原则、方法和模式，通过这些方法和原则的应用进行解决，同时反过来它又可以扩展类似问题的知识库。

产品创新主要取决于产品的概念设计阶段，产生一个新概念的传统方法是试错法。这种试错的过程类似于艺术家的艺术创作，主要取决于灵感和经验。Altshuller 等人在对世界各国大量专利进行分析研究的基础上，认为产品的创新设计是有规律可循的，提出了发明问题解决理论即 TRIZ 设计理论。

由于 TRIZ 设计理论将产品设计过程中的核心——概念设计过程具体化，为设计者提供了设计过程模型、设计工具和设计方法，因此可以很好地支持产品设计过程中设计质量的控制。

2. TRIZ 控制设计质量的工具

TRIZ 设计理论的主要内容和工具有：产品的进化分析、39 个工程参数、40 条发明原理、矛盾矩阵、分离原理、物质—场分析、科学和技术成果数据库、ARIZ 算法等。这些工具能很好地解决产品设计过程中的设计质量的控制。TRIZ 理论认为，产品在设计过程中，存在着管理、技术和物理 3 种矛盾冲突，TRIZ 理论只研究技术矛盾和物理矛盾。技术矛盾是指对产品或系统的一个作用同时导致有用和有害两种结果，常常表现为一个系统中两个子系统之间的矛盾。物理矛盾是指设计过程中为了实现某种功能，一个物体或系统中的子系统或部件应具有的一种特性，但同时，出现了与该特性相反的特性。即对一个系统同时提出相反的要求时就出现了物理矛盾。对于设计过程中的技术矛盾和物理矛盾，TRIZ 提供了解决问题的思路和过程，分别如图 3-5 和图 3-6 所示。

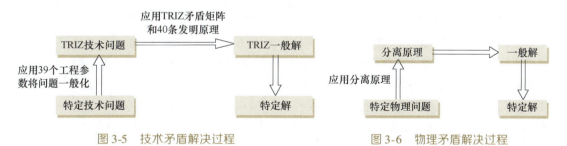

图 3-5　技术矛盾解决过程　　　　　　图 3-6　物理矛盾解决过程

下面介绍 TRIZ 设计理论中常用到的内容和工具。

（1）产品的进化分析　TRIZ 认为，从历史的观点看，产品处于不断进化之中，是其核心技术从低级向高级变化的过程。TRIZ 根据时间与产品利润、产品专利数量、专利发明的级别 3 组曲线的进化分析，综合评价、预测产品性能的技术成熟度，并用分段线性 S 曲线来表示，分为婴儿期、成长期、成熟期和衰退期。S 曲线上的评价和预测结果可为企业的决策指明方向，决定是否需要对产品进行设计研究。对处于婴儿期和成长期的产品，企业应增加投入，对产品的结构、参数等进行优化，为企业带来更多的利润；对处于成熟期和衰退期的产品，企业应开发新的替代技术，推出新一代产品，使企业在未来的市场竞争中赢利。

（2）39个通用工程参数　TRIZ理论对技术矛盾进行一般化处理，提出用39个通用工程参数描述实际设计问题的技术矛盾，把设计过程中的具体设计矛盾转化为一般的或标准的技术矛盾。表3-4列出了39个通用工程参数名称。

表3-4　通用工程参数名称

序号	名称	序号	名称
1	运动物体的质量	21	动力
2	静止物体的质量	22	能量的浪费
3	运动物体的长度	23	物质的浪费
4	静止物体的长度	24	信息的浪费
5	运动物体的面积	25	时间的浪费
6	静止物体的面积	26	物质的量
7	运动物体的体积	27	可靠性
8	静止物体的体积	28	测定精度
9	速度	29	制造精度
10	力	30	物体外部有害因素作用的敏感性
11	拉伸力、压力	31	物体产生的有害因素
12	形状	32	可制造性
13	物体的稳定性	33	可操作性
14	强度	34	可维修性
15	运动物体的耐久性	35	适应性及多样性
16	静止物体的耐久性	36	装置的复杂性
17	温度	37	控制与测试的困难程度
18	亮度	38	自动化水平
19	运动物体使用的能量	39	生产率
20	静止物体使用的能量		

（3）40条发明原理　TRIZ提出了解决技术矛盾的40条发明原理，如表3-5所示，它是对不同领域的已有创新成果进行分析、总结后得到的具有普遍意义的规律，提示设计者最有可能解决问题的方法，是解决技术矛盾的关键。

（4）矛盾矩阵　虽然有39个工程参数和40个发明原理解决设计中的技术矛盾，但是如何选用发明原理是设计者比较关心的问题。TRIZ提出了矛盾矩阵，如表3-6所示，将39个工程参数与40条发明原理建立了对应关系，很好地解决了选择发明原理的难题。

应用TRIZ矛盾矩阵的过程为：首先在39个标准工程参数中，确定使产品某一方面性能恶化（降低工程）的参数和使产品性能提高的参数的序号，然后将这两个参数的序号分别从矩阵的第1列和第1行中选取对应序号，最后在两序号对应行和列的交叉处确定一特定矩阵元素，该元素所给出的数字即为所推荐的采用的发明原理序号。例如，希望提高产品中运动物体的质量，在39个标准工程参数中对应的序号是1，但提高运动物体的质量往往会增大运动物体的尺寸,即恶化的技术特性是运动物体的尺寸,在39个标准工程参数中对应的序号是3;在矛盾矩阵中根据提高性能的序号1和恶化技术特性方面的序号3对应的交叉矩阵元素是序号8、15、29、34,即该数字为推荐采用的发明原理序号。

表 3-5 40 条发明原理

序号	名称	序号	名称	序号	名称	序号	名称
1	分割	11	预补偿	21	紧急行动、超高速作业	31	多孔材料
2	分离	12	等势性	22	变有害为有益	32	改变颜色
3	局部改变	13	反向、逆问题	23	反馈	33	同质性
4	不对称	14	曲面化	24	中介物	34	抛弃与修复
5	合并	15	动态化	25	自助机能	35	参数变化
6	多用性、多功能	16	未达到或超过的作用	26	复制、代用品	36	相变化
7	嵌套构成	17	维数变化	27	低成本、不耐用的物体代替昂贵、耐用的物体	37	热膨胀
8	质量补偿	18	振动			38	加速强氧化
9	预加反作用	19	周期性作用	28	机械系统的替代	39	惰性环境
				29	气动与液压结构		
10	预操作	20	有效作用的连续性	30	柔性壳体或薄膜	40	复合材料

表 3-6 矛盾矩阵简表

恶化的特性 \ 改善的特性	1 运动物体质量	2 静止物体质量	3 运动物体长度	4 静止物体长度	5 运动物体面积	…	39 生产率
1 运动物体质量			15, 8, 29, 34		29, 17, 38, 34	…	35, 3, 24, 37
2 静止物体质量				10, 1, 29, 35		…	1, 28, 15, 35
3 运动物体长度	(8, 15, 29, 34)				15, 17, 4	…	14, 4, 28, 29
4 静止物体长度		35, 28, 40, 29				…	30, 14, 7, 26
5 运动物体面积	2, 17, 29, 4		14, 15, 16, 4			…	10, 26, 34, 2
⋮	⋮	⋮	⋮	⋮	⋮	…	⋮
39 生产率	35, 26, 24, 37	28, 27, 15, 3	18, 4, 28, 38	30, 7, 14, 26	10, 26, 34, 3	…	

（5）**分离原理** TRIZ 在总结解决物理矛盾的各种方法的基础上，提出了 4 种分离原理解决物理矛盾：空间分离、时间分离、基于条件的分离、整体与部分的分离。

（6）**分离原理与发明原理的关系** 英国 TRIZ 专家 Mann 通过研究提出，解决物理矛盾的分离原理与解决技术矛盾的发明原理之间存在一定的关系，对于一条分离原理，可以有多条发明原理与之对应。表 3-7 是其分离原理与发明原理的关系。

表 3-7 分离原理与发明原理的关系

分离原理	发明原理（序号）
空间分离	1、2、3、4、7、13、17、24、26、30
时间分离	9、10、11、15、16、18、19、20、21、29、34、37
基于条件的分离	1、5、6、7、8、13、14、22、23、25、27、33、35
整体与部分的分离	12、28、31、32、35、36、38、39、40

除了上面讨论的工具和内容外，TRIZ 设计理论的内容还有物质—场分析法、科学和技术成果数据库（Science and Technical Effect Database）和 ARIZ 算法。科学和技术成果数据库集中了包括物理、化学、地理和几何学等方面的专利和技术成果。研究人员如果需要实现设计过程中的某个特定功能，该库可以提供多个可供选择的方法。该知识库是以"从技术目标到实现方法"方式组织专利中的成果库，设计人员可以根据物质—场（S—Field）模型决定设计目标需要实现的基本功能（即技术目标），找出设计过程中的技术矛盾，根据矛盾矩阵找到推荐的解决原理。对于某些没有明显矛盾的复杂问题，不能直接依靠矛盾矩阵或物质—场分析解决，必须为这种设计问题进行分析并构建矛盾。TRIZ 为这类设计问题提供 ARIZ（Algorithm to Solve an Inventive Problem）分析工具，ARIZ 为复杂问题提供简单化解决方法的逻辑结构化过程。

在应用 TRIZ 设计理论解决产品创新设计时，矛盾矩阵图上推荐的发明原理只是提示设计人员解决设计问题最有可能的方向，需要设计人员根据具体的设计问题确定解决问题的具体方法。

3.3.3 稳健设计方法（田口设计方法）

1. 稳健设计概述

稳健设计是一种低成本、高质量的统计分析设计方法，起源于 20 世纪 70 年代日本的田口玄一（Taguchi）提出的"三次设计法"，国际上又称为"田口方法"。

田口博士认为，产品质量是"产品出厂后，直到使用寿命完结止，给社会带来的有形与无形的损失程度。"该定义与传统的产品质量定义不同。田口的观点是用产品的可用质量对顾客和社会造成的损失来衡量。例如，电视机出现质量问题时，用户就要修理。修理过程中的维修费、路费以及用于修理电视时间的浪费等方面的费用，就是对顾客造成的损失，也是对整个社会造成的损失。该质量损失和产品出厂后的功能特性与目标值之间的偏差成正比。偏差愈大，给社会带来的损失就愈大，产品质量就愈差；反之，产品质量愈好。控制这种质量偏差的传统方法是，在生产过程中，通过对产品的材料、工艺等质量因素进行严格控制，并对制造出来的产品进行检验或测量，以剔除超差部分的不合格品。而田口方法则是从传统的制造过程的质量控制转向设计过程的质量控制的方法，从产品的源头上控制产品质量。

任何产品都有影响其质量性能的因素。例如，产品性能与其中某个质量因素有关，当该因素发生微小变化，产品性能也随之发生变化。如果产品性能发生的变化很小，则认为产品的性能对该质量因素的变化不敏感，即产品性能具有稳健性。如果产品的性能与很多个质量因素有关，当产品性能对某个因素敏感时，可以通过调整其他控制因素的变化，使产品性能对总的因素的变化不敏感。

稳健设计的基本原理就是在设计产品或工艺时，就考虑到产品在制造和使用中各种因素发生偏差，以及在规定的寿命期间内产品发生老化、性能变差时，都能使产品的性能保持稳定的一种设计方法。即使选用价格廉价的零部件（指要求的加工精度低或二级、三级品等类零部件），通过稳健设计，调整影响产品质量的可控因素（即设计参数）的水平和组合以及容差，使总的产品性能对其他质量因素的敏感程度降低，提高和稳定产品抗干扰的能力，以获得低成本、高性能的产品。不进行稳健设计的产品，有时即使都选用优质零部件，也未必能组装出质量好、性能稳定的产品。

田口博士提出的"三次设计法"是指对产品的设计优化过程分为3个阶段：系统设计、参数设计、容差设计。

为了获得产品的质量特性信息，必须要对设计的参数水平及其变化范围进行试验。试验结束后，又必须对试验结果进行分析，以确定各个参数对产品质量影响程度的大小和最适宜的参数组合。因此，正交试验设计和信噪比分析是田口设计方法中两个重要的工具。田口把正交试验设计、信噪比分析和产品三阶段设计的思想结合起来，提出了通过产品的参数设计和容差来解决产品质量特性稳定的问题，这就是田口稳健设计方法。又由于田口认为产品质量与产品给社会造成的损失有关，所以田口稳健设计又被称为基于质量损失模型的稳健设计。田口提出的三阶段设计是稳健设计的核心，因此田口设计方法也是狭义范围内的稳健设计。

在产品的质量设计过程中，对参数设计来说，当存在很多误差因素时，只要选择几个性质不同的主要误差因素进行分析；对于容差设计来说，由于要针对最适宜条件设计出合理的容差，因此，应多提出一些误差因素进行分析。

2. 质量损失函数

产品设计质量控制的目的是在于从源头上保证和提高产品质量。要达到此目的，就要控制产品质量特性值的波动，使波动减小或衰减到最小范围，这样就能使质量波动引起的质量损失降低到最低程度。

根据田口方法的观点，产品的质量特性值偏离目标值时，不管偏离多少都给社会和顾客造成一定的损失。为了定量地描述产品质量波动造成的损失，田口提出用质量损失函数$L(y)$来度量。图3-7介绍了3种常用质量特性的质量损失函数。

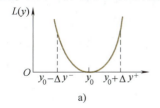
a)

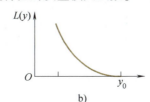
b)

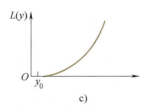
c)

图3-7　3种常用的质量损失函数

a）望目特性质量损失函数　b）望大特性质量损失函数　c）望小特性质量损失函数

望目特性、望大特性和望小特性的质量损失函数表达式如表 3-8 所示。表 3-8 中，y、y_i 表示实际生产的产品的质量特性值；$L(y)$ 和 $\overline{L}(y)$ 分别表示实际生产的产品质量特性相对于目标值的质量损失、N 个产品的平均质量损失；N 表示测量产品质量特性值的产品的个数；K 表示质量损失系数，它是在产品质量设计时就应确定的量。从表 3-8 产品质量损失函数的表达式可知，不仅产品质量波动偏差超过容差的不合格产品会造成质量损失，而且即使在容差范围内的合格产品，相对于目标值而言也存在质量损失，偏差愈大质量损失就愈大。因此产品的输出特性值偏离目标值愈大，造成的质量损失就愈大。

表 3-8 望目、望大、望小特性的质量损失函数

序号	质量特性的类型	质量损失函数表达式	平均质量损失函数
1	望目特性	$L(y) = K(y-y_0)^2$	$\overline{L}(y) = \left(\frac{1}{N}\sum(y_i-y_0)^2\right)$
2	望大特性	$L(y) = Ky^2$	$\overline{L}(y) = K\left(\frac{1}{N}\sum y_i^2\right)$
3	望小特性	$L(y) = K\dfrac{1}{y^2}$	$\overline{L}(y) = K\left(\frac{1}{N}\sum \dfrac{1}{y_i^2}\right)$

3. 正交试验设计

英国学者 R. A. Fisher 等人为了以合适的试验次数，分析多因素情况下农田的试验，而最早提出试验设计技术。但试验设计技术应用于产品的设计，提高和稳定产品质量，应归功于田口玄一博士，并逐渐发展为产品质量管理的一种重要工具——正交试验设计技术。

试验结果由两个或两个以上因素影响的情况下，要对各个因素的组合进行试验，试验次数是很大的。例如，影响某产品质量的因素有 6 个，若每个因素取 3 个水平（即分别取 3 个不同的值），则 6 个因素 3 个水平的试验组合形式有 $3^6 = 729$ 种。对于 729 种组合都要进行试验的话，无论费用或是时间上都是不可行的。如果只针对单一因素进行试验，试验次数则为 18 次（3×6），但是试验的结果却不具有代表性。运用正交试验设计技术可构造一些正交向量，从许多试验因素组合中选择出最具有代表性的少量试验，就能获得可靠的试验结果。6 个因素 3 个水平的试验，若采用正交试验设计，则只需要采用 $L_{18}(3^7)$ 型正交表，共需安排 18 次试验即可。因此，利用正交试验设计技术来安排试验，试验次数大大减少，从 729 次减少到 18 次，这样，从时间和费用上看，都是可行的。

正交试验设计的试验步骤为：①应先确定各个试验因素的个数及其水平数；②分析各个影响因素之间是否有相互作用；③根据人力、物力、时间、费用等确定大概的试验次数；④最后选用合适的正交表，安排试验。

正交试验结束后，需要用到数理统计学中的数据分析方法对试验数据进行分析。根据分析计算结果，就能定量地确定各个因素的影响程度和各个因素的最佳组合。因素的最佳组合只考虑对产品性能影响大的因素及其水平值，对于次要的因素，可根据经济条件、制造条件等情况来确定。

4. 信噪比（SN 比）

信噪比最初是作为通信效率的一种测度，用以测量通信时输出功率中信号（Signal）和噪声（Noise）功率的比值。信号功率与噪声功率的比值为：

$$\eta = \frac{S}{N} = \frac{信号功率}{噪声功率}$$

式中，η 表示信噪比，或称为 SN 比，η 比值越大，信号功率相对噪声功率越大，表明通信效果愈好。

田口博士将这一概念引入产品设计质量控制方面，仍沿用原来的记法，但意义不同，SN 比指影响产品质量特性的主效应与误差效应的比值。即主效应相当于信号，误差效应相当于噪声。在设计质量控制中，用 SN 比模拟误差因素（即噪声效应）对产品设计质量特性的影响。对于设计质量特性是望目特性和望大特性的，SN 比越大，产品设计质量特性越好、越稳定。而对于望小质量特性，则 SN 比越小，产品质量特性越好。因此，根据正交试验设计所进行的试验，分析对比各个影响因素不同水平的 SN 比值，就可确定各个因素的最适宜水平和组合，以及哪一个因素的容差应严格控制。

对应于 3 种常用的望目、望大、望小特性的质量损失函数模型，SN 比表达式如表 3-9 所示。

表 3-9 望目、望大、望小特性信噪比的表达式

序号	质量特性的类型	信噪比表达式	信噪比度量说明
1	望目特性	$10\lg(S_m - V_e)/(N \times V_e)$	信噪比愈大，质量特性愈好
2	望大特性	$-10\lg\left(\frac{1}{N}\sum \frac{1}{y_i^2}\right)$	信噪比愈大，质量特性愈好
3	望小特性	$-10\lg\left(\frac{1}{N}\sum y_i^2\right)$	信噪比愈小，质量特性愈好

注：表 3-9 中，S_m 和 V_e 的表达式分别为：$S_m = N \times (\bar{y})^2 - \frac{1}{N}(\sum y_i)^2$；$V_e = \sqrt{\frac{1}{N-1}\sum(y_i - \bar{y})^2}$。

5. 系统设计

产品设计的第一次设计称为系统设计，是指决定产品功能和结构的设计。它是在市场调查确定用户需求的基础上，应用科学理论、专业技术知识，探索新产品功能原理，对产品功能原型进行设计开发，决定产品的功能、结构，因此也称为概念设计或功能设计。

系统设计的方式有：①技术引进、利用专利的方式；②自行设计与技术引进相结合的方式；③独立研制方式。

系统设计属于专业技术范畴，不属于管理技术范畴。

6. 参数设计

产品设计的第二次设计称为参数设计，它是稳健设计的核心，是田口"三次设计法"的重要阶段，是在系统设计确定产品功能、结构之后进行的。这一阶段是为了提高和保证产品性能，同时考虑成本因素，以优化产品性能为目标，设计出质量稳定、成本合理的产品。

产品是由许多部件、零件组成的复杂系统，产品的性能既取决于零部件的质量，又取决于产品的设计方法。零部件的质量性能好，其成本就高；相反质量性能差，成本就低。工程设计的经验表明，零部件产品全部采用优质产品，组装起来的产品性能未必能达到优质。当然，即使达到优质，也不足为奇，但其成本就很高。因此，在质量设计过程中，如果各个零部件的参数水平及其组合选择得当，即使搭配使用部分价格低廉的零部件，也能设计出性能稳定的优质产品。

采用参数设计方法,能找出尽量不受误差干扰影响的最佳设计参数水平及其组合,抑制和衰减产品质量特性的波动。其目的就是为了搭配使用一部分成本低廉、质量波动大的次等品,和一部分质量波动小、成本高的优质品,以便设计出成本合理、质量性能稳定的产品。因此参数设计是稳健设计质量控制的中心环节。

例如,某产品的质量特性即输出特性 y 与某个设计参数 x_1 和 x_2 之间的关系分别如图3-8所示的非线性和线性关系。

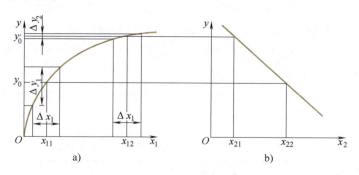

图 3-8　参数设计调整优化产品质量的一般原理

a)非线性关系　b)线性关系

从图3-8a可知,如果参数 x_1 的水平取 x_{11},波动值为 Δx_1 时,引起的质量波动值为 Δy_1,但产品的输出特性值 y 为 y_0,与目标特性值一致。如果参数 x_1 的水平取 x_{12},波动值为同样为 Δx_1 时,引起的质量波动值为 Δy_2,此时 Δy_2 明显小于 Δy_1,质量波动减少了。但是输出特性值 y 却变为 y_0',偏离了目标值,偏移量 $\varepsilon = y_0' - y_0$。

如何消除此偏移量,做到既能使产品的质量特性值的波动小,又使其值与目标值相一致,是参数设计要考虑的问题。这时,如图3-8b所示,可设法找到与产品质量特性值 y 呈线性关系的设计参数 x_2。只要将参数 x_2 的水平值由 x_{21} 增加到 x_{22},即可补偿图3-8a中输出质量特性的偏移量 ε,从而使其值就从 y_0' 降低到 y_0,与目标值一致。从图3-8可知,对于该产品,通过参数设计,可以确定其设计参数 x_1 和 x_2 的最佳水平组合为 $x_{12}x_{22}$,就可以稳定产品的性能。由此可见,在产品的质量设计过程中,采用参数设计对改进产品质量是非常有意义的。

参数设计主要运用实验设计技术进行的,以正交表和 SN 比为基本工具。参数设计常采用的方法有内外表法和直积法,一般程序为:

1)运用专业知识,选出主要的质量因素及其水平,包括控制因素、标示因素、信号因素和误差因素。

2)根据质量因素的个数及其水平数,选取合适的正交表和试验次数。

3)按照正交表中的各个因素水平,进行试验。

4)根据试验数据,计算 SN 比,并用 SN 比代表每组试验的特性值,进行方差分析。

5)根据分析结果,选取最佳参数水平及其组合,做出参数设计结论。

7. 容差设计

产品设计的第三次设计称为容差设计。经过系统设计和参数设计后的产品,其性能不一定能满足产品性能的稳健性要求,还需要进一步围绕设计参数的中心值,探索能减少产品质量波动、降低用户损失、提高产品质量稳健性的容许差值。

在工程技术中,一般把允许零部件或产品的质量特性值与目标值之间的最大偏差称为公差。在田口稳健设计方法中,定义为容差。容差设计就是在产品质量设计过程中,通过控制可控因素的容差,衰减或缩小误差因素所引起的产品质量波动,调整产品质量与成本关系的一种设计方法。

容差设计的目的是确定各种影响产品质量波动因素的主次,即确定哪一项是质量波动的主要原因,哪些是次要的,这样就有针对性地衰减或缩小主要因素所引起的质量波动。因此容差设计的主要任务就是针对主要的误差因素,选择容差小的优质零部件,衰减或减小产品质量的波动。但是由于选择优质的零部件,价格较高,相应地要增加产品的成本。参数设计阶段,出于经济考虑,一般都是选用低廉的零部件,其容差较大。因此,如果参数设计后,产品的质量特性能达到要求,则不需要进行容差设计。

通过系统设计、参数设计和容差设计,就能获得价格合适、性能稳定的产品。

3.3.4 QFD、TRIZ 和稳健设计的集成应用

在产品的设计质量控制中,采用 QFD 方法,得到顾客对产品的要求,知道顾客想要什么样的产品,确定了设计的方向和目标。但是,根据顾客要求确定需要采取的工程技术措施后,QFD 在如何解决工程技术措施之间的矛盾方面就显得无能为力。因此,产品质量设计过程中采用 QFD 方法能使产品最大限度地满足顾客的需求,但它无法进一步向设计人员提供可操作的解决产品创新设计的具体方法。

TRIZ 设计理论正是实现产品创新设计的有力工具,它将产品创新的核心——概念设计(在稳健设计中称为系统设计)过程具体化,并提出了规则、算法与发明创新原理供设计人员使用。它提供的矛盾矩阵能很好地解决 QFD 中工程技术措施之间的矛盾或冲突问题,得到满足顾客需求的产品功能结构(即系统设计)方案。虽然 TRIZ 能在概念设计阶段提供创新性设计方案,但是在具体的产品性能、结构参数选择方面存在不足,这正是稳健设计的优势。

这样,再通过稳健设计,对用 TRIZ 创新设计理论得到系统功能原型进行参数设计和容差设计,得到产品各个设计参数的最佳水平值及其组合,就能获得价格合理、质量性能稳定的产品。

因此 QFD、TRIZ 和稳健设计集成为一体,就能控制产品的设计质量,得到用户需要、新颖、价格合理、质量稳定的产品。

3.4 产品和服务的设计和开发

在 ISO 9001:2015 版标准中没有设计质量控制的相关条款,并在标准中将 ISO 9001:2008 版中的"产品"替换为"产品和服务",并有"产品和服务的设计和开发"这一论述,可以视为对"设计质量控制实施"这一部分的替换。在产品和服务的设计与开发中的主要活动有:设计和开发策划、设计和开发输入、设计和开发控制、设计和开发输出、设计和开发

更改 5 个环节。

组织应建立、实施和保持适当的设计和开发过程,以确保后续的产品和服务的提供。

3.4.1 设计和开发策划

设计和开发策划是确保设计和开发达到目标的有效手段,可以使设计和开发过程不走或少走弯路。在 ISO 9001：2015 版标准中规定,确定设计和开发的各个阶段和控制,组织应考虑：

①设计和开发活动的性质、持续时间和复杂程度。②所需的过程阶段,包括适用的设计和开发评审。③所需的设计和开发验证及确认活动。④设计和开发过程涉及的职责和权限。⑤产品和服务的设计和开发所需的内部和外部资源。⑥设计和开发过程参与人员之间接口的控制需求。⑦使用者参与设计和开发过程的需求。⑧对后续产品和服务提供的要求。⑨顾客和其他相关方期望的设计和开发过程的控制水平。⑩证实已经满足设计和开发要求所需的成文信息。

3.4.2 设计和开发输入

设计和开发输入是保证设计和开发的固有质量满足要求的前提,也是设计和开发活动的依据。在 ISO 9001：2015 版标准中规定,组织应针对所设计和开发的具体类型的产品和服务,确定必需的要求。要求应考虑：①功能和性能要求。②来源于以前类似设计和开发活动的信息。③法律法规要求。④组织承诺实施的标准或行业规范。⑤由产品和服务性质所导致的潜在失效后果。

针对设计和开发的目的,输入应是充分和适宜的,且应完整、清楚。相互矛盾的设计和开发输入应得到解决,组织应保留有关设计和开发输入的成文信息。

3.4.3 设计和开发控制

在 ISO 9001：2015 版标准中规定,组织应对设计和开发过程进行控制,以确保：①规定拟获得的结果。②实施评审活动,以评价设计和开发的结果满足要求的能力。③实施验证活动,以确保设计和开发输出满足输入的要求。④实施确认活动,以确保产品和服务能够满足规定的使用要求或预期用途。⑤针对评审、验证和确认过程中确定的问题采取必要措施。⑥保留这些活动的成文信息。

设计和开发的评审、验证和确认具有不同目的。根据组织的产品和服务的具体情况,可单独或以任意组合的方式进行。

3.4.4 设计和开发输出

输出是设计和开发过程的相关资源和活动的结果,对每个阶段都有输出,这一阶段的输出就是下一阶段的输入。标准中的这个要求不仅适用于最终的输出,而且适用于中间过程每个阶段的输出。在 ISO 9001：2015 版标准中规定,组织应确保设计和开发输出：①满足输入的要求。②满足后续产品和服务提供过程的需要。③包括或引用监视和测量的要求,适当时,包括接收准则。④规定产品和服务特性,这些特性对于预期目的、安全和正常提供是必需的。

组织应保留有关设计和开发输出的成文信息。

3.4.5 设计和开发更改

在 ISO 9001:2015 版标准中规定,组织应对产品和服务设计和开发期间以及后续所做的更改进行适当的识别、评审和控制,以确保这些更改对满足要求不会产生不利影响。

组织应保留下列方面的成文信息:设计和开发更改评审的结果;更改的授权;为防止不利影响而采取的措施。

复习思考题

1. 试述设计质量与产品质量的关系。
2. 设计质量控制的原则有哪些?
3. 设计质量特性重要度是根据什么原则来分级的?
4. 设计质量特性重要度的表示常用哪两种方法?
5. 根据设计所处的阶段,对质量的评价分为哪几种?
6. 试述模糊质量评价方法的基本步骤。
7. 设计质量控制实施有哪些环节?
8. 试述 QFD 质量屋的构建步骤。
9. 试述 QFD 质量控制方法是怎么样确定产品的技术竞争力的?
10. 对控制产品设计质量的其他方法进行探讨。

案例分析题

上海中心大厦设计质量控制

上海中心大厦位于陆家嘴金融贸易区,毗邻金茂大厦和环球金融中心,主要功能包括办公、超五星酒店、观光、商业和餐饮等,总建筑面积约 57 万 m^2,总高度 632m,具有投资规模大、建设周期长、涉及面广的特点。

与其他项目一样,上海中心大厦设计质量控制方法主要有组织措施、技术措施、合同措施和经济措施 4 种途径。本案例从组织措施和技术措施 2 方面介绍其设计质量控制的特点。

1. 组织措施

(1) 组建优秀的设计管理团队,提高设计质量控制能力 上海中心大厦采用矩阵团队管理模式,通过公开招标方式,吸引了业界知名团队参与设计管理过程。如建筑方案是美国 GENSLER、施工图设计是同济大学建筑设计研究院、机电顾问是柏诚公司(PB),结构顾问是美国 TT 结构师事务所和华东勘测设计研究院、"中国绿色三星建筑"认证是上海市建筑科学研究院、LEED 认证顾问是 COOPX 等,汇聚了大批业界精英。业主方作为建设项目全过程的最高决策者,是项目功能需求的提出者,往往还是最终用户或使用者。上海中心大厦业主方的设计管理人员基本都具有高级职称,工作年限在15年以上,具有丰富的工作经验,能够在设计管理过程中起主导作用,及时做出判断和决策。

(2) 优选施工图设计单位　施工图设计亦是方案的落地设计,直接决定着建设项目的优劣。在选择施工图设计单位时,不仅要考虑其规模,同时要考虑其是否具有完善的设计管理制度和质量保障体系,是否具有同类建筑项目设计经验。通过这种方式,上海中心大厦最终确定同济大学建筑设计研究院为施工图设计单位,各级设计人员接受过 GB/T19001—ISO 9001 标准培训,拥有较多工程经验。此外,上海中心大厦项目在工程实践中面临非常多的技术挑战,甚至设计规范的空白,承担了 30 多项科研课题,对国内同类型建筑设计具有很好的示范作用,为国家规范的修订提供技术积累和指引。

(3) 加强审图公司的监管职能　当前,国家对建设项目并未引入设计监理制度,现有的审图公司仅仅是对图纸的内容是否符合国家、地方的规范、规程等方面做出审查意见,而对于设计文件的先进合理性、技术经济性等方面不做审查。因此,有可能出现虽然设计文件满足了规范要求,是合格的产品,但并不是高质量的设计文件,更谈不上是作品或精品。

(4) 建立工作例会制度　根据工程需要,上海中心大厦项目建立了多项例会制度,比如每周一的设计例会、每周二的工程例会(包含设计问题)、每周三的结构例会、每周四的机电例会和每周五的建筑例会等。另根据需要,组织各专业的技术专题会和专家评审会。据统计,从项目开始至今,共召开各类会议 1 万多次,参加人次近 20 万人,解决了 500 多项技术难题,有效地保障了设计质量。

2. 技术措施

(1) 科学计划项目开发周期,留出合理的设计时间　因设计时间不合理而导致设计文件质量低劣的案例很多,不仅延误了建设项目的开发进程,而且造成大量的资源浪费。在设计管理过程中,上海中心大厦通过科学规划,给予设计单位合理的设计时间,来避免突击战。

(2) 进行方案论证,试验验证,选取最优方案　上海中心大厦成立由公司领导层挂帅的科研与创新小组,力求在超高层绿色建筑关键技术,超高层建筑的建筑、结构、机电设计与安全关键技术,超高层建筑的综合施工技术,超高层建筑的智能化运营与管理的集成技术等方面取得突破,进行系统科研攻关。以科研攻关为手段,创新成果为保障,打造"至高、至尊、至精"的中华第一高楼。在设计过程中,先后组织了震动台试验、幕墙四性试验、玻璃幕墙防火试验、滑移支座研发、风洞试验等 20 多项、100 多次试验,总投资超过 3000 万元。

(3) 建立健全完善的设计审查制度　制度建设是一个长期而关键的任务,制度胜于技术,这是在很多行业中总结出来经验,一个完善的审查制度可以从多方面把控可能的失误。上海中心大厦项目汇集了业主方、审图公司、项目经理、柏诚等所有参建顾问单位,针对施工图审查过程中发现的问题,与设计单位当面沟通探讨。在此设计审查的制度下,对于设计中的查遗补漏,优化设计发挥了重要作用,效果明显,有效地提高了设计文件的质量。

(4) 利用先进的管理工具　上海中心大厦建设发展有限公司与欧特克软件(中国)有限公司(AUTODESK)在上海国际会议中心签署战略合作协议,在上海中心大厦建设期间,通过整合三维数字化新技术打造"数字 DNA",运用建筑信息模型(BIM)提升项目管理水平,从而提高建筑设计质量、降低管理成本,在建筑的全生命周期实现信息化管理,实现绿色科技与建筑融合。由同济大学建筑设计研究院进行基础数据输入,建立数据模型,形成三维动态图像,供各方使用。对于大型公共建筑来说,管线冲突是最难克服的难点之一,传统的综合管线图因其平面特性,图纸量非常巨大,而且表现作用有限,并不能清晰表达出现场的实际情况。采用 BIM 系统后,可以清晰地表现任何位置的管线状况,通过 BIM 模型,设计师可以进行碰撞检查,及时发现和解决问题。在 BIM 平台的应用过程中,第一次查出 13000 多处碰撞点,以后逐步减少至 8000 多处、3000 多处及后来的 200 多处,把问题消除在设计阶段,减少了现场的返工量,节约了时间,减少了无谓的投资。

　　大量的工程实例证明,设计阶段是项目实施的关键环节,设计质量的高低对于整个项目能否顺利实施,能否实现既定的经营目标起着至关重要的作用。通过一系列管理措施和先进工具的应用,可在专业化、标准化、信息化领域进行多方位探索,以进一步提高设计质量控制。

　　请根据案例回答下列问题
  1. 举例说明上海中心大厦的建设还可以采取哪些措施提高设计质量?
  2. 结合案例,谈一谈你对"质量首先是设计出来的"这句话的理解。

(资料来源:王振华. 浅谈上海中心大厦设计质量控制 [J]. 给水排水,2015,41(2):93-96.)

 视频思政案例

中国创造:大跨径拱桥技术　　　　　中国创造:外骨骼机器人

第4章
质量检验

问题疫苗事件

2018年7月15日,国家药品监督管理局(以下简称国家药监局)通过官方网站发布通告称,国家药监局发现长春长生冻干人用狂犬病疫苗生产过程存在编造生产记录和产品检验记录、随意变更工艺参数和设备等严重违反《药品生产质量管理规范》行为。吉林省食品药品监督管理局已收回长春长生《药品GMP证书》,同时已按要求停止狂犬疫苗的生产。长春长生正对有效期内所有批次的冻干人用狂犬病疫苗全部实施召回。按照疫苗管理有关规定,所有企业上市销售的疫苗,均需报请中国食品药品检定研究院批签发,批签发过程中要对所有批次疫苗安全性进行检验,对一定比例批次疫苗有效性进行检验。该企业已上市销售使用疫苗均经过法定检验,未发现质量问题。为进一步确认已上市疫苗的有效性,已启动对企业留样产品抽样进行实验室评估。

该企业在一年时间内第二次被发现产品生产质量问题。2017年10月,原国家食品药品监督管理总局抽样检验中发现该企业生产的1批次百白破疫苗效价指标不符合标准规定,该产品目前仍在停产中。国家药监局已部署全国疫苗生产企业进行自查,确保企业按批准的工艺组织生产,严格遵守GMP生产规范,所有生产检验过程数据要真实、完整、可靠,可以追溯。国家药监局将组织对所有疫苗生产企业进行飞行检查,对违反法律法规规定的行为要进行严肃查处。

长生生物接连被曝出百白破疫苗为"劣药"、狂犬疫苗生产记录造假,引起了社会强烈关注,也引发公众对疫苗安全的焦虑。加之多家媒体接力起底了长生生物等疫苗生产企业的过往,很多情况让人细思极恐,也将人们对疫苗生产领域乱象的不安情绪推到了顶点。

讨论题:中国作为全球最大的人用疫苗生产国,每年签发批次疫苗5亿~10亿支,然而长春长生接连发生的疫苗问题让公众对疫苗安全产生了焦虑,那么企业和政府应该采取哪些措施来避免这种焦虑的产生呢?

(资料来源:国家药监局负责人介绍长春长生疫苗案件:责令停产、立案调查,组织对所有疫苗生产企业飞行检查,中国质量网,http://www.chinatt315.org.cn/news/2018-7/23/33496.aspx,2018-07-23)

第4章 质量检验

学习目标

1. 了解质量检验和产品验证的概念和关系；熟悉质量检验计划的编制内容；掌握基本的检验流程图绘制。
2. 熟悉抽样检验的基本原理和常用术语；掌握抽样检验特性曲线及其相关计算。
3. 了解计数抽样检验和计量抽样检验的原理；熟悉不同类型抽样检验的特点和实施步骤。
4. 了解计量管理的相关内容；熟悉检验误差产生的原因。

4.1 质量检验与产品验证

4.1.1 质量检验与产品验证的概念

1. 质量检验

质量检验是指对产品的一种或多种特性进行测量、检查、试验、计量，并将这些特性与规定的要求进行比较，以确定其符合性的活动。质量检验的目的是判断被检产品是否合格，决定接收还是拒收，同时也为改进产品质量和加强质量管理提供信息。质量检验包括如下过程：

1）理解标准要求。熟悉和掌握产品的质量标准和测试方法，作为检验和判断的依据。

2）确定抽样方案。规定样本量和有关接收准则的具体方案。

3）测量或试验。用一定的计量器具、检测设备或理化分析仪器和一定的测量方法，对质量特性值作定量评定。

4）比较与判断。将测量结果与标准进行比较，确定其符合性。

5）处理。对合格品打合格标记，填发合格证并放行。对不合格品做出返工或报废、拒收的结论。

6）记录反馈。将检验结果填入原始记录表，向有关部门传递、反馈质量信息。

质量检验的职能：

1）鉴别职能。对被检物品是否合格做出判定，符合标准要求的作为合格品接收，不符合标准要求的作为不合格品拒收。

2）监督职能。监督与判断生产过程是否稳定，以便及时处理与调整。

3）判断过程能力。判断过程能力是否满足质量特性要求。

4）确定质量等级。判断与确定产品的质量等级。

5）反馈职能。对检验结果进行整理、统计和分析获得一定信息，及时反馈到有关部门，为产品改进和质量控制提供可靠依据。

2. 产品验证

验证是指通过提供客观证据对规定要求已得到满足的认定。产品验证就是对产品实现过程中形成的有形产品和无形产品，通过物理的、化学的及其他科学技术手段和方法进行观察、

试验、测量后所提供的客观证据,证实规定要求已得到满足的认定。它是一种管理性的检查活动,其主要内容如下:

1)查验提供的质量凭证。检查物品名称、规格、编号(批号)、交付(作业完成)单位、日期、产品合格证或有关质量合格证明,确认检验手续、印章和标记,必要时核对主要技术指标或质量特性值。它主要适用于采购物资的验证。

2)确认作为检验依据的技术文件的正确性、有效性。检验依据的技术文件,一般有国家标准、行业标准、企业标准、采购(供货)合同(或协议)。具体依据哪一种技术文件,需要在合同(或协议)中明确规定。对于采购物资,必要时在合同(或协议)中另附验证方法协议,确定验证方法、要求、范围、接收准则、检验文件清单等。

3)查验检验凭证(报告、记录等)的有效性。检验凭证上数据填写的完整性,产品数量、编号和实物的一致性,确认签章手续是否齐备。这主要适用于过程(作业),检验合格后予以放行。

4)需要进行产品复核检验的,由有关检验人员提出申请,送有关检验部门(或委托外部检验机构)进行检验并出具检验报告。

3. 质量检验与产品验证的关系

1)产品验证必须有客观证据,这些证据一般都是通过物理的、化学的和其他科学技术手段和方法进行观察、试验、测量后取得的。质量检验是产品验证的基础和依据,是产品验证的前提,质量检验的结果要经规定程序认定。因此,产品验证既是质量检验的延伸,又是产品检验后放行、交付必经的过程。

2)产品质量检验出具的客观证据是产品实现的生产者提供的。对采购产品验证时,产品检验出具的客观证据则是供货方提供的。采购方根据需要也可以按规定程序进行复核性检验,这时质量检验是供货方产品验证的补充,又是采购方采购验证的一种手段。

3)质量检验是对产品质量特性是否符合规定要求所做的技术性检查活动,而产品验证则是规定要求已得到满足的认定,是管理性检查活动。两者性质不同,是相辅相成的。

4.1.2 质量检验计划的编制

质量检验计划是生产技术准备工作的一项重要内容,是检验人员工作的重要依据,检验计划在新开发的产品投入生产前就应制订出来,标准明确,内容具体,以便对检验工作进行指导。

1. 编制检验计划的目的

1)提高质量和效率。通过统筹安排、恰当设置检验项目,选择适宜的检验方式和程度,合理配备人员来提高检验的质量和效率。

2)提高检验的经济效益。确定并实施质量缺陷严重性分级标准,在保证质量的同时使产品制造过程更为经济。

3)明确检验人员的责任和权利。有利于调动积极性和对检验人员进行考核。

4)有利于检验工作的规范化、科学化和标准化。

5)有利于过程的质量控制,使过程更好地处于受控状态。

2. 质量检验计划的内容

检验计划的内容主要包括：设计检验流程图；设置检验站，配备人员，安排培训和资格认证等；制定质量缺陷严重性分级表；进行技术标准补充说明；编制检测计划；编制检验指导书。

3. 检验计划的编制

（1）绘制检验流程图

1）检验流程图。检验流程图是用图形、符号，简洁明了地表示检验计划中确定的特定产品的检验流程（过程、路线）、检验工序、位置设置和选定的检验方式、方法和相互顺序的图样。它是检验人员进行检验活动的依据。检验流程图和其他检验指导书等一起，构成完整的检验技术文件。

较为简单的产品可以直接采用作业流程（工艺路线）图，并在需要质量控制和检验的部位、处所连接表示检验的图形和文字，必要时标明检验的具体内容、方法，同样起到检验流程图的作用和效果。

对于比较复杂的产品，单靠作业流程（工艺路线）图往往还不够，还需要在作业流程（工艺路线）图基础上编制检验流程图，以明确检验的要求和内容及其与各过程之间的清晰、准确的衔接关系。

检验流程图对于不同的行业、不同的生产者、不同的产品会有不同的形式和表示方法，不能千篇一律。但是，一个生产组织内部的流程图表达方式、图形符号必须规范、统一，便于准确理解和执行。

编制检验流程图，首先要熟悉和了解有关的产品技术标准及设计技术文件、图样和质量特性分析；其次要熟悉产品形成的作业（工艺）文件，了解产品作业（工艺）流程（路线）。然后，根据作业（工艺）流程（路线）、作业规范（工艺规程）等作业（工艺）文件，设计检验工序的检验点（位置），确定检验工序和作业工序的衔接点及主要的检验工作方式、方法、内容，绘制检验流程图。最后，对编制的流程图进行评审。由产品设计、工艺、检验人员、作业管理人员、过程作业（操作）人员一起联合评审流程图方案的合理性、适用性、经济性，提出改进意见，进行修改。

流程图最后经生产组织的技术领导人或质量的最高管理者（如总工程师、质量保证经理）批准。

2）检验流程图的标识符号。检验流程图的标识符号一般有顺序符号和检验符号两类。要尽可能采用有关标准规定的符号。

① 顺序符号

○——加工符号，是指生产过程中改变生产对象的形状或特性的活动。

D——停放符号，是指生产过程中生产对象在工作地附近临时停放。

→——运输符号，是指生产过程中生产对象处于有目的的位置移动状态。

▽——储存符号，是指生产过程中生产对象处于受保管的状态。

□或◇——检验符号，是指生产过程中生产对象处于检验状态。

② 检验符号

在顺序符号中，可采用如下符号进一步标明检验方式和手段：

E——进厂检验　　　　N——外观检验
P——工序检验　　　　L 或 100%——全数检验
Zh——中间检验　　　 SP 或 n/c——抽样检验
Z——最终检验　　　　W——控制图
ZF——完工检验　　　 A——测量
ZP——成品检验　　　 I——试验
C——合格证验收　　　X——调试
M——理化检验　　　　O——质量审核
S——感官检验

3）检验流程图举例。图 4-1 为某产品加工过程检验流程图。

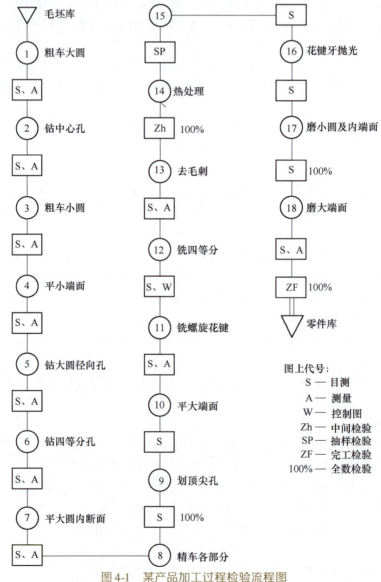

图 4-1　某产品加工过程检验流程图

(2) **设置检验站** 检验站是根据生产作业分布（工艺布置）及检验流程设计确定的作业过程中最小的检验实体。其作用是通过对产品的检测，履行产品检验和监督的职能，防止所辖区域不合格品流入下一作业过程或交付（销售、使用）。

检验站是检验人员进行检验活动的场所，合理设置检验站可以更好地保证检验工作质量，提高检验效率。设置检验站通常遵循的基本原则是：

1) 要重点考虑设在质量控制的关键作业部位和控制点。为了加强质量把关，保证下一作业过程（工序）或顾客的利益，必须在一些质量控制的关键部位设置检验站。例如，在外购物料进货处，在产成品的放行、交付处，在生产组织接口（车间之间、工段之间），在中间产品、成品完成入库之前，一般都应设立检验站。其次，在产品的关键组成部分、关键作业（工序）之后或生产线的作业（工序）终端，也必须设立检验站。

2) 要能满足生产作业过程的需要，并和生产作业节拍同步和衔接。在流水生产线和自动生产线中，检验通常是工艺链中的有机组成部分，因此在某些重要过程（工序）之后，在生产线某些分段的交接处，应设置必要的检验站。

3) 要有适宜的工作环境。检验站要有便于进行检验活动的空间。要有合适的存放和使用检验工具、检验设备的场地；要有存放等待进行检验产品的面积；要方便检验人员和作业（操作）人员的联系；使作业（操作）人员送取检验产品时行走的路线最佳；检验人员要有较广的视域，能够观察到作业（操作）人员的作业活动情况。

4) 要考虑节约检验成本，有利于提高工作效率。为此，检验站和检验人员要有适当的负荷，检验站的数量和检验人员、检测设备、场地面积都要适应作业和检验的需要。检验站和检验人员太少，会造成等待检验时间太长，影响作业，甚至增加错检与漏检的可能；人员太多，又会人浮于事，工作效率不高，并增加检验成本。

5) 检验站的设置不是固定不变的，应根据作业（工艺）的需要作适时和必要的调整。

检验站设置有如下分类：

1) 按产品类别设置。这种方式就是同类产品在同一检验站检验，不同类别产品分别设置不同的检验站。其优点是检验人员对产品的组成、结构和性能容易熟悉和掌握，有利于提高检验的效率和质量，便于交流经验和安排工作。它适合于产品的作业（工艺）流程简单，但每种产品的生产批量又很大的情况。

2) 按生产作业组织设置。如：一车间检验站，二车间检验站，三车间检验站；热处理车间检验站，铸锻车间检验站，装配车间检验站；大件工段检验站，小件工段检验站，精磨检验站等。

3) 按工艺流程顺序设置

① 进货检验站（组）。负责对外购原材料、辅助材料、产品组成部分及其他物料的进厂检验和试验。

② 过程检验站（组）。在作业组织各生产过程（工序）设置。

③ 完工检验站（组）。在作业组织对各作业（工序）已全部完成的产品组成部分进行检验，其中包括零件库检验站。

④ 成品检验站（组）。专门负责成品质量和防护包装质量的检验工作。

4) 按检验技术的性质和特点设置。检验工作中针对特殊检测技术要求和使用的测试设备特点而设置专门、专项的检验站，如为高电压的试验、无损探伤检测、专项电器设备检测、冶炼炉的炉前冶金成分快检等项目而设置的检验站。

实际检验站设置不是单一形式的，根据生产特点、生产规模，可以从有利作业出发兼顾多种形式设置混合型检验站。

（3）产品缺陷严重性分级 由于产品和零部件在制造过程中产生的各种缺陷与质量特性值差异的大小不同，对后续生产活动和整机质量的影响程度也不同。若不分缺陷的危害程度一律判为废品是不经济的，因此，有必要对产品缺陷严重性进行分级，分级时需要考虑的原则如下：

1）所规定的质量特性的重要程度。高等级的质量特性所发生的不合格，其严重性也高。

2）对产品适用性的影响程度。不合格严重性分级不能单纯由质量特性的重要程度来决定，还要从使用和安全、经济、对市场占有份额的影响等方面，综合考虑产生不合格后产品应如何处理来决定。

3）顾客可能反映的不满意强烈程度。顾客不满意的反映越强烈，其严重性也越大。

4）不合格的严重性分级除考虑功能性质量特性外，还必须包括外观、包装等非功能性的影响因素。

5）不合格对下一作业过程（工序）的影响程度。

企业应根据产品和行业特点，从实际出发，制定出质量缺陷严重性分级原则，为具体产品实行质量缺陷严重性分级提供依据。企业在编制某一产品检验计划时，应当依据分级原则，明确列出该产品的缺陷的项目、状况及严重性的级别，形成具体的质量缺陷严重性分级表，以供使用。

不合格等级划分不宜太细，划分越细，级别之间的差异就越难区分。我国某些行业将不合格分为3级，其代号分别为A、B、C，某些行业则分为4级。

3级不合格具体规定如下：

A类不合格：单位产品的极重要的质量特性不符合规定，或单位产品的质量特性极严重不符合规定。

B类不合格：单位产品的重要质量特性不符合规定，或单位产品的质量特性严重不符合规定。

C类不合格：单位产品的一般质量特性不符合规定，或单位产品的质量特性轻微不符合规定。

从以上分级可以看出，不合格分级级别既与质量特性的重要程度有关，又与不合格的严重程度有关。

（4）进行技术标准补充说明 技术标准补充说明是将图样、工艺和技术文件上对质量特性阐述不清的地方，采用如下方式加以补充：

1）进一步明确某些缺陷词的含义。例如，产品外观缺陷的"划伤""斑点"和"锈蚀"，设计上一般没有具体要求，应在检验中根据其是否影响产品功能、是否影响产品的商品化、是否能被用户发现予以明确和区别对待。

2）进一步明确以及完善标准和技术要求。对标准和技术要求上易混淆之词要做出补充解释；对缺少技术要求的要做出补充；对无法测量的质量特性，要提出改用其他代用特性作检验；对一些定性的质量特性，要尽可能量化。

3）准备实物样品。对于一些用感官检验的质量特性，可以用实物来说明标准含义和合格界限，如油漆的颜色等。

4）澄清分歧。对标准在解释与执行上有分歧的，要提出并由制定部门予以澄清。例如，螺钉的拧紧程度要规定扭矩值；孔径用塞规或内径表测量也要明确。

(5) 编制人员配置和检测手段计划

1）检验人员的配置。检验计划中的人员配置，通常是针对新产品投产后的检验人员安排。可在企业已有检验人员队伍的基础上，作必要的调整和增配。

2）检验手段的配置。通常应尽量采用企业现有检测设备；对需新添置的仪器设备应尽早提出，以便安排采购；还要注意检测手段的更新，在可能的条件下，要选用电子检测、光学检测、自动检测和气动量仪等先进的检测手段。

(6) 编制检验指导书 检验指导书是具体规定检验操作要求的技术文件，又称检验规程或检验卡片。它是产品形成过程中，用以指导检验人员规范、正确地实施产品和过程完成的检查、测量、试验的技术文件。它是产品检验计划的一个重要部分，其目的是为重要产品及组成部分和关键作业过程的检验活动提供具体操作指导。

由于产品形成过程中具体作业特点、性质的不同，检验指导书的形式、内容也不相同，有进货检验用检验指导书（如某材料化学元素成分检验指导书、某电子元器件筛选检验指导书等）、过程（工序）检验用检验指导书（如机加工工序检验指导书、电镀工序检验指导书等）、组装和成品完工检验用指导书（如主轴组装检验指导书、清洁度检验指导书、性能试验指导书等）。

一般对关键和重要的产品组成部分、产品完成的检验和试验都应编制检验指导书，在检验指导书上应明确规定需要检验的质量特性及其技术要求，规定检验方法、检验基准、检测量具、样本大小以及检验示意图等内容。编制检验指导书的主要要求如下：

1）对该过程作业控制的所有质量特性（技术要求），应全部逐一列出，不可遗漏。对质量特性的技术要求要语言表述明确、内容具体、语言规范，使操作和检验人员容易掌握和理解。此外，它还可能要包括不合格的严重性分级、尺寸公差、检测顺序、检测频率、样本大小等有关内容。

2）必须针对质量特性和不同精度等级的要求，合理选择适用的测量工具或仪表，并在指导书中标明它们的型号、规格和编号，甚至说明其使用方法。

3）当采用抽样检验时，应正确选择并说明抽样方案。根据具体情况及不合格严重性分级，确定可接受质量水平 AQL（接受质量限）值，正确选择检查水平，根据产品抽样检验的目的、性质、特点选用适用的抽样方案。检验指导书的内容包括：

① 检测对象。受检产品名称、型号、图号、工序（流程）名称及编号。

② 质量特性值。按产品质量要求转化的技术要求，规定检验的项目。

③ 检验方法。规定检测的基准（或基面）、检验的程序和方法、有关计算（换算）方法、检测频次、抽样检验时有关规定和数据。

④ 检测手段。检测使用的计量器具、仪器、仪表及设备、工装卡具的名称和编号。

⑤ 检验判定。规定数据处理、判定比较的方法、判定的准则。

⑥ 记录和报告。规定记录的事项、方法和表格，规定报告的内容与方式、程序与时间。

⑦ 其他说明。

检验指导书的格式，应根据生产组织的不同生产类型，不同作业工种等具体情况进行设计。表 4-1、表 4-2、表 4-3 是几种检验指导书的格式，可供参考。

表 4-1　检验指导书（供进货检验用）

受检物名称		用于产品名称		文件编号	
物品编号或图号		检验站名称		有效执行期	
序号	受检特性值	质量特性重要性级别	检测手段	检验方法	备注
提示与说明事项					

批准：　　　　审核：　　　　编制：　　　　日期：

表 4-2　检验指导书（供工序检验或完工零件检验用）

零件名称		零件图号		文件编号	
检验流程号		检验站名称		有 效 期	
序号	受检特性值	质量特性重要性级别	检测手段	检验方法	备注
提示与说明事项					

批准：　　　　审核：　　　　编制：　　　　日期：

表 4-3　检验指导书（供成品检验用）

产品名称型号		产品图号		文件编号	
试验地点		检验站名称		指导书有效期	
检验、试验项目序号		对检验内容要求及检测试验手段、方法、程序做出指导性说明			
提示及说明事项					

批准：　　　　审核：　　　　编制：　　　　日期：

第4章 质量检验

4.2 抽样检验的基本原理

4.2.1 抽样检验的基本概念

1. 抽样检验的概念

抽样检验是从一批产品或一个过程中抽取一部分单位产品进行检验,进而判断产品批或过程是否接收的活动。它不是逐个检验批中的所有产品,而是按照规定的抽样方案和程序从一批产品中随机抽取部分单位产品组成样本,根据样本测定结果来判断该批产品是否能接收。

2. 抽样检验常用术语

1)单位产品。为实施抽样检验的需要而对产品划分的基本单位。单位产品是可单独描述和考察的事物。例如,一个有形的实体、一定量的材料、一项服务、一次活动或一个过程、一个组织或个人及上述项目的任何组合。

2)检验批。为实施抽样检验而汇集在一起的一定数量的单位产品。构成检验批的所有产品应当是同一生产条件下所生产的单位产品。

3)批量。检验批中单位产品的数量。常用 N 表示。一般地,体积小、质量稳定的产品,批量宜大些,以节约检验费用。但批量过大,不易取得具有代表性的样本,而且一旦批被拒收,经济损失也大。

4)抽样方案。所使用的样本量和有关批接收准则的组合。

5)批不合格品率 p。批中不合格的单位产品所占的比例。即:

$$p = \frac{D}{N}$$

式中,N 为批量;D 为批中的不合格品数。

6)过程平均。在规定的时段或生产量内的过程水平的平均值。它是过程处于统计控制状态期间的质量水平,用不合格品百分数或每百单位产品不合格品数表示。

3. 抽样检验的特点

抽样检验不是检验批中的全部产品,相对于全数检验,它具有如下特点:

1)检验的单位产品数量少,因此可以节省检验费用,降低成本。

2)接收批中可能包含不合格品,不接收批中也可能包含合格品。

3)抽样检验中存在两类错判的风险,即把接收批误判为不接收批,或把不接收批误判为接收批。从统计检验的原理可知,这两类错误都可以被控制在一定的概率以下。

4. 抽样检验的适用场合

1)破坏性检验。

2)数量很多,全数检验工作量很大的产品的检验。

3)检验对象是连续体的检验,如对布匹、油的检验等。

4)检验费用比较高的检验。

5. 抽样检验的分类

抽样检验的类型有多种划分方法,以下介绍两种分类方法。

(1) 按检验特性值的性质分类

1) 计数抽样检验。这是根据样本中的不合格品数或缺陷的个数来判断整批产品是否合格。

2) 计量抽样检验。这是通过测量样本中的质量特性值并与标准进行比较，进而推断整批产品是否接收。

(2) 按抽取样本的次数分类

1) 一次抽样。根据一次抽取样本中的不合格品数来判断批产品的接收与否。

2) 二次抽样。根据二次抽取样本中的不合格品数来判断批产品的接收与否。如第一次样本质量足够好或足够坏，可以直接接收或拒收该批，就不需要第二次抽样。只有中间情况，不能做出批接收与否的判断时，才进行第二次抽样。

3) 多次抽样。抽取 3~7 个样本才可以对抽检批做出判断。

由于抽样检验应用广泛，国内外已制定了许多抽样检验标准。我国已陆续制定发布了数十项抽样检验国家标准，它们大体上可分为 4 种类型：标准型、调整型、挑选型、连续型。各种抽样检验国家标准的适用对象不同，应根据具体的产品特征与市场情况、产品使用要求等加以选择。

4.2.2 抽样检验特性曲线

1. 批产品质量的判断过程

在提交检验的一批产品中，一般用批不合格品率 p 作为衡量其好坏的指标。$p=0$ 是理想状态，但很难做到，也不经济。在批质量检验时，首先要确定一个合格的批质量水平 p_t，如果 $p \leq p_t$，则认为这批产品可接收；如果 $p > p_t$，则认为这批产品不可接收。

实际上通过抽样检验不可能精确得到批不合格率 p，除非进行全数检验。所以在保证样本量 n 对批量 N 有代表性的前提下，可以用样本中包含的不合格品数 d 来推断整批质量，并与标准要求进行比较来判断批的接收与否。因此，对一次抽样，对批的验收归结为 3 个参数：样本量 n、接收数 Ac 和拒收数 Re（Re = Ac + 1），这样就形成了一个抽样方案，记作 (n, Ac, Re)。对于二次抽样，记为 $\begin{pmatrix} n_1 & Ac_1 & Re_1 \\ n_2 & Ac_2 & Re_2 \end{pmatrix}$。图 4-2、图 4-3 分别为一次抽样和二次抽样的判断程序。

2. 抽样方案的接收概率

抽样方案对优质批和劣质批的判断能力是极为关键的，方案的判别能力可以用接收概率、抽样特性曲线和两类风险来衡量。

接收概率是指根据规定的抽样方案，把具有给定质量水平的检验批判为接收的概率，通常记为 $L(p)$，它是批不合格品率 p 的函数，随着 p 的增大而减小。当 p 一定时，根据不同的情况，可用超几何分布、二项分布、泊松分布

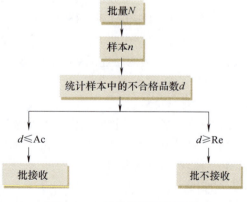

图 4-2 一次抽样的判断程序

来求得。

(1) 超几何分布计算法 设从不合格品率为 p 的批量 N 中，随机抽取 n 个单位产品组成样本，则样本中出现 d 个不合格品的概率可按超几何分布公式计算：

$$L(p) = \sum_{d=0}^{Ac} \frac{C_{N_p}^d C_{N-N_p}^{n-d}}{C_N^n} \quad (4-1)$$

式中，$C_{N_p}^d$ 为从批的不合格品数 N_p 中抽取 d 个不合格品的全部组合；$C_{N-N_p}^{n-d}$ 为从批的合格品数 $N-N_p$ 中抽取 $n-d$ 个合格品的全部组合；C_N^n 为从批量为 N 的一批产品中抽取 n 个单位产品的全部组合。

例 4-1 从大小 $N=50$ 的批中随机抽取 $n=5$ 的样本，进行接收数为 $Ac=1$ 的一次抽样检验，试计算其不合格品率为 $p=10\%$ 的批的接收概率。

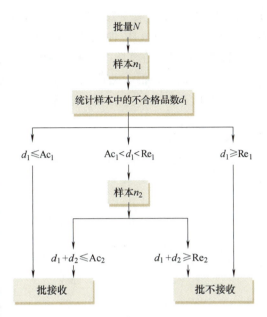

图 4-3 二次抽样的判断程序

解 $L(p) = L(10\%) = \sum\limits_{d=0}^{1} \dfrac{C_5^d C_{50-5}^{5-d}}{C_{50}^5} = \dfrac{\dfrac{5!}{0!5!} \dfrac{45!}{5!40!}}{\dfrac{50!}{5!45!}} + \dfrac{\dfrac{5!}{1!4!} \dfrac{45!}{4!41!}}{\dfrac{50!}{5!45!}}$

$= 0.58 + 0.35 = 0.93$

计算结果表明，当采用抽样方案（50，1）进行验收时，每 100 批具有这种质量的产品中约有 93 批会被接收，7 批不接收。

用超几何分布计算接收概率虽然精确，但当 N 与 n 值较大时，计算很繁琐。一般可用二项分布或泊松分布近似计算。

(2) 二项分布计算法 当总体为无穷大或近似无穷大 $\left(\dfrac{n}{N} \leq 0.1\right)$ 时，可以用二项分布计算接收概率：

$$L(p) = \sum_{d=0}^{Ac} C_n^d p^d (1-p)^{n-d} \quad (4-2)$$

例 4-2 从大小 $N=5000$ 的批中随机抽取 $n=100$ 的样本，进行合格判定数为 $Ac=2$ 的一次抽样检验，试计算其不合格品率为 1% 的批的接收概率。

解 $L(0.01) = \sum\limits_{d=0}^{2} C_{100}^d 0.01^d (1-0.01)^{100-d} = 0.9206$

3. 抽样特性曲线（OC 曲线）

在实际中，检验批的不合格品率 p 是未知的，而且不是固定的值。对于一定的抽样方案，每一个不同的 p 值有一个对应的接收概率 $L(p)$，它们之间的变化规律称为抽样特性。表示抽样特性的曲线就称为抽样特性曲线，简称 OC 曲线。

(1) 理想的 OC 曲线 如果规定，当批的不合格品率 p 不超过 p_t 时，这批产品可接收，那么，理想的抽样方案应当满足：当 $p \leq p_t$ 时，接收概率 $L(p)=1$；当 $p > p_t$ 时，接收概率 $L(p)=0$。对应的理想 OC 曲线如图 4-4 所示。

理想的 OC 曲线在实际中是不存在的，即使采用全数检验也难免出现错检和漏检。

(2) **线性的 OC 曲线** 抽样方案 (1, 0) 的 OC 曲线为一条直线，如图 4-5 所示。从图中可以看出，线性 OC 曲线的鉴别能力很差，当批的不合格品率 p 达到 50% 时，接收概率仍有 50%。

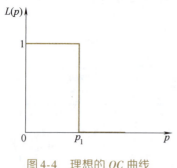

图 4-4　理想的 OC 曲线

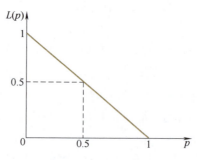

图 4-5　线性的 OC 曲线

(3) **实际的 OC 曲线与两类风险** 一个好的 OC 曲线应当是：当这批产品质量较好，如 $p \leq p_0$ 时，能以高概率判为接收；当批质量差到某个规定的界限 $p \geq p_1$ 时，能以高概率判为不接收；当产品质量变坏时，如 $p_0 < p < p_1$ 时，接收概率应迅速减小，其形状如图 4-6 所示。

抽样检验是由样本去推断总体，这样就难免出现判断错误。常见的错误有两类：第一类错误是将合格批判为不合格批而拒收，对生产商不利；第二类错误是将不合格批判为合格批接受，对使用者不利。

由图 4-6 可知，当检验批质量比较好（$p \leq p_0$）时，应 100% 地接收，而实际上当 $p = p_0$ 时，只能以 $1-\alpha$ 的高概率接收，被拒收的概率为 α，$\alpha = 1 - L(p_0)$。这种错误判断会使生产者受到损失，故 α 被称为生产者风险。当批质量差到规定的界限（$p \geq p_1$）时，应 100% 拒收。但实际上当 $p = p_1$ 时，仍然有可能以 β 的概率判为接收，$\beta = L(p_1)$。这种错误判断会使用户蒙受损失，故 β 被称为使用者风险。

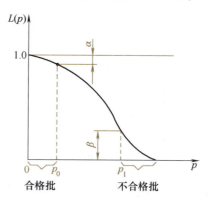

图 4-6　实际的 OC 曲线

显然，对生产者而言，α 越小越好；对使用者而言，β 越小越好。在选择抽样方案时，应由生产方和使用方共同协商，使这两种风险都控制在合理范围内，以保护双方的利益。

4.3　计数抽样检验

4.3.1　计数标准型抽样检验

1. 计数标准型抽样检验的原理

标准型抽样方式是最基本的抽样检验方式，它同时严格控制生产者和使用者的风险。

其设计原理是：希望不合格品率为 p_1 的批尽量不接收，其接收概率 $L(p_1)=\beta$；希望不合格品率为 p_0 的批尽量接收，其不接收概率 $1-L(p_0)=\alpha$，一般规定 $\alpha=0.05$，$\beta=0.10$。其 OC 曲线如图4-7所示。

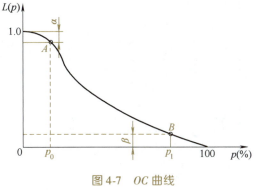

图4-7　OC 曲线

A—生产方风险点　B—使用方风险点

2. 计数标准型抽样方案的特点

1）通过选取相应于 p_0、p_1 的 α、β 值，同时满足供需双方的要求，对双方提供保护。

2）适用于来源不明、不了解以往的质量情况的孤立批的检验，如企业外购、外协件的检验和从流通领域购入产品的检验。由于同时对双方实施保护，在同等质量要求的前提下，所需抽取的样本量较大，故特别适用于大批量的检验。

3）同时适用于破坏性检验和非破坏性检验。

3. 计数标准型抽样标准

计数标准型抽样标准见 GB/T 13262—2008《不合格品百分数的计数标准型一次抽样检验程序及抽样表》该标准规定了生产方风险 $\alpha=0.05$，使用方风险 $\beta=0.10$ 的一次抽样检验程序，在抽样表中给出了用 p_0、p_1 检索的一次抽样方案（见表4-4）。p_0 的值从 0.095% 至 10.5% 共42个；p_1 的值从 0.75% 至 34% 共34个，在 p_0、p_1 相交栏内给出了抽样方案。栏内左侧数值为样本量 n，右侧数值为接收数 Ac。

4. 计数标准型抽样方案的实施步骤

（1）规定单位产品的质量特性　在技术标准或合同中，必须对单位产品规定需抽检的质量特性以及该质量特性合格与否的判定准则。

（2）规定质量特性不合格的分类　一般将产品质量特性的不合格划分为 A 类、B 类及 C 类。

（3）规定 p_0、p_1　p_0、p_1 的值需由生产方和接收方协商确定　应综合考虑生产能力、制造成本、质量要求以及检验费用等因素。一般来说，A 类不合格的 p_0 值要比 B 类小，B 类不合格的 p_0 值要比 C 类小。

（4）组成检验批　检验批应由同一种类、同一规格型号、同一质量等级、工艺条件和生产时间基本相同的单位产品组成。批量要适当，批量大，检验成本低，但出现错判时，造成的损失也大。因此，批的组成、批量大小等，应由生产方与使用方协商确定。

（5）检索抽样方案　根据规定的 p_0、p_1 值，查表4-4，从相交处读取抽样方案，可得到样本大小 n 及接收数 Ac。如果样本大小超过批量，应进行全数检验，Ac 值不变。当批量不超过 250，且样本大小与批量的比值大于10%时，由 GB/T 13262 检索的抽样方案是近似的，应慎重使用。这时也可按 GB/T 13264—2008《不合格品百分数的小批计数抽样检验程序及抽样表》确定抽样方案。

表4-4 不合格品百分数的计数标准型一次抽样方案（GB/T 13262—2008）（节选）

p_1(%) \ p_0(%)	0.95	1.05	1.20	1.30	1.50	1.70	1.90	2.10	2.40	2.60	3.00	3.40	3.80	p_0范围
0.095	395.1	370.1	345.1	315.1	280.1	250.1	225.1	210.1	185.1	160.1		64.0	58.0	0.091~0.100
0.105	380.1	355.1	330.1	310.1	275.1	250.1	225.1	200.1	185.1	160.1	150.1	60.0	56.0	0.101~0.112
0.120	595.2	340.1	320.1	295.1	275.1	245.1	220.1	200.1	180.1	160.1	150.1	130.1	54.0	0.113~0.125
0.130	580.2	535.2	305.1	285.1	260.1	240.1	220.1	200.1	180.1	160.1	150.1	130.1	115.1	0.126~0.140
0.150	545.2	520.2	475.2	270.1	250.1	230.1	215.1	195.1	175.1	160.1	140.1	130.1	115.1	0.141~0.160
0.170	740.3	495.2	470.2	430.2	240.1	220.1	205.1	190.1	175.1	160.1	140.1	125.1	115.1	0.161~0.180
0.190	710.3	665.3	440.2	415.2	370.2	210.1	200.1	185.1	170.1	155.1	140.1	125.1	115.1	0.181~0.200
0.210	875.4	635.3	595.3	395.2	365.2	330.2	190.1	175.1	165.1	155.1	135.1	125.1	115.1	0.201~0.224
0.240	1015.5	785.4	570.3	525.3	350.2	325.2	300.2	170.1	160.1	145.1	140.1	120.1	110.1	0.225~0.250
0.260	1165.6	910.5	705.4	510.3	465.3	310.2	290.2	265.2	150.1	140.1	130.1	115.1	110.1	0.251~0.280
0.300	1275.7	1025.6	810.5	625.4	450.3	410.3	275.2	260.2	240.2	135.1	125.1	120.1	105.1	0.281~0.315
0.340	1385.8	1145.7	920.6	725.5	555.4	400.3	365.3	250.2	230.2	210.2	120.1	110.1	100.1	0.316~0.355
0.380	1630.10	1235.8	1025.7	820.6	640.5	490.4	355.3	330.3	220.2	205.2	190.2	110.1	95.1	0.356~0.400
0.420		1450.10	1100.8	910.7	725.6	565.5	440.4	315.3	295.3	195.2	180.2	165.2	150.2	0.401~0.450
0.480			1300.10	985.8	810.7	545.5	505.5	390.4	285.3	260.3	175.2	165.2	145.2	0.451~0.500
0.530				1165.10	875.8	715.7	495.5	454.5	350.4	255.3	230.3	155.2	145.2	0.501~0.560
0.600					1035.10	770.8	640.7	435.5	405.5	310.4	225.3	205.3	140.2	0.561~0.630
0.670						910.10	690.8	570.7	390.5	360.5	275.4	200.3	185.3	0.631~0.710
0.750							815.10	620.8	510.7	350.5	320.5	250.4	180.3	0.711~0.800
0.850								725.10	550.8	455.7	310.5	285.5	220.4	0.801~0.900
0.950									650.10	490.8	405.7	275.5	255.5	0.901~1.00
1.05										580.10	435.8	360.7	245.5	1.01~1.12
1.20										715.13	515.10	390.8	280.6	1.13~1.25
1.30											635.13	465.10	350.8	1.26~1.40
1.50											825.18	565.13	410.10	1.41~1.60
1.70												745.18	505.13	1.61~1.80
1.90													660.18	1.81~2.00
p_1范围	0.91~1.00	1.01~1.12	1.13~1.25	1.26~1.40	1.41~1.60	1.61~1.80	1.81~2.00	2.01~2.24	2.25~2.50	2.51~2.80	2.81~3.15	3.16~3.55	3.56~4.00	

例4-3 规定 p_0 为 0.67%，p_1 为 2.40% 时，求抽样方案。

解 查表4-4，p_0 为 0.67% 所在行与 p_1 为 2.40% 所在列的相交栏查到（390，5），即样本大小为390，接收数为5。

（6）**随机抽取样本** 抽样检验是从样本推断总体，这就要求从被检验批中抽取的样本是无偏的，故应采取随机抽样的方法。

（7）**检验样本** 按技术标准或合同等有关文件规定的检验方法，对样本中的每个单位产品进行检验，判断是否合格，统计出样本中不合格品数。

（8）**判断批接收或不接收** 根据样本检验结果，如果样本的不合格品数小于或等于接收数，则接收该批；如果样本的不合格品数大于接收数，则不接收该批。

（9）**检验批的处置** 判为接收的批，使用方应整批接收；判为拒收的批应退回供货方，未经有效处理不得再次提交检验。

4.3.2　计数挑选型抽样检验

1. 计数挑选型抽样检验的概念

挑选型抽样检验采用保证平均质量（多数批）与保证单批质量两种质量保证方式。对平均质量保证方式，规定了平均检出质量上限 AOQL，并按 AOQL 设计抽样方案；对单批质量保证方式，规定了极限质量 LQ 与使用方风险 β。这种抽样检验方法同时规定，经抽样检验合格批接收，不合格批必须经全数检验，将其中的不合格品换成合格品（包括修复为合格品）后再被检验接收。

GB/T 13546—1992《挑选型计数抽样检查程序及抽样表》规定了以平均检出质量上限 AOQL 和以批极限质量 LQ 为质量指标的挑选型计数一次抽样方案及实施程序。

（1）**术语**

1）平均检出质量 AOQ。是指以平均不合格品率表示经过抽样检验后产品的平均质量。

2）平均检出质量上限 AOQL。是指平均检出质量的最大值。

3）平均质量保证方式。是指采用 AOQL 抽样方案，保证多数批平均质量的一种质量保证方式，在较长时间内，使平均检出质量 AOQ 的数值不大于规定的 AOQL 的值。

4）单批质量保证方式。是指保证每个被检验接收的批的质量的保证方式。采用极限质量 LQ 抽样方案，使批的不合格品率大于或等于规定的 LQ 值的批只以不大于 β（规定 $\beta = 0.1$）的概率被接收的质量保证方式。

5）平均检验总数 ATI。是指根据接收批样本量 n 和拒收批的批量 N 计算出的平均每批要检验的单位产品数。

（2）**GB/T 13546 的适用范围**

1）半成品检验。是指企业工序间、协作厂交付的半成品检验。

2）成品入库检验。

3）连续向用户供货检验。

4）其他连续交货场合。如急于占领产品市场，但加工难度大，选择的供货方质量不太稳定时，采用本标准，既能保证质量，又能及时占领市场。

5)检验是非破坏性的。使用本标准检验必须是非破坏性的,否则无法进行全数挑选。

6)检验费用低。检验费用低时,全数检验才得以实行。

(3) 抽样表 GB/T 13546 给出了 21 个抽样表。其中用于平均质量保证方式的 AOQL 抽样方案表 11 个(AOQL 值从 0.12%~12.5%,见表 4-5);用于单批质量保证方式的 LQ 抽样方案表 10 个(LQ 值从 0.50%~31.50%,见表 4-6)。

2. 计数挑选型抽样检验的应用程序

(1) 规定产品质量标准 在产品技术标准与订货合同中,规定产品合格与不合格的标准。

(2) 确定质量保证方式 标准给出了两种质量保证方式:

1)平均质量保证方式。在下列场合,平均质量保证方式用于保证多数批平均质量:

① 工序间连续交接半成品。

② 成品连续入库。

③ 连续向固定用户供货。

④ 其他用户同意保证多批平均质量的场合。

2)单批质量保证方式。在下列场合,平均质量保证方式用于保证每批质量:

① 每批极限质量都有要求的场合。

② 生产方的产品质量不稳定的场合。

(3) AOQL 或 LQ 值的选择 AOQL 或 LQ 值应根据用户的使用要求和生产方的技术水平,由生产方和使用方协商确定。在标准抽样表中未给出过程平均不合格品率 $\bar{p} \geqslant$ AOQL 和 $\bar{p} \geqslant \frac{1}{2}$ LQ 的抽样方案,因为这时抽样检验将达到 40% 以上,对 40% 以上的拒收批进行百分之百的挑选,费用太大,因此,应选用合适的 AOQL 和 LQ 值,在保证产品质量和节省检验费用之间寻求一种平衡。

(4) 估算过程平均不合格品率 如果生产方已知当前的过程平均不合格品率,则可作为抽样检验的过程平均不合格品率 $\bar{p}$。如果 $\bar{p}$ 值未知,可按 GB/T 4891—2008《为估计批(或过程)平均质量选择样本量的方法》估算 $\bar{p}$ 值。

(5) 组成检验批 按检验批的组成原则尽量将同一生产条件下相近时间内生产的产品组成检验批。

(6) 检索抽样方案

1)采用平均质量保证方式。从抽样表中找到与选定的 AOQL 值对应的表,从批量 N 范围所在行与 $\bar{p}$ 的范围所在列的相交栏读出样本量 n 和合格判定数 Ac。

2)采用单批质量保证方式。从抽样表中找到与选定的 LQ 值对应的表,从批量 N 范围所在行与 $\bar{p}$ 的范围所在列的相交栏读出样本量 n 和合格判定数 Ac。

(7) 随机抽取样本 按照确定的样本量 n 随机抽取样本。

(8) 检验样本 按产品技术质量标准检验样本,记录样本中检出的不合格品数。

(9) 判断批接收或不接收 样本中不合格品数 $d \leqslant$ Ac,则判定批接收;$d >$ Ac,则判定批拒收。

(10) 抽样检验后的处置 合格批接收,但样本中的不合格品用合格品替换;不合格批退回生产方,由生产方进行百分之百挑选,用合格品替换批中的所有不合格品后再交验。

第4章 质量检验

例4-4 某厂在工序间交接某半成品,批量 $N=1000$,采用 AOQL 方案,已知半成品的过程平均不合格品率 $\bar{p}=0.2\%$,$AOQL=2.0\%$,确定抽样方案。

解 由所给条件,该例应采用平均质量保证方式确定抽样方案。首先找到 $AOQL=2.0\%$ 的表(见表4-5),在批量 $N=1000$ 的行与 $\bar{p}=0.2\%$ 的列的相交栏读取 $n=41$,$Ac=1$,则抽样方案为样本量 n 为41,接收数 Ac 为1。

表4-5 挑选型抽样方案表(平均质量保证方式)(节选)

平均检出质量上限 $AOQL=2.0\%$

过程平均 $\bar{p}(\%)$	0~0.15	0.151~0.25	0.251~0.40	0.401~0.60	0.601~1.00	1.001~1.50
批量范围 N	n Ac LQ(%)	n Ac LQ(%)	n Ac LQ(%)	n Ac LQ(%)	n Ac LQ(%)	n Ac LQ(%)
1~16	全检	全检	全检	全检	全检	全检
17~25	11 0 15.115	11 0 15.115	11 0 15.115	11 0 15.115	11 0 15.115	11 0 15.115
26~50	14 0 13.199	14 0 13.199	14 0 13.199	14 0 13.199	14 0 13.199	14 0 13.199
51~90	15 0 13.128	15 0 13.128	15 0 13.128	15 0 13.128	15 0 13.128	15 0 13.128
91~150	16 0 12.738	16 0 12.738	16 0 12.738	16 0 12.738	16 0 12.738	16 0 12.738
151~280	17 0 12.310	17 0 12.310	17 0 12.310	17 0 12.310	37 0 9.641	37 0 9.641
281~500	18 0 11.807	18 0 11.807	39 1 9.348	39 1 9.348	39 1 9.348	39 1 9.348
501~1200	18 0 11.926	41 1 9.050	41 1 9.050	41 1 9.050	65 2 7.853	65 2 7.853
1201~3200	42 1 8.909	42 1 8.909	42 1 8.909	67 2 7.702	95 3 6.844	123 4 6.336

(续)

过程平均$\bar{p}$(%)	0~0.15	0.151~0.25	0.251~0.40	0.401~0.60	0.601~1.00	1.001~1.50
批量范围 N	n Ac LQ(%)	n Ac LQ(%)	n Ac LQ(%)	n Ac LQ(%)	n Ac LQ(%)	n Ac LQ(%)
3201~10000	42 1 8.937	68 2 7.623	68 2 7.623	97 3 6.741	126 4 6.226	188 6 5.514
10001~35000	42 1 8.947	69 2 7.527	97 3 6.754	127 4 6.191	191 6 5.443	325 10 4.694
35001~150000	69 2 7.530	98 3 6.690	128 4 6.147	159 5 5.755	258 8 4.987	470 14 4.253
150001~500000	69 2 7.531	98 3 6.691	128 4 6.148	192 6 5.421	293 9 4.805	658 19 3.915

表 4-6 挑选型抽样方案表(单批质量保证方式)(节选)
质量极限 LQ = 20.00%

过程平均$\bar{p}$(%)	0~1.00	1.001~1.50	1.501~2.50	2.501~4.00	4.001~6.00	6.001~10.00
批量范围 N	n Ac AOQL(%)	n Ac AOQL(%)	n Ac AOQL(%)	n Ac AOQL(%)	n Ac AOQL(%)	n Ac AOQL(%)
1~16	全检	全检	全检	全检	全检	全检
17~25	9 0 2.479	9 0 2.479	9 0 2.479	9 0 2.479	9 0 2.479	14 1 2.586
26~50	10 0 2.804	10 0 2.804	10 0 2.804	16 1 3.505	16 1 3.505	16 1 3.505
51~90	10 0 3.115	17 1 3.939	17 1 3.939	17 1 3.939	23 2 4.416	29 3 4.548
91~150	10 0 3.271	18 1 4.039	18 1 4.039	24 2 4.776	30 3 5.189	36 4 5.042

(续)

过程平均 $\bar{p}$(%)	0~1.00	1.001~1.50	1.501~2.50	2.501~4.00	4.001~6.00	6.001~10.00
批量范围 N	n Ac AOQL(%)	n Ac AOQL(%)	n Ac AOQL(%)	n Ac AOQL(%)	n Ac AOQL(%)	n Ac AOQL(%)
151~280	18 1 4.295	18 1 4.295	25 2 4.972	31 3 5.579	37 4 6.001	49 6 6.486
281~500	18 1 4.425	25 2 5.186	25 2 5.186	31 3 5.884	44 5 6.622	67 9 7.642
501~1200	18 1 4.521	25 2 5.345	32 3 5.918	38 4 6.518	56 7 7.703	85 12 8.822
1201~3200	25 2 5.417	32 3 6.019	38 4 6.651	51 6 7.430	68 8 8.108	103 15 9.676
3201~10000	25 2 5.446	32 3 6.061	38 4 6.706	57 7 7.891	80 11 9.102	126 19 10.461
10001~35000	32 3 6.071	38 4 6.724	51 6 7.539	63 8 8.256	86 12 9.359	154 24 11.161
35001~150000	32 3 6.079	45 5 7.096	57 7 7.933	75 10 8.822	104 15 9.893	182 29 11.668
150001~500000	38 4 6.731	51 6 7.549	63 8 8.270	81 11 9.059	115 17 10.269	204 33 12.008

4.3.3 计数调整型抽样检验

1. 计数调整型抽样检验的概念与特点

在计数抽样检验中，应用最广泛的是调整型抽样检验。计数调整型抽样检验是指根据已检验过的批质量信息，随时调整检验的宽严程度，以促使生产方提供合格产品的一种抽样检验方法。因此，调整型抽样检验是由正常、加严、放宽3种宽严程度不同的检验方案和一套转移规则组成的抽样体系。当生产方提供的产品质量正常时，采用正常检验方案进行检验；当产品质量下降或不稳定时，采用加严检验方案进行检验，以免使用方风险 β 变大；当产品质量较为理想且生产稳定时，采用放宽检验方案进行检验，以免生产方风险 α 变大。

调整型抽样检验较多地利用了抽样检验历史数据提供的质量信息，在对检验批质量提供同等鉴别能力的情况下，所需抽取的样本量要小于标准型抽样检验，且能较好地协调供需双方所承担的抽样风险，适用于连续多批的产品检验，包括成品、部件和原材料等。

最早的调整型抽样检验标准，当属美国军用标准 MIL-STD-105D。1974 年，国际标准化组织的统计方法应用技术委员会 ISO/TC 69 对其作了一些编辑上的修改后，正式推荐为 ISO 标准,并命名为 ISO 2859。日本花了 10 年时间,对美国军用标准 MIL-STD-105D 进行研究,结合本国特点制定了日本工业标准 JIS—Z—9015。

我国在消化吸收了 ISO 2859、MIL-STD-105D、JIS—Z—9015 的基础上,于 1987 年发布了 GB/T 2828—1987《逐批检查计数抽样程序及抽样表(适用于连续批的检查)》。

但随着科学技术的进步,为适应国际贸易和技术交流的需要,ISO/TC 69 对 ISO 2859 的研究和修改工作一直没有中断,从 1985 年到 1999 年共对此标准进行了 5 次修订。因此,它与 GB/T 2828—1987 相比较已发生了很大的变化。为了适应科学技术的进步、质量管理水平的提高和加入 WTO 后国际贸易与技术交流的需要,我国对 GB/T 2828—1987 进行了修订,于 2012 年 11 月 5 日发布了等同采用 ISO 2859—1:1999 新的国家标准 GB/T 2828.1—2012《计数抽样检验程序 第 1 部分:按接收质量限(AQL)检索的逐批检验抽样计划》,并于 2013 年 2 月 15 日起正式实施。

2. 接收质量限(Acceptable Quality Limit,AQL)

(1)接收质量限的含义 接收质量限 AQL 是当一个连续系列批提交验收抽样时,可允许的最差过程平均质量水平,以不合格品百分数或每百单位产品不合格数表示。接收质量限是调整型抽检方案的基本参数,也是选择方案时依据的质量标准。当实际的过程平均 $\bar{p} \leqslant $ AQL 时,应使用正常方案进行检验;当 $\bar{p} > $ AQL 时,使用加严方案,以降低使用方风险;当 $\bar{p} \ll $ AQL 时,使用放宽检验,以带来良好的经济性。

(2)接收质量限的确定

1)按用户要求的质量确定。当用户根据使用要求和经济条件提出必须保证的质量水平时,则应将其质量要求定为 AQL 值。但 AQL 值并不是可以任意取的,在计数调整型抽样方案中,AQL(%)只能采用 0.01,0.015,…,1000,共 26 档。

2)按不合格类别确定。对于不同不合格类别的产品,分别规定不同的 AQL 值。越是重要的检验项目,验收后的不合格品造成的损失越大,AQL 值应更严格。此种方法多用于多品种、小批量生产及产品质量信息不多的场合。

3)根据检验项目数确定。同一类检验项目有多个时,AQL 值可取稍大些。表 4-7 是美国陆军对严重缺陷按检验项目数来规定的 AQL 值。

表 4-7 美国陆军对严重缺陷按检验项目数来规定的 AQL 值

检验项目数	AQL(%)	检验项目数	AQL(%)
1~2	0.25	12~19	1.5
3~4	0.40	20~48	2.5
5~7	0.65	≥49	4.0
8~11	1.0		

4)根据过程平均确定。根据生产方近期提交的初检批的样本检验结果,对过程平均的上限加以估计,与此值相等或稍大的标称值如能被使用方接受,则可作为 AQL 值。此种方法多用于单一品种大批量生产且质量信息充分的场合。

5)与生产方协商确定。为使使用方要求的质量与生产方的生产能力协调,双方可协商确定 AQL 值,这样可减少双方的纠纷。此种方法多用于新产品检验等质量信息少的场合。

3. 检验水平

检验水平对应着检验量。GB/T 2828.1—2012 给出了 3 个一般的检验水平 Ⅰ、Ⅱ 和 Ⅲ。除非另有规定，应使用水平 Ⅱ。当要求鉴别力较低时可使用水平 Ⅰ，当要求鉴别力较高时可使用水平 Ⅲ，所使用的具体检验水平应由负责部门规定。此外，还规定了另外 4 个特殊检验水平 S-1、S-2、S-3 和 S-4，它们可用于必须使用相对小的样本量而且能容许较大抽样风险的情形。

如果样本量相对于被检验批的批量比较小，那么通过检验从批中抽取的样本所获得的批质量的信息量仅依赖于样本量的绝对大小，而不依赖于样本量对于批量的绝对大小。此外，对于以下 3 种情况，需要针对不同的批量考虑不同的样本量：

1) 当错误判断造成的损失很大时，做出正确判断更为重要。
2) 对大批能负担得起的样本量，对小批可能是不经济的。
3) 如果批量大且样本占批的比例不大，真正做到随机抽样比较困难。

4. 样本量字码

样本量由样本量字码确定。对特定的批量和规定的检验水平，使用表 4-8 查找适用的字码。

表 4-8 样本量字码（选自 GB/T 2828.1—2003）

批 量	特殊检验水平				一般检验水平		
	S-1	S-2	S-3	S-4	Ⅰ	Ⅱ	Ⅲ
2~8	A	A	A	A	A	A	B
9~15	A	A	A	A	A	B	C
16~25	A	A	B	B	B	C	D
26~50	A	B	B	C	C	D	E
51~90	B	B	C	C	C	E	F
91~150	B	B	C	D	D	F	G
151~280	B	C	D	E	E	G	H
281~500	B	C	D	E	F	H	J
501~1200	C	C	E	F	G	J	K
1201~3200	C	D	E	G	H	K	L
3201~10000	C	D	F	G	J	L	M
10001~35000	C	D	F	H	K	M	N
35001~150000	D	E	G	J	L	N	P
150001~500000	D	E	G	J	M	P	Q
500001 及其以上	D	E	H	K	N	Q	R

5. 宽严程度的转移规则

在 GB/T 2828.1—2003 中规定有 3 种不同严格程度的检验方案：正常检验、加严检验和放宽检验。

（1）正常检验　当过程平均优于接受质量限 AQL 时抽样方案的一种使用方法。此时抽样方案以高概率接收检验批，保护生产方利益。

（2）加严检验　具有比相应正常检验抽样方案接收准则更严厉的接收准则的抽样方案的一种使用方法。当预先规定的连续批的检验结果表明过程平均比接受质量限低劣时，采用加严检验，保护使用方的利益。

(3) **放宽检验** 具有样本量比相应正常检验抽样方案小,接收准则和正常抽样检验方案的接收准则相差不大的抽样方案的一种使用方法。当预先规定的连续批的检验结果表明过程平均明显优于接受质量限时,可进行放宽检验。放宽检验的样本量一般为正常检验样本量的40%,可以节省检验成本。

GB/T 2828.1—2003 规定 3 种检验方案之间的转移规则如下:

(1) **从正常检验转到加严检验** 当正在采用正常检验时,只要初次检验中连续 5 批或少于 5 批中有 2 批是不可接收的,则转移到加严检验。这里不考虑再提交批。

(2) **从加严检验转到正常检验** 当正在进行加严检验时,如果初次检验的连续 5 批已被认为是可接收的,应恢复正常检验。

(3) **从正常检验到放宽检验** 当正在进行正常检验时,如果下列各条件均满足,应转移到放宽检验:①当前的转移得分至少为 30 分。②生产稳定。③负责部门认为放宽检验可取。

其中对一次抽样方案转移得分的计算方法如下:

除非负责部门另有规定,在正常检验一开始就应计算转移得分。在正常检验开始时,应将转移得分设定为 0,而在检验完每个批以后应更新转移得分。

1) 当接收数等于或大于 2 时,如果当 AQL 加严一级后该批被接收,则给转移得分加 3 分;否则将转移得分重新设定为 0。

2) 当接收数为 0 或 1 时,如果该批被接收,则给转移得分加 2 分;否则将转移得分重新设定为 0。

对两次或多次抽样转移得分的计算方法如下:

1) 当使用二次抽样方案时,如果该批在检验第一样本后接收,给转移得分加 3;否则将转移得分重新设定为 0。

2) 当使用多次抽样方案时,如果该批在检验第一样本或第二样本后接收,给转移得分加 3;否则将转移得分重新设定为 0。

(4) **从放宽检验转到正常检验** 当正在进行放宽检验时,如果初次检验出现下列任一情况,应恢复正常检验:①一个批未被接收。②生产不稳定、生产过程中断后恢复生产。③认为应恢复正常检验的其他情况。

(5) **暂停检验** 进行加严检验时,如果不接收批累计达到 5 批,应暂时停止检验,只有在供方采取了改进产品质量的措施、并经负责部门同意后,才可恢复检验。恢复检验应从加严检验开始。

计数调整型抽样方案的转移规则如图 4-8 所示。

6. 抽样表的构成

GB/T 2828.1 的抽样表中,给出了正常、加严、放宽检验的 1 次、2 次、多次抽样方案(正常、加严、放宽检验的 1 次抽样方案分别见表 4-9、表 4-10、表 4-11)。按样本量字码,给出了 1 次抽样方案的图和表。本书只给出了样本量字码 J 的抽样方案(见表 4-12),其他字码的抽样方案见相应国标。给出了供选择的分数接收数 1 次抽样方案。给出了不考虑暂停检验影响的抽样计划的设计值抽检特性曲线。同时,为方便使用者更好地使用这些抽样方案,又给出了正常、加严、放宽检验的生产方风险与使用方风险质量;给出了正常、加严检验平均检出质量上限与平均样本量曲线。

第4章 质量检验

表4-9 正常检验1次抽样方案（主表）
（选自 GB/T 2828.1—2003）

样本量字码	样本量	接收质量限 (AQL) 0.010 Ac Re	0.015 Ac Re	0.025 Ac Re	0.040 Ac Re	0.065 Ac Re	0.10 Ac Re	0.15 Ac Re	0.25 Ac Re	0.40 Ac Re	0.65 Ac Re	1.0 Ac Re	1.5 Ac Re	2.5 Ac Re	4.0 Ac Re	6.5 Ac Re	10 Ac Re	15 Ac Re	25 Ac Re	40 Ac Re	65 Ac Re	100 Ac Re	150 Ac Re	250 Ac Re	400 Ac Re	650 Ac Re	1000 Ac Re
A	2	↓													0 1	↓				1 2	2 3	3 4	5 6	7 8	10 11	14 15	21 22	30 31
B	3													0 1	↓	↑			1 2	2 3	3 4	5 6	7 8	10 11	14 15	21 22	30 31	44 45
C	5												0 1	↓	↑		1 2	2 3	3 4	5 6	7 8	10 11	14 15	21 22	30 31	44 45	←	
D	8											0 1	↓	↑		1 2	2 3	3 4	5 6	7 8	10 11	14 15	21 22	30 31	44 45	←		
E	13										0 1	↓	↑		1 2	2 3	3 4	5 6	7 8	10 11	14 15	21 22	←					
F	20									0 1	↓	↑		1 2	2 3	3 4	5 6	7 8	10 11	14 15	21 22	←						
G	32								0 1	↓	↑		1 2	2 3	3 4	5 6	7 8	10 11	14 15	21 22	←							
H	50							0 1	↓	↑		1 2	2 3	3 4	5 6	7 8	10 11	14 15	21 22	←								
J	80						0 1	↓	↑		1 2	2 3	3 4	5 6	7 8	10 11	14 15	21 22	←									
K	125					0 1	↓	↑		1 2	2 3	3 4	5 6	7 8	10 11	14 15	21 22	←										
L	200				0 1	↓	↑		1 2	2 3	3 4	5 6	7 8	10 11	14 15	21 22	←											
M	315			0 1	↓	↑		1 2	2 3	3 4	5 6	7 8	10 11	14 15	21 22	←												
N	500		0 1	↓	↑		1 2	2 3	3 4	5 6	7 8	10 11	14 15	21 22	←													
P	800	0 1	↓	↑		1 2	2 3	3 4	5 6	7 8	10 11	14 15	21 22	←														
Q	1250	↓	↑		1 2	2 3	3 4	5 6	7 8	10 11	14 15	21 22	←															
R	2000	↑		1 2	2 3	3 4	5 6	7 8	10 11	14 15	21 22	←																

→——使用箭头下面的第一个抽样方案。如果样本量等于或超过批量，则执行100%检验。
←——使用箭头上面的第一个抽样方案。
Ac——接收数。
Re——拒收数。

表 4-10 加严检验 1 次抽样方案（主表）
（选自 GB/T 2828.1—2003）

样本量字码	样本量	接收质量限（AQL）																															
		0.010		0.015		0.025		0.040		0.065		0.10		0.15		0.25		0.40		0.65		1.0		1.5		2.5		4.0		6.5		10	
		Ac	Re	Ac	Re	Ac	Re	Ac	Re	Ac	Re	Ac	Re	Ac	Re	Ac	Re	Ac	Re	Ac	Re	Ac	Re	Ac	Re	Ac	Re	Ac	Re	Ac	Re	Ac	Re
A	2																															0	1
B	3																											0	1	↑		↓	
C	5																									0	1	↑		↓		1	2
D	8																							0	1	↑		↓		1	2	2	3
E	13																					0	1	↑		↓		1	2	2	3	3	4
F	20																			0	1	↑		↓		1	2	2	3	3	4	5	6
G	32																	0	1	↑		↓		1	2	2	3	3	4	5	6	8	9
H	50															0	1	↑		↓		1	2	2	3	3	4	5	6	8	9	12	13
J	80													0	1	↑		↓		1	2	2	3	3	4	5	6	8	9	12	13	18	19
K	125											0	1	↑		↓		1	2	2	3	3	4	5	6	8	9	12	13	18	19	↑	
L	200									0	1	↑		↓		1	2	2	3	3	4	5	6	8	9	12	13	18	19	↑			
M	315							0	1	↑		↓		1	2	2	3	3	4	5	6	8	9	12	13	18	19	↑					
N	500					0	1	↑		↓		1	2	2	3	3	4	5	6	8	9	12	13	18	19	↑							
P	800			0	1	↑		↓		1	2	2	3	3	4	5	6	8	9	12	13	18	19	↑									
Q	1250	0	1	↑		↓		1	2	2	3	3	4	5	6	8	9	12	13	18	19	↑											
R	2000	↑		↓		1	2	2	3	3	4	5	6	8	9	12	13	18	19	↑													
S	3150			1	2																												

（续表 AQL 值 15, 25, 40, 65, 100, 150, 250, 400, 650, 1000）

样本量字码	15		25		40		65		100		150		250		400		650		1000	
	Ac	Re	Ac	Re	Ac	Re	Ac	Re	Ac	Re	Ac	Re	Ac	Re	Ac	Re	Ac	Re	Ac	Re
B	↑																			
C	2	3	↑																	
D	3	4	5	6	↑															
E	5	6	8	9	12	13	↑													
F	8	9	12	13	18	19	27	28	↑											
G	12	13	18	19	27	28	41	42	↑		↑									
H	18	19	27	28	41	42	↑													
J	↑																			
K									12	13	18	19	27	28	41	42	↑			
L																	12 13	18 19	27 28	41 42

↓ — 使用箭头下面的第一个抽样方案。如果样本量等于或超过批量，则执行 100%检验。
↑ — 使用箭头上面的第一个抽样方案。
Ac——接收数。
Re——拒收数。

第4章 质量检验

表4-11 放宽检验1次抽样方案(主表)
(选自 GB/T 2828.1—2003)

样本量字码	样本量	接收质量限（AQL）																									
		0.010	0.015	0.025	0.040	0.065	0.10	0.15	0.25	0.40	0.65	1.0	1.5	2.5	4.0	6.5	10	15	25	40	65	100	150	250	400	650	1000
		Ac Re	Ac Re	Ac Re	Ac Re	Ac Re	Ac Re	Ac Re	Ac Re	Ac Re	Ac Re	Ac Re	Ac Re	Ac Re	Ac Re	Ac Re	Ac Re	Ac Re	Ac Re	Ac Re	Ac Re	Ac Re	Ac Re	Ac Re	Ac Re	Ac Re	Ac Re
A	2																					3 4	5 6	7 8	10 11	14 15	21 22	30 31
B	2																				2 3	3 4	5 6	7 8	10 11	14 15	21 22	30 31
C	2																			1 2	2 3	3 4	5 6	7 8	10 11	14 15	21 22	
D	3																		1 2	2 3	3 4	5 6	6 7	8 9	10 11			
E	5																	1 2	2 3	3 4	5 6	6 7	8 9	10 11				
F	8																1 2	2 3	3 4	5 6	6 7	8 9	10 11					
G	13															1 2	2 3	3 4	5 6	6 7	8 9	10 11						
H	20														1 2	2 3	3 4	5 6	6 7	8 9	10 11							
J	32													1 2	2 3	3 4	5 6	6 7	8 9	10 11								
K	50												1 2	2 3	3 4	5 6	6 7	8 9	10 11									
L	80											1 2	2 3	3 4	5 6	6 7	8 9	10 11										
M	125										1 2	2 3	3 4	5 6	6 7	8 9	10 11											
N	200									1 2	2 3	3 4	5 6	6 7	8 9	10 11												
P	315								1 2	2 3	3 4	5 6	6 7	8 9	10 11													
Q	500		0 1					1 2	2 3	3 4	5 6	6 7	8 9	10 11														
R	800	0 1					1 2	2 3	3 4	5 6	6 7	8 9	10 11															

↓——使用箭头下面的第一个抽样方案。如果样本量等于或超过批量,则执行100%检验。
↑——使用箭头上面的第一个抽样方案。
Ac——接收数。
Re——拒收数。

表 4-12 关于样本量字码 J 的抽样方案
（选自 GB/T 2828.1—2003）

抽样方案类型	累计样本量	正常检验 接收质量限（以不合格品百分数和每百单位产品不合格数表示）												
		<0.15	0.15	0.25	0.40	0.65	1.0	1.5	2.5	4.0	6.5	10	15	>15
		Ac Re	Ac Re	Ac Re	Ac Re	Ac Re	Ac Re	Ac Re	Ac Re	Ac Re	Ac Re	Ac Re	Ac Re	Ac Re
一次	80	⇩	0 1	使用字码 H	使用字码 K	1 2	2 3	3 4	5 6	7 8	10 11	14 15	21 22	⇧
二次	50	⇩	*			0 2	0 3	1 3	2 5	3 6	5 9	7 11	11 16	⇧
	100					1 2	3 4	4 5	6 7	9 10	12 13	18 19	26 27	
多次	20	⇩	*	使用字码 L		# 2	# 2	# 3	# 4	0 4	0 5	1 7	2 9	⇧
	40					0 2	0 3	0 3	1 5	1 6	3 8	4 10	7 14	
	60					0 2	0 3	1 4	2 6	3 8	6 10	8 13	13 19	
	80					0 3	1 3	2 5	4 7	5 9	9 12	12 17	20 25	
	100					1 2	3 4	4 5	6 7	9 10	12 13	18 19	26 27	
		<0.25	0.25	0.40	0.65	1.0	1.5	2.5	4.0	6.5	10	15	>15	
		加严检验 接收质量限（以不合格品百分数和每百单位产品不合格数表示）												

⇧——使用上面箭头的接收数与拒收数可用的样本量字码。
⇩——使用下面箭头的接收数与拒收数可用的样本量字码。
Ac——接收数。
Re——拒收数。
*——使用上面的一次抽样方案（或者使用字码 M）。
#——此样本量不允许接收。

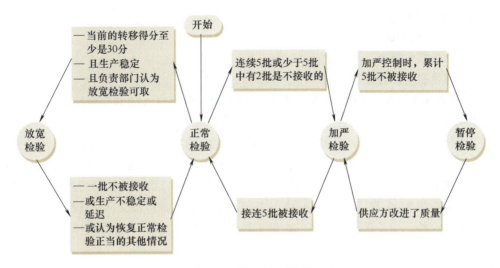

图 4-8　转移规则简图

7. GB/T 2828.1 的使用程序

1）规定单位产品的质量特性。

2）规定不合格的分类。

3）规定接收质量限 AQL。

4）规定检验水平。

5）组成检验批。

6）确定抽样方案的类型。标准给出了 1 次抽样、2 次抽样、多次抽样 3 种类型的抽样方案。对于给定的 AQL 和样本量字码，如果有几种不同的抽样方案，可以使用其中的任一种。它们对产品质量的鉴别能力是一样的。

以下情况宜选用 1 次抽样：①检验费用低的产品。②复杂产品，检验项目多的产品。③检测周期长的产品。④抽样困难的产品。⑤管理费用大或不适应 2 次、多次抽样。

以下情况宜选用 2 次与多次抽样：①检验费用高。②简单产品，检验项目少。③管理费用低。

7）检索抽样方案。①根据批量与检验水平从表 4-8 中查得样本量字码。②根据 AQL、样本量字码、抽样类型及检验的宽严程度从相应的抽样表中检索出抽样方案（n，Ac）。

例 4-5　某产品采用计数调整型抽样方案检验，批量为 800，AQL = 4%，检验水平为Ⅱ，求正常检验 1 次抽样方案。

解　从表 4-8 中，在 $N=800$ 和检验水平Ⅱ的相交栏查到字码 J，再根据 J、AQL 的值从表 4-9（正常检验 1 次抽样方案）检索出 1 次抽样方案为 $n=80$，Ac = 7；Re = 8，即从 800 个产品中，随机抽取 80 个进行检验，如果不合格品数 $d \leq 7$，则 800 个产品全部接收，如果 $d \geq 8$，则 800 台产品全部不接收。

例 4-6　如果对例 4-5 产品进行的是加严检验，则由表 4-10 可查得加严检验的抽样方案为 $n=80$；Ac = 5，Re = 6。即从 800 个产品中，随机抽取 80 个进行检验，如果不合格品数 $d \leq 5$，则 800 个产品全部接收，如果 $d \geq 6$，则 800 台产品全部不接收。

8）随机抽取样本。

9）对样本进行检验。

10）判断批接收与否。

11）抽样检验后的处置。

① 对合格批的处置。经抽样检验后判为合格的批，可交付（或储存等待）使用方使用，但样本中发现的不合格品需进行修复或更换成合格品。

② 对不合格批的处置。a. 报废。产品极重要特性不合格，已丧失使用价值，或检验是破坏性的无法挑选，并且无法修复或修复费用太高。b. 百分之百挑选。将不合格批退回供货方，将不合格品用合格品替换或修复成合格品。这是处理不合格批最常用的方法。但要挑净不合格品，需要挑2~3遍。再次提交检验采取正常检验还是加严检验，是只检不合格的项目还是所有项目全检，由负责部门确定。c. 用于其他适用场合（但需重新评定）。

4.4 计量抽样检验概述

4.4.1 计量抽样检验的基本原理

计数抽样检验只把样本中的每个单位产品区分为合格品、不合格品，或者合格、不合格，计算样本中出现的不合格品数或不合格数，并与抽样方案的接收数对比，判断批是否接收。此法适用于结构简单、不合格品可用合格品替换的场合。而计量抽样检验是根据不同质量特性值的样本均值或样本标准差来判断一批产品是否合格。例如，检查某种电池的启动电压，规定电池电压1.58V以上，抽取10只电池为样本检查，10只电池的电压均值在1.58V以上判批合格，在1.58V以下判批不合格。

与计数抽样检验相比，计量抽样检验所需的样本量少，获得的信息多。但是，对样本质量特性值的计量和测定比检查产品是否合格所需的时间长、工作量大、费用高，并需要具备一定的设备条件，判断程序比较复杂。当检验指标多时，采用计量抽样检验是不合适的，因为每个特性值都需要单独考虑。对大多数检验指标采用计数抽样检验，仅对一两个重要指标采用计量抽样检验，两者配合，效果较好。在计量抽样检验时，一批产品质量的好坏是根据样本质量特性值的平均值、标准差或不合格品率作为标准来判定的。对于以平均值和不合格品率作为批质量指标的抽检，其计量抽检方案都是将样本平均值或不合格品率（在某一特定标准差条件下）与一个判定界限比较来进行判断。在计量抽样检验中，通常假定质量特性服从正态分布。因此，只有确认质量特性服从正态分布，才能有效采用计量抽样检验。

计量抽样检验，可分为标准差已知和标准差未知的情况，并且由于产品质量指标的特性不同，还有保证平均值和保证不合格品的情况。

4.4.2 不合格品率的计量标准型一次抽样检验

计量抽样检验可以从不同的角度加以分类，这里只介绍不合格品率的计量标准型一次抽样检验。GB/T 8054—2008规定了以批不合格品率为质量指标的计量标准型一次抽样检验的程序与实施方法。适用于产品质量特征以计量值表示且服从或近似服从正态分布的检验。该标准规定生产方风险 $\alpha = 0.05$，使用方风险 $\beta = 0.10$，被检批的可接收质量 $p_0 \leq 10\%$。

1. 术语

1) 计量质量特性。是指被检的单位产品特性能用连续尺度进行度量的质量特征。

2) 计量抽样检验。是指按规定的抽样方案从批中抽取一定数量的单位产品。用测量、试验或其他方法取得它们的质量特征值，与质量要求进行对比，并判断该批产品能否接收的过程。

3) "σ" 法。是指批标准差已知时，利用样本平均值与批标准差来判断能否接收的方法。

4) "s" 法。是指批标准差未知时，利用样本平均值与样本标准差来判断能否接收的方法。

5) 上规格限 U。是指对单位产品或服务规定的合格产品所允许的质量特征最大界限值。

6) 下规格限 L。是指对单位产品或服务规定的合格产品所允许的质量特征最小界限值。

7) 质量统计量 Q。是指由规格限、样本均值和标准差构成的函数，通过比较 Q 和接收常数 k 来判断批的可接收性。

8) 接收常数 k。它是用于判断批能否接收的常数。

2. 符号

标准规定的符号见表4-13。

表4-13　标准规定的符号及意义

符号及意义	符号及意义
U：上规格限	n：样本量
L：下规格限	s：样本质量特性值的标准差
p：批不合格品率	$s = \sqrt{\dfrac{1}{n-1} \sum_{i=1}^{n} (x_i - \bar{x})^2}$
p_0：以批不合格品率为质量指标时的合格质量水平	σ：批质量特性值的标准差
p_1：以批不合格品率为质量指标时的极限质量水平	Q_U：上规格限的质量统计量
$\bar{x}$：样本质量特性值的平均值	σ 法：$Q_U = \dfrac{U - \bar{x}}{\sigma}$；$s$ 法：$Q_U = \dfrac{U - \bar{x}}{s}$
$\bar{x} = \dfrac{1}{n} \sum_{i=1}^{n} X_i$	Q_L：下规格限的质量统计量
	σ 法：$Q_L = \dfrac{\bar{x} - L}{\sigma}$；$s$ 法：$Q_L = \dfrac{\bar{x} - L}{s}$
k：接收常数	P_a：检验批的接收概率

3. 抽样表

在 GB/T 8054—2008 中，给出的抽样表有：

1) "σ" 法单侧限抽样方案表（见表4-14）。

2) "σ" 法双侧限抽样方案表（见表4-15）。

3) "s" 法单侧限抽样方案表（见表4-16）。

表 4-14 "σ" 法单侧限抽样方案表
（选自 GB/T 8054—2008）（节选）

p_1(%) 代表值	0.80	1.00	1.25	1.60	2.00	2.50	3.15	4.00	5.00	6.30	8.00	10.00	12.50	16.00	20.00	25.00	31.50
p_0(%) 代表值 \ 范围	0.71~0.9	0.91~1.12	1.13~1.40	1.41~1.80	1.81~2.24	2.25~2.80	2.81~3.55	3.56~4.50	4.51~5.60	5.61~7.10	7.11~9.00	9.01~11.2	11.30~14.0	14.10~18.0	18.10~22.4	22.50~28.0	28.10~35.5
0.100 (0.090~0.112)	18 2.71	15 2.66	12 2.61	10 2.56	8 2.51	7 2.46	6 2.40	5 2.34	4 2.27	4 2.23	3 2.14	3 2.10	2 2.00	2 1.92	2 1.87	2 1.81	2 1.74
0.125 (0.113~0.140)	23 2.68	18 2.63	14 2.58	11 2.53	9 2.48	8 2.43	6 2.36	5 2.30	5 2.26	4 2.19	3 2.10	3 2.06	2 1.97	2 1.88	2 1.82	2 1.77	2 1.70
0.160 (0.141~0.180)	29 2.64	22 2.60	17 2.55	13 2.50	11 2.45	9 2.39	7 2.33	6 2.28	5 2.21	5 2.14	4 2.08	3 2.01	2 1.94	2 1.85	2 1.77	2 1.72	2 1.64
0.200 (0.181~0.224)	39 2.61	28 2.57	21 2.52	16 2.47	13 2.42	10 2.36	8 2.30	7 2.25	6 2.19	5 2.12	4 2.05	3 1.98	3 1.92	2 1.82	2 1.73	2 1.68	2 1.60
0.250 (0.225~0.280)	*	37 2.54	27 2.49	20 2.44	15 2.38	12 2.33	10 2.28	8 2.22	6 2.15	5 2.08	4 2.01	4 1.96	3 1.87	3 1.79	2 1.70	2 1.62	2 1.56
0.315 (0.281~0.355)	*	*	36 2.46	25 2.40	19 2.35	14 0.30	11 2.24	9 2.18	7 2.12	6 2.06	5 1.99	4 1.91	3 1.84	3 1.77	2 1.67	2 1.57	2 1.50
0.400 (0.356~0.450)	*	*	*	33 2.37	24 2.32	18 2.26	14 2.21	11 2.15	8 2.09	7 2.02	6 1.95	5 1.89	4 1.81	3 1.72	3 1.63	2 1.53	2 1.45
0.500 (0.451~0.560)	*	*	*	46 2.33	31 2.28	23 2.23	17 2.17	13 2.11	10 2.05	8 1.99	6 1.92	5 1.85	4 1.77	3 1.68	3 1.60	2 1.51	2 1.40
0.630 (0.561~0.710)	*	*	*	*	44 2.25	30 2.19	21 2.14	15 2.07	12 2.02	9 1.95	7 1.88	6 1.82	5 1.75	4 1.66	3 1.57	3 1.47	2 1.36

第4章 质量检验

0.800	0.711~0.900	42	2.16	28	2.10	20	2.04	15	1.98	11	1.91	8	1.84	7	1.78	6	1.70	4	1.61	3	1.52	3	1.44	2	1.33
1.00	0.901~1.12	*	*	39	2.06	26	2.00	18	1.94	11	1.88	10	1.81	8	1.74	6	1.66	5	1.58	4	1.50	3	1.39	3	1.30
1.25	1.13~1.40	*	*	*	*	36	1.97	24	1.91	17	1.84	12	1.77	9	1.70	7	1.62	6	1.54	4	1.44	3	1.36	3	1.25
1.60	1.41~1.80	*	*	*	*	*	*	34	1.86	23	1.80	16	1.73	12	1.66	9	1.59	7	1.49	5	1.41	4	1.32	3	1.20
2.00	1.81~2.24	*	*	*	*	*	*	*	*	31	1.76	20	1.69	14	1.62	10	1.54	8	1.46	6	1.37	5	1.28	3	1.17
2.50	2.25~2.80	*	*	*	*	*	*	*	*	46	1.72	28	1.65	19	1.58	13	1.50	9	1.41	7	1.33	5	1.25	4	1.13
3.15	2.81~3.55	*	*	*	*	*	*	*	*	*	*	41	1.60	26	1.53	17	1.46	11	1.37	8	1.28	6	1.19	5	1.08
4.00	3.56~4.50	*	*	*	*	*	*	*	*	*	*	*	*	39	1.49	24	1.41	15	1.33	10	1.24	7	1.14	5	1.05
5.00	4.51~5.60	*	*	*	*	*	*	*	*	*	*	*	*	*	*	36	1.37	20	1.28	14	1.19	10	1.10	6	0.99
6.30	5.61~7.10	*	*	*	*	*	*	*	*	*	*	*	*	*	*	*	*	30	1.23	19	1.14	12	1.05	8	0.94
8.00	7.11~9.00	*	*	*	*	*	*	*	*	*	*	*	*	*	*	*	*	*	*	27	1.09	17	0.99	10	0.89
10.00	9.01~11.2	*	*	*	*	*	*	*	*	*	*	*	*	*	*	*	*	*	*	15	1.03	24	0.94	11	0.83

＊样本量大于50，不予推荐。

表 4-15 "σ"法双侧限抽样方案表
（选自 GB/T 8054—2008）（节选）

$p_0(\%)$	$\dfrac{U-L}{\sigma}$ 代表值	范围	$p_1(\%)$ 代表值	计算值 范围	0.100			0.125			0.160		
					0.090~0.112			0.113~0.140			0.141~0.180		
					6.64及以下	6.65~6.90	6.91及以上	6.51及以下	6.52~6.80	6.81及以上	6.37及以下	6.38~6.69	6.70及以上
0.80		0.71~0.90			14 / 2.75	16 / 2.73	18 / 2.71	16 / 2.73	18 / 2.71	23 / 2.68	20 / 2.70	24 / 2.67	29 / 2.65
1.00		0.91~1.12			12 / 2.70	13 / 2.70	14 / 2.67	13 / 2.71	15 / 2.66	18 / 2.63	16 / 2.65	18 / 2.63	22 / 2.60
1.25		1.13~1.40			10 / 2.65	11 / 2.65	12 / 2.62	11 / 2.63	12 / 2.61	14 / 2.58	13 / 2.60	15 / 2.58	17 / 2.55
1.60		1.41~1.80			8 / 2.59	9 / 2.58	10 / 2.57	9 / 2.57	10 / 2.56	11 / 2.53	10 / 2.54	12 / 2.52	13 / 2.50
2.00		1.81~2.24			7 / 2.54	7 / 2.53	8 / 2.51	8 / 2.51	8 / 2.50	9 / 2.48	9 / 2.49	10 / 2.47	11 / 2.45
2.50		2.25~2.80			6 / 2.48	6 / 2.47	7 / 2.46	7 / 2.46	7 / 2.45	8 / 2.43	8 / 2.43	8 / 2.42	9 / 2.40

3.15	2.81~3.55	5	2.42	5	2.41	6	2.0	6	2.40	6	2.39	6	2.37	6	2.37	7	2.36	7	2.34
4.00	3.56~4.50	5	2.36	5	2.35	5	2.34	5	2.33	5	2.32	5	2.31	5	2.31	6	2.29	6	2.28
5.00	4.51~5.60	4	2.30	4	2.29	4	2.28	4	2.27	4	2.26	5	2.25	5	2.24	5	2.23	5	2.22
6.30	5.61~7.10	4	2.23	4	2.23	4	2.23	4	2.21	4	2.20	4	2.19	4	2.17	4	2.17	4	2.15
8.00	7.11~9.00	3	2.15	3	2.15	3	2.15	3	2.13	3	2.12	3	2.12	3	2.10	3	2.10	4	2.08
10.00	9.01~11.2	3	2.10	2	2.10	2	2.10	2	2.08	2	2.07	2	2.06	2	2.02	3	2.02	3	2.01
12.5	11.3~14.0	2	2.00	2	2.00	2	2.00	2	1.97	2	1.97	2	1.97	2	1.94	2	1.94	2	1.94
16.0	14.1~18.0	2	1.92	2	1.92	2	1.92	2	1.88	2	1.88	2	1.88	2	1.85	2	1.85	2	1.85
20.0	18.1~22.4	2	1.87	2	1.87	2	1.87	2	1.82	2	1.82	2	1.82	2	1.77	2	1.77	2	1.77
25.0	22.5~28.0	2	1.81	2	1.81	2	1.81	2	1.76	2	1.76	2	1.76	2	1.71	2	1.71	2	1.71
31.5	28.1~35.5	2	1.74	2	1.74	2	1.74	2	1.69	2	1.69	2	1.69	2	1.64	2	1.64	2	1.64

表 4-16 "s"法单侧限抽样方案表
（选自 GB/T 8054—2008）（节选）

p_1(%) 代表值		0.80	1.00	1.25	1.60	2.00	2.50	3.15	4.00	5.00	6.30	8.00	10.00	12.50	16.00	20.00	25.00	31.50
	范围	0.71~0.9	0.91~1.12	1.13~1.40	1.41~1.80	1.81~2.24	2.25~2.80	2.81~3.55	3.56~4.50	4.51~5.60	5.61~7.10	7.11~9.00	9.01~11.2	11.30~14.0	14.10~18.0	18.10~22.4	22.50~28.0	28.10~35.5
p_0(%) 代表值	范围																	
0.100	0.090~0.112	87 / 2.71	68 / 2.67	54 / 2.62	42 / 2.57	34 / 2.52	28 / 2.47	23 / 2.42	19 / 2.36	19 / 2.31	13 / 2.24	11 / 2.19	9 / 2.11	8 / 2.07	6 / 1.97	5 / 1.89	5 / 1.84	4 / 1.74
0.125	0.113~0.140	*	80 / 2.64	62 / 2.59	48 / 2.54	38 / 2.49	31 / 2.44	25 / 2.39	20 / 2.32	17 / 2.28	14 / 2.21	12 / 2.16	10 / 2.10	8 / 2.02	7 / 1.95	6 / 1.88	5 / 1.80	4 / 1.70
0.160	0.141~0.180	*	98 / 2.60	74 / 2.56	56 / 2.50	44 / 2.46	35 / 2.40	28 / 2.35	23 / 2.30	18 / 2.23	15 / 2.18	12 / 2.10	10 / 2.04	9 / 2.00	7 / 1.91	6 / 1.84	4 / 1.75	4 / 1.66
0.200	0.181~0.224	*	*	90 / 2.53	66 / 2.47	51 / 2.42	40 / 2.37	31 / 2.32	25 / 2.26	20 / 2.20	16 / 2.14	13 / 2.08	11 / 2.02	9 / 1.95	7 / 1.87	6 / 1.80	5 / 1.72	4 / 1.62
0.250	0.225~0.280	*	*	*	79 / 2.44	59 / 2.39	46 / 2.34	35 / 2.28	28 / 2.23	22 / 2.17	18 / 2.12	14 / 2.04	12 / 1.99	10 / 1.93	8 / 1.84	6 / 1.76	5 / 1.67	4 / 1.58
0.315	0.281~0.355	*	*	*	98 / 2.41	71 / 2.36	54 / 2.31	41 / 2.25	31 / 2.19	25 / 2.14	19 / 2.07	15 / 2.00	12 / 1.94	10 / 1.88	8 / 1.80	7 / 1.73	5 / 1.64	4 / 1.54
0.400	0.356~0.450	*	*	*	*	89 / 2.32	65 / 2.27	48 / 2.22	36 / 2.16	28 / 2.10	22 / 2.04	17 / 1.98	14 / 1.92	11 / 1.85	9 / 1.77	7 / 1.69	6 / 1.62	5 / 1.50
0.500	0.451~0.560	*	*	*	*	*	80 / 2.23	57 / 2.18	42 / 2.12	32 / 2.07	24 / 2.00	19 / 1.94	15 / 1.88	12 / 1.81	9 / 1.72	7 / 1.64	6 / 1.57	5 / 1.47
0.630	0.561~0.710	*	*	*	*	*	*	71 / 2.14	50 / 2.08	37 / 2.03	28 / 1.97	21 / 1.90	16 / 1.83	13 / 1.77	10 / 1.69	8 / 1.62	6 / 1.52	5 / 1.43

第4章 质量检验

样本量字码	样本量												
0.800	0.711~0.900	*	*	*	92 / 2.10	62 / 2.05	44 / 1.99	32 / 1.92	24 / 1.86	18 / 1.79	14 / 1.72	11 / 1.66	8 / 1.56	7 / 1.49	5 / 1.39
1.00	0.901~1.12	*	*	*	*	79 / 2.01	54 / 1.95	38 / 1.89	28 / 1.83	21 / 1.76	16 / 1.69	12 / 1.62	9 / 1.53	7 / 1.45	5 / 1.34
1.25	1.13~1.40	*	*	*	*	*	69 / 1.91	47 / 1.85	32 / 1.78	24 / 1.72	18 / 1.65	13 / 1.57	10 / 1.50	7 / 1.39	6 / 1.31
1.60	1.41~1.80	*	*	*	*	*	95 / 1.87	60 / 1.80	40 / 1.74	28 / 1.67	20 / 1.60	15 / 1.53	11 / 1.45	8 / 1.35	6 / 1.26
2.00	1.81~2.24	*	*	*	*	*	*	81 / 1.76	50 / 1.69	34 / 1.63	24 / 1.56	17 / 1.48	12 / 1.40	9 / 1.32	6 / 1.21
2.50	2.25~2.80	*	*	*	*	*	*	*	67 / 1.65	43 / 1.59	29 / 1.52	19 / 1.43	14 / 1.36	10 / 1.27	7 / 1.17
3.15	2.81~3.55	*	*	*	*	*	*	*	96 / 1.61	57 / 1.54	36 / 1.47	23 / 1.39	16 / 1.31	11 / 1.22	8 / 1.13
4.00	3.56~4.50	*	*	*	*	*	*	*	*	83 / 1.49	48 / 1.42	29 / 1.34	19 / 1.25	13 / 1.17	9 / 1.08
5.00	4.51~5.60	*	*	*	*	*	*	*	*	*	69 / 1.37	38 / 1.29	23 / 1.20	15 / 1.11	10 / 1.02
6.30	5.61~7.10	*	*	*	*	*	*	*	*	*	*	53 / 1.23	30 / 1.15	19 / 1.07	12 / 0.97
8.00	7.11~9.00	*	*	*	*	*	*	*	*	*	*	87 / 1.18	44 / 1.10	24 / 1.00	14 / 0.89
10.00	9.01~11.2	*	*	*	*	*	*	*	*	*	*	*	68 / 1.04	34 / 0.95	18 / 0.84

* 样本量大于100，不予推荐。

4. 抽样检验的程序

GB/T 8054—2008 规定的抽样检验程序如下：

1）选择抽样检验类型。
2）确定抽样检验方式。
3）规定合格质量与极限质量。
4）确定抽样方案。
5）构成批与抽取样本。
6）检验样本与计算结果。
7）判断批能否接收。
8）处理检验批。

5. 抽样检验的实施

(1) 抽样检验类型的选择 GB/T 8054 规定了两种抽样检验类型："σ"法和"s"法。

产品质量稳定，并有近期质量管理或抽样检验的数据能预先确定批标准差时，可选用"σ"法；如无近期数据，或即使有近期数据，但质量不稳定时，应选用"s"法。产品质量稳定与否的检验方法参见 GB/T 8054—2008 的附录 A。

当生产方与使用方有较长供货期间时，无论采用"s"法或"σ"法，都要以控制图方式记录样本均值与样本标准差。若在应用"s"法过程中，控制图显示标准差已处于统计控制状态，允许由"s"法转换为"σ"法。若在应用"σ"法的过程中，控制图显示样本标准差不处于统计控制状态，应立即由"σ"法转换为"s"法。如果控制图虽未显示失去统计控制状态，但表明批标准差变小或变大时，应随时更新所采用的批标准差值。控制图的使用见第五章相关内容。

(2) 抽样检验方式的确定 GB/T 8054 规定了 3 种抽样检验方式：

1）上规格限。指被检质量特性在技术标准中规定的最大值，愈小愈好。
2）下规格限。指被检质量特性在技术标准中规定的最小值，愈大愈好。
3）双侧规格限。被检质量特性在技术标准中规定了最大值与最小值，限定质量特性值在最大值与最小值之间。

采用双侧规格限"s"法，必须满足下列两个条件，才能应用"s"法单侧限抽样方案表。

$$\frac{U-L}{\sigma} > 2.89 u_{1-p_0} - 0.89 u_{1-p_1}$$

$$\frac{U-L}{\sigma} > 2 u_{1-0.2p_0} \tag{4-3}$$

式中，u_{1-p_0}、u_{1-p_1} 和 $u_{1-0.2p_0}$ 表示标准正态分布的上侧概率 p_0、p_1 与 $0.2p_0$ 时的分位数。从表 4-17 常用不合格品率的分位数值表可查取分位数。如规定 $p_0 = 1.00$，$p_1 = 5.00$ 时，从表 4-17 查得：

$p_0 = 1.00$ 时，$u_{1-p_0} = 2.32635$

$p_1 = 5.00$ 时，$u_{1-p_1} = 1.64485$

$p = 0.2p_0 = 0.2$ 时，$u_{1-0.2p_0} = 2.87816$

表 4-17 常用不合格品率的分位数值表

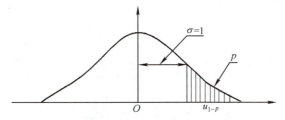

不合格品率的分位数值 u_{1-p}

p(%)		u_{1-p}
p_0	p_1	
0.100	—	3.09023
0.125	—	3.02334
0.160	—	2.94784
0.200	—	2.87816
0.250	—	2.80703
0.315	—	2.73174
0.400	—	2.65207
0.500	—	2.57583
0.630	—	2.49488
0.800	0.80	2.40892
1.00	1.00	2.32635
1.25	1.25	2.24140
1.60	1.60	2.14441
2.00	2.00	2.05375
2.50	2.50	1.95996
3.15	3.15	1.85919
4.00	4.00	1.75069
5.00	5.00	1.64485
6.30	6.30	1.53007
8.00	8.00	1.40507
10.0	10.0	1.28155
—	12.5	1.15035
—	16.0	0.99446
—	20.0	0.84162
—	25.0	0.67449
—	31.5	0.48173

（3）合格质量与极限质量的确定 合格质量 p_0 与极限质量 p_1 的选择，应综合考虑质量要求、加工能力、检验费用等因素，由生产方与使用方协商确定。

（4）检索抽样方案

1)"σ"法。按表 4-18 列步骤确定抽样方案

表4-18 "σ"法的抽样方案

工作步骤	工作内容	检验方式		
		上规格限	下规格限	双侧规格限
(1)	规定质量要求	U, p_0, p_1	L, p_0, p_1	U, L, p_0, p_1
(2)	确定 σ 值	由生产厂近期数据，按 GB/T 8054—2008 中附录 B 的方法估计		
(3)	检索抽样方案	由 p_0, p_1 值于表4-14 检出 n, k 值	同左	由 p_0、p_1 及 $\dfrac{U-L}{\sigma}$ 值于表4-15 检出 n, k 值

2) "s"法。按4-19表列步骤确定抽样方案

表4-19 "s"法的抽样方案

工作步骤	工作内容	检验方式		
		上规格限	下规格限	双侧规格限
(1)	规定质量要求	U, p_0, p_1	L, p_0, p_1	U, L, p_0, p_1
(2)	检索抽样方案	由 p_0, p_1 值于表4-16 检出 n, k 值	同左	同左（所给条件满足双侧规格限使用条件时）

(5) **批的构成与样本的抽取** 提交检验的产品必须以批的形式提交。提交的批应由同一规格型号、同一质量等级以及由同一材质原料在同一工艺条件下生产的单位产品构成。批量大小按销售情况和实际生产条件由生产方和使用方商定。所需样本应从整批中随机抽取，可在批构成之后或在批的构成过程中进行。

(6) **样本的检验与计算** 对样本中每件单位产品按产品标准或订货合同的规定进行检验，检验结果应完整准确地记录，并计算出样本的均值与标准差。

(7) **批能否接收的判断**

1) "σ"法判断规则

① 给定上规格限时，则有：

$$Q_U = \frac{U-\bar{x}}{\sigma}$$

若 $Q_U \geqslant k$，批接收；$Q_U < k$，批拒收。

② 给定下规格限时，则有：

$$Q_L = \frac{\bar{x}-L}{\sigma}$$

若 $Q_L \geqslant k$，批接收；$Q_L < k$，批拒收。

③ 给定双侧规格限时，则有：

$$Q_U = \frac{U-\bar{x}}{\sigma}, \quad Q_L = \frac{\bar{x}-L}{\sigma}$$

若 $Q_U \geqslant k$ 并 $Q_L \geqslant k$，批接收；$Q_U < k$ 或 $Q_L < k$，批拒收。

2) "s"法判断规则

① 给定上规格限时，则有：

$$Q_U = \frac{U - \bar{x}}{s}$$

若 $Q_U \geq k$,批接收;$Q_U < k$,批拒收。

② 给定下限规格时,则有

$$Q_L = \frac{\bar{x} - L}{s}$$

若 $Q_L \geq k$,批接收;$Q_L < k$,批拒收。

③ 给定双侧规格限时,则有:

$$Q_U = \frac{U - \bar{x}}{s}, \quad Q_L = \frac{\bar{x} - L}{s}$$

若 $Q_U \geq k$ 并 $Q_L \geq k$,批接收;$Q_U < k$ 或 $Q_L < k$,批拒收。

(8) 批的处理 凡判为接收的批,使用方应整批接收。判为拒收的批,生产方不得未经任何处理再次提交检验,应按照预先签订的合同规定予以处理。

例 4-7 某产品质量特性值不超过 200 时为合格。已知 $\sigma = 6$,规定 $p_0 = 1.00\%$,$p_1 = 8.00\%$,确定抽样方案。

解 已知 $U = 200$,$\sigma = 6$,$p_0 = 1.00\%$,$p_1 = 8.00\%$

根据 p_0、p_1,由表 4-14 查得抽样方案为:$n = 10$,$k = 1.81$

4.5 检验系统的管理

4.5.1 检验误差

检验是为了保证产品质量,即可靠地判断产品的质量特性是否符合质量标准要求。但是,在实际的检验中,检验误差在所难免,检验工作中会存在误判现象。如把不合格品误判为合格品而接收,简称"漏检";把合格品误判为不合格品而拒收,简称"错检"。因此,为了防止漏检、错检发生,检验误差及其防止措施的研究已经成为一项重要的研究课题。

检验误差按产生的原因可分为:标准误差、环境误差、测量误差和检验员误差 4 类。

1. 标准误差

标准误差是指由于质量标准不明确而引起的检验误差。标准误差产生的原因主要有以下几点:

1)标准不统一。例如由于产品图样、工艺和技术文件规定不一致而导致的标准不统一。

2)标准不完善。主要包括标准不够明确、规定的检验手段不当等。

防止标准误差的措施主要有以下几点:

1)制订检验计划。在检验计划中明确规定检验内容、检验方式、检测手段和检验程度,使检验员工作标准明确、内容具体;在检验计划中还要对标准进行说明,对产品的某些质量特性加以解释和补充;对无法测量的质量特性提出改用其他代用特性进行检验。

2)开展首件复核检验。标准误差多发生于新产品首次投产。因此,对新产品首次上现场,由技术水平较高的检验员来复检其他检验员已检过的合格品,可以有效防止标准误差的产生。

2. 环境误差

由于检验环境引起的检验误差称为环境误差。良好的检验环境不仅可以减少检验误差，还可以提高检验效率。

(1) 检验场地的要求

1) 有足够的面积满足检验工作的正常进行。

2) 良好的自然采光和足够的照明设施。

3) 环境的温度、湿度和震动要符合测试条件的要求。

4) 避免噪声、气味和其他干扰，以免检验员产生疲劳引起检验失误，这对感官检验尤为重要。

(2) 检验场地的布置 检验场地要满足检验流程的要求，检验器具要合理摆放，提高检验效率。被检零件（包括待检、已检的合格品和不合格品）要存放有序，做好标记，相互隔离。检验台要保持整洁，以保证被检零件的清洁，保证检测精度。

3. 测量误差

(1) 测量的重复性和再现性

1) 测量的重复性。在相同测量条件下，同一被测量进行连续多次测量所得结果之间的一致性，称为测量结果的重复性。

相同测量条件称为重复性条件，包括：①相同的测量程序。②相同的观测者。③在相同的条件下使用相同的测量仪器。④相同的地点。⑤在短时间内重复测量。换言之，就是在尽量相同的程序、人员、仪器、环境等条件下，以及尽量短的时间间隔内完成重复测量任务。

测量结果的一致性，可以用重复条件下对同一被测量进行多次测量所得结果的分散性来表示。而最为常用的表示分散性的量，就是实验标准差。

2) 测量的再现性。在改变了的测量条件下，同一被测量的测量结果之间的一致性，称为测量结果的再现性。再现性又称为复现性、重现性。在给出再现性时，应详细地说明测量条件改变的情况，包括：测量原理、测量方法、观测者、测量仪器、参考测量标准、地点、使用条件及时间。这些内容可以改变其中一项、多项或全部。同检验重复性一样，这里的一致性也是定量的，可以用再现性条件下对同一被测量进行重复检验所得结果的分散性来表示。例如，用再现性标准差来表示。再现性标准差有时也称为组间标准差。

测量结果重复性和再现性的区别是显而易见的。虽然都是指同一被测量的测量结果之间的一致性，但其前提不同。重复性是在测量条件保持不变的情况下，连续多次测量结果之间的一致性；而再现性则是指在测量条件改变了的情况下，测量结果之间的一致性。

在很多实际工作中，最重要的再现性指由不同操作者，采用相同测量方法、仪器，在相同的环境条件下，测量同一被测量的重复检验结果之间的一致性，即检验条件的改变只限于操作者的改变。

(2) 测量误差的概念

1) 真值。真值是与被测量的定义一致的某个值。绝对的真值是无法求得的。但在实践中，对于给定的目的，并不一定需要获得特定量的真值，而只需要与真值足够接近的值。这样的值就是约定真值，对于给定的目的可用它代替真值。例如，可以将通过校准或检定得出的某特定量的值,或由更高准确度等级的测量仪器测得的值,或多次测量的结果所确定的值,作为该量的约定真值。

2)测量误差。测量结果减去被测量的真值所得的差,称为测量误差。测量结果是人们认识的结果,不仅与量的本身有关,而且与测量程序、测量仪器、测量环境以及测量人员等有关。

测量结果的误差往往是由若干个分量组成的,这些分量按其特性可分为随机误差与系统误差两大类。任意一个误差,均可分解为系统误差和随机误差的代数和,即可用下式表示:

测量误差 = 测量结果 - 真值 = 随机误差 + 系统误差

3)随机误差。测量结果与在重复性条件下,对同一被测量进行无限多次测量所得的结果的平均值之差,称为随机误差。随机误差来源于影响量的变化,这种变化在时间上和空间上是不可预知的或随机的,它会引起被测量重复观测值的变化,故称之为"随机效应"。正是这种随机效应导致了重复观测中的分散性。

4)系统误差。在重复性条件下,对同一被测量进行无限多次测量所得结果的平均值与被测量的真值之差,称为系统误差。由于只能进行有限次数的重复测量,真值也只能用约定值代替,因此可能确定的系统误差只是其估计值,并具有一定的不确定度。系统误差来源于影响量,它对测量结果的影响若已识别,则可定量表述,故称之为"系统效应"。该效应的大小若是显著的,则可通过估计的修正值予以补偿。

(3)测量结果修正 对系统误差尚未进行修正的测量结果,称为未修正结果。当由测量仪器获得的只是单个示值时,该示值通常是未修正结果;而当获得几个示值时,未修正结果通常由这几个示值的算术平均值求得。

例如:用某尺测量圆柱直径,单次观测所得的示值为 10.7mm,则该测得值是未修正结果。如果进行 10 次测量,所得的示值分别为 10.9mm、10.6mm、10.8mm、10.6mm、10.9mm、10.7mm、10.7mm、10.8mm、10.9mm、10.8mm,则该测量列的未修正结果为其算术平均值,即(10.9 + 10.6 + … + 10.8)mm/10 = 10.77mm ≈ 10.8mm。

对系统误差进行修正后的测量结果,称为已修正结果。用代数方法与未修正测量结果相加,以补偿其系统误差的值,称为修正值。在上述例子中,若该尺经量块检定,其修正值为 -0.1mm,则单次测量的已修正结果为(10.7 - 0.1)mm = 10.6mm;而 10 次测量的已修正结果为(10.8 - 0.1)mm = 10.7mm。

修正值等于负的系统误差,也就是说,加上某个修正值就像扣掉某个系统误差,其效果是一样的。即:

真值 = 测量结果 + 修正值 = 测量结果 - 误差

需要指出的是,系统误差可以用适当的修正值来估计并予以补偿,但这种补偿是不完全的,也即修正值本身就含有不确定度。修正值只能对系统误差进行有限程度的补偿。

(4)测量准确度和精密度

1)测量准确度。通过测量所得到的赋予被测量的值,称为测量结果。而真值是与被测量定义一致的值。测量准确度是指测量结果与被测量真值之间的一致程度。

一般认为,测量准确度是一个定性的概念,不宜将其定量化。与被测量定义一致的真值,实质上就是被测量本身。它是一个理想化的概念,难于操作,所以,准确度的值无法准确地给出。在实际工作中,有些情况下约定真值的含义是明确的,例如,当测量仪器接受高等级的测量标准对其进行检定或校准时，该测量标准器所复现的量值即为约定真值。这时，测量准确度可以用测量结果对约定真值的偏移来估计。

2）测量精密度。测量精密度是指在规定条件下获得的各个独立观测值之间的一致程度。不能用精密度来表示准确度，因为前者仅反映分散性，而后者则是指在随机效应和系统效应的综合作用下，测量结果与真值的不一致。

（5）测量不确定度

1）测量不确定度及其评定。测量不确定度表征合理地赋予被测量值的分散性，是与测量结果相联系的参数。测量的目的是确定被测量的量值。测量结果的质量是度量测量结果可信程度的重要依据。测量结果表述必须同时包含赋予被测量的值及与该值相关的测量不确定度，测量不确定度是对测量结果质量的定量表征。

测量不确定度是一个说明被测量之值分散性的参数，它反映了人们在对被测量值准确认识方面的不足。即使经过对已确定的系统误差的修正后，测量结果仍只是被测量值的一个估计值。这是因为，不仅测量中存在的随机因素将产生不确定度，而且，不完全的系统因素修正也同样存在不确定度。

测量不确定度与测量误差这两个概念，既有一定的联系，又有一定的区别。测量误差是测量结果与被测量（约定）真值之差，是以真值为中心的。它说明测量结果与真值的差异程度，而真值通常是未知的、理想的概念，因而测量误差本身就是不确定的。测量不确定度表明赋予被测量之值的分散性，是通过对测量过程的分析和评定得出的一个区间，是以测量结果为中心的，它评估测量结果与被测量真值相符合的程度。

测量误差与测量不确定度密切联系，它们都是由测量过程不完善性因素引起的。测量不确定度理论是在测量误差理论基础上完善和发展起来的。

为了表征赋予被测量之值的分散性，测量不确定度往往用标准差表示。在实际使用中，由于人们往往希望知道测量结果的置信区间，因此测量不确定度也可用标准差的倍数或用置信水平的区间的半宽度表示。

表征分散性的参数，可以是标准差 σ，也可以是标准差乘以一个倍数 k，以 $k\sigma$ 表示。k 可以取 2~3，若 $k=2$，即用 2σ 表示分散性；若 $k=3$，即用 3σ 表示分散性。k 取多少必须说明，因为 k 值不同置信水平不同。

置信水平的区间的半宽度是指：如多个值可以95%的概率包含于 $[a^-, a^+]$ 内，即多个值中95%含于区间 $[a^-, a^+]$ 内，则区间宽度为 $a^+ - a^-$，区间半宽度为 $(a^+ - a^-)/2$，则表征分散性的参数为 $(a^+ - a^-)/2$，它具有95%的置信水平。

为了区分这两种不同的表示方法，分别称它们为标准不确定度和扩展不确定度。

① 标准不确定度。标准不确定度是以标准差表示的测量不确定度，用符号 u 表示，它以标准差来表征被测量之值的分散性。

由于测量结果的不确定度往往由许多原因引起，对每个不确定度来源评定的标准差，称为标准不确定度分量。标准不确定度分量有两类评定方法，即 A 类评定和 B 类评定。

用对观测列进行统计分析的方法来评定标准不确定度，称为不确定度的 A 类评定。所得到的相应的标准不确定度称为 A 类不确定度分量。

用 A 类方法得到的不确定度分量的估计方差 u^2 是根据一系列的重复观测值计算出的，亦为常用的统计估计方差 s^2。估计的标准偏差 u（u^2 的正平方根）= s。

用不同于对观测列进行统计分析的方法来评定标准不确定度，称为不确定度的 B 类评定。所得到的相应的标准不确定度称为 B 类不确定度分量。

用 B 类方法得到的不确定度分量的估计方差 u^2 是依据以下已知的有关信息或资料评定：以前的观测数据；对有关技术资料和测量仪器特性的了解和经验；生产部门提供的技术说明文件；校准证书、检定证书或其他文件所提供的数据；手册或某些资料给出的参考数据及其不确定度；规定实验方法的国家标准或类似技术文件中给出的重复性限 r 或再现性限 R。

测量结果的总的不确定度，称为合成标准不确定度，用符号 u_c 表示。它等于对所有的方差和协方差分量求和后得到的总方差的正平方根。

② 扩展不确定度。扩展不确定度是用标准差的倍数或用置信水平的区间的半宽度表示的测量不确定度，通常用符号 U 表示。

扩展不确定度确定的是测量结果的一个区间，合理地赋予被测量之值分布的大部分可望含于此区间。实际上，扩展不确定度是由合成不确定度的倍数表示的测量不确定度，它是将合成标准不确定度扩展了 k 倍得到的，即 $U = ku_c$，k 称为包含因子。

当涉及健康、安全时，如对一些商业、工业、法规应用中，为使不确定度的置信水平较高，需用扩展不确定度 U 来表示。扩展不确定度 U 的具体计算步骤可参阅有关资料，这里不再详述。

2）测量不确定度的来源。测量过程中有许多引起测量不确定度的来源，它们可能来自以下 10 个方面：

① 对被测量的定义不完整。如，定义被测量是一根标称值为 200mm 的钢棒的长度，若要求测准到 μm 量级，则被测量的定义就不够完整，因为此时被测钢棒受温度和压力的影响已较明显，而这些条件没有在定义中说明。由于定义的不完整，将使测量结果中引入温度和压力影响的不确定度。这时，完整的定义应是：标称值为 200mm 的钢棒在 25.0℃ 和 101325Pa 时的长度。若在定义要求的温度和压力下测量，就可避免由此引起的不确定度。

② 复现被测量的测量方法不理想。如上例，被测量的定义虽然完整，但由于测量时温度和压力实际上达不到定义的要求（包括由于温度和压力的测量本身存在不确定度），使测量结果中引入了不确定度。

③ 取样的代表性不够，即被测量的样本不能代表所定义的被测量。例如，测量某种介质材料在给定频率下的相对介质常数，由于测量方法和测量设备的限制，只能取这种材料的一部分作为样块进行测量。如果测量所用的样块在材料的成分或均匀性方面不能完全代表定义的被测量，则样块将引起不确定度。

④ 对被测量过程受环境影响的认识不周全，或对环境条件的测量与控制不完善。同样以上述钢棒为例，不仅温度和压力影响其长度，实际上，湿度和钢棒的支撑方式都有明显影响。但由于认识不足，没有采取措施，就会引起不确定度。

⑤ 对模拟仪器的读数存在人为偏差（偏移）。模拟式仪器在读取其示值时，一般是估读到最小分度值的 1/10。由于观测者的位置和观测者个人习惯不同等原因，可能对同一状态下的显示值会有不同的估读值，这种差异将产生不确定度。

⑥ 测量仪器的分辨力或鉴别力不够。数字式测量仪器的不确定度来源之一，是其指示装置的分辨力。即使指示为理想重复，这种重复性所贡献的测量不确定度仍然不为零。这是因为，当输入信号在一个已知的区间内变动时，该仪器却给出了同样的指示。

⑦ 赋予测量标准和标准物质的值不准。例如，用天平测量时，测得质量的不确定度中包括了标准砝码的不确定度。

⑧ 用于数据计算的常量和其他参量不准。例如，在测量黄铜的长度随温度变化时，要用到黄铜的线热膨胀系数。查有关数据手册可以找到所需的值。与此同时，也可从手册上查出或计算出该值的不确定度，它同样是测量结果不确定度的一个来源。

⑨ 测量方法和测量程序的近似性和假定性。例如，被测量表达式的近似程度，自动测试程序的迭代程度，电测量中由于测量系统不完善引起的绝缘漏电、热电势、引线电阻上的压降等，均会引起不确定度。

⑩ 在相同条件被测量重复观测值的变化。在实际工作中我们经常发现，无论怎样控制环境条件以及各类对测量结果可能产生影响的因素，而最终的测量结果总会存在一定的分散性，即多次测量的结果并不完全相同。这种现象是一种客观存在，是由一些随机效应造成的。

上述不确定度的来源不一定是独立的，例如，第十项可能与前面各项都有关。

4. 检验员误差

在质量检验过程中，影响检验质量的因素很多。但是，根据国外调查研究表明，其中检验人员的检验误差占绝大部分，使得检验质量特性缺陷的准确性约为80%。也就是说，检验人员一般仅能挑出实际缺陷的80%，而漏掉了其余的20%。鉴于此，必须重视调查分析检验员的检验误差，提出切实可行的改进措施，以提高质量检验工作的有效性。

发现检验员的检验误差，一般有以下几种方法：

（1）**复核检验** 由技术水平较高的检验员来复检其他检验人员已检过的合格品和不良品。

（2）**循环检验** 对同一件产品先后由几个检验员各自进行检验，看谁发现的缺陷多。

（3）**重复检验** 由检验人员对本人已检过的产品再检验一次（不告诉他先前检验的结果），看两次检验结果是否一致。

（4）**建立标准样品** 把被检产品与标准样品排列在一起作比较。

检验员的检验误差可分为技术性误差、粗心大意误差、程序性误差和明知故犯误差4类。

（1）**技术性误差**

1）技术性误差的定义。所谓技术性误差，是指检验人员缺乏判断产品合格与否的能力、技能和技术知识而造成的误差。

2）产生技术性误差的原因

① 检验技术不熟练。

② 不会正确使用计量器具或看不懂图样。

③ 没有工作经验。

④ 检验人员有生理缺陷，如色盲等视力疾病。

3）防止技术性误差的措施

① 进行技术培训。内容可包括基本知识和操作技能等方面，同时应注意让他们了解和掌

握与新的标准相适应的新的检测技术，实现知识与技能的不断更新。

② 总结、推广误差较少的检验人员的经验和技巧，对所出现的错检、漏检及时分析原因，吸取教训，引以为戒。

③ 对有生理缺陷等不宜做检验工作的人，应另行分配做其他适当工作。

④ 对检验人员进行应知、应会考核，以及错、漏检率的考核，合格者发证书，持证上岗。

(2) 粗心大意误差

1) 粗心大意误差的定义。顾名思义，粗心大意误差是一种由于检验人员粗心大意而造成的误差。

2) 粗心大意误差的特点：

① 非有意的。检验人员不希望产生误差。

② 不知不觉的。检验人员往往没有意识到自己正在或已经造成误差。

③ 不可预测的。误差的类型、时间、人员、原因都表现出随机性。

3) 防止粗心大意误差的措施：

① 进行工作调整。特别是对于需要保持注意力高度集中的复杂检验项目，检验人员工作时间一长，因疲劳容易发生误差。因此，要定时休息或者轮换去检验较简单的工作。

② 采用自动检验，以弥补检验人员感觉器官、鉴别能力的缺陷，提高鉴别能力。尤其适用于大批量的重复检验。

③ 建立标准样品，采用比较法。即提供一个实物标准品，作为判断产品质量的依据。如有的厂把国内外的先进产品或零部件作样品，进行对比检验，可以大大提高质量检验的准确性。

④ 采用样板检验。例如模具检验，通常都是先制造一套若干块样板，用来检验模具的尺寸形状。

⑤ 进行覆盖检验。即采用覆盖用的视觉辅助工具进行检验。如采用画有指导线或公差线的透明纸覆盖在工件上进行检验，可以简化检验工序，减少检验误差。

(3) 程序性误差　程序性误差是由于程序或管理制度不健全造成的误差。如运送出未经检验的产品；不合格的半成品流入下道工序；不同批号、不同规格甚至不同品种的产品混装出厂等。对这样的差错，要通过严格管理，建立健全工作程序使之减少到最低限度。其措施有：

1) 检验人员对检验过的产品必须按规定做好标记、采取分区堆放。各工序的搬运人员应会识别标记，按规定线路搬运，不搬运无标记的制品。

2) 制造部门在更换品种（或不同规格）时，应做好场地清理工作。检验人员对清场工作同样要进行检查验收，经确认合格后，转入另一种规格或品种的生产。

(4) 明知故犯误差　明知故犯的误差是检验人员在各种各样的压力之下，放弃原则而造成的误差。其原因是错综复杂的，可能是由管理部门引起的，也可能由检验人员本身引起的，或者是多方原因引起的。

1) 管理引起的误差

① 不坚持原则。企业在产量、质量、成本之间发生矛盾时，往往会突击完成数量，容易出现不严格遵守质量标准的情况。

② 检验人员反映的正确意见和要求得不到支持时，检验人员限于条件勉强放行。

③ 领导的欺骗行为。领导为了达到某种目的而需在质量上作假时，检验人员不能正面抵制。

2）检验人员本身引起的误差

① 检验员责任心差。

② 质量意识差，私自放宽检验标准。

③ 怕得罪人，不敢坚持原则。

3）防止明知故犯误差的措施

① 从管理上建立质量保证体系，明确各级人员质量职责和权限。在检验过的制品上或检验记录上打印、签字，保证质量的可跟踪性。

② 领导以身作则，从管理上消除引起明知故犯误差的弊端。

③ 采用复核检验的方法，定期进行质量检验审核，查出欺骗行为时要给予严肃处理。对敢于坚持原则，如实反映质量情况的检验人员则应给予表彰和奖励。

④ 选用经证明是作风正派，能坚持原则的人员从事检验工作，对弄虚作假的检验人员应调离岗位。

4.5.2　计量管理

　　计量是质量检验的重要内容之一，对保证产品质量有着重要的作用。计量管理的主要任务有：贯彻执行国家的计量法律、法规；建立企业的计量标准和量值传递系统，做好计量检定工作，保证量值的统一和量值的可追溯性；制定和完善企业计量管理制度，建立计量管理系统；培训考核本企业计量测试人员等。

1. 计量检定

　　计量检定是具有法制性的工作，它是统一量值，确保计量器具准确一致的重要措施；是进行量值传递或量值溯源的重要形式；是计量部门一项最基本的任务。计量检定机构必须经考核合格，并经有关部门审批授权后才能开展计量检定工作。

　　（1）**计量检定的定义**　　计量器具的检定，是指查明和确认计量器具是否符合法定要求的程序，它包括检查、加标记和（或）出具检定证书。

　　检定是由计量检定人员利用测量标准，按照法定的计量检定规程要求，对新制造的、使用中的和修理后的计量器具进行一系列的具体检验活动，以确定计量器具的准确度、稳定度、灵敏度等是否符合规定，是否可供使用。计量检定必须出具证书或加盖印记及封印等，以判断其是否合格。

　　（2）**计量检定相关术语**

　　1）校准。是指在规定条件下，为确定测量仪器或测量系统所指示的量值，或实物量具或参考物质所代表的量值，与对应的由标准所复现的量值之间关系的一组操作。校准结果既可赋予被测量以示值，又可确定示值的修正值；校准还可确定其他计量特性，如影响量的作用。校准结果可出具"校准证书"或"校准报告"。

　　2）测试。是指具有试验性质的测量。计量器具的检定或校准，有规范性的技术文件可依，可以通称为测量或计量。除此之外的测量，尤其是对不属于计量器具的设备、零部件、元器件的参数或特性值的确定，其方法具有试验性质，一般称为测试。

3) 计量确认。是指为确保测量设备处于满足预期使用要求的状态所需的一组操作。一般包括校准或检定、各种必要的调整或修理及随后的再校准、与设备预期使用的计量要求的比较以及所要求的封印和标签。只有测量设备已被证实适合于预期使用并形成文件，计量确认才算完成。预期使用要求包括量值、分辨率、最大允许误差等。

(3) 计量检定的分类　检定具有法制性，其对象是法制管理范围内的测量仪器。一台检定合格的测量仪器，也就是一台被授予法制特性的测量仪器。鉴于各国管理体制不同，法制计量管理的范围也不同。根据检定的必要程度和我国对其依法管理的形式，可将检定分为强制检定和非强制检定两类。

1) 强制检定。是指由政府计量行政主管部门所属的法定计量检定机构或授权的计量检定机构，对某些计量器具实行的一种定点定期的检定。我国规定，用于贸易结算、安全防护、医疗卫生、环境监测4个方面且列入国家强制检定目录的工作计量器具，属于国家强制检定的管理范围。此外，我国对社会公用计量标准器具、部门和企业事业单位的各项最高计量标准器具，也实行强制检定。强制检定的特点是：由政府计量行政部门统管，指定的法定或授权技术机构具体执行，固定检定关系，定点送检；检定周期由执行强检的技术机构按照计量检定规程，结合实际使用情况确定。

2) 非强制检定。是指由计量器具使用单位自己或委托具有社会公用计量标准或授权的计量检定机构，对强检以外的其他计量器具依法进行的一种定期检定。其特点是使用单位依法自主管理，自由送检，自求溯源，自行确定检定周期。

强制检定与非强制检定均属于法制检定，是我国对测量仪器依法管理的两种形式，都要受法律的约束。不按规定进行周期检定的，要负法律责任。计量检定工作应当按照经济合理的原则，就近就地进行。

检定的依据是按法定程序审批公布的计量检定规程。我国《计量法》规定，计量检定必须按照国家计量检定系统表进行。国家计量检定系统表由国务院计量行政部门制定。计量检定必须执行计量检定规程。国家计量检定规程也是由国务院计量行政部门制定。没有国家计量检定规程的，由国务院有关主管部门和省、自治区、直辖市人民政府计量行政部门分别制定部门计量检定规程和地方计量检定规程，并向国务院计量行政部门备案。因此，任何企业和其他实体是无权制定检定规程的。

在检定结果中，必须有合格与否的结论，并出具证书或加盖印记。从事检定工作的人员必须经考核合格，并持有关计量行政部门颁发的计量检定员证书。

在强化检定法制性的同时，对大量的非强制检定的测量仪器，为达到统一量值的目的，应以校准为主。过去，一直没有把校准作为实现单位统一和量值准确可靠的主要方式，而常用检定取而代之。这一观念目前正在改变中，校准在量值溯源中的地位已逐步确立。

2. 量值溯源

(1) 量值传递与量值溯源性的定义

1) 量值传递是指通过对计量器具的检定或校准，将国家基准所复现的计量单位量值通过各等级计量标准传递到工作计量器具，以保证对被测对象量值的准确一致。

2）量值溯源性是指通过一条具有规定不确定度的不间断的比较链，使测量结果或测量标准的值能够与规定的参考标准，通常是与国家测量标准或国际测量标准联系起来的特性。这条不间断的比较链称为溯源链。溯源性一般通过国家溯源等级图或国际溯源等级图来表达。

（2）**量值溯源的原则** 全部测量设备必须是可溯源的。在量值溯源时，必须依照国家计量检定规程或有关规定的技术方法进行。量值溯源原则如下：

1）外部校准。根据溯源体系图选择相应等级的校准实验室（必要时，应能提供该实验室校准的能力证明）。

2）自校准。所用测量设备进行自校准时，需证明实验室有进行校准的能力，应满足溯源要求；具备校准方法、记录、证书及自校准人员的资格证明。

3）溯源到国外计量基准。当进口的测量设备无法溯源到我国国家计量基准时，应送到国外校准，并提供有效的溯源性证明。

（3）**国家溯源等级图** 国家溯源等级图也称国家计量检定系统表，在我国具有明确的法制地位，它按各类计量器具分别制定，由文字加框图构成。

溯源等级图——一种代表等级顺序的框图，用以表明计量器具的计量特性与给定量的基准之间的关系。是对给定量或给定型号计量器具所用的比较链的一种说明，以此作为其溯源性的证据，如图4-9所示。

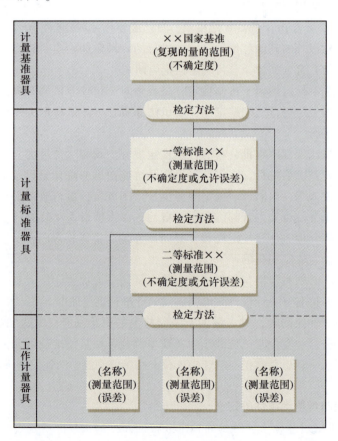

图4-9　溯源等级图

国家溯源等级图——在一个国家内,对给定量的计量器具有效的一种溯源等级图,它包括推荐(或允许)的比较方法和手段。

国家溯源等级图内容包括:

1)测量设备或基准、标准的名称。
2)测量范围。
3)准确度等级、测量不确定度或最大允许误差。
4)比较方法或手段。

制定国家溯源等级图的主要目的是确定我国各类计量器具的量值传递体系,指导计量检定,在考虑量值传递的经济性、合理性的同时,确保计量器具的准确度。为建立计量标准,制定检定规程提供依据。

建立测量标准的单位可参考国家溯源等级图编制本单位的检定系统表,除国家溯源等级图的内容,还应增加检测机构或部门。所建计量标准应具有溯源到上一级和量值传到下一级计量器具的量值传递框图,如图4-10所示。

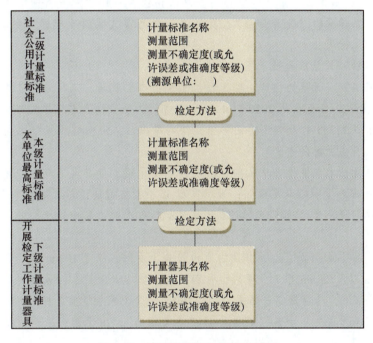

图4-10 计量器具的量值传递框图

复习思考题

1. 试述质量检验与产品验证的关系。
2. 产品缺陷严重性等级的划分原则是什么?
3. 什么是抽样特性曲线?抽样检验的两类风险是什么?
4. 在计数标准型抽样检验中,规定 p_0 为0.53%,p_1 为1.5%时,求抽样方案。

5. 在计数标准型抽样检验中，规定 p_0 为 0.37%，p_1 为 1.7% 时，求抽样方案。

6. 某半成品交接采用计数挑选型抽样方案进行检验，批量 $N=2000$，采用 AOQL 方案，已知半成品的过程平均不合格品率 $\bar{p}=0.5\%$，$AOQL=2.0\%$，确定抽样方案。

7. 某产品采用计数调整型抽样方案检验，批量 $N=1000$，$AQL=2.5\%$，检验水平为 Ⅱ，求正常检验一次抽样方案。

8. 某产品质量特性值不超过 200 时为合格。已知 $\sigma=6$，规定 $p_0=0.8\%$，$p_1=2.5\%$，确定抽样方案。

9. 什么是测量的重复性和再现性？

10. 什么是量值溯源？

案例分析题

案例一："瘦身钢筋"进入保障性住房工地

2016 年 12 月，海南省质量技术监督稽查总队查获了一起"瘦身钢筋"案件。345t 重量偏差严重低于国家标准的"瘦身钢筋"，竟然流入文昌市文城镇政府保障性住房项目工地，部分产品已经加工待用。

1. "瘦身钢筋"质量大大低于国家标准

文昌市文城镇政府保障性住房一期工程位于文昌市文航路，工程分为 3 个标段，总造价 1.36 亿元，其中第 2、3 标段于 2016 年 4 月 20 日招标，现正处于施工单位进场和材料采购阶段。日前，海南省 12365 质量热线接到举报，接到举报后，海南省质量技术监督稽查总队工作人员立即带队前往现场调查。

据海南省质量技术监督稽查总队副总队长郑廷安介绍，稽查人员赶到工地后，立即对工地现场的部分钢筋进行直径卡尺检测，当场发现 3t 不合格钢筋，与国家标准差距很大。"为了稳妥起见，我们进一步过磅检查，并送至海南省产品质量监督检验所检验，发现重量偏差问题严重。"

从海南省产品质量监督检验所出具的质检报告上看到，除了 10mm 型号钢筋合格外，其余 12mm、14mm 以及 25mm 等 7 个规格型号钢筋的质量均大大低于国家标准。该工地第 2 标段的 22mm 螺纹钢筋，其重量偏差结果为"-16%"，是国家最低偏差标准"-4%"的 4 倍。

这种重量偏差严重的不合格钢筋被称为"瘦身钢筋"，由于偷工减料，使原本应达到标准的钢筋足足"瘦了"一圈。如此"瘦身"的钢筋一旦投入使用，无疑对房屋安全造成巨大的隐患，其后果不堪设想。

经查明，存在重量偏差的钢材是 A 公司和 B 公司于 7 月 10~15 日分批从海口建材市场购买，涉及广东、广西等地的 5 个外地钢材生产企业、7 个规格型号，总重量 345t、货值 155 万元。

2. 谁为"瘦身钢筋"层层"放行"

按照建筑工地管理要求，钢筋材料使用前需经工程监理单位对产品出厂检验报告和产品合格证进行核对后，对每个型号产品进行抽样，带至具有资质的检测中心进行技术检测合格后，才能进入工地投入使用。

海南省质量技术监督稽查总队副调研员说,钢筋供货商提供了这批"瘦身钢筋"的产品合格证和出厂检验报告,这"说明厂家在源头上就没有把好关,明知是不合格产品还让其流入市场"。

文城镇保障性住房项目的监理单位是C公司,其职责是对建筑材料以及施工质量进行全程监管。该公司副总经理说,在钢筋进入工地前,他们将所有型号的钢筋进行抽样并送至文昌市建设工程材料检测中心进行检测,显示钢筋已达国家标准,可以投入使用。

记者从文昌市建设工程材料检测中心出具的检测报告上看到,检测中心只对这批钢筋做了拉伸和弯曲两个指标的检测,并没有做重量偏差的检测。

该公司副总经理解释称:"由于重量偏差测试技术含量较高,目前文昌市建设工程材料检测中心还不具备检测重量偏差的资质,因此没有进行检测。"

然而,文昌市建设工程材料检测中心主任告诉记者,他们具有检测重量偏差的资质,但施工单位和监理单位并没有委托申请做这项检测。事实上,钢筋重量偏差属于国家强制性标准,属于必检项目之一,不符合重量偏差标准的钢筋一律属于不合格产品。

3. 消除"瘦身钢筋"监管"盲区"

目前,文昌市政府已经给工地下达了停工检查整顿通知,要求第2标段、第3标段的监理单位全面检查建筑材料,并派出工作组对全市在建工地上的钢筋材料进行全面排查。345t"瘦身钢筋"已由海南省质量技术监督稽查总队实行异地查封。

文昌市建设工程质量安全监督站站长伍书院说,出现这么大批量的"瘦身钢筋",说明各个环节对钢筋材料的监管都存在漏洞,必须从源头、流通和使用等环节进行全方位的监管。首先,要从厂家源头加强监管,其次,根据国家的标准,对钢筋力学检验、工艺性能和重量偏差进行全面复检,避免复检漏项,合格后才能准许其进入工地,堵塞监管"盲区",杜绝"瘦身钢筋"进入建筑工地。

请根据案例回答下列问题

1. "瘦身钢筋"进入保障性住房工地的过程中出现了哪些检验误差?出现这些误差的原因是什么?

2. 近年来,"瘦身钢筋"事件不断发生,严重危及了人民的生命安全,结合本章内容谈谈未来应该如何避免此类事件再次发生。

(资料来源:海南文昌345吨瘦身钢筋流入保障房工地,搜狐焦点,https://home.focus.cn/hanzhong/channel/74991d4a597a0a45a4949390434429f5.html,2016-12-20)

案例二:产品验证至关重要

商品检验是国际货物买卖的一个重要环节,检验条款是买卖合同的一项重要条款,商品检验是买卖双方交接货物、结算货款、处理索赔和理赔的重要依据。

我国某进出口公司与澳大利亚某公司签订一份由我方公司出口化工产品的合同。合同规定的品质规格是,TiO_2含量最低为98%,重量17.59t,价格为1130美元/t,总价款为19775美元,信用证方式付款,检验条款规定:"商品的品质、数量、重量以中国进出口商品检验证书为最后依据"。我方收到信用证后,按要求出运货物并提交了单据,其中商检证由我国某进出口商品检验局出具,检验结果为TiO_2含量为98.53%,其他各项均符合规定。

2个月以后,澳方公司来电反映我方所交货物质量有问题,并提出索赔,并将澳大利亚商检部门 SGS 出具的抽样与化验报告副本传真给我方。SGS 检验报告称根据抽样调查，货物颜色有点发黄，有可见的杂质，TiO_2 的含量是 92.95%。

之后，我方公司对澳方公司的索赔做了答复，指出货物完全符合合同规定，我方有合同规定的商检机构出具的商检证书。但澳方认为，我方货物未能达到合同规定的标准，理由是：

（1）经用户和 SGS 的化验，证明货物与合同规定"完全不符"。

（2）出口商出具的检验证书不是合同规定的商检机构出具的，并且检验结果与实际所交货物不符。

后来，本案经我国驻悉尼领事馆商务室及贸促会驻澳代表处从中协调，由我方公司向澳方赔偿损失后结案。

本案中的检验条款规定："以中国进出口商品检验证书为最后依据"，根据该规定，我方出具的某进出口商检局检验证书不符合合同规定，没有法律效力，视为中方公司未提出商检证明。根据国际贸易惯例，买方有权行使复验权，并以复验结果作为货物品质的依据，根据澳大利亚 SGS 出具的商检报告，中方公司交货确实与合同不符，所以应当承担违约责任，赔偿澳方损失。

请根据案例回答下列问题

1. 产品验证的主要内容是什么？在本案例中中方违背了商品检验的哪些环节而造成违约的呢？

2. 结合本案例阐述商品检验和产品验证的关系。

（资料来源：商品检验案例，百度文库，https：//wenku.baidu.com/view/03a7af3110661ed-9ad51f394.html？from＝search）

 视频思政案例

中国创造：笔头创新之路　　中国创造：乌东德水电站

第 5 章
过程控制与质量改进

华为"零缺陷"的质量过程管理

零缺陷观念意味着质量是完完全全地符合要求,其核心就是"第一次就把事情做对",并且是在所有环节上都要第一次就把事情做对。华为认为这需要分层分解,全员参与:在公司层面需要有明确的目标牵引,在管理层面要有明确的责任,在员工层面要有全体参与的意愿和能力。

做到零缺陷,除了对内部的每一个环节做到可控,还要对全供应链进行管理。一个企业不能独立地做好质量,以手机为例,有几百个器件、上千种上层物料,需要依赖整个供应链的高质量才能成就最终产品的高质量。有一次华为的手机摄像头出现问题,反复测试后发现是摄像头的胶水质量有问题。摄像头企业是华为的供应商,胶水企业是摄像头企业的供应商,上游的上游出一点点小的问题,都会造成最后产品的问题,这就要求华为要把客户要求与期望准确传递到华为整个供应链,共同构建质量。

在对供应链的管理上,华为有3点做法:第一是选择价值观一致的供应商,并用严格的管理对他们进行监控;第二是优质优价,绝不以价格为竞争唯一条件,对每一个供应商都会有评价体系,而且是合作全过程的评价,这个分数将决定其能否进入下一次招标;第三点是华为自身也要做巨大的投资,在整个产线上建立自动化的质量拦截,一共设定5层防护网:元器件规格认证、元器件原材料分析、元器件单件测试、模块组件测试、整机测试。华为在生产线上做了5个堤坝,一层一层进行拦截,即使某些供应商的器件出现问题,华为也能尽早发现并拦截。

讨论题:2016 年,华为公司获得了中国质量领域最高政府性荣誉"中国质量奖"。那么华为公司在产品质量过程控制和质量改进方面是如何实施的?

(资料来源:华为"零缺陷"质量管理体系的演进历程,百度文库,https://wenku.baidu.com/view/5643fd3eb9f3f90f77c61b2b.html? from = search)

学习目标

1. 熟悉过程能力和过程能力指数的概念;掌握过程能力指数和过程不合格品率的相关计算。
2. 了解常用的控制图类型;熟悉控制界限的计算公式;掌握计量控制图和计数控制图的控制程序及区别。
3. 了解红珠实验和漏斗实验的实验程序;熟悉红珠实验和漏斗实验的重要结论。
4. 了解3种类型的质量问题;熟悉质量问题与质量改进的关系;掌握质量改进的基本过程与步骤。
5. 了解6σ管理的基本原则;熟悉6σ质量的含义和统计意义;掌握DMAIC模型及其应用。

5.1 过程能力分析

5.1.1 过程能力

过程能力(Process Capability)是指处于稳定状态下的过程满足质量要求的能力。

过程满足质量要求的能力主要表现在以下两个方面:①质量是否稳定。②质量精度足够。在确保过程稳定的条件下,可以用过程质量特性值的变异来表示过程能力。

在只有偶然因素影响的稳定状态下,质量数据近似地服从正态分布 $N(\mu, \sigma^2)$。由概率理论可知,当分布范围取为 $\mu \pm 3\sigma$ 时,产品质量合格的概率可达 99.73%,废品率仅为 0.27%(见图 5-1)。因此以 $\pm 3\sigma$,即 6σ 为标准来衡量过程的能力是具有足够的精确度和良好的经济性的。所以在实际计算中就用 6σ 的变异范围来定量描述过程能力。设过程能力为 B,则过程能力 $B = 6\sigma$。6σ 数值越小,说明质量特性值变异范围越小,过程能力越强;6σ 数值越大,质量特性值变异范围越大,过程能力越弱。

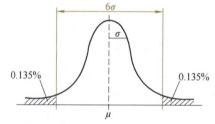

图 5-1 6σ 过程能力

5.1.2 过程能力指数

1. 过程能力指数的概念

过程能力指数(Process Capability Index)表示过程能力对过程质量标准的满足程度。过程质量标准是指过程必须达到的质量要求,通常用标准、公差、允许范围等来衡量,一般用符号 T 表示。质量标准 T 与过程能力 B 之比值,称为过程能力指数,记为 C_p。

$$C_p = \frac{T}{6\sigma} \tag{5-1}$$

过程能力指数越大,说明过程能力越能满足质量要求,甚至有一定的能力储备。但是不能认为过程能力指数越大,加工精度就越高,或者说技术要求越低。

2. 过程能力指数的计算

过程能力指数的计算，对于不同的情况具有不同的形式，主要有以下几种。

（1）双侧标准的情况

1）给定双侧标准，质量分布中心 μ 与标准中心 M 相重合，如图 5-2 所示。

根据工序过程能力指数的基本计算式（5-1）可得到这种情况的过程能力指数计算式：

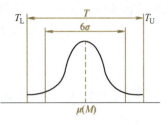

图 5-2 分布中心与标准中心重合

$$C_p = \frac{T}{6\sigma} = \frac{T_U - T_L}{6\sigma} \approx \frac{T_U - T_L}{6S} \tag{5-2}$$

式中，T 表示标准范围；σ 表示总体标准偏差；S 表示样本标准偏差；T_U 表示质量标准的上限值；T_L 表示质量标准的下限值。

总体的标准偏差 σ，包括已生产的产品的标准偏差和未生产的产品的标准偏差，无法计算。S 表示从已生产出来的产品中抽取一部分样品而计算出来的标准偏差。如果生产过程处于稳定状态，一般可以用 S 来估计 σ。总体平均值 μ，可用样本均值 $\bar{x}$ 来估计。

2）给定双侧标准，质量分布中心与标准中心不重合，如图 5-3 所示。

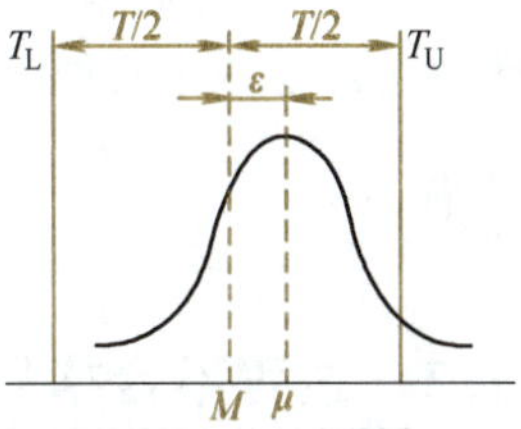

在质量特性值的分布范围 6σ 和质量标准 T 不变的情况下，由于分布中心 μ 偏离质量标准中心 M，使产品的不合格率增加，导致过程能力降低。因此，要对过程能力指数 C_p 进行修正。修正后的过程能力指数用 C_{pk} 表示，其计算式如下：

$$C_{pk} = (1-k)C_p = \frac{T - 2\varepsilon}{6S} \tag{5-3}$$

图 5-3 分布中心与标准中心不重合

式中，ε 表示绝对偏移量，$\varepsilon = |M - \bar{x}|$；$M$ 表示标准中心，$M = (T_U + T_L)/2$；k 表示相对偏移量，$k = \varepsilon/(T/2)$。μ 表示实际分布中心。

例 5-1 某批零件的技术标准为 $\phi 30\text{mm} \pm 0.021\text{mm}$，抽样 100 件，测得平均值 $\bar{x} = \phi 29.997\text{mm}$，$S = 0.0064\text{mm}$，求过程能力指数。

解
$$M = \frac{T_U + T_L}{2} = \frac{(30.021 + 29.979)\text{mm}}{2} = 30\text{mm}$$

由于 $\bar{x} = 29.997 \neq M$，故标准中心与实际分布中心不重合。

$$\varepsilon = |M - \bar{x}| = (30 - 29.997)\text{mm} = 0.003\text{mm}$$
$$T = T_U - T_L = (30.021 - 29.979)\text{mm} = 0.042\text{mm}$$
$$C_{pk} = (1-k)C_p = \frac{T - 2\varepsilon}{6S} = \frac{(0.042 - 2 \times 0.003)\text{mm}}{6 \times 0.0064\text{mm}} = 0.938$$

（2）单侧标准的情况 有些情况下，质量标准只规定单侧的界限，例如，机电产品的机械强度、寿命、可靠性等，只规定下限的质量特性界限。又如机械加工的形位公差（同心度、平行度、垂直度）、原材料所含杂质等，只规定上限标准，而对下限不作规定。

在只给定单侧标准的情况下，特性值的分布中心与标准的距离决定了过程能力的大小。

为了经济地利用过程能力，可用 3σ 作为计算 C_p 值的基础。

1) 只规定上限时如图 5-4 所示，过程能力指数为：

$$C_p = \frac{T_U - \mu}{3\sigma} \approx \frac{T_U - \bar{x}}{3S} \tag{5-4}$$

2) 只规定下限时如图 5-5 所示，过程能力指数为：

$$C_p = \frac{\mu - T_L}{3\sigma} \approx \frac{\bar{x} - T_L}{3S} \tag{5-5}$$

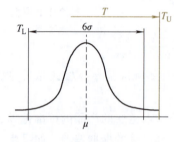

图 5-4 只规定上限时

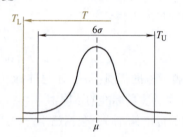

图 5-5 只规定下限时

例 5-2 某银行要求顾客排队时间最长不能超过 10min，样本标准偏差 S 为 0.0062min，$\bar{x}$ 为 9.98min，求过程能力指数。

解
$$C_p = \frac{T_U - \bar{x}}{3S} = \frac{(10 - 9.98)\text{min}}{3 \times 0.0062\text{min}} = 1.075$$

5.1.3 过程不合格品率的计算

当过程的质量特性呈正态分布时，过程能力指数对应于一定的不合格品率。例如，当 $C_p = 1$ 时，即 $T = 6\sigma$ 时，质量特性标准的上下限与 $\pm 3\sigma$ 重合，由正态分布的概率函数可知，此时的不合格品率为 0.27%，如图 5-6 所示。

1. 分布中心与标准中心重合的情况

若以 p_U 表示质量特性值超出标准上限而造成的不合格品率，则

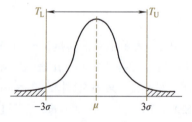

图 5-6 质量特性标准的
上下限与 $\pm 3\sigma$ 重合

$$p_U = p\{x > T_U\} = p\left\{\frac{x-\mu}{\sigma} > \frac{T_U - \mu}{\sigma}\right\}$$
$$= p\left\{t > \frac{T/2}{\sigma}\right\} = p\left\{t > \frac{3\sigma C_p}{\sigma}\right\}$$
$$= 1 - p\{t < 3C_p\} = 1 - \phi(3C_p) \tag{5-6}$$

式中，t 为标准正态分布值。

若以 p_L 表示质量特性值超出标准下限而造成的不合格品率，则同理可得：

$$p_L = 1 - \Phi(3C_p) \tag{5-7}$$

总不合格品率为：

$$p = p_U + p_L = 2(1 - \Phi(3C_p)) = 2\Phi(-3C_p) \tag{5-8}$$

例 5-3 当 $C_p = 1$ 时，求相应不合格品率 p。

解
$$\begin{aligned} p &= 2\Phi(-3 \times 1) \\ &= 2\Phi(-3) \\ &= 2 \times 0.00135 \quad （查正态分布表）\\ &= 0.0027 \end{aligned}$$

即 $\quad p = 0.27\%$

例 5-4 当 $C_p = 0.8$ 时，求相应不合格品率 p。

解
$$\begin{aligned} p &= 2\Phi(-3 \times 0.8) \\ &= 2\Phi(-2.4) \\ &= 2 \times 0.0082 \quad （查正态分布表）\\ &= 0.0164 \\ p &= 1.64\% \end{aligned}$$

由不合格品率的公式及上两例可知，C_p 值增大时，不合格品率下降；反之，当 C_p 值减小时，不合格品率上升。

2. 分布中心与标准中心不重合的情况

（1）分布中心向标准上限偏移时（见图 5-3）

$$\begin{aligned} p_U &= p\{x > T_U\} = p\left\{\frac{x-\mu}{\sigma} > \frac{T_U - \mu}{\sigma}\right\} \\ &= p\left\{t > \frac{T/2 - \varepsilon}{\sigma}\right\} \\ &= p\{t > 3C_p(1-k)\} \\ &= 1 - p\{t < 3C_p(1-k)\} \\ &= 1 - \Phi(3C_p(1-k)) \end{aligned}$$

同理可得：
$$p_L = 1 - \Phi(3C_p(1+k))$$

总不合格品率为：
$$p = p_U + p_L = 2 - \Phi(3C_p(1-k)) - \Phi(3C_p(1+k)) \tag{5-9}$$

当 k 较大时，$p \approx p_U$

（2）分布中心向标准下限偏移时，则
$$p_U = 1 - \Phi(3C_p(1+k))$$
$$p_L = 1 - \Phi(3C_p(1-k))$$

总不合格品率为：
$$p = p_U + p_L = 2 - \Phi(3C_p(1+k)) - \Phi(3C_p(1-k)) \tag{5-10}$$

当 k 较大时，$p \approx p_L$。

例 5-5 某过程 $C_p = 1$，分布中心向标准上限偏移，$k = 0.3$。求不合格品率（p_L 可忽略不计）。

解
$$\begin{aligned} p &\approx p_U = 1 - \Phi(3C_p(1-k)) \\ &= 1 - \Phi(3 \times (1-0.3)) = 1 - \Phi(2.1) \\ &= 1 - 0.98214 = 0.0179 \end{aligned}$$

为应用方便，常将偏移系数 k，C_p，p 的关系制成表 5-1 的形式，该表用于已知 k、C_p，求 p；已知 k，要求保证 p，求 C_p。

需要指出的是，表 5-1 列出的数值是双侧标准时过程能力指数所对应的不合格品率，而单侧标准界限时的过程能力指数所对应的不合格品率，仅是双侧界限时的一半。

表 5-1　不同 k 与 C_p 时的不合格品率 p 的数值表（%）

C_p \ k	0.00	0.04	0.08	0.12	0.16	0.20	0.24	0.28	0.32	0.36	0.40	0.44	0.48	0.52
0.50	13.36	13.43	13.64	13.99	14.48	15.10	15.86	16.75	17.77	13.92	20.19	21.58	23.09	24.71
0.60	7.19	7.26	7.48	7.85	8.37	9.03	9.85	10.81	11.92	13.18	14.59	16.51	17.85	19.9
0.70	3.57	3.64	3.83	4.16	4.63	5.24	5.99	6.89	7.94	9.16	10.55	12.10	13.84	15.74
0.80	1.64	1.66	1.89	5.09	2.46	2.94	3.55	4.31	5.21	6.28	4.53	8.88	10.62	12.48
0.90	0.69	0.73	0.83	1.00	1.25	1.60	2.05	2.62	3.34	4.21	5.27	6.53	8.02	9.76
1.00	0.27	0.29	0.35	0.45	0.61	0.84	1.14	1.55	2.07	2.75	3.59	4.65	5.94	7.49
1.10	0.10	0.11	0.14	0.20	0.29	0.42	0.61	0.88	1.24	1.74	2.39	3.23	4.31	9.66
1.20	0.03	0.04	0.05	0.08	0.13	0.20	0.34	0.48	0.72	4.06	1.54	2.19	3.06	4.20
1.30	0.01	0.01	0.02	0.03	0.05	0.09	0.15	0.25	0.42	0.63	0.96	1.45	2.13	3.06
1.40	0.00	0.00	0.01	0.01	0.02	0.04	0.07	0.18	0.22	0.36	0.59	0.98	1.45	2.19
1.50			0.00	0.00	0.01	0.02	0.03	0.06	0.11	0.20	0.35	0.59	0.96	1.54
1.60					0.00	0.01	0.01	0.03	0.06	0.11	0.20	0.36	0.63	1.07
1.70						0.00	0.01	0.01	0.03	0.06	0.11	0.22	0.40	0.72
1.80							0.00	0.01	0.01	0.03	0.06	0.13	0.25	0.48
1.90								0.00	0.01	0.01	0.03	0.07	0.15	0.31
2.00									0.00	0.01	0.02	0.04	0.09	0.20
2.10										0.00	0.01	0.02	0.05	0.13
2.20											0.00	0.01	0.03	0.08
2.30												0.01	0.02	0.05
2.40												0.00	0.01	0.03
2.50													0.01	0.02
2.60													0.00	0.01
2.70														0.01
2.80														0.00

5.1.4 过程能力的分析

当过程能力指数求出后,就可以对过程能力是否充分做出分析和判定。即判断 C_p 值在多少时,才能满足质量要求。一般情况下,过程能力的判定,是根据表 5-2 中的判断标准来进行。

表 5-2 过程能力指数评定分级表

等级	C_p 或 C_{pk}	$P(\%)$	过程能力判断
特级	$C_p > 1.67$	$P < 0.00006$	过程能力过于充足,允许较大的外来变异,以提高效率;可考虑收缩标准范围;可放宽检查等
一级	$1.67 \geq C_p > 1.33$	$0.006 > P \geq 0.00006$	过程能力充足,允许小的外来干扰引起的变异;对不重要的工序,可放宽检查;过程控制抽样间隔可放宽些
二级	$1.33 \geq C_p > 1.00$	$0.27 > P \geq 0.006$	过程能力尚可,需严格过程控制,否则易出现不合格品;检查不能放宽
三级	$1.00 \geq C_p > 0.67$	$4.55 > P \geq 0.27$	过程能力不足,必须采取措施提高过程能力;加强检查
四级	$C_p \leq 0.67$	$P \geq 4.55$	过程能力严重不足,需采取紧急措施提高过程能力,可考虑放宽标准范围;可全数检查

5.2 过程控制图

5.2.1 控制图概述

统计过程控制的目的,就是要使过程处于可接受的并且稳定的水平,以确保产品和服务符合规定的要求。要做到这一点,所应用的主要统计工具就是控制图。

控制图是美国贝尔通信研究所的休哈特(Walter Stewhart)博士于 1924 年首先推出的。是用来监视、控制质量特性值随时间推移而发生变异的图表,是通过判别和区分正常变异和异常变异,来调查分析制造(服务)过程是否处于控制状态,以及保持过程处于控制状态的有效工具。

常规控制图主要有两种类型:计量控制图和计数控制图。根据应用的样本统计量不同,每一种控制图又分为几种不同的类型,并且有两种不同的情形:①标准值未给定。②标准值给定。标准值即为规定的要求或目标值,可以基于通过考虑服务的需要和生产的费用而建立的经济值来确定,也可以是由产品规范指定的标称值。

常用控制图如表 5-3 所示,控制图的种类虽有所不同,但它们确定控制界限的基本原理却是相同的。在实际应用中,可直接查表 5-3 得到各种控制图控制界限的计算公式,其中计量值控制图控制界限的系数可由表 5-4 中查到。表 5-3 中只给出了标准值未给定时控制界限的计算公式,对标准值给定的情形,读者可参阅有关资料。

表 5-3 控制图类型及控制界限计算公式

类型	名称	代号	中心线	UCL 与 LCL
计量控制图	均值—极差控制图	$\bar{X} - R$	$\bar{\bar{X}}$ $\bar{R}$	$\bar{\bar{X}} \pm A_2 \bar{R}$ $D_4 \bar{R}, D_3 \bar{R}$
	均值—标准差控制图	$\bar{X} - S$	$\bar{\bar{X}}$ $\bar{S}$	$\bar{\bar{X}} \pm A_3 \bar{S}$ $D_4 \bar{S}, D_3 \bar{S}$
	单值—移动极差控制图	$X - R_s$	$\bar{X}$ $\bar{R}_s$	$\bar{X} \pm E_2 \bar{R}_s$ $D_4 \bar{R}_s, D_3 \bar{R}_s$
计数控制图	不合格品率控制图	p	$\bar{p}$	$\bar{p} \pm 3\sqrt{\bar{p}(1-\bar{p})/n}$
	不合格品数控制图	np	$n\bar{p}$	$n\bar{p} \pm 3\sqrt{n\bar{p}(1-\bar{p})}$
	不合格数控制图	c	$\bar{c}$	$\bar{c} \pm 3\sqrt{\bar{c}}$
	单位产品不合格数控制图	u	$\bar{u}$	$\bar{u} \pm 3\sqrt{\bar{u}/n}$

注：对于单值 – 移动极差控制图，$\bar{R}_s$ 表示 $n=2$ 时观测值的平均移动极差，系数 D_3、D_4、E_2 ($3/d_2$) 由表 5-4 中 $n=2$ 行查得。

表 5-4 计量值控制图控制界限系数表

子组中观测值个数 n	控制界限系数							
	A_1	A_2	A_3	A_4	B_3	B_4	B_5	B_6
2	2.121	1.880	2.659	1.88	0.000	3.267	0.000	2.606
3	1.732	1.023	1.954	1.19	0.000	2.568	0.000	2.276
4	1.500	0.729	1.628	0.80	0.000	2.266	0.000	2.088
5	1.342	0.577	1.427	0.69	0.000	2.089	0.000	1.964
6	1.225	0.483	1.287	0.55	0.030	1.970	0.029	1.874
7	1.134	0.419	1.182	0.51	0.118	1.882	0.113	1.806
8	1.061	0.373	1.099	0.43	0.185	1.815	0.179	1.751
9	1.000	0.337	1.032	0.41	0.239	1.761	0.232	1.707
10	0.949	0.308	0.975	0.36	0.284	1.716	0.276	1.669

子组中观测值个数 n	控制界限系数				中心线系数			
	D_1	D_2	D_3	D_4	C_4	$1/C_4$	d_2	$1/d_2$
2	0.000	3.686	0.000	3.267	0.7979	1.2533	1.128	0.8865
3	0.000	4.358	0.000	2.574	0.8862	1.1284	1.693	0.5907
4	0.000	4.698	0.000	2.282	0.9213	1.0854	2.059	0.4857
5	0.000	4.918	0.000	2.114	0.9400	1.0638	2.326	0.4299
6	0.000	5.078	0.000	2.004	0.9515	1.0510	2.534	0.3946
7	0.204	5.204	0.076	1.924	0.9594	1.0423	2.704	0.3698
8	0.388	5.306	0.136	1.864	0.9650	1.0363	2.847	0.3512
9	0.547	5.393	0.184	1.816	0.9693	1.0317	2.970	0.3367
10	0.687	5.469	0.223	1.777	0.9727	1.0281	3.078	0.3249

5.2.2　计量控制图

计量控制图一般适用于以计量值为控制对象的场合。例如，以米（m）表示的长度，以欧姆（Ω）表示的电阻，以分贝（dB）表示的噪声等。计量控制图通常成对绘制并加以分析：其中一个是关于位置的控制图；一个是关于离散程度的控制图。

1. 计量控制图作图示例（$\overline{X}$—R 控制图，标准值未给定情形）

平均值与极差控制图是计量控制图中最常用的一种质量控制工具。($\overline{X}$) 控制图是用来控制平均值的变化；极差（R）控制图是用来控制加工误差的变化。它是通过调查平均值$\overline{X}$和极差 R 是否有异常变化来对过程进行控制的。一般将$\overline{X}$图画在 R 图的上方。

例 5-6　现以某厂生产的外径为（6 ± 0.4）mm 的无缝钢管为例，说明$\overline{X}$—R 控制图的作图步骤。

应当说明，目前对统计控制数据的处理主要有 3 种形式：①人工计算。②将数据输入计算机计算。③利用专业统计控制软件处理。一些统计控制软件有完整的计算、绘图和分析功能。这里只介绍将数据输入计算机进行处理的方法。

解　1）收集近期生产数据 $N = 100$。为计算方便，将数据填入 Excel 表格中，如图 5-7 所示。

2）数据分组，取子组数 $k = 20$，每组大小 $n = 5$。

Microsoft Excel - 钢管表

无缝钢管外径数据表（单位：mm）

子组号	X_1	X_2	X_3	X_4	X_5	平均值 $\overline{X}$	Xmax	Xmin	极差 R=Xmax-Xmin
1	5.7	5.78	6.12	6.08	6.21	5.978	6.21	5.7	0.51
2	6.12	5.89	6.02	5.99	6.25	6.054	6.25	5.89	0.36
3	5.92	5.77	6.05	6.07	6.16	5.994	6.16	5.77	0.39
4	5.68	5.88	5.98	5.75	6.01	5.86	6.01	5.68	0.33
5	6.06	5.99	5.87	5.96	6.22	6.02	6.22	5.87	0.35
6	5.86	5.97	6.35	6.13	6.01	6.064	6.35	5.86	0.49
7	6.04	5.92	6.08	6.17	6.3	6.102	6.3	5.92	0.38
8	5.82	6.21	6.01	5.88	5.95	5.974	6.21	5.82	0.39
9	6.05	6.04	5.94	5.67	6.06	5.952	6.06	5.67	0.39
10	6.05	6.08	5.97	5.86	5.87	5.966	6.08	5.86	0.22
11	6.09	6.33	5.82	6.11	6.03	6.076	6.33	5.82	0.51
12	5.97	5.89	5.76	6.03	5.92	5.914	6.03	5.76	0.27
13	6.03	5.98	5.88	6.32	6.11	6.064	6.32	5.88	0.44
14	5.93	5.99	6.06	6.08	5.84	5.98	6.08	5.84	0.24
15	6.02	5.77	5.83	6.07	5.67	5.872	6.07	5.67	0.4
16	5.98	6	6.13	5.99	6.05	6.03	6.13	5.98	0.15
17	5.97	5.87	6.03	6.15	6.09	6.022	6.15	5.87	0.28
18	6	6.03	5.6	6.09	5.92	5.928	6.09	5.6	0.49
19	5.96	6.16	6.04	6.36	6.03	6.11	6.36	5.96	0.4
20	6.09	5.91	6.02	6.09	5.77	5.976	6.09	5.77	0.32
						$\overline{\overline{X}} = 5.9968$			$\overline{R} = 0.3655$

图 5-7　在 Excel 中处理钢管外径数据

3）利用 Excel 中的函数 AVERAGE 求得第 1 子组平均值 $\overline{X}_1 = 5.978$，下拉鼠标便可得到其他各子组的平均值。

4）同理可利用函数 AVERAGE 求得各子组平均值的平均值 $\overline{\overline{X}} = 5.9968$。

5）利用函数 MAX 和 MIN 求出各组的最大值 $X_{\max}$ 和最小值 $X_{\min}$。极差值 $R = X_{\max} - X_{\min}$。在 Excel 公式栏中输入"= MAX – MIN"先求得第一组极差值 $R_1 = 0.51$，下拉鼠标即可得到其他各子组极差。

6）再次利用函数 AVERAGE 求得各子组极差平均值 $\overline{R} = 0.3655$。

7）计算控制界限（公式见表 5-3；由表 5-4 查出：$n = 5$ 时，$A_2 = 0.577$，$D_4 = 2.115$）。

平均值 $\overline{X}$ 控制图：$CL = \overline{\overline{X}} = 5.9968$

$$UCL = \overline{\overline{X}} + A_2 \overline{R} = 5.9968 + 0.577 \times 0.3655 = 6.2077$$

$$LCL = \overline{\overline{X}} - A_2 \overline{R} = 5.9968 - 0.577 \times 0.3655 = 5.7859$$

R 控制图：$CL = \overline{R} = 0.3655$

$$UCL = D_4 \overline{R} = 2.115 \times 0.3655 = 0.7730$$

$$LCL = D_3 \overline{R} \quad (n \leq 6，忽略)$$

8）利用 Excel 表格中的平均值 $\overline{X}$ 数据栏和极差数据 R 数据栏分别生成折线图，在图上画出中心线和控制界限，在各控制界限的右方记入相应的 UCL、CL、LCL 符号与数值（见图 5-8）。

2. 计量控制图的控制程序与解释

常规控制图体系规定，若过程的产品件间变异和过程平均（分别由 $\overline{R}$，$\overline{\overline{X}}$ 估计得出）在当前水平下保持不变，则单个的子组极差（R）以及平均值（$\overline{X}$）将仅由偶然因素引起变化，极少超出控制界限。换言之，除了可能会由于偶然原因发生而引起的变化外，数据将不呈现某种明显的变化趋势或模式。

$\overline{X}$ 控制图显示过程平均的中心位置，并表明过程的稳定性。$\overline{X}$ 图从平均值的角度揭示组间不希望出现的变差。R 控制图则揭示组内不希望出现的变差，它是所考察过程的变

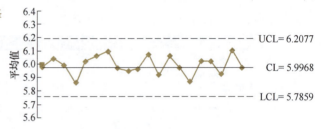

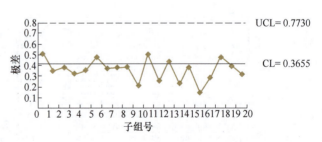

图 5-8 无缝钢管 $\overline{X}$—R 控制图

异大小的一种指示器，也是过程一致性或均匀性的一个度量。若组内变差基本不变，则 R 图表明过程保持统计控制状态，这种情况仅当所有子组受到相同处理时才会发生。若 R 图表明过程不保持统计控制状态，或 R 值增大，则表示可能不同的子组受到了不同的处理，或是若干个不同的系统因素正在对过程起作用。

R 控制图的失控状态也会影响到 $\overline{X}$ 图。由于无论是对子组极差还是对子组平均的解释能力都依赖于件间变异的估计，故应首先分析 R 图。应遵守下列控制程序。

1）收集与分析数据，计算平均值与极差。

2）首先点绘 R 图。与控制界限进行对比，检查数据点是否有失控点，或有无异常的模式或趋势。对于极差数据中关于可查明原因的每一个征兆，分析过程的运行，以便找出原因，进行纠正，并防止它再次出现。

3）剔除所有受到某种已识别的可查明原因影响的子组；然后重新计算并点绘新的平均极差 $\bar{R}$ 和控制界限。当与新控制界限进行比较时，要确认是否所有的点都显示为统计控制状态，如有必要，重复"识别—纠正—重新计算"程序。

4）若根据已识别的可查明原因，从 R 图中剔除了任何一个子组，则也应该将它从 $\bar{X}$ 控制图中除去。应利用修正过的 $\bar{R}$ 和 $\bar{X}$ 值重新计算平均值的适用控制界限 $\bar{\bar{X}} \pm A_2\bar{R}$。

注意，排除显示失控状态的子组并不意味着"扔掉坏数据"。更确切地说，通过剔除受到已知可查明原因影响的点，可以更好地估计偶然原因所造成变差的背景水平。这样做，同样也为那些用来最有效地检测出未来所发生变差的可查明原因的控制界限提供最适宜的基础。

5）当极差控制图表明过程处于统计控制状态时，则认为过程的离散程度（组内变差）是稳定的。然后就可以对平均值进行分析，以确定过程的位置是否随时间而变动。

6）点绘 $\bar{X}$ 控制图，与控制界限比较，检验数据点是否有失控点，或有无异常的模式或趋势。与 R 控制图一样，分析任何失控的状况，然后采取纠正措施和预防措施。剔除任何已找到可查明原因的失控点；重新计算并点绘新的过程平均值（$\bar{\bar{X}}$）和控制界限。当与新的控制界限进行比较时，要确认所有数据点是否都显示为统计控制状态，如有必要，重复"识别—纠正—重新计算"程序。

7）当用来建立控制界限基准值的初始数据全部包含在适用控制界限内时，则在未来时段内延长当前时段的控制界限。这些控制界限将用于当前过程的控制，责任人（操作者或监督者）将对 $\bar{X}$ 图或 R 图中任何失控状态的信号做出反应，并采取即时的行动。

5.2.3 计数控制图

计数数据表示通过记录所考察的子组中每个个体是否具有某种特性（或特征），计算具有该特性的个体的数量，或记录一个单位产品、一组产品，或一定面积内此种事件发生的次数所获得的观测值。通常，计数数据的获得快速而经济，一般不需要专门的收集技术。

在计量控制图情形下，按通常惯例采用一对控制图，其中一个用于控制平均值，另一个用于控制离散。这是因为计量控制图基于正态分布，而正态分布取决于上述两个参数。在计数控制情形下则不同，所假定的分布只有一个参数，即平均值水平，故用一个控制图就够了。p 图和 np 图基于二项分布，而 c 图和 u 图则基于泊松分布。

p 图和 np 图作图示例（标准值未给定情形），见例 5-7。

例 5-7 对小型开关使用自动检测装置进行全检所发现的关于开关失效的每小时不合格品数如图 5-9 的 Excel 表格中所示。小型开关由一自动装配线生产，由于开关失效是严重的质量问题，要利用控制图对装配线进行监控。收集 25 组数据作为预备数据，绘制 p 图和 np 图。

解 1）将收集到的数据输入 Excel 表格中，先计算出第一子组的不合格品率 $p = 0.002$，下拉鼠标即可得各子组的不合格品率，然后利用函数 AVERAGE 可求得各子组的平均不合格

品率 $\bar{p} = 0.00268$，如图 5-9 所示。

图 5-9　在 Excel 中处理开关的预备数据

2) 计算中心线和控制界限（公式见表 5-3）。

p 图：CL $= \bar{p} = 0.00268 \approx 0.0027$

$$\text{UCL} = \bar{p} + 3\sqrt{\bar{p}(1-\bar{p})/n}$$
$$= 0.0027 + 3\sqrt{0.0027(1-0.0027)/4000} = 0.0052$$

$$\text{LCL} = \bar{p} - 3\sqrt{\bar{p}(1-\bar{p})/n}$$
$$= 0.0027 - 3\sqrt{0.0027(1-0.0027)/4000} = 0.0002$$

np 图：CL $= n\bar{p} = 4000 \times 0.00268 = 10.72$

UCL $= n\bar{p} + 3\sqrt{n\bar{p}(1-\bar{p})} = 10.72 + 3\sqrt{10.72(1-0.0027)} = 20.53$

LCL $= n\bar{p} - 3\sqrt{n\bar{p}(1-\bar{p})} = 10.72 - 3\sqrt{10.72(1-0.0027)} = 0.91$

3) 利用 Excel 表格中的各子组不合格品率数据 p 和不合格品数数据 np 分别生成折线图，在图上画出中心线和控制界限，在各控制界限的右方记入相应的 UCL，CL，LCL 符号与数值，即为该过程的 p 控制图（见图 5-10）和 np 控制图（见图 5-11）。

由 p 控制图的控制界限计算公式可知，当子组大小发生变化时，p 控制图各子组控制界限不同，判断过程稳定性有些困难。在实际应用中，当子组大小变化较大时，可以采用利用标准化变量的方法，即不点绘 p 值，而改为点绘标准化值 Z，有：

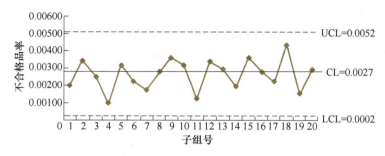

图 5-10　开关数据的 p 控制图

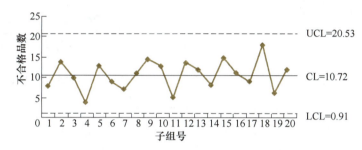

图 5-11　开关数据的 np 控制图

$$Z = \frac{p - \bar{p}}{\sqrt{\bar{p}(1-\bar{p})/n}} \tag{5-11}$$

这样，中心线和控制界限如下所示为常数，而与子组大小无关：

$$CL = 0, \quad UCL = 3, \quad LCL = -3$$

p 图用来确定在一段时间内所提交的平均不合格品率。该平均值的任何变化都会引起过程操作人员和管理者的注意。p 图判断过程是否处于统计控制状态的判断方法与 $\bar{X}$ 和 R 控制图相同。若所有子组点都落在适用控制界限之内，并且也未呈现出可查明原因的任何迹象，则称此过程处于统计控制状态。在这种情形下，取平均不合格品率 $\bar{p}$ 为不合格品率 p 的标准值，记为 p_0。

5.2.4　控制图的观测分析

对控制图进行观测分析是为了判断过程是处于受控状态，还是处于失控状态。当处于失控状态时，就要采取措施，消除异常因素，使过程恢复到受控状态。根据休哈特控制图的 3σ 原理，控制图中的点子应随机排列，且落在控制限内的概率为 99.73%，因此，如果控制图中点子未出界，且点子的排列也是随机的，则可认为过程处于稳定状态或控制状态；如果控制图中点子出界或界内点子非随机排列，就认为过程失控。

由此得出控制图的两类判异准则：①点子出界就判异。②界内点子排列不随机判异。下面介绍判异 8 种常用检验模式，如果控制图出现这些模式，我们可以合理地确信过程是不稳定的。

检验 1：1 个点落在 A 区以外（见图 5-12）。

该模式可对参数 μ 的变化或参数 σ 的变化给出信号，变化越大，给出信号越快。对于 $\overline{X}-R$ 控制图，如果 R 图保持稳定状态，则可排除参数 σ 变化的可能。模式 1 还可对过程中的单个失控做出反应，如测量误差、计算错误、设备故障等。如果过程正常，则模式 1 犯第一类错误的概率为 $\alpha_0 = 0.0027$。

检验 2：连续 9 点落在中心线同一侧（见图 5-13）。

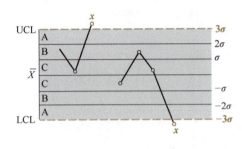
图 5-12　检验 1

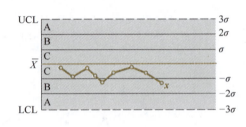
图 5-13　检验 2

此模式通常是为补充模式 1 而设计的，以便改进控制图的灵敏度。选择 9 点是为了使其犯第一类错误的概率 α 与模式 1 的 $\alpha_0 = 0.0027$ 大致相同，同时也使本模式采用的点数不致过多地超过格兰特和列文沃斯（Grant and Levenworth）在 1980 年提出的 7 点链判异模式。

检验 3：连续 6 点递增或递减（见图 5-14）。

此模式是针对过程平均值的趋势进行设计的，它判定过程平均值的较小趋势要比模式 2 更为灵敏。产生趋势的原因可能是工具逐渐磨损、维修水平逐渐降低、操作人员技能逐渐提高等。从而使得参数 μ 随着时间而变化。

检验 4：连续 14 点中相邻点交替上下（见图 5-15）。

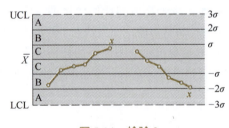
图 5-14　检验 3

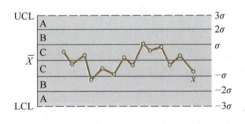
图 5-15　检验 4

出现本模式的现象是由于轮流使用两台设备或由两位操作人员轮流操作而引起的系统效应。实际上，这是一个数据分层不够的问题。选择 14 点是通过统计模拟试验而得出的，以使其 α 与模式 1 的 $\alpha_0 = 0.0027$ 相当。

检验 5：连续 3 点中有 2 点落在中心线同一侧的 B 区以外（见图 5-16）。

过程平均值的变化通常可由本模式判定，它对于变异的增加也较灵敏。需要指出的是，3 点中的 2 点可以是任何 2 点，第 3 点可以在任何位置。

检验 6：连续 5 点中有 4 点落在中心线同一侧的 C 区以外（见图 5-17）。

该模式对过程平均值的偏移较灵敏。出现该模式的现象是由于参数 μ 发生了变化，与检验 5 类似，5 点中的 4 点可在任何位置。

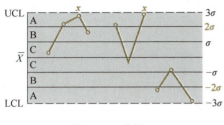

图 5-16　检验 5

图 5-17　检验 6

检验 7：连续 15 点落在中心线两侧的 C 区内（见图 5-18）。

出现该模式的现象是由于参数 σ 变小。对于该模式不要被它的"良好现象"所迷惑，应该注意到它的非随机性。造成该模式现象的原因可能有数据虚假或数据分层不够等。

检验 8：连续 8 点落在中心线两侧且无一在 C 区（见图 5-19）。

造成该模式现象的主要原因是数据分层不够，该模式即为此设计。

由以上检验模式可知，检验 1、2、3、5、6、7 的控制范围已经覆盖了整个控制图，检验 4、8 用以判断数据分层问题。由于数据分层问题不止以上两种，故以上 8 种检验模式不可能用以判别常规控制图所有可能发生的异常情形，但出现判别不了情形的可能性是非常小的。

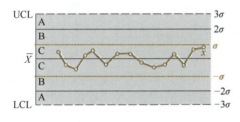

图 5-18　检验 7

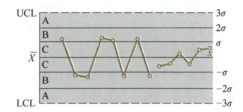

图 5-19　检验 8

5.2.5　控制图的应用

控制图的用途有二：一是分析用，二是控制用。分析用是利用控制图判断过程是否稳定，分析各种因素对质量特性的影响。如果发现有异常变化，就及时采取措施，调查原因，消除异常，使过程稳定。控制用的控制图是在已作好分析用控制图的基础上，进行日常控制，在过程中定期采集数据，在控制图上打点。如果有点子越出界限或者虽然在界限内，但点子非随机排列，就表明有异常，就要采取措施，使之恢复稳定状态。分析用的控制图是现场一次或两次取完数据。而控制用的，则规定隔一定时间，按规定的数据采取。控制用控制图在积累了一些点子后，也可以再重画分析用控制图。

用预备数据做出了分析用控制图后，就要在稳定的状态下，调查产品是否满足标准，使之控制状态标准化。利用做出的分析用控制图的全部数据作直方图，将直方图同标准对比。如不满足标准，要采取措施进行处理，以消除异常原因达到标准。假如考虑技术经济条件，不便采取措施，可考虑修订标准，对没有满足标准的已生产出来的产品，要进行全数检查和批量处理。

如果过程能继续处于控制状态，质量水平就能提高，这时要定期地评价控制界限。当操作者、原材料、机器设备、操作方法发生变化时，要进行再计算。

 5.3 红珠实验和漏斗实验

在戴明先生的研讨会上，经常会用到两个实验，一个是红珠实验，另一个是漏斗实验。这两个实验虽然很简单，但对观看者却有很好的教育意义。

5.3.1 红珠实验

在这个实验中，戴明先生通常来扮演领班这个角色，因为这个角色一般需要经过几个月培训才能胜任。而实验中其他的角色，一般由听众中的志愿者来担任。

1. 实验材料

1）4000 粒木珠，直径大约 3cm，其中 800 粒为红色，3200 粒为白色。
2）一把有 50 个窝孔的勺子，要求能够用来盛起 50 粒木珠。
3）两个长方形容器，一大一小，容器的大小只要确保能容纳 4000 粒珠子和勺子。

2. 实验程序

首先领班宣布，公司将为一位新客户建设新厂，生产珠子。这个新客户要求很奇怪，他只需要白色的木珠而不需要红色的木珠，但公司的进料中确混合有红珠。根据建厂的需要，公司准备招收 10 名新员工，要求如下：

1）6 名作业员，要求工作努力积极，教育程度可以不限，但必须要有倒珠子的工作经验。
2）两名检验员，要求能够区分红珠和白珠，并掌握基本的计数能力，无须工作经验。
3）一名检验长，要求同 2。
4）一名记录员，要求书写工整，擅长加法和除法，并且反应灵活。

所有员工都是从参加研讨会的学员中选出。员工选定以后走上前台来，领班告诉他们整个生产过程如下：

1）混合进料。具体做法是握住大容器的宽边，将珠子由大容器边角斜倒出，不必振摇。然后以同样的方法，将珠子由小容器倒回大容器。
2）使用有 50 个窝孔的勺子取出珠子。具体做法为握住勺子的长柄，把勺子插入大容器内搅拌，然后把勺子以倾斜 44°的方式抽出，以便每个窝孔内都要有珠子。
3）检验。作业员先将"成果"带到第一位检验员处，由他来检视"成果"，并默默地登记其中红珠的数目。然后作业员再把"成果"带到第二位检验员处，同样由他默默地登记红珠的数目。接着由检验长比较两个检验员的记录，如果数目不同，则必然有错；如果数目相同，仍然有可能是两个人同时数错。最后的数目以检验长的点算为准，他会大声地宣布红珠的数目。
4）记录结果。当检验长宣布结果后，记录员就要把红珠数目写在记录表上。不过，在作业员实习期间，记录员不需要作记录。

领班向作业员们说明他们必须要参加 3 天的实习，以学习整个工作。在实习期间，他们

可以提问。一旦开始生产,就不可以提问,也不能评论,只能埋头苦干。领班强调整个生产程序是非常严格的,不能随意变动,因此在绩效上是不会有变异的。同时领班也强调员工们能否保住自己的职位完全取决于个人的表现,解雇没有什么正式的程序,被免职的人只要结算清自己的工资就可以走下讲台,台下还有很多人可以替代他们的工作。

3. 实验结果

实验结果如图 5-20 所示。

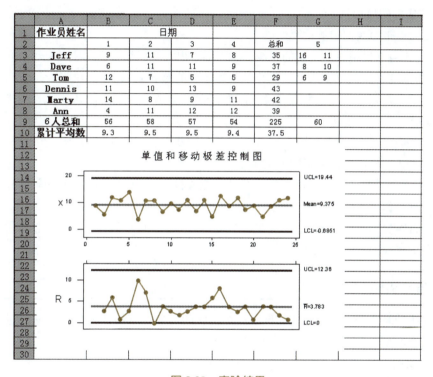

图 5-20　实验结果

第一天的结果让领班很失望。他提醒 6 名作业员,他们的工作是生产白珠而非红珠。这是他一开始就已经讲清楚了的。领班强调工厂实行的是绩效制度,所以要奖励绩效良好的员工。显然 Ann 值得加薪奖励,因为他只产出 4 粒红珠,他是最佳工人。而 Marty,大家可以清楚地看到,他的绩效最差,有 14 粒红珠。领班宣布公司管理层已经制定了一个新的目标数——每个人每天不得产出 3 粒以上的红珠。同时,他认为毫无疑问,每个人都可以和 Ann 一样出色。

第二天的结果又一次让领班失望,比前一天更糟。虽然管理得很细心,但员工的表现并不理想。领班再次提醒这 6 名作业员他们的工作取决于他们的表现。Ann 太让人失望了,她显然是被加薪冲昏了头脑,第二天竟然有了 11 粒红珠。显然 Tom 开始认真工作了,由昨天的 12 粒红珠进步到今天的 7 粒,值得加薪奖励,是今天的最佳工人。

第三天,公司管理层宣布今天是公司的零缺陷日。但是这一天的成果仍然让领班十分沮丧,在零缺陷日的表现仍然没有任何起色。领班提醒工人,管理层在看着数字,成本已经完全失控。管理层贴出通告,如果第四天没有大幅改进,公司准备关闭工厂。

第四天,这天的成果仍然没有改进,领班再次失望。但是他也带来了一项好消息,上级主管中有人提出一个很棒的建议,决定保留3位绩效最好的工人,让工厂继续运营。3位表现最佳者为Jeff、Dave以及Tom。他们每天上两个班以补足产量。其他3位可以去领工资,以后不必来了。他们已经尽了最大努力,我们对他们表示感谢。

第五天,奇迹没有出现,结果并不如预期的那么好。领班和管理层都感到失望,因为雇佣最佳工人的构想,仍然没有达到预期的效果。

4. 红珠实验的启示

红珠实验会带给我们很多重要的启示:

1)实验本身来说是一个稳定的系统,工人的产出及其变异程度其实都是可以预测的。

2)所有的变异(包括工人之间产出的红珠数量的差异),以及每位工人每天产出红珠数量的变异,均完全来自于过程本身。没有任何证据显示哪一位工人比其他工人更优秀,因此也就没有最佳工人这一说法。

3)工人的产出(白珠)显然是处于一种稳定的状态,如图5-20所示。在现有的状况下,工人已经尽力了,不可能再有更好的表现了。

4)对工人进行奖励或者惩罚,是完全没有意义的。因为工人的表现完全与努力与否无关,而只受到工作过程的左右。

5)过程改进的责任在于管理层。在这个实验中,由于程序僵化,工人们根本没有机会提出改进过程的建议。

5.3.2 漏斗实验

戴明先生的第二个实验为漏斗实验。这个实验的目的在于想让人们知道对于过程进行人为的干预将会产生不必要的差异,进而导致损失。

1. 实验材料

1)漏斗一个。一般厨房用的漏斗就可以,因为这并非是实验室的正规实验。

2)一粒可以通过漏斗的弹珠。

3)一张桌子,最好能铺上桌布,以便能标出目标点以及弹珠落下后静止的位置。

2. 实验程序

首先在桌子上标出一点作为目标。我们按照以下的规则让弹珠从漏斗中通过,以便击中目标。

规则1:将漏斗口瞄准目标点。保持这个状态,将弹珠由漏斗口落下50次,然后在弹珠每次的静止的位置做记号。

如图5-21a所示,规则1的结果令人失望。得到的是一个近似圆形的轨迹,范围远大于预期。虽然漏斗口一直都是对准目标点的,但是弹珠似乎会落到任何地方,有时候很靠近目标点,下一次又落在目标点东北30cm处,再下一次则落在目标点西南15cm处。

很多人也许会认为我们还可以做得更好一点。为什么不在每次弹珠落地以后,对漏斗的位置进行调整,使得下一次的结果更靠近目标呢?那么我们可以按照规则2来办。

规则2:根据每次弹珠落下后的静止位置与目标位置的差距,将漏斗由现有的位置移动,以弥补前次的偏差。例如,弹珠停在目标点东北 30cm 处,则将漏斗由现在的位置往西南移 30cm。

如图 5-21b 所示,规则 2 的结果也让人失望,这次得到的结果比规则 1 的结果还糟。依据规则 2 所形成的落点轨迹也近似为一个圆形,不过其直径比规则 1 所形成圆的直径大一倍。

看来规则 2 成效不佳,也许是调整出了问题,那么我们可以按照规则 3 来办。

规则 3:每次弹珠落地后调整漏斗位置,但以目标点作为移动的参考点。按照落点与目标的差距,把漏斗移往与目标点等距但相反方向的位置,以弥补前次的误差。

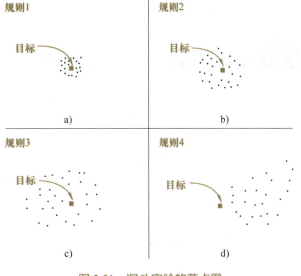

图 5-21 漏斗实验的落点图

如图 5-21c 所示,规则 3 的结果更糟。弹珠的落点来回移动的幅度越来越大,只有少数几次幅度渐小,其后幅度又恢复越来越大。

规则 3 再次让我们失望,也许没有比规则 1 更好的办法了。现在我们不去追求弹珠一定要落在目标点上,而只是要求落点的一致性,那么我们可以按照规则 4 来办。

规则 4:在每次弹珠落地之后,就将漏斗移至该静止点之上。

如图 5-21d 所示,规则 4 的结果更是令人失望,弹珠的落点几乎没有规律可循。

图 5-22 为 4 项规则下的落点和目标点距离的点图(计算机仿真结果)。上述 4 个实验,不同的实验结果来自于不同的实验过程。实验结果的好坏主要取决于制定的实验过程是否合

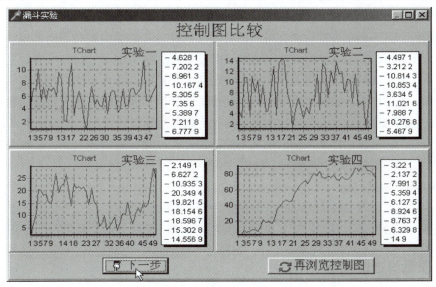

图 5-22 漏斗实验的结果图

理。对稳定过程的干预常常使得结果越来越差（距目标愈来愈远）。

5.4 质量问题与质量改进

质量问题就是实际产出与预期效果之间出现的偏差，会同时影响组织和其顾客的收益。质量改进的目的是通过解决质量问题向组织及其顾客提供更多的收益，涉及整个组织内部所采取的提高活动和过程的效率和效益的各种措施。质量改进适用于所有的管理和经营过程，也适用于所有类型的组织，而不再只局限于制造业、工程及生产环境。成功的质量改进工作依赖于组织发现和解决质量问题的能力。解决质量问题就是要消除系统过程中的变异因素，使最终的产出与设计的预期产出相一致。

5.4.1 质量问题的类型

在组织错综复杂的运行现状中发现和解决质量问题并非易事。清楚地界定质量问题的概念与类型，为从组织复杂的管理现状中发现问题提供依据，并为进一步寻找问题根源提供了思路和线索。根据问题的有关信息可获取程度来看，质量问题一般可以分为以下三种形式：

1. 结构式质量问题

人们可以获得结构式质量问题（Structured Quality Problem）的完全信息，管理人员或操作者可以清楚地知道发生了什么问题、应该是什么状况、为什么会出现这种问题。例如，在生产过程中要对钢板进行机器打孔，但是在某次的检验中发现孔的直径比设计标准小。操作工人在得到检验的结果反馈后，会检查钻头的磨损程度，在必要的时候更换新的钻头，随后打出孔的直径会马上符合标准要求。对结构式质量问题的发现和解决方法完全可以制定程序化的步骤，对相应的问题按照制定的方法步骤采取补救措施即可。

2. 病态结构质量问题

与结构式质量问题相对应，病态结构质量问题（Ill-Structured Quality Problem）的特征是高度的模糊性。这类问题可能隐藏在纷杂的管理现状背后，或是由多种原因造成，不易发现和解决，甚至不容易很清楚地将这类问题描述清楚。在这种情形下，问题可能会有许多可能的解决方案，而最优的解决方案是由环境的特定性所决定的。今天最优的方案在明天可能就不会被采用，因此也就无法制定程序化的问题发现和解决途径。病态结构质量问题的解决要求系统的发现问题过程和具有创造性的解决途径。这类问题诸如在产品的检验中发现27%的产品不符合性能标准，这样的质量问题就不像上例打孔直径问题那样直观，必须要针对这个问题进行专门的、系统的研究和解决。

3. 半结构式质量问题

半结构式质量问题（Semi-Quality Problem）的清晰程度介于上述二者之间。解决这类问题可以遵循一定的程序步骤，但过程中也会包含对可能出现的不确定情况的判断和决策。

5.4.2 质量改进的概念

朱兰博士提出的质量管理三部曲为广大质量管理人员所熟知，他将质量管理概括为质量计划、质量控制和质量改进这三个互相联系的阶段，从而称为质量管理三部曲。其中每个阶段都有其重点关注的目标和实现目标所采用的相应手段。质量计划明确了质量管理所要达到的目标以及实现这些目标的途径，是质量管理的前提和基础；质量控制确保事物按照计划的方式进行，是实现质量目标的保障；质量改进则意味着质量水准的飞跃，标志着质量活动是以一种螺旋式上升的方式在不断提高。

ISO 9000：2015 标准将质量改进定义为："质量改进是质量管理的一部分，致力于增强满足质量要求的能力"。

5.4.3 质量问题与质量改进的关系

解决质量问题是质量控制和质量改进活动的核心。组织对过程和产品的质量要求首先是稳定性，要可以控制在一定的质量水平和误差范围内。质量控制的作用就是"维持现状"，使组织有一个稳定的质量基础。控制措施通过不断补救过程中出现的失控状态，使发生变化的系统因素返回原有的状态，例如，发现和消除变异的特殊性原因，质量控制措施可以保证组织拥有一定水平的质量能力。但是想要使组织的质量水平有所提升，仅依靠出现质量问题时采取补救措施是不能实现的。要实现这个目标就要通过质量改进措施来消灭引起工作水平低劣的系统性问题。

质量改进是在受控质量系统的基础上，通过发现和解决长期影响质量水平的系统性问题使系统的变异水平达到一个前所未有的低水平。更低水平的变异使组织的产出更加符合期望的要求，质量更高。对于实现质量改进的途径有两种观点，一种是以西方质量管理学界为代表的质量突破论（Breakthrough）。质量突破论认为质量改进是可以看得见的质量飞跃，只有通过大规模、彻底的过程或产品再设计来实现。我们也常将这种质量突破称为质量的创新。而另一种观点是日本企业界一直坚持的持续质量改善（Kaizen）理论，坚持长期进行逐步的、微小的质量改善。相对于西方企业关注结果的观点，Kaizen 理论更加关注于组织过程的全方位改良。无论是高层管理人员还是一线的操作工人都时刻关心如何改良自己的工作，哪怕对组织的产出质量只有很小的提升，因为这些微小提升的积累效果也是非常巨大的。当然，寻求突破式地提高过程或产品的质量也是质量改善的一个重要的方面，但是远没有在西方质量管理活动中那样受到重视和推崇。然而不论通过哪种途径实现质量改进，发现和解决质量问题都是其前提和基础。

由于生产或运作过程中变异现象的存在，质量问题的产生是不可避免的。在实际工作中，产出的质量问题是指产品与企业制定的设计标准之间的差异。无论是生产企业，还是服务性企业都会在产品生产和服务提供之前制定相关的产出标准，如产品的规格、表现的等级、服务水平、生产流程的稳定性等。产品的质量和服务的质量由生产过程所决定，企业在产品的策划、设计和生产安排的各个阶段的相关措施已经决定了最终产品的质量水平。通过检验最终产出与设计标准的偏离情况，可以为质量控制提供反馈信息，进而找到质量改进的机会。这种偏差在更深层次上反映了企业产品与消费者期望之间的符合程度。组织存在的目的是为了不断提供满足消费者需求的产品和服务，所以组织要不断地获取消费者的期望，继而通过不断地改进产品功能和可靠性来满足消费者的期望。但是这种改进是无法直接实现的，必须把消费者的主观期望转化成生产或服务设计标准,表现出来就是最终的产品与服务和设计标准之间的偏离。不断发现并消除这一类偏差是组织进行持续质量改进的原动力。由于消费者的期望是不断更新变化的,这是一个循环往复的过程,这个过程就是持续质量改进的本质。随着全面质量管理的推行与应用,组织的设计标准已经不仅限于针对产品方面,而是面向组织的所有的流程环节,例如 ISO 9000 族标准强调对组织和过程的改进。

随着人们对质量内涵理解的不断深入,质量改进在组织质量管理活动中的重要性日益增强。近年来,不断追求顾客满意成为现代质量管理实践的一个核心目标,同时也成为贯穿于企业经营管理的基本活动。无论是处于市场环境中的企业,还是在生产流程中的组织成员,都希望生产出高质量的产品和服务来满足顾客需求。但是所有的产品和服务在生产过程中的质量问题在造成生产组织的废品率提高、增加返工成本和检验成本等内耗损失的同时,也会不同程度地影响顾客对产品和服务使用的满意程度,削弱组织的竞争优势。因此系统地解决存在的质量问题、持续的质量改进作为不断促进客户满意程度提高的措施越来越得到重视。

5.4.4 质量改进的基本过程与步骤

质量改进活动是一个过程,必须按照一定的规则进行。

1. 质量改进的基本过程——PDCA 循环

PDCA 是英语 Plan—Do—Check—Action(策划—实施—检查—处理)4 个词首字母的组合。PDCA 循环就是按照这 4 个阶段顺序来进行质量管理工作。PDCA 循环不仅是一种质量管理方法,也是一套科学的、合乎认识论的通用办事程序。PDCA 循环首先由美国质量管理专家戴明博士提出,因而也称戴明环,如图 5-23 所示。

图 5-23 PDCA 循环

(1) PDCA 循环的内容

1)策划阶段(Plan)。以满足用户需求,取得最大经济效益为目的,制定质量目标和质量计划,选定要突破的质量问题点并围绕实现目标、计划所要解决的质量问题,制定相应的实施措施。质量计划在制定时必须以企业自身的实际情况为基础,运用各种质量分析工具对质量现状进行分析,找出质量突破点,再结合组织自身的情况做出切实可行的质量计划。

2)实施阶段(Do)。按照所制订的计划、目标和措施去具体实施。执行阶段是质量的形成阶段。所以在这一阶段一定要依据质量计划、目标去进行。

3)检查阶段(Check)。根据计划和目标,检查计划的执行情况和实施效果,并及时发现和总结计划执行过程中的经验和教训,可以采用排列图、直方图和控制图等数理统计分析工具。

4)处理阶段(Action)。总结成功的经验,形成标准化,以后就按标准进行。对于没有解决的问题,转入下一轮 PDCA 循环解决,为制订下轮改进计划提供资料。

(2) PDCA 循环的特点

1)4 个阶段一个也不能少。

2）大环套小环，小环保大环，相互促进。例如在处理阶段（A 阶段）也会存在制订处理计划、落实计划、检查计划的实施进度和处理的小 PDCA 循环。大循环是靠内部各个小循环来保证的，小循环又是由大循环来带动的，如图 5-24a 所示。

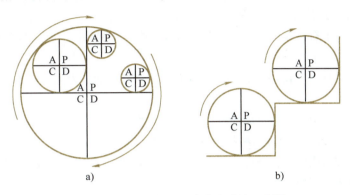

图 5-24　大环套小环和改进上升的示意图

3）不断转动，逐步提高。PDCA 循环每转动一次，质量就提高一步，它是一个如同爬楼般的螺旋上升的过程，如图 5-24b 所示。每循环一次，解决一批问题，质量水平就会上升到一个新的高度，从而下一次的循环就有了更新的内容和目标。这样不断解决质量问题，企业的工作质量、产品质量和管理水平就会不断提高。

4）A 阶段是关键。只有经过总结、处理的 A 阶段，才能将成功的经验和失败的教训纳入到制度和标准中，进一步指导实践。没有 A 阶段的作用，就不能发扬成绩，也不能防止同类问题的再度发生，PDCA 循环也就失去了意义。因此，推动 PDCA 循环，不断提高质量水平，一定要抓好 A 阶段。

2. 质量改进的步骤

质量改进的步骤本身就是一个 PDCA 循环，可分 7 个步骤完成，即明确问题；把握现状；分析问题原因；拟订对策并实施；效果的确认；防止再发生和标准化；总结。

（1）**明确问题**　组织需要改进的问题会很多，经常提到的不外乎是质量、成本、交货期、安全、激励、环境六方面。选题时通常也围绕这六方面来选，如降低不合格品率、降低成本、保证交货期等。其活动内容为：

1）明确所要解决的问题为什么比其他问题重要。
2）问题的背景是什么，到目前为止的情况是怎样的。
3）将不尽如人意的结果用具体的语言表现出来，有什么损失，并具体说明希望改进到什么程度。
4）选定题目和目标值。如果有必要，将子题目也决定下来。
5）正式选定任务担当者。若是小组就确定组长和组员。
6）对改进活动的费用做出预算。
7）拟定改进活动的时间表。

（2）**把握现状**　质量改进课题确定后，就要了解把握当前问题的现状。活动内容如下：

1）为抓住问题的特征，需要调查的若干要点，如时间、地点、问题的种类、问题的特征等。可以从人、机、料、法、测、环等各个不同角度进行调查。

2）去现场收集数据中没有包含的信息。

（3）分析问题原因　分析问题原因是一个设立假说、验证假说的过程。活动内容如下：

1）设立假说（选择可能的原因）：

- 为了搜集关于有可能性的原因的全部情报，应画出因果图（包括所有认为可能有关的因素）。
- 运用"把握现状"阶段掌握的情报，消除所有已明确认为无关联的因素，用剩下的因素重新绘制因果图。
- 在因果图中标出被认为可能性较大的主要原因。

2）验证假说（从已设定因素中找出主要原因）：

- 搜集新的数据或证据，制订计划来确认可能性较大的原因对问题有多大的影响。
- 综合全部调查到的情报，决定主要原因。
- 如条件允许，可将问题再现一次。

需要注意的是，验证假说必须根据重新进行实验和调查所获得的数据有计划地进行。验证假说就是核实原因与结果之间是否存在关系，是否密切。通过大家讨论由多数意见决定的民主的方法，但不见得科学，最后调查表明全员一致同意了的意见结果往往是错误的。未进行数据解析就拟订对策的情况并不少见，估计有效的方案都试一下，如果结果不错就认为问题解决了。用结果推断原因是否正确，必然导致大量的试行错误。即便问题碰巧解决了，由于问题原因与纠正措施无法一一对应，大多数情况下无法发现主要原因。

（4）拟定对策并实施　拟定对策并实施的活动内容包括：

1）必须将现象的排除（应急措施）与原因的排除（根本的解决措施）区分开。

2）采取对策后，尽量不要引起其他质量问题（副作用），如果产生了副作用，应考虑换一种对策或消除副作用。

3）先准备好若干对策方案，调查各自利弊，选择参加者都能接受的方案。

（5）效果的确认　对质量改进的效果要正确确认，错误的确认会让人误认为问题已得到解决，从而导致问题的再次发生。反之，也可能导致对质量改进的成果视而不见，从而挫伤了持续改进的积极性。活动内容如下：

1）使用同一种图表将采取对策前后的质量特性值、成本、交货期等指标进行比较。

2）如果改进的目的是降低不合格品率或降低成本，则要将特性值换算成金额，并与目标值进行比较。

3）如果有其他效果，不管大小都要列举出来。

当采取对策后没有出现预期结果时，应确认是否严格按照计划实施对策，如果是，就意味着对策失败，重新回到"现状把握"阶段。没有达到预期效果时，应该考虑以下两种情况：是否按计划实施了；是否计划有问题。

（6）防止再发生和标准化　对质量改进有效的措施，要进行标准化，纳入质量文件，以防止同样的问题发生。活动内容如下：

1）为改进工作，应再次确认5W1H的内容，即What（什么）、why（为什么）、Who（谁）、Where（哪里）、When（何时）、How（如何），并将其标准化。

2）进行有关标准的准备及宣传。

3）实施教育培训。

4）建立保证严格遵守标准的质量责任制。

(7) 总结 对改进效果不显著的措施及改进实施过程中出现的问题，要予以总结，为开展新一轮的质量改进活动提供依据。活动内容如下：

1）总结本次质量改进活动过程中，哪些问题得到顺利解决，哪些尚未解决。

2）找出遗留问题。将本次 PDCA 循环没有解决的问题作为遗留问题转入下一次 PDCA 循环，同时为下一次循环的计划阶段提供资料和依据。

3）考虑解决这些问题下一步该怎么做。

5.5 六西格玛系统改进方法

六西格玛（6σ）管理是由美国摩托罗拉公司在 1987 年创立的，是一种提升客户忠诚度并持续降低经营成本的综合管理体系、发展战略和管理方法，并借助于统计、IT、流程等技术与工具来实现其发展战略。基于统计学上的原理，"6σ"代表着品质合格率达 99.9997% 或以上。换句话说，每一百万件产品只有 3.4 件次品，非常接近"零缺陷"的要求。六西格玛计划要求不断改善产品、品质和服务，他们制定了目标、工具和方法来达到目标和客户完全满意的要求。二十多年来，六西格玛管理在摩托罗拉、通用电气、联合信号等著名企业中得到了成功应用。世界范围内，许多行业的组织都在应用这种管理方法。近年，由于高新技术的飞速发展及新兴行业的需求，出现了 8σ、10σ、甚至 12σ 管理方法，这些管理方法极大地提高了过程质量，降低了产品不合格率，但是增加了生产成本。6σ 方法比较合理地兼顾了过程的经济性和质量，所以得到了广泛的应用。

5.5.1 六西格玛质量的含义

"σ"在统计学上用来表示数据的离散程度。对连续可计量的质量特征，用"σ"量度质量特征总体上对目标值的偏离程度。"σ"前的系数在统计学中表示概率度，即 σ 水平。σ 越小，过程质量特性的分布越集中于目标值，此时过程输出质量特性落到上下控制界限以外的概率就越小，这就意味着出现缺陷的可能性越小。

六西格玛管理是通过对组织过程的持续改进、不断提高顾客的满意程度、降低经营成本来提升组织盈利能力和竞争力水平的。之所以将这种管理方式命名为"六西格玛管理"，目的是要体现其核心理念，即以"最高的质量、最快的速度、最低的价格"向顾客或市场提供产品和服务。六西格玛质量水平是一个很高的标准。在六西格玛管理中，不断寻求提高过程能力的机会，通过过程改进使其不断优化，逐步提高过程输出结果与顾客要求和期望的接近程度，在提升顾客满意度的同时大量减少由于补救缺陷引起的浪费，使组织与顾客得到双赢。六西格玛管理与全面质量管理既有一些共同点，又有很多不同之处，两者的具体比较如表 5-5 所示。

表 5-5　六西格玛管理与全面质量管理的比较

六西格玛管理	全面质量管理
企业和客户的利益	企业利益
领导层的参与	领导层的领导
清晰且具挑战的目标	追求全面
跨职能流程管理	职能部门管理
瞄准核心流程	聚焦产品质量
绿带、黑带和黑带主管	全员
关注经济	关注技术

5.5.2　六西格玛质量的统计意义

理解六西格玛质量的统计定义似乎要比理解其含义要困难一些，这需要一定的统计学知识。我们知道，产品或过程的规格界限（Specification Limits）实际上体现的是顾客的需求情况，它是指顾客对产品或过程的规格、性能所能容忍的波动范围。例如，快餐公司为顾客提供送餐服务，顾客希望晚上 6：30 送到，但是顾客也会考虑到实际情况总会造成时间上出现一些误差，如送餐员送货任务的多少、交通便利情况等，因此双方协商达成了一个可以接受的时间区间——6：15 到 6：45 之间送到即可。在这项服务中，6：30 是顾客期望的标准规格，6：15 和 6：45 分别称为规格下限（Lower Specification Limit, LSL）和规格上限（Upper Specification Limit, USL）。送餐公司要采取相应的措施尽量保证可以准时将食物送到顾客手中，因为这样顾客感觉最为满意；然而在规格下限与上限的时间段内送到，顾客也能接受；但是如果送达时间落到了这个区间之外，我们可以说送餐公司产生了一次服务失误。

对顾客多次送餐的送达时间在统计图上呈现正态分布，如图 5-25 所示：

图中正态分布曲线的形状取决于该送餐公司的烹饪能力、设备、送餐人员能力等状况，反映的是送餐公司服务的整体水平。正态分布含有 μ 和 σ 两个参数，常记为 $N(\mu, \sigma^2)$。其中 μ 为正态均值，是正态曲线的中心，通常认为它正好与 LSL 和 USL 的均值重合。所度量的质量特性值在 μ 附近取值的机会最大。σ 表示测量值距离正态中心的距离单位，是过程变异在统计上的度量，也属于有关过程能力的技术

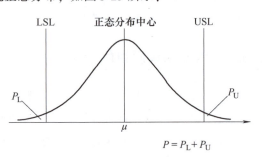

图 5-25　不合格品率

范畴。而 LSL 和 USL 是人为制定的参数，因此它们与图形无关。产品的规范界限都是以文件的形式对产品和过程的特性所做的规定，这些规定可能是顾客要求、行业公认的标准，或是企业下达的任务书。无论哪种情况下，所测量的质量特性超出规范界限以外的都成为不合格。根据统计学知识，产品质量特性的不合格品率为：

$$p = p_L + p_U$$

其中，p_L 为质量特性值 x 低于规格下限的概率，p_U 为质量特性值 x 高于规格上限的概率，即：

$$p_L = P\{x < \text{LSL}\} = \Phi\left(\frac{\text{LSL} - \mu}{\sigma}\right)$$

$$p_U = P\{x > \text{USL}\} = 1 - \Phi\left(\frac{\text{USL} - \mu}{\sigma}\right)$$

所以产品或过程的合格率就为 $1 - p$。

不合格品率通常用百分比（%）和千分比（‰）来表示。由这个结果来看，3σ 质量的合格率便达到 99.73% 的水平，不合格率只有 0.27%，又或者解释为每一千件货产品只有 2.7 件为次品，很多人可能会认为产品或服务质量水平达到这样的水平已经非常美满。可是，根据埃文斯（Evans）和林赛（Lindsay）曾做的统计，如果产品达到 99.73% 合格率的话，以下事件便会继续在美国发生：

——每年有超过 15000 婴儿出生时会被抛落在地上。
——每年平均有 9 小时没有水、电、暖气供应。
——每小时有 2000 封信邮寄错误。

这样的事情是我们所无法容忍的。对于每年要生产数以千万件产品，或提供上百万次服务的大企业来说，这样的合格率也不会让顾客和公司股东满意。但是对于高质量的产品生产和过程来说，用百分点这样表示的合格率还嫌单位过大，因此开始使用百万分点（10^{-6}），来表示每一百万个产品中的不合格品数量，记为 ppm。例如 3σ 质量过程的不合格品率可以表示为：

$$p = p_L + p_U = 0.0027 = 2700 \text{ppm}$$

表 5-6 给出了考虑过程漂移（正态分布中心与规格中心相距 1.5σ 时）后各个等级 σ 质量水平与不合格品率的对应关系。

表 5-6　σ 质量水平与不合格品率的对应关系

σ 质量水平	1σ	2σ	3σ	4σ	5σ	6σ
不合格品率（ppm）	697700	308733	66803	6210	233	3.4

σ 质量水平也可以使用过程能力指数 C_p 和 C_{pk} 来衡量，它们之间的对应关系可以使用下列基本等式来转换：

$$C_p = \frac{\text{USL} - \text{LSL}}{6\sigma}$$

$$C_{pk} = \min\left(\frac{\text{USL} - \mu}{3\sigma}, \frac{\mu - \text{LSL}}{3\sigma}\right)$$

一个 6σ 质量水平的过程转化为过程能力指数 C_p 和 C_{pk} 来衡量的话，分别是 2.0 和 1.5。

5.5.3　六西格玛管理的基本原则

1. 对顾客真正的关注

在六西格玛管理中，以关注顾客最为重要。例如，对六西格玛管理绩效的评估首先就从顾客开始，六西格玛改进的程度是用其对顾客满意度所产生的影响来确定的，如果企业不是真正地关注顾客，就无法推行六西格玛管理。

2. 基于事实的管理

六西格玛管理从识别影响经营业绩的关键指标开始，收集数据并分析关键变量，可以更加有效地发现、分析和解决问题，使基于事实的管理更具可操作性。

3. 对流程的关注、管理和改进

无论是产品和服务的设计、业绩的测量、效率和顾客满意度的提高，还是在业务经营上，六西格玛管理都把业务流程作为成功的关键载体。六西格玛活动的最显著突破之一是使领导们和管理者确信"过程是构建向顾客传递价值的途径"。

4. 主动管理

六西格玛管理主张注重预防而不是忙于救火。在六西格玛管理中，主动性的管理意味着制定明确的目标，并经常进行评审，设定明确的优先次序，重视问题的预防而非事后补救，探求做事的理由而不是因为惯例就盲目地遵循。六西格玛管理将综合利用一系列工具和实践经验，以动态、积极、主动的管理方式取代被动应付的管理习惯。

5. 无边界合作

推行六西格玛管理，需要组织内部横向和纵向的合作，并与供应商、顾客密切合作，达到共同为顾客创造价值的目的。这就要求组织打破部门间的界限甚至组织间的界限，实现无边界合作，避免由于组织内部彼此间的隔阂和部门间的竞争而造成的损失。

6. 追求完美，容忍失败

任何将六西格玛管理法作为目标的组织都要朝着更好的方向持续努力，同时也要愿意接受并应对偶然发生的挫折。组织不断追求卓越的业绩，勇于设定六西格玛的质量目标，并在运营中全力实践。但在追求完美的过程中，难免有失败，这就要求组织有鼓励创新、容忍失败的氛围。

六西格玛管理是一个渐进过程，它从设立远景开始，逐步接近完美的产品和服务以及很高的顾客满意度的目标，它建立在许多以往最先进的管理理念和实践基础上，为21世纪的企业管理树立了典范。

5.5.4 六西格玛管理的组织与培训

实施六西格玛管理，需要组织体系的保证和各管理职能的大力推动。因此，导入六西格玛管理时应建立健全组织结构，将经过系统培训的专业人员安排在六西格玛管理活动的相应岗位上，规定并赋予明确的职责和权限，从而构建高效的组织体系，为六西格玛管理的实施提供基本条件和必备资源。

1. 六西格玛管理的组织形式

六西格玛管理的组织系统一般分为3个层次，即领导层、指导层和执行层。领导层通常由倡导者（一般由企业高层领导担任）、主管质量的经理和财务主管组成六西格玛管理领导集团或委员会；指导层由本组织的技术指导或从组织外聘请的咨询师组成；执行层由执行改进项目的黑带和绿带组成。

各层次的管理活动可归纳如下：

1）领导层负责执行六西格玛管理的战略计划活动，内容包括制定六西格玛管理规划，提供资源，审核结果。

2）指导层负责执行六西格玛管理的战术活动，内容包括组织培训、指导项目、检查进度。

3）执行层负责执行六西格玛管理的作业活动，内容包括按 DMAIC（Define 定义—Measure 测量—Analyze 分析—Improve 改进—Control 控制）方法开展项目改进活动。六西格玛管理的组织结构如图 5-26 所示。

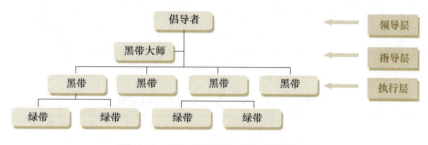

图 5-26　六西格玛管理的组织结构图

2. 六西格玛管理组织结构中的各职位描述

1）倡导者。倡导者一般由组织高级管理层组成，大多数为兼职，通常由分管质量的副总经理担任。倡导者的工作通常是战略性的，全面负责整个组织内六西格玛管理的组织和推行，其主要职责是部署六西格玛管理的实施战略，选择具体项目，分配资源，对六西格玛管理的实施过程进行监控，确认并支持六西格玛管理的全面推行。

2）黑带大师。"黑带（Black Belt）"这个词来自于军事领域，指那些具有精湛技艺和本领的人，绿带、黑带、黑带大师分别代表不同的级别，标志着受训程度和专业水准。20 世纪 90 年代，摩托罗拉公司将其引入六西格玛管理培训中，并几乎专指制造业里与产品改进相关的技术人才，延续至今，黑带的界定已经相当广泛了。黑带大师熟练掌握统计技术和工具及其他相关技术，是六西格玛项目的教练，在六西格玛管理运行中提供技术支持。其主要职责是选择、批准六西格玛项目，组织、协调项目的实施，挑选、培训和指导黑带。

黑带的职责在不同组织中有不同规定。有的强调管理和监督作用；有的主要负责日程变更、项目领导。这两种模式都非常有效。

黑带大师要通过正式的认定，而且必须通过一个严格的能力发展确认过程，一般平均为 15 个月，在此过程中，黑带大师要接受与六西格玛管理工具相关的更深层次的统计技术培训，接受推进技能及领导艺术方面的培训，并要求至少完成一个 100 万美元以上的项目。

3）黑带。企业全面推行六西格玛管理的中坚力量就是专职的实施人员——黑带。他们是六西格玛项目的小组领导人，负责六西格玛改进项目的具体执行和推广，为员工提供六西格玛管理工具和技术培训，对改进项目提供一对一的技术支持。

4）绿带。绿带为兼职人员，通常由组织中各基层部门的骨干或负责人担任，他们在六西格玛管理中负责组织推行基层改进项目，侧重于将六西格玛管理应用于每天的工作中。

有关资料表明，在六西格玛团队中，每 100 名员工需配备 1 名黑带，每 10 名黑带需配备 1 名黑带大师。

3. 六西格玛管理培训

六西格玛管理团队是一个学习型团队。贯穿始终的培训是六西格玛管理法获得成功的关键因素。培训类型包括黑带培训和团队培训。黑带培训主要是针对进行六西格玛管理活动的培训。

六西格玛管理中要求黑带的核心能力包括整合并应用各种统计技术和工具，熟练地分析和解决问题，具备指导并训练六西格玛项目团队成员以及领导团队的能力。黑带培训关键就是打造其核心能力。黑带的培训一般由专门的培训机构承担，其课程的时间安排（以周为单位）基本对应于定义、测量、分析、改进和控制等 5 个阶段，大约需要 160 个小时，如果是定期进行的集中培训，一般需要 4 周左右的时间，时间跨度为 4 个月，每月培训 1 周。表 5-7 是六西格玛管理法培训课程表的一个范例。

表 5-7 六西格玛管理法培训课程方案

培训项目	核心内容	受训者	课时
六西格玛管理导论	六西格玛管理基本原则；评估业务需求；简明操作和模拟；评估职责和期望值	所有成员	1～2 天
六西格玛管理的领导和发起	领导小组成员和发起人的职责要求和技巧；项目选择与评估	业务领导；执行领导	1～2 天
领导所需要的六西格玛管理操作步骤和工具	经缩减改编的关于六西格玛管理评估、分析流程及工具	业务领导；执行领导	3～5 天
领导变革	设定方向的概念及实施方法；促进和领导组织的变革	业务领导；执行领导；黑带大师；黑带	2～5 天
六西格玛改进活动的基本技巧	程序改进；设计/再设计；核心评估和改进工具	黑带；绿带；小组成员；发起人	6～10 天
协作和小组领导技巧	取得一致意见；领导讨论；开会；处理分歧的技巧和方法	业务领导；黑带大师；黑带；绿带；小组成员	2～5 天
六西格玛管理活动中期的评估和分析工具	解决更多项目难题的技术性技巧；样本选取和数据收集；统计过程控制；显著性检验；相关和回归分析；实验的基本设计	黑带大师；黑带	2～6 天
高级六西格玛管理工具	专用技巧和工具的组件；质量功能分解；高级统计分析；高级实验设计；田口方法等	黑带大师；内部顾问	课时随专题变化
程序管理的原则和技巧	设定一个核心或支持程序；分析关键结果、要求和评估措施；监测反馈方案	过程总负责人；业务领导；职能经理	2～5 天

团队培训是六西格玛项目团队组建后开始的培训，一般由黑带大师或黑带承担，培训的对象为团队成员，特别是绿带。团队培训比专职推行人员培训在内容和范围上将缩小，在难度和要求上将降低。在培训过程中，要求受训人员不仅接受常规的课堂培训，还特别强调将本项目的实施活动纳入培训内容，使项目团队成员在实际参与项目的过程中，理论水平和实践经验都得到提高。

5.5.5 质量改进方法

由上面的 σ 质量水平与对应的不合格品率数据可以看出,各个等级 σ 质量水平之间并不是呈线性关系的。从 3σ 质量水平上升到 4σ 质量水平要求产品的缺陷数呈 10 倍数量级的减少,而从 4σ 质量水平到 5σ 质量水平缺陷数却呈 30 倍的减少。这就暗示着六西格玛的质量方法是一种突破性的质量改进方法。六西格玛理论认为,组织的任何活动都可以看作一个过程,这个过程存在一些特定的输入(x)和输出(y)。其中 x 代表影响过程输出的一切因素,例如传统的料(原料)、机(设备)、人(人员)、法(操作方法)、环(环境)等类因素;y 代表组织过程的输出结果,主要是用来满足顾客的产品和服务等。六西格玛的一个基本原则就是过程输出 y 依赖于过程输入 x,用数学语言表示出来就是 $y = f(x_1 + x_2 + \cdots + x_n)$。它完全将过程的输入和输出"数字化"了,深刻揭示了结果和原因的量化关系,为实施六西格玛的其他工具和技术提供了量化的基础。六西格玛突破性质量改进工作就是在使顾客完全满意的立场上,寻找并确定对顾客影响严重的关键质量问题($y's$),分析它的影响因素($x's$),消除产生缺陷的过程输入,实施新的控制保证同样的 $x's$ 和 $y's$ 都不再出现。实施六西格玛质量改进首先要根据一定的原则选择改进项目,组建涉及组织业务过程各方面人员的改进团队。团队要让不同的成员在一起合作完成项目使命,关键是要有一个共同的方法和程序。这个共同的程序用六西格玛语言来描述就是 DMAIC 解决问题模型:界定(Define)、测量(Measure)、分析(Analyze)、改进(Improve)和控制(Control)。DMAIC 是基于戴明环拓展而来的,它的每个阶段都包括了许多活动和一系列解决问题的工具和技术,如表 5-8 所示。

表 5-8　DMAIC 阶段过程主要工作及常用工具

阶　段	主　要　工　作	常用的工具和技术
D(界定阶段)	确定顾客的关键需求,并在此基础上识别需要改进的产品或过程;将改进项目界定在合理的范围内	头脑风暴法、亲和图、树图、流程图、排列图、QFD、FMEA、CT 分解
M(测量阶段)	通过对现有过程的测量,确定过程的基线以及期望的改进效果;确定影响该过程输出的因素 $x's$,并对过程测量的有效性做出评价	运行图、分层法、散布图、直方图、过程能力分析、FMEA、标杆分析法
A(分析阶段)	通过数据分析,找到影响过程输出的关键影响因素 $x's$	因果图、回归分析、方差分析、帕累托图
I(改进阶段)	寻找优化过程输出的途径,开发消除或减小影响 $y's$ 的关键的因素 $x's$,使过程的变异情况和缺陷降低	试验设计、过程能力分析、田口方法、响应面法、过程仿真
C(控制阶段)	使改进后的过程程序化,建立有效的监控措施保持过程改进的效果	SPC 控制图等

1. 界定阶段(Define)

项目的界定阶段首先要确定进行改进的项目范围,一般需要考虑以下几个方面内容:

1)需要获取顾客的心声(Voice Of Customer, VOC),发掘顾客认定的关键质量特性。六西格玛质量管理是一种以客户要求为驱动的决策方法,满足顾客的需求是组织所有过程的根本目标。组织要明确识别组织的所有顾客,包括内部顾客和外部顾客。这些顾客对产品和过程的性能、外观、操作等方面的要求或潜在要求就是顾客的心声。顾客只有证明他们的需求得到充分的理解并在产品或过程中得以体现后，才会形成满意和忠诚。

2）参考过程能力指标。在确定顾客心声、关键质量特性和核心过程时，经常使用的工具是 SIPOC（供应商—输入—过程—输出—顾客）分析图。SIPOC 是高层级的流程图，不仅可以描述当前的流程，而且可以确定过程改进的思路和方向，并可以为测量阶段的数据采集指明方向。

3）考虑质量成本指标。劣质质量浪费成本（Cost Of Poor Quality，COPQ）是六西格玛使用财务的语言来描述过程现状和改进后绩效的一种有效方法。将过程业绩转化为财务指标来表示有助于改进项目的选择。

4）考虑过程的增值能力指标。无论在生产或服务过程的最终检验之前，都会存在返工情况，但是最终的合格率并不能反映出这种返工情况。我们这些返工是"隐蔽的工厂"。通过流通合格率（Rolled Throughput Yield，RTY）的计算可以找出过程中返工的地点和数量，对改进的过程是否增值做出判断。若过程有 n 个子过程，而子过程的合格率分别是 $y_1, y_2, \cdots, y_n$，则

$$\text{RTY} = \prod_{i=1}^{n} y_i, i = 1, \cdots, n$$

根据上述分析，理想的改进项目应该是顾客非常关心、涉及关键过程输出变量的改进，在浪费成本削减和过程增值能力方面比较显著的项目。在选定改进项目后，要编写项目任务书申述来界定项目的范围和改进内容，组建专业的六西格玛团队展开工作。项目任务书是关于项目或问题的书面文件，一般包括改进项目的理由、目标、计划、团队的职责和配置的资源情况等。

2. 测量阶段（Measure）

测量阶段的主要任务是测量和分析目标过程的输出现状（$y's$），得到初始的"σ"测量值作为改进的基准线。主要有两方面的工作要做：

第一，针对目标过程收集数据，在此基础上分析问题症状，并进行量化度量。测量工作主要从过程的 3 个方面展开：

1）过程输出（$y's$）。包括测量过程的直接输出结果（产品性能、缺陷、顾客抱怨等）和长期后果（顾客满意、收益等）。

2）过程中可以控制、测量的因素。这些测量通常有助于团队监控工作流程，并且精确地查找问题原因。

3）输入。测量进入流程并转化为输入的因素，这将有助于确认问题可能的原因。

明确了数据来源，项目团队还要掌握科学的数据收集方法，以及如何对数据进行分析等方法。通过计算过程能力指数确定过程的现状以及存在的问题，这些指数包括过程能力指数、过程性能指数。计算出过程流通合格率（RTY）和百万机会缺陷数（DPMO），通过查阅 DPMO 与西格玛质量水平对应表可以确定过程目前的西格玛质量值。

第二，整理数据，为下阶段查找问题原因提供线索。

3. 分析阶段（Analyze）

一旦测定了项目的绩效基线并确定真正存在一个改进机会后，团队就应该进入对目标过

程执行分析阶段了。在本阶段，六西格玛团队通过研究测量阶段得到的相关数据，加强对目标过程和症状的理解，在此基础上寻找问题的根本原因。在上面提到的过程函数 $y = f(x_1 + x_2 + \cdots + x_n)$ 中，本阶段的工作就是确定各种可能的 $x's$。有些情况下，团队对目标过程的各种影响因素和过程的运作非常清楚，在相关数据的支持下，可以迅速找到产生问题的关键原因；但是大多数情况下，团队按照习惯的传统思路来审视过程，却无法发现所期望的有价值的观点。这时，团队应该采用各种不同角度的观点来分析，并努力使用可行的各种分析工具来得到正确的分析结果。

分析问题时除了要考虑传统的人、机、料、法、环等方面的因素外，采用合适的分析方法很重要。团队一般采取循环的分析方法对原因进行分析，在上阶段数据测量的基础上，结合过程分析，形成对原因的初始推测，或者只是根据经验提出假设；团队然后关注更多的数据和其他数据来验证这些推测的正确性。六西格玛改进团队一般采用以下两种关键的分析方法来研究问题的根源：一是利用数据分析方法。利用过程特性的测量值及其他相关数据来分析问题的模式、趋势或其他影响因素，包括那些推测出来的因素。二是深入研究并分析过程是如何运行的，从而发现可能产生问题的新领域，判断验证假设又需要哪些数据，从哪里获得这些数据。经过这样的循环分析，不断地提出推测并验证，将所有影响过程输出的 $x's$ 都列举出来。

根据帕累托原理可以知道，少数关键的原因是造成问题产生的主要原因。如果对于所有原因都不加区别地去分析研究，不但会消耗团队的太多精力和资源，而且会因为没把握住重要的影响因素而效果不佳。因此在分析阶段必须要做的还包括确定这些"关键的少数"输入变量（KPIV），调查并证实根本原因假设，确信团队没有发现额外的新问题，以及没有遗漏关键的输入变量，为下一步的改进阶段做好准备。

4. 改进阶段（Improve）

改进阶段提出和实施改进措施以前，首先需要对分析阶段得到的少数关键因素作进一步研究，验证它们是否对过程输出确实有影响。如果影响关系确实存在的话，这些输入变量取什么值可以使输出得以改善，达到预想的改进效果。对 KPIV 与过程输出关系的验证主要采取正交试验和回归设计的方法，得到的数据一般采用方差分析和回归法来分析。

在确定这些关键的输入变量（KPIV）和过程输出的对应关系的基础上，团队可以设计质量改进措施，改变输入变量的状态以实现过程输入的改善。在推行改善方案时必须要谨慎进行，应先在小规模范围内试行该方案，以判断可能会出现何种错误并加以预防。试行阶段注意收集数据，以验证是否获得了期望的结果。根据方案的试行结果修正改进方案，使之程序化、文件化，以便于实际实施。

5. 控制阶段（Control）

在为项目的改进做出不懈努力并取得相应的效果以后，团队的每一位成员都希望能将改进的结果保持下来，使产品或过程的性能得到彻底的改善。但是许多改进工作往往因为没有很好地保持控制措施，而重新返回原来的状态，使六西格玛团队的改进工作付之东流，所以控制阶段是一个非常重要的阶段。当然，六西格玛团队不能一直围绕着一个改进项目而工作，在 DAMIC 流程结束后团队和成员即将开始其他的工作。因此，在改进团队将改进的成果移交给日常工作人员前，要在控制阶段制订好严格的控制计划帮助他们保持成果，这其中包括：

提出对改进成果进行测量的方法；建立过程控制计划和应急处理计划；完成项目报告和项目移交工作等。

至此一个完整的六西格玛质量改进的 DMAIC 过程就结束了。需要再次强调的是，六西格玛项目的范围并不局限在制造领域，也不仅是对产品来说的，它包括了服务以及工作过程。如果是对现有的过程进行改进，都可以使用 DMAIC 方法来进行质量水平改进，只要对具体的分析方法进行选择即可。

5.5.6 质量设计

长期实施六西格玛质量改进的组织可能会产生这样的困惑：他们在六西格玛改进项目上投入大量的资源和关注，严格按照 DMAIC 过程步骤对组织现有的流程进行改善，但是实证数据却显示改进后的质量水平始终无法达到 6σ 质量。通过六西格玛质量改进活动，组织的质量水平可以成功地提升至 3σ、4σ 水平，但是会在 5σ 附近停滞不前，似乎再多的努力也很难跨越这个障碍，我们称之为 5σ "撞墙"（Five Sigma Wall）。因为 DMAIC 的重点放在如何改进过程，旨在消除导致质量下降的过程输入因素，并节省成本，使生产和服务流程更有效率。可以说 DMAIC 时常在组织中扮演着"救火"的角色，作为一种渐进式过程改进方法，它只能解决过程中产生的质量问题。但是如果这些问题是因为设计上的缺陷而形成的，过程即使能控制得完美也无法彻底消除质量症状。真正要能达到组织质量水平的完美表现，需要一种高质量的设计方法使得产品或流程从根源上有一个近乎完美的开端。所以，六西格玛设计（Design For Six Sigma，DFSS）应运而生，希望作为 DMAIC 方法的有效补充来突破上述的"撞墙"，帮助组织持续地朝 6σ 质量水平迈进。

相对于六西格玛改进的"救火"功能，六西格玛设计则是完美的预防机制。它通常是组织专业设计团队作为开端，运用科学的方法、按照合理的流程来准确理解和评估顾客需求；再进行机能分析、概念发展，并逐步开发详细的产品或流程设计方案，以及配套的生产和控制计划。在上述步骤中，所有可能发生的问题或破绽都被预先考虑进去，对新产品或新流程进行稳健性设计，使产品或流程本身具有抵抗各种干扰的能力。六西格玛设计可以使组织能够在开始阶段便瞄准六西格玛质量水平，开发出满足顾客需求的产品或服务；六西格玛设计有助于在提高产品质量和可靠性的同时降低成本和缩短研制周期，具有很高的实用价值。有一个比喻很恰当，如果将六西格玛看作是指导农民耕种粮食的方法，那么六西格玛改进 DMAIC 方法就是告诉农民如何精耕细作、应该何时施肥何时浇水的操作规范，而如果当初选种的粮食种子质量不良或是不适合当地土质，则无论如何优化耕种过程，最终的粮食的质量和产量也不会达到预期的效果。而六西格玛设计则是指导农民如何根据土质选择品种、精选种子质量的方法，只有优良的种子加上科学的培育过程才能实现预想的质量效果。

为了与六西格玛改进配合得更加紧密，很多组织采用了一种类似的六西格玛设计方法——DMADV，即定义（Define）、测量（Measure）、分析（Analyze）、设计（Design）、验证（Verify）。DMADV 过程可以将产品和过程设计中的方法、工具和程序进行系统化的整合，在顾客的需求和期望的基础上重新设计产品或过程。这种方法保留了 DMAIC 模型的部分内容，但是实践结果表明，这种方法除了在已经成功实施 DMAIC 的组织外并没有得到推广。除此之外,六西格玛设计还有其他多种实施模式,其中应用较多的包括 PIDOV,包括策划(Plan)、识别(Identify)、设计(Design)、优化(Optimize)、验证(Verify)等步骤。这两种主要的六西格玛设计模式对比如表 5-9 所示。

表 5-9　六西格玛设计的 DMADV 与 PIDOV 模式内容对比

DMADV	PIDOV
定义阶段(Define): ➢ 清晰界定项目范围 ➢ 制订项目设计的相关计划	策划阶段(Plan): ➢ 制定项目特许任务书 ➢ 设立项目目标
测量阶段(Measure): ➢ 获取顾客需求 ➢ 将顾客心声转化为关键质量特性 ➢ 识别少数重要的关键质量特性	识别阶段(Identify): ➢ 选择最佳的产品和服务概念 ➢ 识别顾客认为重要的关键质量要素 ➢ 分析实现关键质量要素对过程和技术性能指标的要求
分析阶段(Analyze): ➢ 在相关约束条件下选择最合适的关键质量特性	设计阶段(Design): ➢ 形成设计概念 ➢ 识别作用与处理关键质量要素
设计阶段(Design): ➢ 制定详细设计方案 ➢ 对设计方案进行测试 ➢ 对实施进行准备	优化阶段(Optimize): ➢ 在质量、成本和其他约束条件中寻找平衡点 ➢ 实施优化
验证阶段(Verify): ➢ 验证设计性能,实施试点测试 ➢ 根据试点测试结果修正设计方案 ➢ 实施设计方案	验证阶段(Verify): ➢ 进行设计有效性验证,证明该产品或过程的确可以满足顾客需求 ➢ 计算过程能力,评估过程可靠性 ➢ 实施设计方案

具体选择何种模式予以实施,要视组织的质量现状即相应的资源配置情况而定。但是实施六西格玛质量管理方法对于组织有一定的能力要求,例如,组织的数据收集分析能力、现有的质量管理水平、员工的质量文化意识等。根据美国质量协会(ASQ)研究结果,六西格玛要求企业质量管理运作达到一个相当高的层次,假如一个企业产品质量合格率只有 85%,就不必用六西格玛管理。此时可用比六西格玛管理更简单的办法,将 85% 提高到 95% 即可。例如推行 ISO 9000 质量体系认证、顾客满意度管理等。另外,六西格玛管理对企业员工的素质提出了较高的要求,需要员工参与测量、分析、改进和控制的各种项目,要自我管理而不像 ISO 9000 那样需有人督促。如果组织和员工的质量管理能力和意识已经达到一定的高度,质量水平也达到一定的水准,这时采用六西格玛质量管理方法会比较顺利,也相对容易取得成功。

复习思考题

1. 过程能力指数和不合格率有什么关系?两者各有什么用途?
2. 某零件长度尺寸要求为(20±0.2)mm,样本标准差 $s = 0.038$mm,$\bar{X} = 20.1$mm,求过

程能力指数,并分析过程能力是否充足。

3. 某零件尺寸要求为 $30^{+0.3}_{-0.1}$ mm,取样实际测定后求得 $\overline{X}$ = 30.05mm,标准差 s = 0.016mm,求过程能力指数及不合格品率。

4. 控制图的作用是什么,计量控制图和计数控制图各适用于什么场合?

5. 加工某产品的计量数据如表5-10所示。作 $\overline{X} - R$ 控制图,判断该过程是否处于稳定状态。

表 5-10 计量数据

样本序号	X_1	X_2	X_3	X_4	样本序号	X_1	X_2	X_3	X_4
1	5	8	10	16	16	12	8	9	10
2	9	4	7	10	17	11	9	7	13
3	11	8	7	13	18	15	6	5	4
4	10	6	15	9	19	13	12	9	6
5	8	9	13	11	20	15	6	10	7
6	12	14	6	8	21	10	7	9	7
7	13	8	7	9	22	6	4	8	9
8	7	10	11	8	23	13	14	7	8
9	9	12	7	5	24	10	5	9	11
10	15	6	5	16	25	7	8	10	9
11	10	10	7	8	26	10	8	7	9
12	9	14	8	9	27	12	5	10	7
13	12	11	6	8	28	6	10	8	5
14	6	5	7	11	29	11	4	8	10
15	7	8	13	10	30	7	9	12	8

6. 某过程生产齿轮,检查30批产品的数据如表5-11所示,试用 p 控制图分析过程是否处于控制状态。

表 5-11 过程数据

样本序号	样本大小 n	样本不合格品数 np	样本序号	样本大小 n	样本不合格品数 np
1	2000	8	16	2000	9
2	2000	12	17	2000	12
3	2000	4	18	2000	11
4	2000	15	19	2000	7
5	2000	6	20	2000	5
6	2000	7	21	2000	6
7	2000	9	22	2000	8
8	2000	13	23	2000	13
9	2000	12	24	2000	12
10	2000	10	25	2000	10
11	2000	9	26	2000	9
12	2000	7	27	2000	7
13	2000	6	28	2000	11
14	2000	5	29	2000	8
15	2000	9	30	2000	7

7. 如何提高红珠实验中白珠的数目（如何改进红珠实验系统）？
8. 简述质量问题的类型，以及相应的解决方法？
9. 什么是六西格玛质量管理？六西格玛质量管理的基本原则有哪些？
10. 简述六西格玛质量改进 DMAIC 模型各阶段的主要工作？

案例分析题

案例一：汽车制造企业的生命线——汽车质量

汽车质量是汽车制造企业的生命线，尤其是对较为弱势的国内自主品牌而言，就更是重中之重。作为国内自主品牌，吉利汽车在这方面投入了大量的精力，通过全生命周期质量管控体系，保证产品质量的稳定可靠。那么，吉利汽车如何实现全生命周期的质量管控？

在吉利汽车内部，质量管控工作包括 3 个环节，即前期的质量策划、生产过程中的质量管控、销售及售后环节的质量信息统计分析与持续改进。

1. 质量策划环节

第一步是质量计划，比如 APQP、FEMA、PPAP 等。这些数据会录入吉利 QNS 系统中。QNS 是吉利集团层面统一的质量管控网系统，基于自动统计、自动跳闸、自我追究、自我完善的"四自智能化质量保证"理念开发建设的。

第二步是质量职能分解（QFD），分解为研发环节、采购环节、制造环节、服务环节，并将质量功能、质量管控点分解下去。吉利汽车内部将其称为质量阀，如果质量故障率超过了阈值，就会停止流程，并通过报警、邮件等方式通知相关责任人，只有问题得到解决，"闸"才会关闭，流程才能够继续运行。

研发质量管控阀在 QNS 中进行设计，在 PLM 中实现。采购质量管控阀控制在 SRM 中实现，如果供应商供货质量在某段时间内一致性超过要求，就会被冻结，不能交货。制造质量管控阀是过程控制，如发动机、变速箱，其一次下线合格率、SPC 质量波动等超过一定数值就会被锁死、生产线停线、产品无法入库等，以保证生产过程中的良品率。制造质量管控阀控制在 MES 中实现。服务的质量管控阀，比如服务请求的 3 天闭环率、7 天闭环率等在 DMS 中实现。

超过质量管控阀阈值的会在生产过程中检测出来并进行实时控制，而没有超过阈值，正常运行的流程不意味着就没有质量瑕疵和改进的空间。因此，吉利汽车会将包括研发、采购、制造、服务各环节的数据通过 PLM、MES、DMS、SRM 等系统收集、整理、汇总，在 QNS 中分析其质量管控状况。

2. 生产过程中的质量管控

生产过程中的质量管控，吉利汽车是通过 MES 来进行追溯控制的。通过一车一档的方式，在生产装备过程中，对装配环境，如具体功能、使用哪些零部件、零部件供应商、供货批次号，设备当前状况，如螺丝拧紧机的拧紧扭矩、加注机的加注压力等设备参数进行记录，并在 MES 中形成产品档案。

如果发现质量问题，吉利汽车可以从正向、逆向两个方向进行追溯。

正向追溯是从工厂到终端消费者的正向追踪服务过程。例如，当工厂内部发现某批次零件有问题，通过 MES 查询该批次零件批号，以确定该批次零部件装配到哪些车上、VIN 号是多少，最终用户信息等，并通过 DMS 中的用户档案，联系到用户，以帮助客户进行维修。

逆向追溯是从消费者到整车厂再到供应商的追溯过程。当购车人在使用中发现问题到 4S 店维修，4S 店把发生故障零件维修代码、批次号等信息记录到 DMS 系统中，吉利汽车可以根据整车 VIN 号和维修代码，在 MES 数据库进行倒追溯，了解该零件何时装配、哪家供应商、哪个批次，以此可以对供应商供货质量起到评价和威慑作用，并进行持续改进。

3. 销售及售后环节的质量信息统计分析与持续改进

在客户感受最为明显的售后环节，仍然是吉利汽车对产品质量持续跟踪与改进的重要环节。吉利汽车建立了维修知识库，可以与 DMS 系统相配合，内部称之为智能维修诊断系统。诊断系统是把汽车常见故障等结构化，建立在数据库中，维修站在维修时若无法检修问题，则可以根据现象录入到系统中，在系统中查找并给出一定的措施去检修，维修站也可以通过智能系统进行维修培训。

质量管控与提升是一项持续不断的工作。吉利汽车通过产品从研发、采购、生产到销售及售后的全生命周期质量管控、反馈与改进，实现了汽车质量的持续提升。目前，吉利汽车仍在不断地完善和增强其质量管控力度，吉利汽车近期在 DMS 系统中完善了智能化跟踪索赔的功能，不仅可以让吉利汽车更高效地处理用户索赔，也能提高用户满意度。

请根据案例回答下列问题

1. 吉利汽车在生产过程中采取了哪些质量控制措施？

2. 当下，越来越多的企业意识到全生命周期质量控制的重要性，结合本章内容和案例，谈谈企业应如何做好全生命周期质量控制？

（资料来源：吉利汽车如何实现全生命周期的质量管控，汽车之家，https://dealer.m.autohome.com.cn/news_43422251.html，2015-11-13）

案例二：轴承座的质量改进

A 公司的一条精密加工生产线生产的某种型号的轴承座零件，其合格率一直在 85% 左右，不能满足顾客的要求（合格率要求高于 97%）。A 公司经过对不合格项的统计发现，主要的不合格出现在 32# 尺寸，占到总数的 10%。所以 A 公司从轴承座的定义、测量和分析、改进、控制阶段，利用六西格玛原理，从"人、机、料、法、环" 5 要素入手，对轴承座加工过程进行分析研究，最终达到控制产品质量、节约成本的目的。

1. 定义阶段

为了解决这个问题，由公司的高层领导牵头成立了项目小组，并详细地明确了各自的职责。

2. 测量和分析阶段

（1）原因分析　由于轴承座零件的加工工序较多，进行全面改进并不现实，因此项目小组面临的首要问题就是寻找对零件的最终质量影响较大的工序，从而进一步缩小项目范围，明确改进目标。为此，项目小组一方面绘制了轴承座零件的加工流程图，如图 5-27 所示，对零件的不合格项进行了统计。根据统计，32# 尺寸的不合格率占到了总数的 10%，因而小组将改进对象锁定在 220 工序。

项目小组对 220 工序的加工流程（如图 5-28 所示）进行分析，经过集思广益归纳出了影

第 5 章　过程控制与质量改进

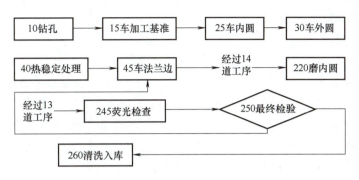

图 5-27　轴承座零件加工流程图

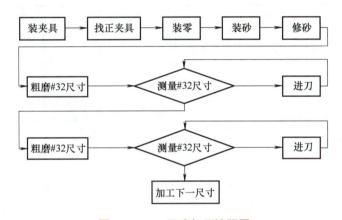

图 5-28　220 工序加工流程图

响 32#尺寸质量的可能因素，绘制了因果图，如图 5-29 所示。项目小组在此基础上确定了 3 个关键的影响因素，即：

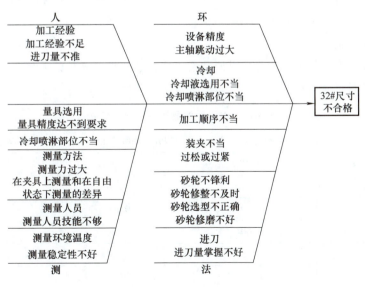

图 5-29　因果图

1)冷却液喷淋位置不当。

2)砂轮不锋利。

3)零件在夹具上的测量结果与自由状态下的测量结果不同。

(2)测量系统分析 小组在工作过程中发现,最终检验的测量结果与加工测量的结果有明显的不同,有些在加工时检验合格的零件在最终检验时却不合格,影响了零件的不合格率。为了找出原因,提高测量数据的可信度,项目小组对测量系统进行了分析,分析结果如表5-12所示。分析结果显示,测量系统的总波动竟然是公差的140.96%,而量具重复性、再现性误差也达到了公差的69.69%,这一结果显然是不能接受的。

表5-12 改进前的测量系统分析结构

目 录	贡献百分比(%)	研究偏差百分比(%)	允许误差百分比(%)
测量系统偏差	18.54	43.05	60.69
重复性	5.81	24.11	33.98
再现性	12.72	35.67	50.28
操作	10.74	32.77	46.19
部件之间	81.46	90.26	127.23
总变化	100.00	100.00	140.96
部件中信赖区间不同类别数为3			

从分析数据中发现,测量人员和零件间波动对测量结果的影响非常显著,分别占到了公差的46.19%和127.23%,这一数据不仅证实了实际工作中测量方法不同对测量结果的影响,同时也反映出零件的波动过大也是一个关键的问题。经过细致的分析,小组针对测量系统的重复性和再现性被破坏的问题,提出了如下改善措施:

1)在最终检验时使用三坐标测量仪代替原来的内径千分表,不仅提高了测量的精度,同时增加了测量点的数量,弥补了以往测量方法的不足,提高了测量数据的可信性。

2)结合对生产过程的改进,提高零件圆度,从原来的0.01mm,提高到0.0022mm,减少了测量时零件间的波动。

采取以上措施后,项目小组再次对测量系统进行了分析,分析结果如表5-13所示。分析数据显示,改进措施是有效的,改进后的测量系统可以接受。

表5-13 改进后的测量系统分析结构

目 录	贡献百分比(%)	研究偏差百分比(%)	允许误差百分比(%)
测量系统偏差	5.71	23.90	17.81
重复性	5.71	23.90	17.81
再现性	0.00	0.00	0.00
操作	0.00	0.00	0.00
部件之间	94.29	97.10	72.35
总变化	100.00	100	74.51
部件中信赖区间不同类别数为6			

3. 改进阶段

针对找出的问题，小组制定了相应的改进办法：

（1）提高切削砂轮的锋利程度。

（2）将冷却液铜管改为塑管，使冷却液可以直接加到切削部位，提高冷却效果。

（3）明确规定零件应在夹具上进行测量，以避免与最终检验结果出现大的偏差。

经过实验验证，砂轮开槽和冷却方式的改变对零件的圆度有显著的影响。

4. 控制阶段

为了巩固改进成果，项目小组针对改进措施制定了相应的控制策略：

（1）将改进措施落实到工艺规程中。

（2）对相关人员进行培训。

（3）用控制图对过程进行监控，如果发生异常，则要检查砂轮槽深和冷却效果。

（4）将改进成果应用于相似的磨削加工中去。

5. 结论

按照该企业轴承座年产量与上年相当计算，并将改进成果应用于相似工艺的另外3种零件上，则此次项目研究预计可为企业节约费用60万元。因此，基于六西格玛管理方式对该轴承座质量进行改进不仅解决了产品质量问题，同时节约了成本。

请根据案例回答下列问题

1. 案例中轴承座质量改进的5个阶段分别属于PDCA循环的哪部分内容？并说明原因。

2. 案例中轴承座的质量改进是基于六西格玛管理方式进行的，案例中体现了哪些六西格玛管理的基本原则，请做简要说明。

（资料来源：基于六西格玛管理方式下轴承座的质量改进案例，天行健管理顾问有限公司，http://www.lxgmgl.com/anlifenxiang/60.html，2016-11-23）

视频思政案例

大国工匠：大术无极

明代福船

大国工匠：大巧破难

第6章
质量成本与质量绩效

    2009年8月,美国加利福尼亚州一辆丰田雷克萨斯汽车因突然加速发生事故导致4人死亡。美国媒体质疑车辆存在质量问题,穷追不舍进行报道,引起了消费者的关注。之后,美国公路交通安全局公布数据,共收到100多件相关投诉,其中17件撞车事故共导致5人死亡。在美国媒体和当局以及消费者的强大压力下,丰田公司发表声明说,在美国销售的包括凯美瑞、普锐斯、雷克萨斯在内的7款共380多万辆汽车,因驾驶座脚垫卡住油门踏板无法复位引发事故,要求用户取下脚垫。自2009年10月5日以来,丰田开始陷入大规模召回泥潭,至今召回已超过850万辆。

    在汽车生产全球化、部件电子化时代,为降低成本改善收益,零部件大都委托海外相关厂商生产。丰田不断压缩零部件采购成本,简化零部件设计开发和实证试验阶段,配件质量难以保证。丰田章男在2009年6月提出,2013年推出的新车,零部件价格要降低30%。如此压缩成本,供应商就很有可能牺牲质量。然而,在一味降低成本的同时,稍有不慎,必将导致产品质量的下降,如此带来的日后损失更加不可估量。因此,质量成本是企业在生产制造过程中绝对不可以省略及忽视的部分,通过近年来众多汽车品牌的"召回门"事件就可以看出,质量成本与质量绩效在企业生存和发展中的重要地位。

    (资料来源:http://wenku.baidu.com/view/51013606ba1aa8114431d9db.html)

    讨论题:质量成本对于企业有着怎样的重要性?如何衡量企业的质量绩效水平?

学习目标

1. 理解质量成本的相关概念。
2. 掌握质量成本核算及分析的方法。
3. 了解质量经济性的含义。
4. 理解质量经济性管理的内容。
5. 理解绩效测量及卓越绩效的相关概念。

6. 掌握绩效测量体系的设计步骤和方法。

过去，大多数组织都是用投资回报率、每股收益率等财务指标来衡量组织的业绩的。然而，这些指标却有着诸多的缺陷。比如，他们反映的只是组织过去的业绩，对企业当前的业绩反映得不够灵敏，更无法预测企业未来的业绩。而且，对那些无法量化的指标往往无法准确地反映。在传统的制造和服务领域，特别是那些竞争激烈的行业，通常是以成本来衡量业绩的。而现在，质量已成为组织战略决策的重要决定因素，这就需要对组织业绩包括成本进行更加有效的测评。

6.1 质量成本

6.1.1 质量成本的基本概念和构成

1. 质量成本的基本概念

质量管理在企业中已具有越来越重要的地位，已经发展成了一个完整、独立的管理体系。企业为了提高产品的质量就要开展质量管理活动，因此也就必然产生各种相关费用。很明显，为了得到更高的质量就要付出更多的努力，花费一般也会更多。那么，这些费用到底如何衡量，所花的费用和产品的质量之间到底是怎样的关系？为解决这些问题，就需要对与质量相关的费用进行单独的核算与控制。

质量成本的概念是 20 世纪 50 年代由美国质量管理大师朱兰和费根堡姆等人提出的。质量成本又称为质量费用，是指为了确保合格的质量而发生的费用以及没有达到合格的质量所造成的损失。后面将对该定义作进一步的论述。

在对质量成本概念的理解中，应注意以下几点：

1）质量成本是客观存在的，在实际生产过程中总是要发生的。
2）质量成本只是针对产品生产过程中的符合性质量而言的。
3）质量成本是生产过程中那些与出现不合格品有着密切联系的费用。
4）质量成本并不包括制造过程中与质量有关的全部费用，而只是其中的一部分。

2. 质量成本的构成

质量成本可以分为 4 大类：预防成本、鉴定成本、内部故障成本和外部故障成本。其结构如图 6-1 所示。

现将各部分简要介绍如下：

（1）**预防成本** 预防成本是指为预防缺陷和故障发生而支付的费用。主要包括以下具体项目：质量策划费用、新产品评审费用、工序能力控制及研究费用、质量管理体系的研究和管理费用、供应商评价费用、顾客调查费用以及质量管理人员的费用。

（2）**鉴定成本** 鉴定成本是指为评定产品的质量是否达到规定的要求而进行的测量、试验、检验

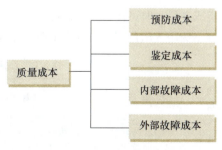

图 6-1 质量成本构成

以及数据分析等鉴定活动所耗费的费用。其目的主要是发现并纠正问题,确保中间产品、产成品符合质量标准并减少废次品流向市场。主要包括以下具体项目:外购材料及外协外购件的试验和检验费、计量仪器和仪表的校准和维护费、工序检验费、检验和试验费、质量审核费用以及其他鉴定费用。

(3) **内部故障成本** 内部故障成本又称为内部损失成本,是指产品出厂之前由于质量不符合要求而造成的损失,以及为处理故障所发生的费用。主要包括以下几项:报废损失、返工返修损失、降级使用损失(产品未达到规定质量时,降低要求接收并使用所带来的损失)、停工损失、质量事故分析及处理费以及其他费用。

(4) **外部故障成本** 外部故障成本又称为外部损失成本,是指产品交付使用后因不能满足质量要求而造成的各种损失。主要包括以下几项:顾客投诉处理费、退货损失、赔偿损失、产品售后服务费以及其他相关费用。

在质量成本的定义中,确保合格的质量而导致的费用是指质量控制和内部质量保证成本,也就是预防成本和鉴定成本;保证合格的质量而导致的费用是指顾客提出外部质量保证要求时,组织为提供证据所花费的费用;没有达到合格的质量而导致的损失,包括内部故障(损失)成本和外部故障(损失)成本。

6.1.2 质量成本核算

1. 质量成本科目的设置

质量成本科目的设置是核算的基础,只有在设置了规范的质量成本科目以后,质量成本的核算才能更科学、规范和易于操作。但是,在我国,质量成本的核算还没有正式纳入会计体系,还没有统一的强制性的标准。各组织在性质、规模、产品类型以及成本核算制度上都存在差异性,这就使得质量成本科目的设置不可能完全相同。但是,应遵循以下基本原则:

1) 符合国家现行的基本会计制度和原则。
2) 能够具体反映质量管理和经济核算的要求。
3) 便于统计、核算、比较、分析和有利于质量改进。
4) 要依据实际质量费用和发生范围。

质量成本一般分为三级科目。一级科目:质量成本;二级科目:预防成本、鉴定成本、内部故障(损失)成本和外部故障(损失)成本;三级科目:质量成本细目。我国原国家标准 GB/T 13339—1991《质量成本管理导则》中推荐了 21 个三级科目,各企业在设置各自的质量成本科目时可作为参考,可根据企业实际情况进行增删。这 21 个科目的科目名称、归集内容、费用支出范围以及费用来源详见表 6-1。

表 6-1 质量成本费用范围归集明细表

二级科目	三级科目	归集内容	费用支出范围	费用来源
预防成本	质量培训费	为达到质量要求或改进质量的目的,提高职工的质量意识和质量管理的业务水平进行培训所支付的费用	授课人员和培训人员的有关书籍、文具费、资料费及授课补助费	组织管理费

(续)

二级科目	三级科目	归集内容	费用支出范围	费用来源
预防成本	质量管理活动费	为推行质量管理所支付的费用和为制定质量政策、计划、目标、编制质量手册及有关文件等一系列活动所支付的费用以及质量管理部门的办公费	质量管理咨询诊断费、质量奖励费、QC 小组活动费、质量审核费、质量情报费、印刷费、办公费、差旅费及有关的行政费	组织管理费
	质量改进费	为保证或改进质量所支付的费用	有关的购置设备、工艺研究、检测手段改进费。包括产品创优、整顿质量的措施费	组织管理费
	质量评审费	本部门、本组织的产品质量审核和质量管理体系进行评审所支付的费用,及新产品评审前进行评审所支付的费用	资料费、会务费、办公费及有关费用	组织管理费
	工资及福利基金	从事质量管理人员的工资总额及提取的职工福利基金	工资及提取的职工福利基金	组织管理费
鉴定成本	试验检验费	对外购原材料、零部件、元器件和外协件以及生产过程中的在制品、半成品、产成品,按质量要求进行实验、检验所支付的费用	委托外部检验和鉴定支付的费用、送检人员的差旅费、材料费、能源费、劳保费、破坏性试验费及有关费用	组织管理费
	质量检验部门办公费	质量检验部门为开展日常检验工作所支付的办公费	办公费	组织管理费
	工资及福利基金	从事质量试验、检验工作人员的工资总额及提取的职工福利基金	工资及提取的职工福利基金	组织管理费
	检测设备维修、折旧费	检测设备的维护、校准、修理和折旧费	大修折旧费,中、小修理费,维护校准费	组织管理费
内部故障成本	报废损失费	因产成品、半成品、在制品达不到质量要求且无法修复或在经济上不值得修复造成报废所损失的费用,以及外购元器件、零部件、原材料在采购、运输、仓储、筛选等过程中因质量问题所损失的费用	在生产过程中以及在采购、运输、仓储、筛选等过程中报废的产成品、半成品、元器件、零部件、在制品、原材料费用和能源动力等消耗	基本生产、辅助生产
	返修费	为修复不合格品并使之达到质量要求所支付的费用	人工费及所更换零部件、原材料的费用	基本生产
	降级损失费	因质量达不到规定的质量等级而降级所损失的费用	合格品价格于降级品价格之间的差额为降级损失	基本生产
	停工损失费	因质量问题造成停工所损失的费用	停工期间损失的净产值	基本生产、辅助生产
	产品质量达不到的处理费	因处理内部质量事故所损失的费用	重复检验费用、重新筛选费用等	组织管理费

(续)

二级科目	三级科目	归集内容	费用支出范围	费用来源
外部故障成本	索赔费	因质量未达到标准，对顾客提出的申诉进行赔偿、处理所损失的费用	支付用户的赔偿金（包括罚金）、索赔处理费及差旅费	组织管理费
	退货损失费	因质量未达到标准造成顾客退货、换货所损失的费用	产品包装损失费、运输费和退回产品净损失等	组织管理费
	折价损失费	因质量未达到标准而折价销售所损失的费用	销售价格于折价后的差价损失	销售费用
	损失费	根据保修规定，为用户提供修理服务所支付的费用和保修服务人员的工资总额及提取的职工福利基金	差旅费、办公费、劳保费、更换零部件成本、所需器件、工具、运输费用，以及工资总额和提取的职工福利基金	组织管理费

2. 质量成本核算方法

在设置了质量成本科目后，就可以进行质量成本的核算了。在具体核算时，需要考虑质量成本的存在形式，根据不同的存在形式，可采取不同的核算方法。根据存在形式的不同，可将质量成本分为显见质量成本和隐含质量成本。

显见质量成本是指根据国家现行成本核算制度规定列入成本开支范围的质量费用，以及有专用基金开支的费用。这类成本可通过会计成本系统、依据原始凭证和报表采用会计核算方法进行核算。

隐含质量成本是指未列入国家现行成本核算制度规定的成本开支范围，也未列入专用基金，通常不是实际支出的费用，而是反映实际收益的减少，如产品降级、降价、停工损失等。这类质量成本需根据实际情况采用统计核算方法进行核算。

下面对两种核算方法进行简要介绍：

（1）**统计核算法** 采用货币、实物量、工时等多种计量单位，运用一系列的统计指标和统计图表，以及统计调查的方法取得的资料，并通过对统计数据进行分组、整理，获得所要求的各种信息，以揭示质量经济性的基本规律为目的，不注重质量成本数据的完整性及准确性（只需要相对准确）。

（2）**会计核算法** 采用货币作为统一度量单位；采用设置账户、复式记账、填制凭证、登记账簿、成本计算和分析、编制会计报表等一系列专门方法，对质量管理全过程进行连续、系统、全面和综合的记录和反映；严格地以审核无误的凭证为依据，质量成本资料必须准确、完整，整个核算过程与现行成本核算相类似。

因质量成本自身的特殊性，企业在实际核算的过程中，一般应采用以会计核算为主，统计核算和业务核算为辅的核算方法。也就是以货币计量为主，以实物和工时计量为辅，对显见质量成本主要采取会计核算法进行核算，对那些隐含质量成本则主要采取统计核算法进行核算。

6.1.3 合理的质量成本构成

所谓质量成本的构成，指的是预防成本、鉴定成本、内部故障成本和外部故障成本 4 种成本在质量总成本中所占的比例。一般来说，预防成本和鉴定成本越高，质量就会越高；而质量越高，质量损失成本（包括内部故障成本和外部故障成本）就越低。

下面结合图 6-2 所示的质量成本特性曲线，具体讨论它们之间的关系。图中，横坐标代表用产品合格率表示的质量水平，从左到右，质量水平逐渐提高；纵坐标为达到相应的质量水平所需支付的质量成本，自下而上，逐渐增加。图中的 3 条曲线分别表示了预防和鉴定成本、损失成本以及质量成本总额的变化。

当预防和鉴定成本为零时，表示企业对质量不加任何控制，此时的质量水平显然是最低的，于是质量损失成本也就最高，总质量成本也就会最高。随着预防和鉴定成本的增加，质量水平逐渐提高，质量损失成本也就逐渐降低。而且，质量损失成本降低的速度超过了预防和鉴定成本增加的速度，质量成本总额逐渐降低，质量成本总额曲线呈下降趋势。

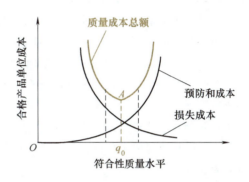

图 6-2 质量成本与质量水平之间的关系曲线

但是，随着质量水平的提高，对质量的改进变得越来越难，所付出的代价（预防和鉴定成本）也就越来越大。在图 6-2 中，这表现为预防和鉴定成本曲线越来越陡。此时，预防和鉴定成本之和增加的速度超过了质量损失成本降低的速度，质量成本之和越来越大，质量成本总额曲线呈上升趋势。

所以，质量成本总额在图上表现为一条抛物线，它存在一个最低点 A，在这一点质量成本总额最小，相应的质量水平 q_0 称为最经济的符合性质量水平。如果企业能把质量水平控制在 A 点，那么就可以获得最低的质量成本。当然，这只是一个理论上的最低点，在实际中往往很难做到。所以，通常用 A 点附近的区间表示一个最经济的质量水平区间，只要能把质量水平控制在该区间内，就可以获得较为经济的质量水平。

为了便于对质量成本总额的研究和改进，可以把总额曲线划分为 3 个区域，如图 6-3 所示。

Ⅰ区为质量改进区。当企业的质量水平处于这个区域时，损失成本的比重过大，可以达到 70%，而预防成本的比重过小，有时甚至达不到 5%。这样，企业的质量成本总额就过高。此时，应该加强质量管理中的预防工作，提高产品质量。这样就可以用较低的预防成本的增加换取较多的损失成本的降低，从而可以使质量成本总额大幅度降低。

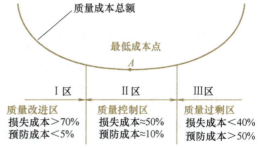

图 6-3 质量成本曲线区域划分示意图

Ⅱ区为质量控制区。在此区域内，损失成本大约占50%，预防成本占10%左右，质量成本总额较低，是较为理想的状态。这时，企业质量工作的重点应该是维持现有的质量水平。

Ⅲ区为质量过剩区。此时预防和鉴定成本之和占总成本的比重超过了50%，这使得企业的质量水平很高。但是这种高质量水平往往是超过用户的需求的，所以称为质量过剩。这时就应当适当放宽质量标准，使质量水平回到质量控制区，获得较低的质量成本和合适的质量水平。

6.1.4 质量成本分析

质量成本分析是质量成本管理的重点环节之一，通过质量成本核算的数据，经过分析，找出质量存在的问题和管理上的薄弱环节，提出需要改进的措施并向各级领导提供资料信息和建议，以便对质量中的问题做出正确的处理决策。

企业对核算后的质量成本进行分析时要注意两点：一是围绕质量指标体系进行分析以反映质量管理的有效性和规律性；二是应用正确的分析方法找出产生质量损失的主要原因，围绕重点问题找出改进点，制定措施进行解决。

为了进行质量成本分析，一般应建立质量成本指标体系。企业内部的质量成本指标一般可分为3类：

1）占基数比例指标，反映质量成本占各种基数的比例关系，其基数主要有总产值、产品销售收入、产品销售利润、产品总成本等。

2）结构比例指标。反映质量成本内各主要项目占质量总成本的比例。

3）质量效益指标。反映可控成本（投资成本）增加而使结果成本（即损失成本）降低的情况。

1. 基数比例指标

1）质量成本率分析（每100元产品成本的质量成本含量）

$$质量成本率 = \frac{质量总成本}{商品产品总成本} \times 100\%$$

2）销售质量成本率（每100元销售额中的质量成本含量）

$$销售质量成本率 = \frac{质量总成本}{销售额} \times 100\%$$

3）产值质量成本率（每100元总产值中的质量成本含量）

$$产值质量成本率 = \frac{质量总成本}{总产值} \times 100\%$$

4）销售外部损失成本率（每100元销售额中的外部损失含量）

$$销售外部损失成本率 = \frac{外部损失成本}{销售总额} \times 100\%$$

2. 结构比例指标

1）预防成本占质量总成本的比例 $= \dfrac{预防成本}{质量总成本} \times 100\%$

2）鉴定成本占质量总成本的比例 $= \dfrac{鉴定成本}{质量总成本} \times 100\%$

3）内部损失成本占质量总成本的比例 = $\dfrac{\text{内部损失成本}}{\text{质量总成本}} \times 100\%$

4）外部损失成本占质量总成本的比例 = $\dfrac{\text{外部损失成本}}{\text{质量总成本}} \times 100\%$

通过结构比例的分析，可以大致看出各质量管理点接近最佳点的程度。

3. 灵敏度分析法

灵敏度分析法是指把质量成本四大项目（预防、鉴定及内部损失、外部损失）的投入与产生在一定时间内的变化效果或特定的质量改进效果，用灵敏度表示，其公式如下：

$$\alpha = \dfrac{\text{报告期内外损失成本与基准期相应值差值}}{\text{报告期预防与鉴定成本之和与基准期相应值差值}}$$

此外，还可采用质量成本趋势分析法，以了解质量成本在一定时间内的变动趋势；也可以用质量成本特性曲线分析，找出产品不合格率的适宜水平或质量成本的适宜区域。

4. 质量成本报告

质量成本报告是质量管理部门和财务部门对上一期质量成本管理活动或某一典型进行调查、分析、建议的书面材料，它是一定时期质量成本管理活动的总结性文件。其目的是为企业领导和各有关职能部门提供质量成本信息，以便评价质量成本管理效果以及质量管理体系的适用性和有效性，确定目前的质量工作重点以及质量和成本的目标。

质量成本报告一般应包括如下内容：

1）质量成本、质量成本二级科目以及质量成本三级科目的统计、核算。
2）质量成本计划的执行情况以及与基期或前期的对比分析。
3）质量成本趋势分析结果。
4）质量成本指标分析结果。
5）分析并找出影响质量成本的关键因素，提出相应的改进措施。
6）提出对典型事件的分析结果。
7）对质量成本管理中存在的问题及取得的成果做出文字说明。
8）对质量管理和质量保证体系的有效性做出评价。

企业在编写质量成本报告时，应依报送对象、报告形式以及要达到的目的等，确定相应的质量成本报告内容，其详简程度也应有所不同。

6.1.5 劣质成本

1. 劣质成本的概念

如前所述，传统的质量成本观认为，质量成本存在一个最佳点，质量水平不能过低也不宜过高。但是，质量管理大师 Crosby 提出，质量水平越高越好。质量水平越高，总的质量成本不是增加而是降低。其变化过程如图 6-4 所示。

从图 6-4 中可以看出，随着质量水平的不断提高，从 4δ 水平到 6δ 水平，损失成本不断降低，鉴定成本与预防成本曲线也不断下移。所以，交点处的所有类别的成本都在不断降低，质量成本总额也就不断降低。而使质量成本降低的最好办法就是降低劣质成本。

劣质成本（Cost of Poor Quality，COPQ）就是指由于质量不良而造成的成本损失，或者说是由于我们没有"第一次就把事情做对、做好"而额外付出的成本。包括显见成本和隐含成本两大类。在实际管理中，核算的只是那些显见成本，如浪费、报废、返工/返修、测试、检验、顾客投诉和退货等。然而，这些显见成本只是冰山的一角，仅占总质量成本的5%～10%，占销售额的4%～5%。冰山下面的隐含成本却占总成本的15%～20%。这些成本包括加班过多、上门服务支出过多、文件延迟、对现状缺少跟踪、报价或结账错误、未正确完成销售订单、不必要的快递、人员流动过于频繁、顾客赔偿备用金等。劣质成本示意图见图6-5。

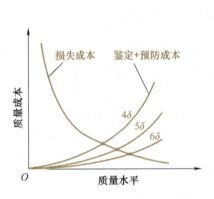

图6-4　不同质量水平的质量成本

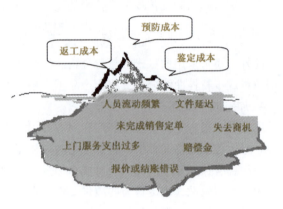

图6-5　劣质成本示意图

通过对劣质成本的不断研究，人们发现：

1) 劣质成本要远大于财务报表上显示的数字。

2) 不仅在产品的实现过程中会产生劣质成本，在支持过程中同样会产生。

3) 这些成本大多是可以降低、甚至消除的。

所以，要研究劣质成本的构成和识别方法。如果能够准确识别劣质成本，尤其是那些隐含劣质成本，不仅可以降低产品成本，还能同时找出问题的原因所在，真正地消除产生劣质成本的因素。

2. 劣质成本的构成

劣质成本按其构成可分为非增值损失成本和故障损失成本。所谓非增值损失成本是指由现行过程中存在的非增值过程造成的损失。而故障损失成本是指现行过程中的故障造成的损失。其结构如表6-2所示。

表6-2　劣质成本分类

劣质成本分类	非增值损失成本	预防成本（非增值部分）
		鉴定成本（非增值部分）
	故障损失成本	鉴定成本（分析故障原因）
		内部故障损失成本
		外部故障损失成本

下面对其中几项作简要介绍。

1）预防成本中的非增值部分。是指所花费的预防成本中，没有达到预期目的的那部分成本。

2）鉴定成本中的非增值部分。是指为了预防而进行检验，但是却未达到预防目的的那部分成本。

3）鉴定成本中的分析故障原因部分。是指为了分析质量低劣的原因而进行的试验、检验和检查所发生的费用。

3. 劣质成本的分析

劣质成本是由工作上的错误和缺陷造成的，而这些工作遍及组织系统中的各个部门，渗透于不同过程中的各个环节。因此，分析劣质成本要从组织系统和过程网络两方面入手，通过相应的路径，由表及里，由此及彼，层层深入。使劣质成本信息得到充分的识别，为质量改进项目提供界定的依据。

通过劣质成本的识别、收集和分析，建立劣质成本报表，从而确定改进的需要并选择改进过程，在优化所选改进过程的基础上识别改进机会。

6.2 质量经济性

6.2.1 质量的经济性

质量问题实际上是一个经济问题，质量经济分析和管理，是一个组织质量经营追求成功的重要环节，也是衡量一个组织质量有效性的重要标志。

在利益方面考虑：对顾客而言，必须考虑减少费用，改进适用性；对组织而言，则需考虑提高利润和市场占有率。在成本方面考虑：对顾客而言，必须考虑安全性、购置费、运行费、保养费、停机损失和修理费以及可能的处置费用；对组织而言，必须考虑由识别顾客需要和设计的缺陷，包括不满意产品返工、返修、重新加工、生产损失、担保和现场修理等发生的费用，以及承担产品责任和赔偿风险等。

质量管理以质量为中心，努力开发和提供顾客满意的产品和服务。质量管理的趋势从"消除不满意"向"追求满意"方面发展。质量经济性逐渐成为质量管理中的一个重要课题。产品质量的经济性，就是追求产品在整个生命周期内，给生产者、消费者（或用户）以及整个社会带来的总损失最小。

质量波动有其内在的原因和规律，制造过程的质量波动会带来质量损失。质量损失函数对质量的技术经济分析提供了方便而易于操作的工具，具有良好的实用价值。

前面已经提到，如果过程或生产系统处于控制状态，即消除了异常因素的影响，而只受随机因素的作用，则质量特征值（主要指计量值）大多数服从正态分布。当质量服从正态分布时，能使产品质量具有最好的经济性。可用下面的例子加以说明。

设有 A、B 两个工厂，按同一标准设计、制造同种产品，由于生产条件及控制程序不同，所以 A 厂和 B 厂生产出来的产品，其质量特性值的分布不同，如图 6-6 所示。图中实线表示 A 厂的质量特性值的分布，其形状基本上是服从以目标值 m_0 为中心的正态分布，其标准差为

$\sigma_A = 10/6$。由"3σ"原则可知 A 厂产品的质量特性值落在 $m_0 \pm 5$ 范围内的概率为 99.73%；虚线表示的为 B 厂的产品质量特性值分布，可以看出，此分布呈均匀分布形状，根据数理统计学原理，其分布的标准差约为 $10/\sqrt{12}$，其产品不合格率几乎等于零。

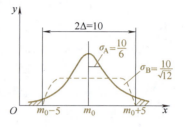

图 6-6　不同分布的经济性

如果将 A 厂和 B 厂的产品作一比较，尽管 A、B 两厂都满足公差要求，甚至 B 厂的不合格率比 A 厂要小，但从质量水平来看，A 厂却优于 B 厂。一个内行的购买者，如果想购买一批产品（而不是一个产品），一定会购买 A 厂的产品，因为 A 厂的产品小误差比例比 B 厂高，其原因在于 A、B 两厂的质量特性值分布性质有着本质的不同。A 厂的产品测量值是正态分布，因此有更大比例的产品接近理想的目标值 m_0，在使用中其损失较小。

经过计算和对比后，可明显看出 A、B 两厂的产品质量水平，就其接近理想目标值来说，差距极其明显。同理，如果 B 厂不是正态分布，但也不是均匀分布，而是其他分布，也可得到同样结论。因此，可以得出结论，只有在正态分布情况下，才具有最好的经济性。

质量经济性强调产品不仅要满足适用性要求，还应该讲求经济性，也就是说要讲求成本低，要研究产品质量同成本变化的关系。质量与费用的最佳选择，受到许多内部和外部因素的影响，一方面要保证产品的质量好，使用户满意；另一方面要保证支付的费用尽可能低。这就是质量与经济的协调，是质量经济性的表现。在计算和考虑成本时，不能只讲企业的制造成本，还要考虑产品的使用成本。即从满足整个社会需要出发，用最少的社会劳动消耗，取得最好的社会经济效果。

6.2.2　产品生命周期全过程的经济性

产品的生命周期包括 3 个时期：开发设计过程、制造过程和使用过程。

1. 提高产品开发设计过程的质量经济性

在产品的开发设计中，不仅要注意技术问题，而且也要注意它的经济性，做到技术和经济的统一。要点如下：

（1）**作好市场需求的预测**　由于产品的质量水平与市场需求有紧密的关系，因此从进入市场到最后退出市场，都有一个发展过程。可以分为试销、旺销、饱和及衰退 4 个阶段，如图 6-7 所示。一般要进行市场调查，了解产品的目标市场，用户关心的是产品的适用性及使用性成本的费用，因此在产品的设计开发阶段就必须考虑到产品的使用费用。

（2）**考虑社会经济效益**　设计中要有完善的技术经济指标，要对总体方案进行可行性分析，做到设计上先进、经济上合理、生产上可行，综合地考虑质量的社会经济效益。此外，还要运用可靠性工程、价值工程、正交试验设计、鲁棒性设计等先进技术，实现产品各组件质量特征参数指标的优化设计。

（3）**注意质价匹配**　质量和价格有时是矛盾的，要提高质量往往就会增加质量成本，成本增加又会引起价格的提高。如果质量成本不恰当地增加，导致价格过高，超过社会的一般购买力，产品就会滞销。反之，产品质量低劣，即使价格再低，也会没人购买。质价匹配是一个十分重要的问题。不能盲目追求先进性，忽视经济性，否则，生产出来的产品只能成为样品、展品，而不能变为商品。这种教训在企业中并不少见。

（4）重视功能匹配　产品的某一个零部件失效又无法替换，而其他部件尽管运行正常，最后也不得不整机丢弃或销毁，给消费者或用户带来经济上的损失。真正做到这一点并不容易，例如，汽车可以把一些易损零件的寿命设计成与汽车的寿命或修理周期成整倍的关系，并尽量与汽车的大修周期重合。

2. 提高生产制造过程的质量经济性

从质量损失函数的形式，也可以看出，制造过程严格采取措施控制质量特征值 m 的稳定性以及减小质量特征的分散程度 σ，就可以减小质量损失。可以运用前面所讲述的各种工序控制方法，对工序质量状况进行分析、诊断、控制和改善。

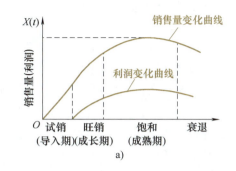
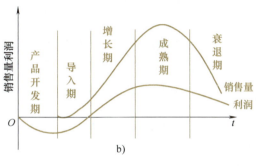

图 6-7　产品的生命周期

3. 提高产品的使用过程的质量经济性

产品生命周期费用不仅与设计和制造成本有关，还与使用成本有关。产品使用过程的经济性，是指在产品的使用寿命期间的总费用。使用过程的费用主要包括两部分内容：

1）产品使用中，由于质量故障带来的损失费用。对可修复性产品，一般是指停工带来的损失，而对不可修复的产品，如宇宙飞船、卫星通信、海底电缆、火箭导弹等，则会带来重大的经济损失。

2）产品在使用期间的运行费用。运行费用包括使用中的人员管理费、维修服务费、运转动力费、零配件及原料使用费等。

6.2.3　质量经济性管理

GB/T 19024—2008（ISO 10014：2006）《质量管理——实现财务和经济效益的指南》提供了从质量管理的应用中获取效益的指南。图 6-8 为质量经济性管理办法流程图。此方法首先识别和评审一个组织的所有运作过程，然后识别和监测全部过程成本与识别和监测顾客满意的情况，各自形成报告，并将报告提交组织的最高管理者进行管理评审。通过评审，评价过程成本、顾客满意度和组织的整个经济效益，从中寻找一切改进的机会，包括不合格的纠正和预防、持续改进和全部的新产品过程。在寻找和确定了需改进或持续改进的项目之后，应对此及相关的活动进行详细的成本和利益的分析。通过分析、比较，确定并提出具体的质量改进活动方法和计划并付诸实施。通过实施又重复上述的过程，同时识别和监测改进活动过程的实际成本和改进后顾客满意的程度。

质量经济性管理的核心是综合考虑顾客满意和组织的过程成本、综合考虑顾客和组织的利益，从中寻找最佳结合点。

为了进行成本和（或）收益分析，组织可采取如下步骤：

1）确保对所建议的改进措施做出与组织的基本目的相一致的明确规定、计划安排和成本估算。

2）通过增加使顾客非常满意和满意的因素，减少引起不满意的因素，来预测对顾客满意度的影响。

3）估计因提高顾客满意度而得到的重复订单和因新业务而增加的收入。

4）识别顾客和其他受益者的隐含利益。

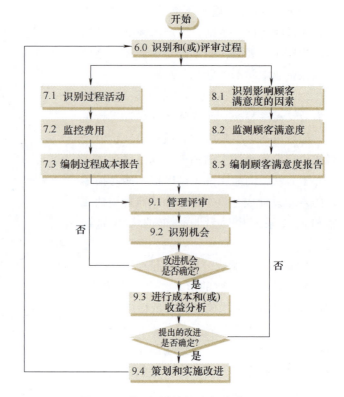

图 6-8　质量经济性管理办法流程图

5）估计过程内外合格（符合）成本和不合格（不符合）成本的变化。

6）检查所建议的改进措施的整体财务效果。

7）将整体效益与改进措施的投资进行比较，从而决定是否采取改进措施。

提高组织的经济效益可从增加收入和降低成本入手。图 6-9 概括了改进质量经济性的基本原则：从组织方面考虑——降低经营性资源成本，实施质量成本管理；从顾客方面考虑——提高顾客满意度，增强市场竞争能力。

1. 增强顾客满意

（1）**开发新产品（包括服务）**　包括开发具有创新性的产品（服务），以满足顾客不断变化的需求；开发独特的产品（服务）；缩短新产品的推出时间。及时满足顾客的需求；改进现有的产品（服务），适应不同顾客群的需要。

（2）**改进现有产品（服务）的市场营销**　包括增强信誉；增强顾客忠诚度；认真考虑顾客的愿望；扩大市场份额；加强营销策略的研究，加强营销网络的建设，采用先进的营销手段，努力扩大市场占有量，为更多的顾客服务。

2. 降低过程成本

（1）**降低合格成本**　合格成本是指现有的过程不出现缺陷（故障）而满足顾客所有明示的和隐含的需求所花的成本。

1）提高现有的过程能力。过程能力是指过程加工方面的能力，对于加工过程而言，过程能力即工序能力。应从提高人员素质、改进设备性能、采用新材料、改进加工方法和改善环

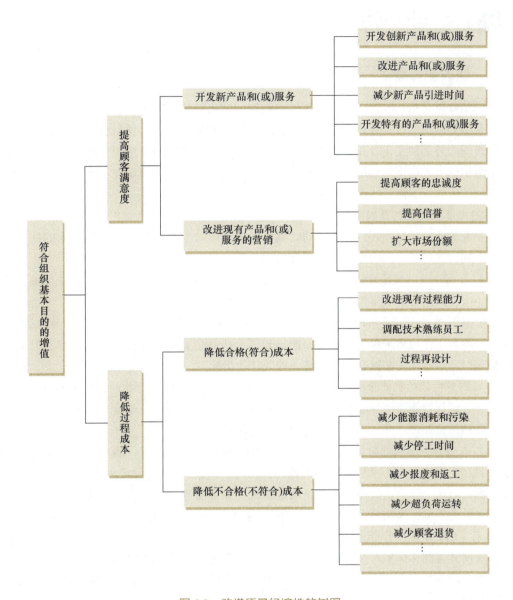

图 6-9 改进质量经济性的树图

境条件等各方面出发提高过程能力，从而提高产品的合格率、降低损失。

2）提高技能。提高操作人员的操作技能。

3）过程再设计。重新对过程进行设计，采用新的加工工艺流程和方法，设计全新的服务过程，从而提高产品（服务）的质量、降低损失。

（2）**降低不合格成本** 不合格成本是指由现有过程的缺陷（故障）而造成的成本。包括减少停工所造成的损失；减少顾客退货；减少超支，主要是减少计划外的额外开支；降低能耗和污染。

6.3 绩效测量

6.3.1 绩效测量概述

所谓绩效就是指从过程、产品和服务中获取的输出结果或成果。对绩效进行测量和分析的目标是指导组织的过程管理，以实现关键经营结果和战略目标，预料并响应快速的、难以预期的组织内外部的变化。在各个工作单元、关键过程、部门以及组织整体层面上，为确定和校准组织的方向和资源运用，做出基于事实的决策。对业绩的测量在不同的时期，曾经采用过不同的方法，下面具体进行介绍。

1. 组织业绩测量的发展沿革

对企业的业绩进行测评，在不同的时期，根据具体的生产经营特点以及所处的社会经济环境的不同，采用了不同的方法。从其发展历程看，大致分为以下 4 个阶段：

（1）观察性业绩测评阶段　在 19 世纪以前，由于当时企业规模很小，对其业绩进行测评的意义不大，故测评以观察为主。

（2）统计性业绩测评阶段　19 世纪工业革命以后，由于企业规模日益扩大，产权关系日趋复杂，测评工作也愈来愈重要，因而便出现了一些对企业业绩进行测评的指标。但是，这些指标与财务会计均无必然联系，只是一些统计性指标。

（3）财务性业绩测评阶段　从 20 世纪初开始，企业逐渐向跨行业经营的大规模企业集团方向发展，统计性业绩测评已不能适应此时企业的经营特点，于是开始采用综合性财务指标对企业业绩进行测评，并且产生了杜邦财务分析体系。

（4）综合性业绩测评阶段　正如前面提到的，财务测评方法有许多难以克服的局限，例如，容易产生短期行为、容易导致利润操纵行为等。因此，在 20 世纪 90 年代，出现了综合性业绩测评方法。该方法的指导思想是通过系统的业绩管理，全面提高公司的业绩。根据组织具体条件的不同，又出现了各种不同的测评体系，如利益相关者评价体系、高标定位法、EVA 体系、KPI 体系、平衡记分卡等。

以上所述各测评体系有一些共同的局限：①缺乏能对不同企业业绩进行横向比较的体系，不利于企业间的相互交流，也不利于企业管理经验的积累。②缺乏有效的顾客驱动传递机制，不利于及时有效地发现和满足顾客的需要，因而就不利于培植顾客的忠诚程度。③缺乏持续改进机制，不利于企业的持续发展。

美国波多里奇国家质量奖制定的卓越绩效标准，提出了卓越绩效的概念，为解决以上局限提供了很好的标准平台和理论依据。我国也在参考国外质量奖标准的基础上，结合我国的实际，制定并实施了《卓越绩效评价准则》，可以作为我们进行业绩测评的依据。

2. 常用术语

这里以最新修订的 GB/T 19580—2012《卓越绩效评价准则》为依据，简要介绍业绩测量中常用的一些术语。

（1）治理　治理是指在组织的监管中实行的管理和控制系统。包括批准战略方向、监视和评价高层领导绩效、财务审计、风险管理、信息披露等活动。

（2）**标杆**　标杆是指针对相似的活动，其过程和结果代表组织所在行业的内部或外部最佳的经营实践和绩效。

（3）**价值创造过程**　价值创造过程就是外组织的顾客和组织的经营创造收益的过程。价值创造过程是组织运营最重要的过程，多数员工介入这些过程，通过这些过程产生组织的产品或服务，并给组织的股东和其他主要相关方带来实际的经营结果。

（4）**支持过程**　支持过程即支持组织日常运作、生产以及服务交付的过程。支持过程可以包括财务与统计、设备管理、法律服务、人力资源服务、公共关系和其他行政服务。这些过程虽然不能直接为顾客增加价值或创造价值，但为价值创造过程的实施起到保证、支持作用。组织需识别全部支持过程，必要时确定关键支持过程。

3. 卓越绩效

所谓卓越绩效，就是通过综合的组织绩效管理方法，使组织和个人得到进步和发展，提高组织的整体绩效和能力，为顾客、员工和其他相关方不断创造价值，并使组织持续获得成功。我国于 2012 年 3 月 9 日发布并于 2012 年 8 月 1 日实施的 GB/T 19580—2012《卓越绩效评价准则》中提出了 4 种类型的绩效，分别是：以顾客为中心的绩效、产品和服务绩效、财务和市场绩效以及运营绩效。对这 4 种绩效的内容，下面分别予以详细介绍。

（1）**以顾客为中心的绩效**　是指与顾客感知、反映和行为相关的测量指标。这一类绩效可以包括顾客满意度、顾客抱怨、顾客获取、顾客保留、顾客流失和顾客忠诚，还包括基于质量和价格的顾客感知价值，组织的可接近性的评价和易用性，以及来自顾客和独立评级机构的评级、认可等。

（2）**产品和服务绩效**　是指与产品和服务特性相关的、对顾客重要的测量指标。包括产品的可靠性、易用性、现场性能、准时交货、缺陷水平、服务响应时间以及顾客关于产品和服务绩效的反馈等。产品和服务的绩效水平对顾客满意度以及购买倾向起着决定性的影响作用，是组织必须关注和认真测量的。

（3）**财务和市场绩效**　是指与成本、收入和市场地位等相关的测量指标。

适用的财务指标一般包括主营业务收入、投资收益、营业外收入、利润总额、总资产贡献率、资本保值增值率，资产负债率、流动资金周转率等综合指标。财务指标一般用来衡量整个组织的经营状况。

市场绩效指标有市场占有率、市场地位、资产利用、资产增长、业务增长、新产品和新进入的市场、来自新产品的销售量所占的百分比、其他盈利性和流动性测量指标等。

（4）**运营绩效**　是指与组织的有效性和效率、责任和义务有关的组织运行、人力资源和组织的治理和社会责任绩效等道德方面的绩效。

1）人力资源绩效主要是指工作系统、员工学习、员工发展、员工权益和满意程度等方面的绩效。工作系统绩效包括简化岗位划分、岗位轮换、工作环境改进、留住员工、内部晋升比率以及管理人员比例的变化等方面的绩效。员工学习与发展绩效包括创新和建议的数量、交叉培训等方面。员工权益、满意程度和不满意程度相关绩效包括工作环境、合理化建议和 QC 小组的数量、员工满意程度等。

2）运行绩效指的是与组织的有效性和效率、责任和义务有关的组织运营、人力资源和道德方面的测量指标。例如，订货到交货的时间、安装时间、投放市场的时间、运转周期；劳动生产率、浪费的减少、创新率、电子技术应用的增加；ISO审核结果、战略目标实现的结果；员工流转率、员工交叉培训率、员工满意度、员工抱怨；遵守法纪和社区参与。运营绩效可以在工作单元层面、关键过程层面和组织层面展开测量。

3）组织的治理和社会责任等道德方面的绩效，主要是指组织的治理、公共责任、道德行为以及履行组织的公民义务等方面的绩效。具体包括组织的产品、服务和经营在环境保护、能源消耗、资源综合利用、安全生产、产品安全以及公共卫生等方面的社会影响；是否满足法律法规要求；能否促进可持续发展。

4. 绩效测量

在追求卓越绩效的过程中，无论从管理体系、覆盖范围、层次还是时间，有待测量的绩效所涉及的内容都有了大幅度的增加，导致组织和日常运作绩效测量的行为更加多元化。具体可包括：

1）产品检验和验证。
2）工作单元日常操作或运作绩效的测量。
3）过程测量和审核。
4）内部审核和自我评价。
5）顾客满意度测量。
6）员工满意度测量。
7）相关方满意度测量。
8）战略目标完成情况的测量。
9）竞争对手和标杆的数据和信息等。

6.3.2 绩效测量体系的设计

绩效测量体系对组织的战略决策具有很重要的意义。概括起来，其作用主要有以下几点：①识别组织当前的业绩状况和所取得的成就。②便于发现因素间的因果关系，寻找关键因素。③可将组织的业绩与标杆比较，寻找差距。④对组织过去、现在和将来的业绩状况有综合的了解。⑤帮助组织寻找持续改进的方向和改进方法。

组织要设计出有效的业绩测量体系，以支持组织的战略决策，就要避免犯两类错误：①所测量的因素不是对组织的业绩和顾客满意度起关键影响作用的因素。②采取的测量方法是不恰当的。

绩效测量体系一般可参考以下设计准则：

1）指标越少越好。将注意力集中于那些关键要素，而不是琐碎的无关紧要的因素。
2）测量应紧紧围绕那些有利于成功的因素进行。
3）既要能对过去和现在的业绩进行测量，也要能对未来的业绩进行预测。
4）要充分考虑顾客、股东和主要经理人的需要。
5）要对组织范围内的所有员工（包括最高管理者和一般员工）的业绩进行测量。
6）为了对组织的业绩进行更好的估计，可以将多个指标整合为一个指标。
7）要能适应环境的变化。

8）要设定一定的目标，而且是建立在调查研究而不是主观的基础上的。

为了设计出有效的业绩测量体系，组织既要使测量紧紧围绕组织的战略目标进行，又要选择合适的过程水平测量方法。

1. 绩效测量与组织战略

有效的绩效测量要紧紧围绕组织的战略目标进行，要能充分反应组织的关键成功要素的业绩水平。所谓关键成功要素，是指组织为了实现战略目标，必须做得卓越的因素。这些要素往往能使组织在竞争中脱颖而出。组织可以根据这些要素寻找并减小与标杆的差距，以提高竞争力。这些成功要素一般包括：企业产品和服务的特性；关键顾客以及他们的关键需求和期望；组织文化（目的、任务、观点等）；核心竞争力（人力资源、设备、技术等）；供应商、供应链需求、合作伙伴关系；环境适应性；市场地位与竞争环境；组织面临的挑战等。

对于不同行业类型的企业来说，所面临的成功要素并不完全相同。例如，计算机软件行业就不需要过多考虑环境质量问题，而化工行业却不得不高度关注此类问题。相应地，他们需要有各自不同的绩效测量体系，以准确测量企业的业绩水平。所以，企业首先要全面准确地识别企业的生产经营特点以及所面临的外部环境，确定关键成功要素，然后才能有针对性地制定出有效的业绩测量体系。

在确定了关键成功要素以后，就可以为每一个要素设计相应的测量指标，从而建立绩效测量体系。例如，产品的质量就可以用尺寸、精确度、稳定性、颜色等指标来测量。

好的绩效测量体系应具有的特性可用英文缩写"SMART"来概括。S代表明确具体（Specific），指绩效考核要切中特定的工作指标，不能笼统；M代表可度量（Measurable），指绩效指标是数量化或者行为化的，验证这些绩效指标的数据或者信息是可以获得的；A代表可实现（Attainable），指绩效指标在付出努力的情况下可以实现，避免设立过高或过低的目标；R代表相关性（Relevant），指绩效指标设定必须与岗位职责紧密相关；T代表有时限（Time-bound），指注重完成绩效指标的特定期限。

2. 过程绩效测量

过程绩效测量所关注的是制造行业生产的产品以及服务行业提供的服务型产品。顾客需要的产品是能够满足要求的，没有缺陷的产品。所以在对产品的质量进行测量时，可以用单位产品的不符合数或者缺陷数来衡量产品质量的高低。

在制造业，常用的绩效测量指标是单位缺陷数，也就是每单位产品所包含的缺陷数量。在服务行业，质量水平是用每个服务机会产生的差错数来衡量的，也就是在每一个为顾客提供服务的机会中，所犯的各种不同的错误数，这与产品缺陷数类似。如果服务质量的指标能够反映顾客的满意度，那么就不仅可以测量服务的质量还可以促进服务质量的提高。

产品的缺陷率或服务的差错率通常是用每一千件或每一百万件产品的缺陷数来衡量的。最常用的衡量标准是每一百万件产品的缺陷数——DPMO。例如，如果每一千件产品中有两件次品，那么该产品的缺陷率就是2000DPMO。

根据产品缺陷对产品质量的影响程度，可以把产品的缺陷分为3类：

（1）关键缺陷　关键缺陷是指一旦出现就会使顾客在使用时出现危险或无法实现产品正常功能的缺陷。因为这种缺陷对产品的功能的实现具有决定性的影响，绝对不允许出现，所以必须严格控制，甚至不惜花费一切代价。

（2）主要缺陷　这种缺陷虽然不是关键性的，但是一旦出现也很有可能会使产品无法使用或者无法实现全部功能。对主要缺陷的控制要视企业的发展战略而定。如果企业为了长久地发展，想要保住竞争优势，就应该尽可能地避免主要缺陷的出现。

（3）次要缺陷　次要缺陷是指即使出现也不太可能会对产品的功能有太大影响的缺陷。在很多行业，次要缺陷因为不会直接使产品功能下降，所以一般不太容易监测到。但是，对有些产品而言，次要缺陷也可能导致严重的问题，所以也应该予以控制。

3. 测量指标的选取

为了选取有效的绩效测量指标体系，组织可采取提问的方法，按以下步骤进行：

（1）确定组织的所有顾客以及他们的需要和期望　组织需要询问并回答以下问题：谁是我的顾客？他（她）们期望什么？需要注意的是，顾客的需求是随着时间变化的，所以要有规律地调查。

（2）确定为顾客提供所需要的产品和服务的工作过程　组织需要询问并回答以下问题：什么能满足顾客的需要？我的过程是什么？在这一步中，可以使用流程图来确定工作流程以及内部顾客和供应商之间的关系。

（3）确定价值创造过程以及组成工作过程的产出　在这一步可以剔除掉那些不增加价值而只是产生浪费的活动，因此需要分析工作过程中的内部顾客以及他们的需要。

（4）设计详细的测量指标体系　在第三步中所确定的每一个活动都代表一个可以为下一个内部顾客提供增值产品的关键点。业绩测量就在这些关键点上进行。可以针对以下问题进行测量：哪些因素决定了过程的好坏？会产生怎样的偏差？能产生什么信息？

（5）评价测量体系以确定其是否有效　评价需要回答以下问题：测量是不是在那些可以增加价值的关键点上进行？测量是不是可控制的？每一步测量中能否得到需要的信息？所测量的那些操作是不是都有明确的定义？操作的定义可以提供一个全面的理解，并有助于增强整个组织范围内的交流。

6.3.3　测量数据的分析与使用

按照前面的步骤得到的测量数据对决策有一定的作用。但是，为了更充分地发挥其作用，需要对数据进行分析。对数据进行分析的目的在于支持组织的业绩评审，帮助确定问题的根本原因，确定资源运用的重点。相应地，这些分析要使用绩效测量所获取的各种类型的数据，即有关顾客的数据、财务及市场数据、运营数据等。

通常的分析应包括以下方面：趋势分析、比较分析、相关分析、因果分析、成本/收益分析等。通过这些分析，可以将通过测量获得的数据转化为真正的信息，便于高层管理者理解和参考，从而更好地为企业决策提供依据。数据分析的具体内容如表6-3所示。

表6-3　测量数据分析的内容

分析类型	可用的分析实例
趋势分析	关键运营指标（如劳动生产率、循环周期时间、浪费的减少、新产品的引入、缺陷水平）的改进趋势；产品和服务质量、运营业绩指标以及总体财务业绩指标趋势之间的关系；经济指数、市场指数和股东价值指数的变化趋势

(续)

分析类型	可用的分析实例
比较分析	相对于竞争对手的单个或累积的劳动生产率、质量指标;相对于竞争对手的成本趋势;通过经营单元之间比较所显示的质量和运营业绩如何影响财务业绩
相关分析	员工的组织学习与员工的增加值之间的关系;知识管理与创新之间的关系;如何将识别和满足员工要求与员工保留率、激励和劳动生产率相关联;顾客保留率对利润的影响;由电子商务及互联网、内联网的应用所产生的或扩展所带来的成本和收入、顾客、劳动生产率;基于成本/收益关系、环境和社区影响分配各个改进项目之间的资源
因果分析	产品和服务质量改进与顾客业绩指标(如顾客满意度、顾客保有率)和市场份额的因果关系;根据顾客获取率、流失率的变化和顾客满意度的变化,解释市场份额的变化
成本/收益分析(综合)	与顾客相联系的问题以及有效地解决问题所涉及的成本和收入;从员工安全、旷工和流失率的改进中获取的财务收益;与教育和培训相关的收益和成本;与改进组织知识管理和知识共享相关的收益和成本;由于更好的知识和信息管理为顾客和组织创造的增加值;与员工有关的问题以及有效地解决问题所涉及的成本和收入;由于质量、运营和人力资源绩效改进的净收益;改进活动对现金流、流动资本和股东价值的贡献;市场份额与利润;与进入新市场相关的成本和收入,包括进入或扩展全球市场

在对测量数据进行分析时,应充分利用比较性数据。比较性数据和信息一般是通过水平对比法和竞争性比较而获得的。水平对比法是指在组织所在行业的内部或外部,辨识代表同类活动的最佳水平和绩效的过程和结果。竞争性比较则是将组织的业绩与同一市场中的竞争者的业绩进行比较。之所以强调运用对比数据和信息,是因为组织需要知晓相对于竞争对手和行业最佳水平所处的地位;比较性信息常常为重大的或突破性的改进甚至变革提供动力;比较业绩信息通常可以更好地了解过程及其业绩。比较信息还可以支持经营分析,支持与核心竞争力、联盟和外购相关的决策。

数据的分析还有一个重要的任务就是建立关联模型。所谓关联模型,就是描述组织内外部业绩指标间因果关系的模型。例如,能够描述顾客满意度与过程业绩指标(产品质量、员工绩效等)间的关系。在建立关联模型后,管理者就能够根据想要达到的目标制定相应的措施。此时的管理就是基于事实的管理,否则,就是基于猜测的管理。关联模型的重要意义还在于它可以帮助实现以下目标:忽略那些不重要或者容易引起误导的业绩指标;关注能够提升业绩的关键指标;对业绩水平进行预测;设定业绩目标;更快地做出有效决策;加强组织内的交流。

复习思考题

1. 什么是质量成本?它是由哪些要素构成的?它们之间有什么关系?
2. 什么是最佳质量成本?
3. 为什么要开展质量成本管理?改善产品设计可以降低哪些质量成本?为什么?
4. 质量成本特性曲线分为几个区域?各具有什么特点?采取什么措施才能使质量成本达到最佳水平?
5. 为什么要进行质量成本管理?一般应采取哪些步骤?主要方法有哪几种?

6. 某企业实施质量成本管理，统计 2012 年度质量成本费用：质量培训费 20 万元，生产前预评审费用 10 万元，供应商评价费 10 万元，外购材料检验费 20 万元，顾客投诉问题分析返工返修检验费 5 万元，鉴定费 20 万元，顾客满意度调查费 10 万元，返工返修的费用 50 万元，内部质量审核费 2 万元，内部纠正措施费 5 万元，顾客退货损失 50 万元。求该企业鉴定成本费用是多少？

7. 卓越绩效包括哪几个方面的内容？

8. 什么样的绩效测量体系是有效的？

案例分析题

案例一："碰伤问题"质量成本改善

S 公司是中外合资企业，是通用汽车公司全球供应商，主要为上海通用、韩国通用大宇、北美通用供应自动变速箱中的传动阀，是汽车行业的一级供应商。

在质量成本控制方面，S 公司采用了六西格玛符合及非符合质量成本模型对质量成本进行监控。设立预防成本、鉴定成本、内部失效成本及外部失效成本 4 大一级科目。根据公司及所在汽车行业的具体情况，分别设立如下二级子科目。2018 年 3 月，因韩国通用大宇投诉的碰伤质量问题导致当月质量成本率超过 10%，出现了明显异常，大大超出了 6% 的目标，也导致了当年 3 月质量成本平均率超标。

1. 改善过程

从质量成本评估分析开始，细化、完善了数据统计系统。设立了外部分拣损失等三级细分科目。针对性的明细数据为指出质量成本超标的成因，提供了强大的数据支持。

针对碰伤缺陷特性，结合汽车行业 QSB 中适宜的分析工具，递进式地采用了 4D 过程要素检查法、鱼骨图多因素分析法以及潜在失效模式的风险管理法，识别出了引起碰伤的根本原因及其潜在风险。按照 QSB 对改进措施的要求，从预防、预测、保护方面有层次地采取了系统性改进措施，以从根本上消除缺陷所引起的潜在风险。

在重中之重的控制阶段，首先，利用潜在失效模式中的改进措施工具验证并重新评估了改进措施完成后的相关风险系数，为验证措施效果提供了风险管理保障；其次，将经验证的控制措施纳入了标准化作业规程中，将措施进行了常态化、制度化；最后，利用 QSB 中的分层审核，把对控制措施的检查纳入了公司管理层对现场的日常检查机制中。既巩固了改进效果的控制，也增强了管理层对改进方法和效果的理解，可谓实现了控制和质量意识宣传的双赢结果。

2. 效果评价

通过六西格玛方法的改善，不仅根本性地解决了质量问题，也从质量成本方面提高了质量经济性。

从短期收益来看，解决了具体的碰伤质量问题，降低了外部损失成本，质量成本率从改善前的 10.73% 降低到改善后的 2.69%，重新达到了质量成本目标。从长期收益来看，完成相关措施的验证后，根本上解决了碰伤问题，使外部碰伤质量重新达到了零缺陷，顺利退出了通用汽车公司的受控发运，恢复了正常供货，大幅提升了有关零缺陷质量的顾客满意度。

这也就意味着，公司可以退出和取消由于受控发运而实施内部100%分拣，节约了大量内部损失成本和鉴定成本，遏制了由于可能的长期受控发运给企业带来的每月约30万元的巨大损失。

请根据案例回答下列问题

1. 质量成本由哪几部分构成？结合案例简要概述S公司是如何降低"碰伤问题"的质量成本的。

2. S公司从质量成本方面提高了质量经济性。结合案例阐述企业应如何提高产品寿命周期全过程的经济性。

（资料来源：六西格玛改善质量成本的应用案例分析，百度文库，https://wenku.baidu.com/view/5fef93d1e43a580216fc700abb68a98270feac12.html？from=search，2018-09-15）

案例二："三三五"绩效测量管理模式

A公司是一家以资本运营和资产管理为核心的投融资管理型公司。多年来，A公司以"绿色发展、和谐共赢"为经营思想，围绕战略发展和绩效管理，建立高度整合的绩效测量分析系统、知识管理系统和绩效改进系统。

1. 绩效的测量与分析

A公司绩效测量分析实行"三三五"管理模式，即三个层级的组织机构（高层领导、职能部门、实施部门）在三个层次（战略管理层、系统管理层、操作执行层）围绕五个方面（战略、财务、顾客与市场、内部运营、人文环境）对绩效数据信息进行测量分析。

（1）绩效测量

1）精思熟虑，正确选择。公司从财务、顾客与市场、内部运营、人文环境4个方面建立关键绩效评价指标体系，考虑以下因素，企划部组织选择数据信息的范围：①确保领导评价组织绩效的数据信息的真实、准确、可靠，使决策是建立在数据信息分析的基础上，基于事实的决策。②以战略目标为核心，年度方针目标、业务工作为主线，识别关键要素，设定关键绩效指标并进行层层分解，明确监测的责任部门。③围绕过程管理确定主要价值创造过程和关键支持过程的绩效测量，以系统地改进、支持战略决策。④充分了解外部市场环境、标杆、竞争对手、供应商和顾客的数据信息，着力于绩效改进和创新。

2）全面收集，分类整理。企划部组织各部门按照《公司级信息收集和业务数据分析管理办法》《市场信息管理制度》《质量信息管理办法》等制度，对各层次数据信息的收集、测量、分析、传递过程实施规范化管理。

3）全程监测，有效整合。公司制定《过程的监视和测量控制程序》等制度，建立实施部门全方位监测与职能部门分类监测相结合的绩效全程监测体系。实施部门对内部绩效进行全方位监测，职能部门分别对质量、生产等方面的绩效进行监测，企划部采取月度检查、管理巡检等方法对公司整体绩效进行监测和有效整合，每季度组织召开绩效测评会，对绩效状况进行评价，保证各级组织机构对公司绩效进行监测和控制。

（2）绩效分析

1）全面分析，有效运用。公司的绩效分析分为3个层次：第一层次包括公司领导对组织绩效的分析评价和战略分析；第二层次是职能部门对系统管理层绩效数据信息的专业、综合分析；第三层次是实施部门对操作执行层绩效数据信息的分析。

2）及时传递，支持决策。公司各层次绩效分析结果从上至下通过信息系统、会议（质量例会、生产例会、经营分析会等）、文件等途径在横向和纵向及时传递，保证使用部门和员工能够及时取得，各部门、工厂取得分析结果后运用头脑风暴法、因果分析法、对比法等分别对产品研究开发、制造过程、财务管理、采购管理等过程的关键绩效下降的原因进行分析，明确改进的方向，制订对策、措施及改进计划，为管理决策提供有效的支持。

2. 绩效改进

A公司的绩效改进执行"三三递进"法则，即以"制订改进计划、实施改进业务、评价改进成果"三个步骤的递进关系确保战略管理层、系统管理层、操作执行层三个层次的绩效改进。A公司绩效改进系统如图6-10所示。

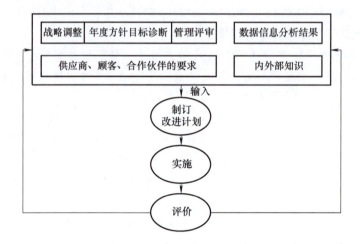

图6-10　A公司绩效改进系统

（1）改进的管理

1）制订计划，分解落实。公司制定《持续改进控制程序》等制度，对各层次改进计划的制订、审批、实施、检查、评价过程进行明确的规定。职能部门制订综合的与战略有关的前瞻性改进计划或专项改进计划，业务部门、工厂制订内部业务改进计划。

各层次改进计划作用的范围和目标不同。其中，部门、工厂制订的内部改进计划作用于操作执行层的绩效改进，是对内部日常、短期绩效的改进；职能部门（如技术中心、质量部等）制订的改进计划作用于系统管理层的绩效改进，是对系统的技术、质量等方面绩效的改进；企划部根据战略调整、年度方针目标诊断报告、管理评审结果制订的综合改进计划致力于从整体层面上改进公司的绩效。

2）严密实施，跟踪监测。公司按照"谁下达任务，谁跟踪检查；谁执行任务，谁总结汇报"的原则，对改进计划的实施活动进行监测，形成责任递进的循环管理过程。

3）分级管理，客观评价。业务部门、工厂对其下达的内部改进计划效果进行评价；职能部门组织对综合或专项改进计划效果进行评价。采取内部评价和外部评价两种方式对改进的成果包括质量、成本、预期目标实现程度等进行客观的评价。

（2）改进方法的应用

1）组织灵活，全员参与，有序推进。根据改进计划，职能部门、工厂成立各种灵活的组织,如项目攻关组、卓越班组、QC活动小组、小改小革活动、合理化建议活动等,实施各种改进。

2)巧借工具,擅用方法,支持改进。公司对员工进行培训,使其掌握各种统计技术的分析及应用方法,如SWOT分析法、因果分析法、控制图等,对各类数据信息和知识进行分析,以支持职能部门、工厂在管理、技术质量、营销服务、财务等方面进行绩效改进。

请根据案例回答下列问题

1. 结合课本内容谈谈A公司在绩效测量的过程中考虑了哪些绩效测量体系的设计准则。

2. A公司的"三三五"绩效测量管理模式和"三三递进"的绩效改进法则对其他企业建立绩效体系有什么指导意义?

(资料来源:玉柴绩效测量分析,百度文库,https://wenku.baidu.com/view/ad67b63d0912-a21614792903.html)

  视频思政案例

企业家精神

第7章
数据质量与信息质量

引导案例

大数据推动行业发展

全球运营商的大数据应用仍处在初级阶段,国外各大运营商开展了跨行业、多领域的大数据应用项目,国内运营商也不甘落后,中国移动、中国联通和中国电信也多次开展针对管理者及员工的大数据研讨和培训,以提升全员对大数据的了解,从而提升运营能力。在技术提升方面,中国移动研发了底层基于 Hadoop 运算和存储的大云平台,中国联通和中国电信,也采用 Hadoop 的分布式系统基础架构,进行用户离网分析和实时网管分析等大数据业务;在设施建设方面,各大运营商纷纷扩容和升级自己的数据中心、网络基站等基础数据设施,同时也加快了云计算大型数据中心的建设步伐;在客户维系方面,各运营商将用户产生的数据进行建模分析,针对结论采取措施,有效降低用户离网率;在数据处理方面,中国移动基于大云平台,不仅可以完成省级移动公司每天近 170 亿条的用户数据处理操作,还可实现 100TB～10PB 的数据量级、1s 内完成查询、多用户同时查询等快速精准的查询操作;在精准营销方面,中国移动从海量数据中提取出 7 类客户标签,实现对移动用户的群体细分,以便更好地进行精准营销。

越来越多的运营商和互联网企业逐渐意识到大数据蕴藏的巨大商业价值,拥有海量用户数据的通信运营商既面临着大数据的发展机遇,也面临着用户隐私泄露的挑战。对此,运营商应快速部署大数据发展战略,明确大数据应用目标,规划大数据实施方案,以拥抱的姿态积极应对大数据的发展态势。

讨论题:大数据技术的发展和应用正悄无声息地改变我们的生活,根据上述背景思考大数据时代为什么可以给运营商带来诸多变化?生活中又有哪些方面应用了大数据呢?

(资料来源:刘金晶,曹文洁. 大数据环境下的数据质量管理策略[J]. 软件导刊,2017,16(3):176-179.)

1. 掌握数据与信息的定义和关系。

2. 掌握数据质量和信息质量的来源。
3. 了解数据和信息质量维度。
4. 了解数据质量的评价方法。
5. 熟悉 TDQM 循环。
6. 了解 ISO 8000 的内容。
7. 熟悉质量信息的内容和类别。
8. 掌握质量信息的流程。

7.1 数据质量和信息质量的定义

7.1.1 数据与信息

1. 数据与信息的界定

数据是客观记录事物的可以鉴别的符号,包括文字、数字、声音、图像等,具有客观性,是描述一个现象的原始事实,如温度、价格。信息是以适合于通信、存储或处理的形式表示的知识或消息,是通过对原始信息进行加工而产生的明确、更易于理解的知识或内容,是在特定背景下有特定含义的数据。例如,一张电影票的价格,对于要看电影的人是一种信息,对于其他人只是一种客观的数据。

2. 数据与信息的关系

通过以上定义可以看出,数据和信息既有密切的联系又有区别,主要表现在:数据是信息的载体;而信息是经过加工的数据。数据本身并没有实际的意义,但如果通过对数据的接收并对数据进行处理、分析、解读、综合之后,它就会成为被人们所理解、对人们有价值的信息,即获取了数据所负载的信息。通过获得的信息,会让人们理解当前所发生的事,从而更好地利用这些信息来完成工作。

7.1.2 数据质量和信息质量问题的来源

1. 数据质量的来源

早期的数据质量研究往往从技术角度注重数据的准确性,并且依附于产品质量管理。20 世纪 40 年代以来,随着计算机的出现,信息技术被迅速地利用于对数据的管理,使得数据的准确性大大提高,人类生产和处理数据的能力大大增强。直到 20 世纪 70 年代,由于数据爆炸式增长的原因,对大批量数据管理的难度和需求都日益提高,人们开始研究如何高效存取大批量数据的问题,数据库技术开始发展。这在一定程度上改善了数据的质量,因此在当时数据质量成为人们认知的一种概念。

然而,在实践中人们发现,数据库技术虽然有着严格的理论基础,但单单依靠这些理论仍不能进一步提高数据质量。于是人们进一步探索基于数据库技术如何进行有效的测量、分析和改进数据质量等问题。这一阶段是以技术手段来提高数据质量,多是从技术角度和对数据外部质量特性指标评估等方面进行研究,而且这一时期的数据质量研究多是在微观层次上着眼于个别的信息系统和数据组织方面。

2. 信息质量的来源

随着社会信息化的快速发展，信息化逐渐成为衡量国家发展情况的重要因素，信息已经上升为为各种社会活动提供决策支持的重要的战略资源，如何提高信息质量已经成为社会广泛关注的重要内容。社会的发展与进步已经和高质量的信息资源息息相关。这个时候之所以重视"信息"概念，是因为人们不仅关注数据本身，更关注数据的语义内容。例如，虽然像数据库等信息技术的逐步应用，使得为在低成本下获得信息、提高数据质量、获取高附加值信息成为可能，并可以在技术上提供符合标准的高质量数据，但用户仍感到无法得到有价值的信息。所谓"高质量"的数据但不一定是高质量的信息。那种纯技术的数据质量解决办法逐渐暴露出了许多问题和缺陷，已经无法满足信息社会多方面、多层次角度来把握信息的质量要求，因此人们开始逐步拓展、加深对信息质量的认识，使信息质量管理开始形成一个独立的研究领域。学者 Larry P. English 认为，从管理的角度对信息质量的研究活动始于 20 世纪 90 年代初。从管理的角度来研究信息质量问题主要来源于两方面因素：一是因特网技术的出现拓展了信息生产、流动的渠道，人类产生信息的速度以指数形式增长，加速步入信息化社会。随着社会各组织对信息技术的广泛应用，信息对于组织管理的作用越来越大，组织的产品、服务以及决策、管理对信息的依赖大大增强，对信息的充分管理和利用，将会提升组织的竞争力，而信息管理阶段纯粹的技术手段已不能实现对信息的有效控制和利用。二是信息质量良莠不齐的现象日益严重，并且严重影响着组织的正常运作。劣质信息常常导致管理者决策失误、冗余信息猛增、用户满意度下降等恶性问题，造成经济损失和成本居高不下，促使管理层以及研究人员从管理角度重新来认识、提高信息质量。

总之，从数据质量到信息质量的发展历程来看，这方面的研究内容已经从单纯对信息、数据的监测控制、质量评测发展到对数据、信息产生全过程的全面信息质量管理和持续改进。

7.1.3　数据质量和信息质量的区别与联系

1. 数据质量和信息质量的区别

目前，对于数据质量和信息质量的界定存在两种看法：一是认为两者只是前后过程的关系，从数据的产生到信息系统之间的过程是数据质量的问题，从信息系统到用户之间的过程是信息质量问题；二是认为两者是包含关系，信息质量是在数据质量基础上得到的，包含了数据质量，数据质量的好坏在一定程度上决定了信息的质量。

通常情况下，数据质量和信息质量的主要区别有以下 3 个方面。

（1）**数据质量和信息质量所要解决的问题侧重点不同**　数据质量侧重于从技术方面对数据在数据库中的约束和控制，处理的是一些没有实际解释意义的数据库中的符号或信息系统数据，关注的是与信息系统有关的质量；而信息质量更加系统、全面，主要关注从生产到加工再到用户的过程控制，处理的是用于分析评价或其他解释性、有实际意义的数据，侧重从信息的内在信息价值上保证用户满意度，这也是信息质量管理的根本目标。数据质量和信息质量要解决的问题如表 7-1 所示。

第7章 数据质量与信息质量

表7-1 数据质量和信息质量要解决的问题

序 号	数据质量要解决的问题	信息质量要解决的问题
1	数据来源的多重性	研究或分析中出现评价冲突
2	数据联系中断	调查分析中不清楚的因果联系
3	无意义的输入项	书面报告无逻辑性
4	失效或过期的输入项	分析报告不能根据变化及时更新
5	拼写错误	包含语法错误的杂乱语言
6	不一致的数据格式或命名习惯	不一致的分类和导航结构
7	数据存储错误	丢失或"湮没"的文件
8	复杂的询问程序	信息索引和修改困难
9	错误的数据编码或标签	元数据信息或内容特性缺乏
10	由于缺乏来源确认而使数据输入项不正确	结论缺乏足够的证据
11	存储数据人为操作（如删除、修改等）	决策过程的人为操作（过载、混淆、过于分散）

（2）数据质量和信息质量关注的对象不同　数据质量是面向系统的，是从系统角度关注数据的质量问题，大多是指从数据生产者到数据平台之间的数据生产、质量特征的问题。信息质量的研究对象范围更广泛，不仅包括数据质量的内容，还注重信息的内容特征，关注形式上的质量特征，如准确性、相关性、可获得性、有用性、可读性、可靠性、重要性、真实性等。

（3）数据质量和信息质量所反映的质量观念不同　从质量的定义和质量管理的基本原则来看，不同的质量管理观念产生不同的管理办法。数据质量是一种依据标准控制的"符合性"数据生产质量管理方式，是以向信息用户提供符合标准规定的数据为目标。研究方向为"数据生产者→数据管理者→信息用户"，是一种任务驱动的管理方式。在实际运行中，常出现数据生产者所提供的认为"符合"的数据和用户认为"相符合"的数据存在很大的"数字鸿沟"的现象。符合标准的数据不一定是用户所适用的、所理解的"信息"，即所谓的"高质量"的数据不一定是高质量的信息，信息用户仍无法得到有价值的信息。

信息质量则是一种依据用户需求的"适用性"质量管理方式，研究范围包括信息（数据）生命流程的整个完整过程，使信息生产形成一个完整的"信息用户—信息管理者—数据生产者"过程，它是将用户的质量要求传递到"数据生产者"，使其在原始数据"一次开发"过程中就注重按照相应用户信息质量要求规范其数据生产。

2. 数据质量和信息质量的联系

对两者之间的相互联系，可从"纵向"和"横向"概念关系认识。

从"纵向"概念关系看，数据质量与信息质量在层次上的相对区别，存在递进关系，反映了人们认知的深化过程，前者是后者的基础和前提，后者是前者的抽象与升华。例如，数据质量侧重于从技术方面关注关键环节标准检查控制，从信息的形式方面对信息的外部特征进行把握，关注的是与信息系统有关的质量。而信息质量关注信息生产的过程控制，关注的是与信息用户有关的质量问题，侧重从内在信息价值上保证用户满意度。

从"横向"概念关系看，可以把数据质量看成是信息质量的一个子集，存在包含关系。从质量管理角度来看，严格意义上的数据质量应包含在信息质量的范围内，它反映信息固有的一些质量特征。信息质量最终是要由数据质量和信息系统质量来保证的。

过去，数据生产者在进行数据质量研究时，只是从自己的工作角度出发了解信息系统中信息资源的客观状况，通过专业化、技术性的指标和方法得到一系列精确的数据质量控制规范和标准。通过这些规范和标准，数据生产者也可以构建一个系统的质量管理体系结构。然而，如果这一系列规范和标准脱离了用户的评判和需要，则数据生产者所提供的认为"符合"的数据就不一定是用户所适用的、所理解的"信息"，也就无法实现信息价值。数据质量的控制规范和标准只有和信息质量所得出的结论相结合时才具有实践指导意义，才能更好地为信息资源建设提供控制依据，才能更好地为用户服务，全面提升用户的满意度。

7.2 数据质量和信息质量管理

7.2.1 数据和信息的过程观与产品观

把数据或信息当作具有生产过程的产品这一观点是 Richard Y. Wang 在 1998 年就已经提出的。我们常常能看到，企业的信息技术部门过分强调改善传送系统及其部件的质量，而对传递给消费者的信息产品质量置之不理。由于企业会遇到许多关于数据或信息质量方面的问题调查，因此很有必要把数据和信息当作产品、当作满足于消费者的最终交付。

为了明确信息产品观点的一般定义，首先要了解数据元素的概念。数据元素是指在操作环境中有意义的数据中的最小单位。一个数据元素可能是一个实体的属性、一个记录或一张表，如出生日期、身份证号码和姓名等。因此，信息产品可以定义为满足消费者数据信息产品规定要求的数据元素的集合。这些信息产品对于企业决策、法律报告或者政府报告都是十分需要的。

管理信息类产品需要对信息的理解有根本的转变。为了达到像对待具有生产过程的产品一样对待信息，需要遵循以下 4 个原则：

1）理解顾客的信息需求。
2）把信息当成明确界定的产品来管理。
3）把信息当成具有生命周期的产品来管理。
4）由专门的信息产品管理者来管理信息产品。

把信息当成产品管理和把信息当成附属品管理有着截然不同的区别，具体如表 7-2 所示。

表 7-2 不同类型信息管理的对比

项 目	信息作为产品	信息作为附属品
管理内容	产品，信息生命周期	软硬件，系统生命周期
管理方式	围绕信息收集者、监护者、客户的集成	控制单一组件，成本控制
管理目标	为客户提供高质量信息	开发高质量软硬件系统
管理实现	在产品生命周期中持续提供高质量信息，避免无用信息出入	系统运行无干扰
管理人员	主要的信息主管 信息产品管理者	主要的信息主管 信息技术领导者 数据库管理员

7.2.2 数据质量和信息质量的维度

数据和信息质量的维度是对数据或信息进行评价、建立量化指标的基础，因此是刻画数据和信息质量的一个非常重要的组成部分。目前，对于数据质量和信息质量的维度划分仍没有形成一个普遍适用并被接受的观点。由于许多维度是多元性的，并且变量中有很多是与环境相关的，因此不同的组织会选定不同的维度或变量来对数据和信息质量进行划分，从而便于下一步的指标测量。

通过分析数据质量和信息质量的维度，我们选择一些对于多数组织都有用的维度加以介绍。

（1）无误（Accurary） 当提到数据是否正确时，我们通常用"准确性"这一术语。然而，准确性本身还可以由多个变量组成，其中就包括"数据是否正确"。因此，"无误"这一维度就能很好地代表数据的正确与否。

（2）完整性（Completeness） 数据的完整性可以从架构完整性、列完整性和数据集完整性这3个具体的方面来考察。其中，架构完整性指的是所架构的实体和属性没有缺失的程度；列完整性指的是一张表的列中存在缺失值的程度；数据集完整性指的是本应存在的数据成员不存在的程度。如果一列应该包括中国全部4个直辖市，但只出现3个，那么这个数据集就是不完整的。

（3）一致性（Consistency） 一致性表现为两个方面：一是两个相关数据元素之间的一致性，例如城市名称和长途区号应该是一致的；二是不同表中的相同数据元素形式应该保持一致，这一点不是必须的，需要依环境情况而定。

（4）可信度（Believability） 可信度是指数据或信息的真实程度，通常能够反映个人对数据源的可信程度的评价、对数据及时性的感觉，或者对数据相对常用标准的评价。

（5）及时性（Timeliness） 这个维度反映的是数据相当于使用该数据来完成任务的实时程度，这个维度也需要依赖于其数据或信息应用的环境而定。

（6）易获取性（Accessibility） 这个维度反映了数据或信息获取的容易程度。如果数据或信息在无法使用之前提交，那么这些数据或信息可能会有所用处，但不如更早提供的数据或信息有用。这一维度衡量了用户需要数据或信息的时间段和提供数据或信息所需的时间。

虽然这些维度能够从一定方面分析和解读数据或信息，但并不是任何数据或信息都能够严格按照这些维度来进行分析和测量的。在实际中，需要结合不同的环境情况灵活处理，从而更加全面地对数据或信息进行管理和应用。

7.2.3 数据质量和信息质量的评价及其改进方法

数据质量和信息质量评价包括数据、相关业务记录和报告系统以及所涉及的收集、存储和使用组织数据或信息的业务流程。通过对数据质量和信息质量的评价，可以选择关键领域来改善数据质量和信息质量。此外，数据质量和信息质量评价可以为任何组织进行全面数据质量和信息质量管理奠定坚实的基础。因此，评价组织数据和信息对于提高组织决策能力、策略制定和组织绩效都是至关重要的。数据质量和信息质量评价的影响不仅仅局限于提高数据质量和信息质量的过程。任何新的系统改良或企业系统项目都会从组织的数据质量和信息质量评价中受益。

数据质量和信息质量的评价技术主要有数据质量和信息质量调查、可量化数据质量和信息质量指标、数据质量和信息完整性评价 3 种。通过数据质量和信息质量调查，可以发现多个利益相关者所关心的不同数据或信息的质量维度。由此得到的评估能够反映出每个受访者的观点。可量化数据质量和信息质量指标是评价数据质量和信息质量的客观测量公式。任何组织在使用质量指标之前都需要为每个数据质量维度开发出一个集体商定的指标。数据和信息完整性评价能够直接衡量数据库是否符合完整性约束条件。

针对不同的策略需要采用这些技术的不同组合，根据这些策略可评估数据质量或信息质量的水平，并且对数据或信息的质量进行改进。这里我们主要介绍 3 种方法。

第一种是对比法。这种方法是由 Leo L. Pipino，Yang W. Lee，Richard Y. Wang 于 2002 年首先引入的，主要采用数据质量和信息质量调查和可量化的数据质量和信息质量指标。这种分析把从调查中收集到的数据与量化的指标结果进行对比，得到的对比结果可以用来诊断需要改善的关键领域。这种方法也可以被称为诊断方法，这也是与其他对比方法的不同之处。

第二种对比法是利用数据质量和信息质量调查的汇总结果来分析优先改善关键领域。这种方法包括差距分析和基准分析。这里的对比并不是两种技术的结果对比，而是利用调查技术，将信息的收集者、管理者和使用者与产业标准或其他组织进行对比，从而改善自己的关键领域。

第三种方法是由 Yang W. Lee 等人于 2004 年引入的。该方法记录不同时间采集的数据或信息的完整性分析结果。这一历史记录会帮助任何组织适应环境变化，并保持持续的数据质量和信息质量改善项目。

7.3 数据质量和信息质量的现状与前景

7.3.1 TDQM 框架

早期的数据质量研究主要集中在建设大型的数据库、支持多渠道访问等技术方面。随着技术的不断进步，学者们开始考虑在数据库中加入反映数据质量的标签，比如数据来源、数据访问的方式等。这些早期的努力使得研究者开始从事与数据质量相关的问题的系统性访问，接下来就催生了 1992 年由麻省理工学院主导的全面数据质量管理项目（TDQM）。该项目将数据质量的评价与提升作为一个新兴的研究领域推广开来。

1. TDQM 框架

戴明质量管理中有 PDCA 循环，与此类似，TDQM 项目提出了数据质量持续改进的框架——TDQM 循环，包括定义、评价、分析、改进 4 个过程，如图 7-1 所示。

（1）定义（Define） 定义就是要从数据消费者的角度考虑数据的适用性和有效性。在之前的研究中，主要由研究者根据直觉，随意地挑选一些指标对数据质量进行定义。1996 年由 Richard Y. Wang 和 Diane M. Strong 通过对 100 多个数据属性进行主成分分析，得出数据质量的 4 个主要属性：可获得性、适用性、代表性、固有特性。

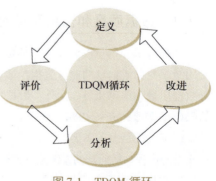

图 7-1　TDQM 循环

（2）评价（Measure） 全面数据质量评价工具既可以在研究中，也可以在实际中用来评价组织中的数据质量。该方法主要将数据质量的维度整合成少数的可评价的指标，使用合适的评价方程对这些维度进行打分，全面数据质量评价工具可以根据组织的不同需要进行调整。

（3）分析（Analyze） 这一过程主要是分析评价的结果。该过程中常使用的方法是差别分析技术（Gap Analysis），能够反映数据参与者对于数据质量的认知和数据的实际质量之间的差异，从而发现数据最需要提高的维度和数据质量最本质的问题。其中，数据参与者是指数据收集者、数据保管人、数据消费者。

（4）改进（Improve） 在这一步中，将会采取措施以直接提高数据价值，或者采取更加合适的方式，对数据产生的过程进行改进。

在使用 TDQM 框架的过程中，一个组织必须做到以下 4 点：①能够清楚地用商业术语描述信息产品（IP）。②建立一个信息产品团队，该团队由资深经理作为领导者，由对 TDQM 熟悉的技术人员作为 IP 工程师，团队应该还包括信息收集者、信息保管人、信息消费者以及 IP 经理人。③使所有的信息产品团队成员掌握数据质量评价和数据质量管理技术。④将持续改进信息产品进行制度化。

2. TDQM 在信息产品中的应用

TDQM 框架在信息产品中的使用也需要进行持续改进的迭代过程。例如，过去开发的信息产品可能不适合现在的客户了，因此需要持续进行 TDQM 循环。同样，在使用 TDQM 框架进行信息产品的开发时，也需要进行定义、评价、分析和改进 4 个过程。

（1）定义信息产品 信息产品的定义有宏观和微观两个层次。宏观的定义认为，信息产品将信息使用者对信息产品的功能需求进行概念化。例如，在客户的账户数据库中，信息产品的功能是要向信息使用者及时提供消费者信息，帮助信息使用者完成任务。客户的账户包含账户名、交易记录等条目，在迭代的过程中，系统的消费者和功能就被确定了，由于信息消费者包括中间商、客户代表、审计师、公司律师等，这些不同的信息使用者对数据质量的要求是不同的，信息产品就必须根据不同的需求来定义。微观的定义认为，信息产品应该注重其自身的逻辑性，比如客户的账户数据库中，客户不能有重复，因此将每个客户定义为一个数字账号。

（2）评价信息产品 进行信息产品评价的关键是做好数据质量的评价矩阵。这些数据质量的评价矩阵包括数据最基本的质量评价指标，包括数据的准确性、时效性、完整性、一致性，同时还应该包括一些商业规则所带来的数据数量特性。例如，客户的资料虽然可以由审计师等数据消费者使用，但是客户的信息暴露程度却不能超过一定的限度，在评价数据质量时，必须考虑这一点。

（3）分析信息产品 在获得信息产品的评价结果后，信息产品团队应该找出潜在数据质量问题的根本原因，其使用的方法和技术可以简单也可以复杂。客户账户数据库系统中，分析者可以向系统中输入假的账户信息，以此来识别造成数据质量低下的原因；同时，也可以通过数据统计、帕累托图表等分析数据质量随时间的变化情况。

（4）改进信息产品 在分析过程完成之后，就可以进行产品的改进了。信息产品团队需要识别关键的改进措施，如同步信息流和基础设施的工作流程，以使信息产品的关键特征满足商业的需求。

7.3.2 ISO 标准

有关数据质量的国际标准，最为权威的是由国际标准化组织制定的 ISO 8000 系列标准。它最早于 2008 年年底发布，旨在为各类组织提供有关数据质量的指导，有助于组织开发和使用高品质数据。该标准是一个正在开发的数据质量标准，描述了数据质量的原理，同时定义了数据质量的特征。与 ISO 9000 类似，ISO 8000 还给出了数据质量的认证过程。ISO 8000 数据质量标准由各系列部分组成，包括通用数据质量、主数据质量、业务数据质量、产品数据质量，各部分的侧重都不同，但都集中于 ISO 8000 100 系列，即主数据质量部分。

ISO 8000 是 ISO 9000 质量管理体系的扩充，主要为满足质量管理体系内部对于数据产品质量的要求。ISO 9000 是帮助组织实施并有效运行质量管理体系，是质量管理领域通用的要求和指南，但其不能保证质量体系内部的数据质量。实践证明，如果不能保证数据质量，ISO 9000 就不能够完全实现质量目标，ISO 8000 有效地补充了 ISO 9000 的这一缺憾。

1. ISO 8000—100 系列

该系列包括 ISO 8000—100 ~ 199 部分，主要是主数据质量的内容。主数据质量是指在一个组织内各个系统间要共享的数据，描述的数据实体通常是基础的和独立的，如描述人员、机构、地点、物品等的数据。主数据在整个组织范围内要保持一致、完整和可控。ISO 8000—100 系列对质量管理系统的主数据进行了描述，介绍了主数据的度量方法。

2. ISO 8000—100

这部分标准描述了主数据质量的基本原理，定义了相关术语，对数据和组织的要求进行了详细的说明，主要内容包括 ISO 8000—100 系列（100 ~ 199）标准范围、主数据、主数据的数据结构、ISO 8000—100 系列标准其他部分内容。

3. ISO 8000—102

该标准对有关主数据语法、语义的术语和定义，以及有关产品条款和供应条款的术语和定义进行了规范。

4. ISO 8000—110

该标准在 ISO 8000 100 系列标准中最先发布，标准规范了主数据的语法、语义编码和数据规范的一致性，尤其是计算机自动检查的要求，以此来实现各机构、各系统之间主数据交换的数据质量。其主要内容有主数据信息形式语法的一致性要求、主数据信息的语义编码要求、主数据信息数据规范的一致性要求、主数据交换的商业模式要求。该标准描述了主数据交换需要遵循的基本要求，只要对数据的提供者和数据的管理者能够提供或接受 ISO 8000—110 要求格式化的数据，这些组织就能够通过 ISO 8000—110 的认证。

5. ISO 8000—120

ISO 8000—120 标准补充了 ISO 800—110 的要求，对主数据起源信息的表示和交换要求进行了规范。起源是衡量数据价值的关键元素，让主数据的使用者可以追溯到数据的源头，当使用者接收到性质相同但来源不同的数据时，主数据起源信息可以帮助使用者评估这些数据的可信度，同时做出选择。该标准主要包括数据起源信息的描述、数据起源信息的获取和交换要求、数据起源信息的概念数据模型。

第 7 章　数据质量与信息质量

6. ISO 8000—130

该标准是 ISO 8000—120 标准的可选附加部分，其规范了关于主数据的属性值、记录和数据集准确性信息的表示和交换。ISO 8000—130 的主要内容包括主数据准确性信息的描述、主数据准确性信息的获取和交换要求、主数据准确性信息的概念数据模型。

7. ISO 8000—140 和 ISO 8000—150

ISO 8000—140 标准也是 ISO 8000—120 的一个可附加部分，它规范了关于主数据的属性值、记录和数据集完全性信息的表示和交换，主要内容有主数据完全性信息的描述、主数据完全性信息的获取和交换要求、主数据完全性信息的概念数据模型。

ISO/TS 8000—150 质量管理框架于 2011 年 12 月发布，该框架规定了主数据质量管理的基本原则以及对 ISO 8000 标准实施、数据交换和数据出处的要求。它还包含了一个信息框架，用于确定和识别数据质量管理的过程。该框架可以与质量管理系统标准（如 ISO 9001）结合或独立使用。

7.3.3　大数据产业

1. 大数据的概念和特点

自 2009 年以来，《科学》《自然》等科学杂志，《纽约时报》《福布斯》等商业管理报刊，以及 IDC、麦肯锡、埃森哲等管理咨询公司都对大数据进行了连篇累牍的介绍和讨论。大数据的概念短时间内席卷全球。2012 年 3 月 19 日，美国奥巴马政府发布《大数据研究与开发计划》，提出"通过收集、处理庞大而复杂的数据信息，从中获得知识和洞见，提升能力，加快科学、工程领域的创新步伐，强化美国国土安全，转变教育和学习模式。"但是对于大数据的概念，却没有统一的结论。

大数据（Big Data）的概念比较抽象，主要表示数据规模的庞大，但是仅仅从数量上的庞大是不能看出大数据这一概念和以往的"海量数据"等概念之间的差别的。有学者认为大数据需满足 3 个特点（3V）：规模性（Volume）、多样性（Variety）、高速性（Velocity）。还有人提出了第四个 V，即价值性（Value）或者真实性（Veracity）。

在数据收集方面，大数据的多样性决定了数据来源的复杂性，来源众多、结构各异、大量不同的数据源之间存在着冲突、不一致或相互矛盾的现象，在数据获取阶段保证数据定义的完整性、数据质量的可靠性尤为重要。

由于规模大，大数据获取、存储、传输和计算过程中可能产生更多错误。采用传统数据的人工错误检测与修复或简单的程序匹配处理，远远处理不了大数据环境下的数据问题。

由于高速性，数据的大量更新会导致过时数据迅速产生，也更容易产生不一致数据。

由于发展迅速、市场庞大、厂商众多，直接产生的数据或者产品产生的数据标准不完善，使得数据有更大的可能产生不一致和冲突。

由于数据生产源头激增，产生的数据来源众多、结构各异，以及系统更新升级加快和应用技术更新换代频繁，使得不同的数据源之间、相同的数据源之间都可能存在着冲突、不一致或相互矛盾的现象，再加上数据收集与集成往往由多个团队协作完成，其间增大了数据处理过程中产生问题数据的概率。

维基百科对大数据的定义比较简单和明了：大数据是指利用常用软件工具捕获、管理和处理数据所耗时间超过可容忍时间的数据集。

2. 大数据的主导者

大数据对于所有的行业来说，都是一个机遇，那些拥有大数据、擅长分析利用大数据的组织，将可能实现持续性的创新，创造竞争优势。大数据专营厂商，主要是指大数据业务相关的收入能够在该厂商总体收入中的比例超过 50% 的独立硬件、软件或者是服务提供商。这些公司包括下一代数据仓库厂商均为未来大数据领域内创新的主力。

大数据时代，强调对总体数据的处理与分析，关注事物之间的相关关系以及对发展趋势的分析预测。大数据的规模性、多样性和高速性，使数据更可能产生不一致和冲突，这些都会导致大数据质量问题，因此需要对大数据进行质量管理。大数据处理流程主要包括数据收集、数据预处理、数据存储、数据处理与分析、数据展示或数据可视化、数据应用等环节，其中数据质量贯穿于整个大数据流程，每一个数据处理环节都会对大数据质量产生影响。

3. 大数据的应用

在 2012 年以前，包括硬件、软件以及服务在内的大数据市场规模约为 50 亿美元。随着技术的进步，企业需要相关的分析能力来取得竞争优势，进而改善运营效率，大数据的能量将引起更多的关注。据互联网数据中心（IDC）表示，大数据市场正进入迅猛增长阶段，大数据市场规模有望从 2010 年的 32 亿美元增加到 2015 年的 169 亿美元，年复合增长率达 40%。根据 Wikibon 的研究结果，大数据市场涵盖以下技术、工具以及服务：

1）Hadoop 分发、软件、子项目以及相关硬件。
2）下一代数据仓库以及相关硬件。
3）大数据分析平台以及应用。
4）适用大数据的商业智能、数据挖掘和数据虚拟化平台以及应用。
5）适用于大数据的数据集成平台以及工具。
6）大数据支持、培训以及专业服务。

计算机科学在大数据出现之前，非常依赖模型以及算法。人们如果想要得到精准的结论，需要建立模型来描述问题，同时，需要理顺逻辑、理解因果、设计精妙的算法来得出接近现实的结论。因此，一个问题，能否得到最好的解决，取决于建模是否合理，各种算法的比拼成为决定成败的关键。然而，大数据的出现彻底改变了人们对于建模和算法的依赖，同时当数据足够多的时候，不需要了解具体的因果关系就能够得出结论。由于能够处理多种数据结构，大数据能够在最大程度上利用互联网上记录的人类行为数据进行分析。大数据出现之前，计算机所能够处理的数据都需要前期进行结构化处理，并记录在相应的数据库中。但大数据技术对于数据的结构的要求大大降低，互联网上人们留下的社交信息、地理位置信息、行为习惯信息、偏好信息等各种维度的信息都可以实时处理，立体完整地勾勒出每一个个体的各种特征。

7.4 质量信息管理

7.4.1 质量信息概述

1. 质量信息相关概念

质量信息就是企业质量管理活动中产生的反映产品质量和工作质量情况及其变化的各种

数据、图表、图像、文字及符号的总称。质量信息覆盖了产品寿命循环的各个阶段，也覆盖了企业的各级、各类人员和各个部门，是企业质量管理得以顺利推行的保障。

质量信息与质量数据既有联系又有区别。质量数据是对生产过程测量结果的直接反映；而质量信息则是在对质量数据进一步分析的基础上得到的，更能反映问题的本质。

作为信息的一种，质量信息具有以下性质：

（1）**分散性**　在产品寿命周期的各个阶段，企业的各个部门和各级、各类人员中都会产生各种质量信息。因此，质量信息必然具有很大的分散性。这就要求企业要建立全面广泛的质量信息传输网络，及时高效地传递质量信息。

（2）**相关性**　各部门、各阶段的质量信息虽然是分散的，但是由于它们都是在生产同一种产品中产生的，所以必然互相关联、互相影响，具有相关性的特征。

（3）**随机性**　在产品生产和服务的形成过程中，肯定会产生各种质量信息。但是，这些信息什么时候产生事前却常常无法知道，具有很大的随机性。

（4）**继承性**　质量信息的继承性主要表现在：对后面的质量工作具有指导和借鉴作用，能够促进质量改进活动的顺利开展；在产品质量出现问题时，可依据质量信息追溯问题产生的根源。

2. 质量信息的作用

（1）**质量信息对提高产品质量有重要作用**　产品质量信息反映了企业产品的质量情况，要搞好产品质量，必须掌握好本企业的全部质量信息。质量信息可以帮助人们发现问题，认识产品质量的内在规律，及时掌握质量动态，分析质量趋势，采取预防措施，使研制、生产的各个环节随时处于受控状态，有效控制和改善产品质量。

（2）**质量信息是企业进行质量决策的重要依据**　质量管理的重要内容是决策。决策就是确定企业质量管理活动的目标及实现目标的方案。要使目标定得贴切，方案切实可行，就要有可靠的信息作为依据。掌握信息量的多少以及能否及时、准确、完整地取得信息是关系到决策成败的关键。如果质量信息不可靠，决策就会失误，产品质量就无从保证。

（3）**质量信息是质量管理的基础**　质量管理工作离不开信息，如同生产离不开原材料一样。只有根据在质量工作中积累的各种信息来改进设计、改进工艺、制定技术标准，才能保证质量管理活动的合理性。质量信息是由原始凭证、原始记录、实验数据、统计分析资料等构成的，这些大量的资料、数据是开展质量管理工作的基础。

（4）**质量信息是提高企业经济效益的需要**　信息是一种资源，其作用不亚于物质资源、动力资源和人才资源。由于质量信息能推进产品质量的提高，因而可以提高企业的经济效益。

7.4.2　质量信息分析

1. 质量信息的内容

（1）**产品符合性信息**　产品符合性信息是指反映所生产的产品和提供的服务与设定的质量标准符合程度的信息。这类信息主要是通过用一定的手段和方法去测定产品的质量特性，并将结果与所规定的要求相比较来获得。具体可以参考"第4章质量检验"部分的内容。

（2）**生产过程信息**　生产过程信息是指能反映生产过程能力和稳定性的信息。通过对生产过程信息的分析，可以找出影响生产过程的主导因素，从而采取针对性措施提高生产过程能力和稳定性。生产过程信息主要是通过对生产过程的监控和对质量特性指标的测量以及对测量结果的分析获得。

（3）**顾客满意信息** 顾客满意信息是指能反映顾客对组织是否已满足其要求的感受的信息。组织生产产品和提供服务的质量水平，最终都是要由顾客来评判的。只有令顾客满意的产品和服务才是高质量的产品和服务，才能吸引并留住顾客，获得市场和利润。所以，组织应调查、了解此类信息，计算出顾客满意度，作为评价质量管理体系的业绩指标之一，并用来指导质量决策。

（4）**采购信息** 采购信息主要指与所采购的产品有关的信息，如产品名称、规格、型号、数量、质量要求、进货时间等。采购信息一般体现为采购需求计划、采购计划、采购协议等。

2. 质量信息的类别

质量信息的合理分类，对于确定质量信息管理系统的组织结构及分工，选择合适的信息加工技术，方便信息的检索和使用都有着重要的意义。因此，在讨论质量信息的有效管理之前，首先要对质量信息进行分类。按照不同的分类标准，可对质量信息进行不同的分类。

（1）**根据质量信息的来源分类** 分为内部质量信息和外部质量信息。内部质量信息来自于企业内部的生产经营过程，包括设计过程质量信息、工艺过程质量信息、检验过程质量信息等。它反映了企业的生产条件和能力，是产品质量的基础。外部质量信息来自于企业外部，包括市场动态信息、顾客需求信息、供应商信息、协作厂质量水平、竞争者的质量信息等。

（2）**根据质量信息的功能分类** 分为状态质量信息、质量指令信息和质量反馈信息。状态质量信息是反映质量状态及其变化的信息，如质量检验、工序控制的统计数据，完成质量计划和质量指标的情况、协作厂的质量状况、用户的质量投诉等；质量指令信息主要指来自上级部门的指示和规定，企业领导层的各种决策指示和目标要求等；质量反馈信息指执行质量指令全过程中产生的偏差信息，它往往导致决策部门产生新的调节指令，达到纠正偏差的目的。

（3）**根据质量信息的影响分类** 分为正常质量信息和异常质量信息。正常质量信息是指在产品寿命循环中满足规定质量要求的质量信息；而异常质量信息则是指在产品寿命循环中不满足规定质量要求的质量信息。

（4）**根据质量信息的性质分类** 分为工作质量信息、工序质量信息、产品质量信息和服务质量信息。工作质量信息是指工作能力、工作态度、工作业绩、质量计划等；工序质量信息是指设备的完好状态、工序能力、重大质量事故、加工过程中的反馈信息等；产品质量信息是指不合格品率、质量改进状况、返修状况等；服务质量信息是指对用户的投诉和赔款的处理、"三包"完成状况等。

（5）**根据在寿命周期中所处的阶段分类** 分为设计质量信息、制造质量信息、检验质量信息、使用质量信息、用后质量信息和市场质量信息，这些信息分别表示在产品寿命周期的相应阶段所产生的质量信息。

（6）**根据表述形式分类** 分为定性质量信息和定量质量信息。定性质量信息是指那些用文字形式表示的质量信息；定量质量信息则是指用定量数据表示的质量信息。

3. 有效的质量信息

为给质量管理活动提供真实可靠的依据，促进产品质量的不断提高，质量信息应具有以

下特性:

（1）**可靠性**　可靠性要求质量信息要能够准确无误地反映产品和生产过程的质量信息。这是对质量信息最起码的要求。准确可靠的质量信息能够帮助企业做出正确的决策，而错误的质量信息则很有可能导致企业据此做出错误的决策，这将会给企业带来巨大的损失。

（2）**有效性**　有效性要求质量信息不仅是准确可靠的，而且要能反映企业存在的质量问题，要有针对性，是决策需要的，要有助于企业做出正确的质量改进决策。如果不能反映存在的质量问题，对质量决策毫无帮助，那么这样的质量信息即使是正确的，也毫无用处。

（3）**可获得性**　可获得性要求企业做到在适当的时间使适当的人员能够获得适当的质量信息。信息是用来帮助决策的，如果相关人员在需要的时候得不到想要的信息，那么这些信息就没有发挥应有的作用。

（4）**时效性**　信息一般都有很强的时间价值，随着时间的延长，其价值会越来越小。因此，及时获得需要的质量信息也是成功地进行质量管理的关键之一。

（5）**安全性**　信息的安全对于一个企业无疑是很重要的，如果信息被有恶意的人员获得，可能对企业造成很大的损失。因此，企业必须保证只有经过授权的人员才能获得相应的信息。

7.4.3　质量信息管理系统

1. 质量信息管理系统概述

质量信息管理系统是指由一定的人员、组织、设备和软件组成的，按照规定的程序和要求对质量信息进行收集、加工处理、存储、传递、反馈和交换，以支持和控制质量管理活动有效运行的系统。质量信息管理系统是企业内部、企业与外部供应商和用户之间质量信息联系的纽带，是企业质量管理体系的重要组成部分，也是完善企业质量管理体系不可缺少的"神经网络系统"。

现代化企业每天都会产生大量的质量信息。这些信息必须得到有效的管理和应用才能充分发挥作用，而这正是质量信息管理系统的功能。概括起来，质量信息管理的功能主要有以下几个方面：为质量决策提供信息、调节和控制生产过程、为质量的考核和检查提供依据、建立质量信息档案。

2. 质量信息的流程

质量信息的流程是指按质量管理的需要，遵循信息管理的基本原理，事先设计的作为准则的质量信息流转程序。对企业中实际的质量信息流程进行抽象，可以得到一般的质量信息流程如图7-2所示。

图7-2　质量信息流程示意图

从图 7-2 可以看出，在质量信息流转过程中主要包括以下要素：质量信息的收集、质量信息的加工处理、质量信息的存储、质量信息的传递以及利用和加工等。下面对几个关键环节加以具体介绍。

(1) **质量信息的收集**　质量信息是质量信息管理的对象，没有相应的质量信息就无法进行后续的质量管理工作，所以质量信息的收集也就成了质量信息管理的第一步工作。为给质量管理活动提供真实可靠的依据，应确保所收集的质量信息具有前面提到的可靠、及时、有效等特性。在具体进行收集时，一般可以按照以下程序进行：①确定所要收集质量信息的内容。②确定质量信息源。③确定质量信息的收集方式。④具体实施收集工作以及对质量信息的整理。

(2) **质量信息的加工处理**　质量信息的加工处理是指对已收集到的原始质量信息按照一定的程序和方法进行审查、筛选、分类、统计、计算和分析的过程。质量信息的加工处理可以提高质量信息的可用性，使质量信息易于处理和识别，同时还能够进一步挖掘质量信息的价值。质量信息的加工处理应满足以下基本要求：①真实准确，要能准确地反映客观质量活动的状态和变化规律。②处理结果应能满足使用要求。③应站在系统的高度对质量信息进行处理。④处理结果的表达方式要简单明了。⑤符合经济性要求。

一般来说，质量信息的加工处理应包括以下内容：①按照要求确定质量信息分析的各项内容和对分析结果的要求。②对质量信息进行审查和筛选，以检查质量信息的完整性和准确性。③对质量信息进行分类和排序，以便确定质量信息的相对重要性。④根据分析内容选择恰当的方法对质量信息进行统计计算。⑤对分析后输出的结果进行判断，得出有价值的结论。⑥编写分析报告。

(3) **质量信息的存储**　无论是加工过的质量信息还是未加工的质量信息，都应该按照类别有效地存储起来，这样才能方便查询和使用，也有助于质量信息资源的再开发和充分利用。质量信息的存储应满足以下基本要求：①安全可靠，防止质量信息的丢失。②便于查询和检索。③信息之间要建立相关关系，以便于信息的追溯。④在满足以上要求的同时，还要尽可能少地占用资源。目前普遍采用的存储方式是建立分布式质量信息数据库。

(4) **质量信息的传递**　信息只有通过交换和传递，才能发挥作用，也才能够体现出应有的价值。质量信息的传递应满足以下要求：①及时，只要需要就能得到所需的质量信息。②准确，不能发生质量信息丢失和失真等现象。③一般还要能够快速、准确地传递多媒体质量信息。

质量信息传递中的反馈主要包括下面几种类型：①市场质量信息的反馈。②用户质量信息的反馈。③检测质量信息向生产系统的反馈。④工作流程之间的反馈。⑤上下级之间的反馈。

质量信息的交换主要体现在以下几个方面：①系统内部的质量信息交换。②部门之间的质量信息交换。③与企业外部之间的质量信息交换。

质量信息的传递方式主要有书面文件方式、电子文件方式以及电信方式。目前信息技术和计算机技术已经非常成熟，应用也已经非常普及，使用这些技术可以方便地进行质量信息的传递。

3. 建立质量信息管理系统的基本原则

（1）**统一性原则**　在产品寿命周期的全过程中所产生的所有质量信息都要由质量信息管理系统统一管理；所有质量信息必须最终仅由一个机构管理，在一个质量信息系统中只能设立一个信息中心，在一个子系统中也只能设立一个信息分中心。

（2）**适应性原则**　建立质量信息管理系统的目的是为了更好地进行质量管理，因此，所建立的系统应与企业的质量管理系统以及整个企业的管理系统相适应。

（3）**有效性原则**　质量信息管理系统要做到使信息始于信息源终于信息源，不能使信息有去无回。这样有利于从发生问题的根源上彻底解决质量问题，起到预防问题再次发生的作用。

（4）**分层有序原则**　为了高效地进行信息管理，应按照信息的重要性和紧迫性以及信息源位置，抓住重点、区别对待、统一管理、分级负责，各级质量信息分别由相应部门和人员负责管理。整个系统在职责明确的同时要做到环节少、流程短、速度快。

（5）**标准化原则**　所建立的系统应符合标准化的原则，对质量信息流程、管理手段、处理方法、信息表示形式和报告的形式等都要实行标准化管理，以提高信息管理的效率。

4. 质量信息管理系统的组织结构

现代企业质量信息管理系统一般采用的是集中、分层、分部相结合的管理方式，与之相适应的组织结构形式是集中领导下的分层管理。其具体结构如图7-3所示。

在该系统中，一般是在企业的质量主管部门设立信息管理中心，统一负责整个企业的质量信息管理工作。再按信息类型在有关职能部门分别建立若干质量信息管理分中心，由各分中心与有关科室、车间的信息点建立联系，收集信息。

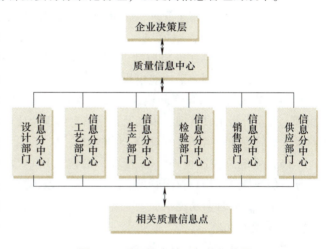

图7-3　质量信息管理组织机构图

这种信息管理系统的运行模式为：各信息点向信息分中心提供各种原始质量信息，信息分中心对数据分类整理后，将数据分成两类：一类是子系统内部使用的局部信息；另一类是其他子系统也要使用的全局信息。对于局部质量信息，由本信息分中心保管、处理和应用；对于全局质量信息，则上报企业的质量信息中心。信息中心对来自各方面的信息综合汇总、加工处理后，为企业领导提供反映整个企业质量状况的综合信息，并向各职能部门提供所需信息。信息中心要建立全企业质量信息综合数据库，以供保存数据和查询之用。另外，信息中心还要负责与企业外部的质量信息的交换。

7.4.4　计算机辅助质量信息管理系统

1. 概述

计算机辅助质量信息管理系统指的是利用计算机和网络技术，通过建立数据库实现产品寿命周期全过程质量信息的集成化管理。利用这样一个系统，能方便快速地收集、存储和传递产品寿命周期全过程的各种质量信息，能准确高效地应用各种数理统计方法对质量信息进行加工处理，还能使各类人员方便地检索所需要的信息。

2. 系统应具备的功能模块

根据质量信息管理的需要，该系统一般应具有质量计划、质量数据采集与管理、质量评价与控制、质量信息综合管理和系统总控制5大功能模块。下面对这5大功能模块作简单介绍。

（1）**质量计划模块**　该模块包括产品质量计划、质量检测计划和质量管理计划。其中，产品质量计划包括设计质量计划、采购质量计划、重点工序质量保证计划、零部件质量计划、营销质量计划、回收处理质量计划等；质量检测计划包括原材料检验计划、配套检验计划、重点工序检测计划、零部件质量检验计划、装配过程质量检测计划、成品检验计划、库存检验计划、计量器具校验计划、计量器具需求计划、检测规程生成、检测程序生成等；质量管理计划包括质量目标管理计划、质量体系审核计划和质量成本计划等。

（2）**质量数据采集与管理模块**　该模块包括过程质量检验员管理、营销质量管理、外协配套件及外协配套商质量管理，质量成本数据采集等子功能模块。

（3）**质量评价与控制模块**　该模块包括过程质量分析与控制、外协质量评价与控制、营销质量评价与控制、工作质量评价与控制等子功能模块。

（4）**质量信息综合管理模块**　该模块包括质量体系管理、质量分析工具管理、市场及技术信息管理、计量器具及人员管理和设备质量管理等子功能模块。

（5）**系统总控制模块**　该模块一般包括用户帮助、数据备份与恢复、用户权限管理、用户口令更改控制、接口及基础信息管理等功能模块。

3. 系统开发

作为信息系统的一种，质量信息系统的开发方法也有很多种，如生命周期开发方法、模型驱动开发方法、快速原型开发方法、商业软件包法以及综合开发方法等。限于篇幅，下面仅简要介绍生命周期开发方法，并结合生命周期开发方法介绍质量信息管理系统的开发流程。

生命周期开发方法的主要特点有：①自顶向下的设计，强调系统的整体性。②严格按阶段进行，各阶段前后衔接，前一个阶段的结束就是后一个阶段的开始。③工作文档规范、标准，可以作为开发人员和用户的共同语言和依据。④系统模块化，使开发过程简化。⑤对需求分析特别重视。⑥强调阶段成果的审定。主要缺陷是开发周期长。

生命周期开发方法主要包括项目开发准备阶段、需求分析与决策分析阶段、设计阶段、系统构造阶段、实现阶段以及运行维护阶段。系统开发流程如图7-4所示。

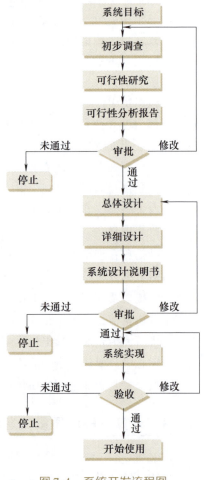

图7-4　系统开发流程图

在开发准备阶段主要是通过对当前存在问题的分析找出问题的原因，提出应该采取的解决措施和系统要达到的目标。在需求分析与决策分析阶段要确定新系统要实现的功能，开发这样的系统是否有必要以及企业是否有能力开发，并最终做出开发与否的决策。设计阶段是按照给定的信息系统方案，设计目标系统。在系统构造阶段要按照已设计好的目标系统创建并测试信息系统。实现阶段就是把创建好的信息系统在企业中实际运行。运行维护阶段是指对实际运行的系统进行维护，如修复系统中出现的问题、执行数据的备份和恢复等。

复习思考题

1. 信息和数据的定义分别是什么？
2. 数据和信息之间的关系是什么？
3. 数据和信息质量的维度是什么？
4. 数据质量的评价方法有哪些？
5. TDQM 循环的具体内容是什么？
6. 试阐述 ISO 8000 的内容。
7. 质量信息的内容是什么？
8. 质量信息分为哪些类别？
9. 质量信息的流程是什么？
10. 什么是计算机辅助质量信息管理系统？

案例分析题

大数据岂止于"大"

随着三网融合、移动互联网、云计算、物联网的快速发展，数据的生产者、生产环节都在急速攀升，随之快速产生的数据呈指数级增长。在信息和网络技术飞速发展的今天，越来越多的企业业务和社会活动实现了数字化。全球最大的零售商沃尔玛，每天通过分布在世界各地的 6000 多家商店向全球客户销售超过 2.67 亿件商品，每小时获得 2.5PB 的交易数据。而物联网下的传感数据也慢慢发展成了大数据的主要来源之一。有研究估计，2015 年全球数据量为 8ZB，而到 2020 年则高达 35.2ZB，是 2015 年数据量的 44 倍之多。此外，随着移动互联网、Web2.0 技术和电子商务技术的飞速发展，大量的多媒体内容在指数增长的数据量中发挥着重要作用。

数据信息的大爆炸不断提醒着，未来将会因大数据技术而改变。大数据通常用来形容数字化时代下创造出的大量非结构化和半结构化数据。大数据无疑是未来影响各行各业发展的最受瞩目的技术之一。2009 年，全世界关于大数据的研究项目还非常有限，从 2011 年开始越来越多的管理者开始意识到大数据将是未来发展不可规避的问题，到目前为止，世界财富 500 强企业中 90% 的企业都开展了大数据的项目。

随着大数据概念的普及，当今"大数据"一词的重点其实已经不仅在于数据规模的定义，它更代表着信息技术进入了一个新的时代，代表着爆炸性的数据信息给传统的计算机集合和信息技术带来技术挑战和困难，代表着大数据处理所需的新的技术和方法，也代表着大数据分析和应用所带来的新发明、新服务和新的发展机遇。大数据时代下的数据与传统数据呈现出了重大差别，直接影响到数据在流转环节中的各个方面，给数据存储处理分析性能、数据质量保障都带来了很大挑战，大数据与传统数据特点对比如表7-3所示。

表7-3 大数据与传统数据特点对比

对比内容	大数据	传统数据
数据量	数据量大，以 PB、EB、ZB 为存储单位	数据量小，以 MB、GB、TB 为存储单位
数据库	结构化及非结构化数据库存储数据	结构化数据库存储数据
存储设备	数据存储设备价格低廉	数据存数设备价格昂贵
来源	数据来源繁多复杂	数据来源简单
产生速度	数据产生变化速度快	数据产生变化速度慢
结构	数据结构多样	数据结构简单

请根据案例回答下列问题

1. 在大数据环境下，数据质量管理面临哪些挑战？
2. 大数据带来了什么样的本质性改变？

（资料来源：大数据环境下数据质量管理策略，百度文库，http://www.sohu.com/a/159171857_468714）

视频思政案例

中国创造：无人驾驶

第8章
服务质量管理

引导案例

希尔顿的人性服务

希尔顿酒店，五星级的大酒店。在一个周末的黄昏时分，酒店来了一对老夫妇，拎了个皮箱，老先生问柜台服务员："有没有房间啊？"柜台服务员答复："啊呀！真抱歉，没有房间，今天是周末，如果您早点订就好了。不过，我们这附近还有些不错的酒店，要不要我帮您试试看有没有房间？"老先生说："那好。"柜台内服务员先是掏出个卡片，签了个字，说："给您，这个是免费的咖啡券，到大堂吧坐一下，免费2杯咖啡，我现在帮您查附近的酒店。那一对老夫妇坐在大堂喝咖啡的时候，旁边的客人就问他："先生，刚才你们讲的话我都听到了，您为什么不事先订房间呢？希尔顿是有名的酒店，很快就没有房间了，今天周末。"他说："我儿子昨天打电话给我，叫我马上过来，所以没有来得及订房间！"就在这时，柜台服务员来了："好消息，后面那条街的喜来登还有一个房间，等级跟我们的酒店是一样的，并且便宜20美元，请问您需要吗？"。老先生坐在那里说："好的，要！"柜台服务员答道："行，那您先慢慢喝！我去帮您确认。"一小会，服务员又来了："喜来登酒店接您的车快到了，不过先生您可以慢慢喝，我会叫他们等您。"结果那个老先生和那个老太太马上一口气喝完咖啡，站起来拎着箱子，跟着服务员出去了。喜来登的车子到了，老太太先上去，服务员将行李也送上去。"下次来，我一定要住希尔顿的。"老先生讲完了扬长而去。

讨论题：为什么老先生会说下次一定要住希尔顿？希尔顿是如何吸引这位老先生的？

（资料来源 http://www.jingpinwenku.com/view/a9d984c76a17f4f.html）

学习目标

1. 掌握服务及服务质量的含义。
2. 理解服务质量的相关概念。
3. 掌握几种典型的服务质量模型。

4. 理解服务交互的相关过程。
5. 了解常见的服务质量测量方法。

8.1 服务及服务质量概述

服务质量直接影响到顾客的满意程度和购买偏好,一直被认为是区分服务产品和提高其竞争力的关键因素。当今的消费者不仅希望企业能够销售高质量的产品,同时更希望企业能够提供高质量的服务。服务性企业之间的竞争从根本上讲是服务质量之间的竞争。尤其是在当今买方市场条件下,服务质量日益成为服务性企业巩固并扩大客源、改善经营绩效、获取竞争优势的主要途径。

8.1.1 服务及客户服务

1. 服务的定义

由于服务的范围太广,涉及各种复杂的人类行为,很难精确界定其内容,所以迄今为止也未形成一个被普遍接受的权威定义。从不同的研究视角,可以对服务有不同的理解和定义。根据 ISO 9000 系列标准的术语定义,服务是"为满足顾客的需要,在供方和顾客接触面上需要完成的至少一项活动的结果,并且通常是无形的。"从管理角度来看,提供服务的组织(供方)需要对活动的整个过程进行有效的计划、组织与控制,以达到满足顾客要求的目的。

尽管很难对服务的概念进行明确的界定,但世界各国从事服务管理研究的学者还是试图给出服务的明确定义。

1)美国市场营销协会 1960 年对服务的定义:服务是伴随着货物销售一并提供给顾客的利益、满足及其他活动。

2)里根(Regan)1963 年对服务的定义:服务是顾客购买产品或服务时得到的一种无形的满足结果或有形与无形满足结果相结合的活动。

3)科特勒(Kolter)和布鲁姆(Bloom)于 1984 年对服务的定义:服务是一方向另一方提供的一种活动或利益。它通常是无形的,而且不涉及所有权的变化。服务的生产可以与有形产品相关,也可以无关。

4)谷姆森(Gummesson)1987 年对服务的定义:服务是一种可以用来买卖但却无形的"物品"。

5)格朗鲁斯 1990 年对服务的定义:服务是一种或一组无形特征的活动,其最重要的功能就是向顾客提供问题的解决方案。

可以看出,上述定义基本上都是从顾客需求、顾客利益的满足等视角定义服务的。被称为现代服务管理的奠基人之一,芬兰著名学者格朗鲁斯等于 2000 年综合了以往学者的思想,给出了较为完善的服务定义。他认为,服务是由一系列或多或少具有无形性的活动所构成的一种过程,这种过程是在顾客与员工、有形资源的互动中进行的,这些有形资源(有形系统、实体商品)是作为顾客的解决方案提供给顾客的。

2. 服务的特性

尽管对服务的定义存有一定争议,但一般的服务都具有一些共同特性。这既是服务业的主要特征，也是服务过程与服务产出所具有的区别于产品质量的明显特征。正是这些特征对服务质量管理的发展起到了重要影响作用，归纳起来主要有以下几个方面：

（1）**无形性**　无形性是服务的主要特征，包括两层含义：一是与实物商品相比较，服务的特质及组成服务的元素在大多数情况下都是无形的；二是消费者在消费服务后所获得的利益同样难以被察觉，或者经过一段时间后，消费者才能感觉到利益的存在。

（2）**不可分离性**　不可分离性是指服务的生产和消费过程同时进行，服务人员提供服务的过程也正是消费者消费及享受服务的过程，服务的生产与消费在时间上是不可分离的。而在制造业中，从产品的设计、开发到加工、运输和销售，产品的生产和消费之间存在着明显的中间环节，这点与服务是有着明显不同的。

（3）**不可存储性**　不可存储性是指服务产品既不能在时间上存储下来以备未来使用，也不能在空间上将服务转移到不同的地方。由于服务的无形性，以及生产和消费的不可分离性，服务不具备有形产品那样的存储性。不可存储性使得服务若无法及时消费就会造成损失。

（4）**质量差异性**　质量差异性是指服务的构成及其质量水平经常有变化，难以统一认定，主要表现在两个方面：一方面由于服务提供人员自身因素的影响，即使同一服务人员在不同的环境下也可能产生不同的质量水平；而不同的服务人员在同样的环境下，他们提供的同一种服务的服务质量也有一定的差别。另一方面，由于顾客直接参与服务的生产和消费过程，不同的顾客自身条件的客观差异，也会直接影响服务的质量和效果。

（5）**所有权的不可转让性**　所有权的不可转让性是指在服务的生产和消费过程中不涉及任何东西的所有权转移，服务在交易完成后便消失了，具有易逝性。

（6）**人员的参与性**　服务人员与顾客之间的交互是服务过程的一个非常重要的特征，服务也正是通过这种交互完成的。此外，在某些顾客参与度较高的行业，顾客不仅要与服务人员交互，可能还需与其他顾客产生联系。

（7）**顾客评价的主观性**　由于服务具有无形性，使得顾客无法对其质量做出客观的评判，只能在享受服务的过程之中或之后依据个人体验做出主观的评价。

3. 客户服务的内涵

现有的很多研究中，对于客户服务这个概念的界定是较为模糊的，很多学者直接认为客户服务就是服务，二者没有太大的区别。实际上，虽然客户服务和服务之间有着很多相似的地方，但二者仍是两个不同的概念。客户服务是在顾客购买前、购买中和购买后企业所提供的服务。针对客户服务的定义，洛夫洛克（Lovelock）于1994年提出的"服务花"（Flower of Service）模型给出一个较为形象的比喻：如果把企业提供给顾客的一切看作一朵花，那么花的中心就代表企业出售给顾客的最基本的产品（有形产品和无形产品），花瓣代表在整个过程中的其他一些要素。随后，帕拉苏拉曼（Parasuraman）于1998年提出了判别客户服务和服务的标准，即依据这种服务是否收费。若这种服务对于顾客而言是免费的，则属于客户服务；若这种服务收费，则为基本的服务，也就是"服务花"模型中的"花蕊"，并且拥有自己的"服务花瓣"。

客户服务的定义可以分为广义和狭义两种。广义的客户服务可以被看作服务运营中的前台服务。前台服务是指能被顾客感受到，并对顾客满意度起到较大作用的服务。因此洛夫洛克认为客户服务是"一项任务，而不是前摄的销售，这项任务主要涉及通过电话、邮件等方法亲自与顾客进行交互"。由此可以看出，客户服务是任何产品或服务不可或缺的一部分，并且最大的特点是交互性。而另一名学者利维特（Levitt）认为，客户服务是以客户为对象、以产品或服务为依托的行为，是能够使顾客更了解核心产品或服务的潜在价值的各种特色、行为和信息，其目的是挖掘和开发顾客的潜在价值。因此，广义的客户服务可以定义为"依托于核心价值产品，通过与顾客的交互来为顾客创造价值，提供满意的免费服务"。狭义的客户服务通常只限于某一功能领域，相关研究大多来源于物流和营销领域。客户服务的研究最早就起源于物流领域，并且当今客户服务的发展和变化大部分也仍在这个领域。在物流领域，塔克（Tucker）于1994年将客户服务定义为"供应商的订货系统、交货系统和信息系统与顾客联系的事件"。在营销领域，客户服务被认为是建立关系的一种有效工具，不仅包括物流服务和产品服务，也包括为了赢得和保持顾客的所有活动。

由于客户服务也属于服务的一种，因此具有服务的一般特征。此外，从客户服务的定义来看，其具有一些区别于其他服务的特征，如交互性、增值性、免费性。

8.1.2 服务质量的内涵

1. 服务质量

专门针对服务质量的研究始于20世纪70年代末，并在90年代得到了较快的发展。但由于服务本质特性所导致的服务质量的复杂性，使得服务质量内涵很多，难以具体定义，并且具有跨学科的特点。虽然众多学者对服务质量的理解不尽相同，但差异不大，最重要的共同点就是顾客是服务质量的唯一评价者。其中格朗鲁斯于1982年提出的感知服务质量概念得到了多数学者的认可，其创建的顾客感知服务质量模型与差距分析法为理论界和企业界了解服务质量提供了一个基本的理论框架。从此，服务质量与产品质量从本质上区别开来。表8-1为部分学者对服务质量内涵的理解。

表8-1 服务质量的内涵

学者	年代	对顾客感知服务的基本观点与看法
利维特（Levitt）	1972	服务质量是指服务结果能符合既定的标准
格朗鲁斯（Grönroos）	1982	服务质量是顾客对其期望的服务与实际感知到的服务比较的结果
加文（Garvin）	1984	服务质量的好坏是由消费者主观决定的，而不是一种客观的评估
PZB（Parasuraman, Zeithaml, Berry）	1985	服务质量取决于顾客购买前期望的过程质量、感知的过程质量和感知的结果质量，服务质量是这三者的乘积
列迪宁（Lehtinen）	1991	服务质量是被消费者所感知的质量，具有主观性，是消费者通过对比认为服务提供者应该提供的服务与他们实际感知到的服务而产生的
科特勒（Kolter）	2003	服务质量的定义是相对于顾客期望而言，所提供的服务处在一个较高的水平上

2. 服务质量的属性

服务质量的属性包括以下8个方面：

（1）绩效　绩效表现就是产品可以被量度的基本运作特征。

（2）特色　产品附带的额外东西，通常不属于产品的标准配置。

（3）可靠性　产品在特定时间、特定环境下发挥其所能达到功能的可能性。

（4）一致性　产品符合设计规划的程度。

（5）耐久性　在产品损坏或继续使用不经济之前，顾客从产品中得到的总效用。

（6）可维护性　维修的难易和速度以及获得维修人员礼貌服务的可能性。

（7）审美特征　即主观特征，产品的外观、手感、音质、味道或气味。

（8）感知到的质量　通过广告、品牌推介、口口相传或亲自使用的结果在顾客头脑中形成的观念。

3. 服务质量的范围

全面观察服务系统对于识别服务质量指标是非常重要的。可以从内容、过程、结构、结果及影响 5 个方面去考察服务质量。

（1）内容　内容是否遵循了标准程序？

（2）过程　服务中事件顺序是否恰当？基本原理是要保持活动的逻辑顺序和对服务资源的协调利用。

（3）结构　有形设施和组织设计是否完备？通过与设定的质量标准相比，可以明确有形设施是否完备。

（4）结果　服务会导致哪些状况的改变？服务质量的最终测量要反映最终结果。顾客抱怨是反映质量结果的最有效指标之一。

（5）影响　什么是服务对顾客的长期影响？

8.1.3　服务质量的维度

由于服务过程具有无形性、差异性等特性，服务质量无法实施类似制造过程或实体产品质量的客观衡量标准，因此顾客的感知和评价是衡量服务质量优劣的最终标准。表 8-2 为不同研究学者提出的服务质量维度构成。

表 8-2　服务质量的维度

学　者	年　代	服务质量维度构成
朱兰（Juran）	1974	五维度：技术方面、心理方面、时间维度、可靠性和道德方面
格朗鲁斯（Grönroos）	1982	二维度：技术质量（服务结果）和功能质量（服务过程）
列迪宁（Lehtinen）	1983	三维度：有形质量（环境、设备等）、企业形象和企业与顾客之间的交互质量
PZB（Parasuraman，Zeithaml，Berry）	1985	十维度：可靠性、响应性、服务能力、便利性、礼貌、沟通、可信性、安全、移情性、有形性
谷姆森和格朗鲁斯（Gummesson & Grönroos）	1987	四维度：设计质量、生产传递质量、技术质量、关系质量
PZB（Parasuraman，Zeithaml，Berry）	1988	五维度 SERVQUAL 模型：有形性、可靠性、响应性、移情性、保证性
罗森（Rosen）	1990	五维度：人员执行服务的质量、设备执行服务的质量、资料数据的质量、决策的质量和服务执行结果的质量
鲁斯特和奥利弗（Rust&Oliver）	1994	三维度：技术质量、功能质量、环境质量

常见的服务质量五维度的具体含义：
（1）有形性　有形性包括服务设施、设备、人员和沟通材料的外表。
（2）服务可靠性　不同于产品可靠性，主要涉及服务提供者可靠、准确地履行服务承诺的能力。
（3）响应性　服务提供者帮助顾客并快速提供服务的意愿。
（4）保证性　所有员工所具有的知识、理解以及表达出自信与值得信任的能力。
（5）移情性　顾客可望服务公司给予个性化的关怀。

8.2　典型服务质量模型

8.2.1　感知服务质量模型

感知服务质量的概念是格朗鲁斯于1982年提出的。他认为总服务质量是由企业形象、技术质量和功能质量共同构成的，如图8-1所示。

1984年，格朗鲁斯又对其理论进行了修正，提出感知服务质量模型。在该模型中，服务质量包括技术质量和功能质量，而企业形象对于技术质量和功能质量有过滤作用：若顾客认为企业形象良好，则即使企业服务出现小失误，顾客也会谅解；反之，若企业形象糟糕，则服务失误对顾客感知的服务质量影响会很大。从图8-2中可以看到，顾客感知的服务质量并不取决于技术质量和功能质量，而是取决于顾客所期望的质量与所体验到的质量之间的差距。

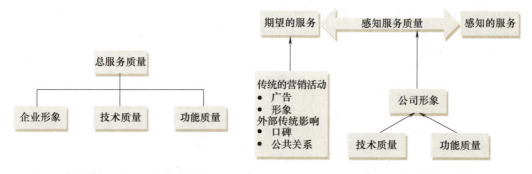

图8-1　格朗鲁斯的服务质量模型Ⅰ　　　　图8-2　格朗鲁斯的服务质量模型Ⅱ

8.2.2　差距分析模型

1. 定义

通常情况下，差距（Gap）表现为期望绩效水平与实际绩效水平之间的差异。在服务性行业中，差距就代表期望水平与实际提供的服务水平之间的差异。对于差距的识别及纠正方法就称为差距分析（Gap Analysis）。差距分析模型的目的是分析服务质量问题产生的原因，并帮助管理者了解如何改进服务质量。

2. 常见差距

1）差距1：实际的顾客期望与管理者对顾客期望的感知之间的差距。此差距产生的原因是服务提供者不能充分了解顾客对服务的期望。

2）差距2：管理者对顾客期望的感知与所制定的服务质量标准之间的差距。此差距产生的原因是由于资源条件有限、市场状况不确定或管理者疏忽等原因所导致的服务提供者无法提供顾客真正需要的服务规格或质量。

3）差距3：企业的服务质量标准与实际传递的服务之间的差距。此差距的产生是由于在提供服务时，服务传递系统的绩效无法达到管理者所设定的服务质量标准。即使服务提供者已经制定出满足顾客需要的服务标准和规格，但由于服务无法标准化，服务传递系统受太多不确定因素的干扰，因此无法保证顾客得到的服务与此标准吻合。

4）差距4：所传递的服务与有关服务的外部沟通间的差距。此差距的产生是由于顾客对服务的期望和感知受到大众传播的影响而发生变化。承诺或保证可以提高顾客的期望，但是当顾客接受实际服务却未达到期望时，则会降低对服务质量的评价。

5）差距5：顾客期望的服务与实际感知到的服务之间的差距。此差距是由顾客消费前对服务的期望与消费后对服务的感知之间的差异而形成的。若服务期望大于服务感知，则顾客满意；否则，就会降低顾客对服务质量的评价。

8.2.3 容忍区域模型

容忍区域涉及恰当的服务和理想的服务两个概念，二者之间的区域定义为容忍区域，构建成服务质量的容忍区域模型。容忍区域表示顾客认为服务可以接受的范围。容忍区域的差异大小与影响两种期望的因素有关。该模型从服务质量和满意度两个角度出发，抓住了服务期望的本质，把期望与绩效比较分成了两部分，即感知服务优势差距和感知服务恰当差距。这种划分在管理学上的意义是非常重大的，它为管理者进行服务质量管理提供了理论依据和方法支持。

在容忍区域模型中，感知服务优势差距表示感知服务质量和理想期望之间的差距，感知服务恰当差距表示感知的服务和恰当的服务之间的差距。为了更好地测量感知服务优势差距和感知服务恰当差距，可以采用服务质量量表测量的形式。

（1）三栏式量表　三栏式量表分别给出了理想的、适当的和感知的服务的比率，这3种比率在同一个评价标准下并排设计。需要分别计算感知质量与理想质量差异、感知质量与适当质量差异，从而使感知服务优势差距和感知服务恰当差距定量化。

（2）两栏式量表　两栏式量表给出了理想服务和恰当服务差距的直接比率，这两种比率是在同一个评价标准下并排设计的。

（3）一栏式量表　一栏式量表是先直接给出理想服务和恰当服务差距的比率，再分成两部分　第一部分用来测量感知服务优势差距；第二部分用来测量感知服务恰当差距。

容忍区域模型对服务期望概念的划分具有非常重要的意义。这种分割产生了服务管理中的一个新概念——容忍区域。该模型彻底取代了用顾客满意理论研究中"用预期服务与绩效比较，进而确定顾客感知服务质量"的做法。然而在目前的研究中，对于采用何种标准来量度顾客感知服务质量，采用何种指标来表达容忍区域中恰当的服务和理想的服务，学者们仍未达到一致的意见。

8.2.4 Dabholkar 模型

Dabholkar 模型是一个专门针对零售业的服务质量模型。研究发现，在零售行业中，消费者会从整体层、主维度层、子维度层这三个层次来评价零售服务质量。其中主维度层包括 5 个因子：实体性、可靠性、人员互动、问题解决和公司政策。在这 5 个主维度因子之上存在一个整体因子——服务质量。而这 5 个主维度因子中有些因子较为复杂，可以进一步地分解为几个子维度因子，在此基础之上就形成了 Dabholkar 模型。表 8-3 为模型中的 28 个问项。

表 8-3 Dabholkar 模型中的 28 个问项

项 目	内 容
P1	具有现代化的营运设备
P2	店面内外的装修很好
P3	提供的配件（如购物袋、宣传目录、产品说明书等）外观设计很漂亮
P4	室内整洁，有便利的公共设施，如休息处、试衣间等
P5	超市的商品摆放有序，消费者容易找到所需商品
P6	超市的商品摆放不会阻碍消费者活动
P7	超市遵守许诺
P8	超市及时提供许诺的服务
P9	超市能一次性提供良好、正确的服务
P10	超市种类齐全，货源充足
P11	买卖交易和文件记录不会出错
P12	超市的员工有足够的知识来回答消费者提出的问题
P13	超市员工的行为增加消费者信心
P14	和此超市交易让消费者有安全感
P15	超市的员工能为消费者提供及时的服务
P16	超市的员工能告诉消费者其享受服务的确切时间
P17	超市的员工不会因为太忙而疏于回应消费者的要求
P18	超市会注意消费者的个性需求
P19	超市的员工总是对消费者很有礼貌
P20	超市的员工在电话交谈中能保持对消费者的礼貌
P21	超市愿意处理商品的退货和更换
P22	消费者有问题时，此商店真诚地愿意帮助解决
P23	超市的员工能直接、迅速地处理消费者的投诉
P24	超市提供高质量的商品
P25	超市提供便利的停车场所
P26	超市的营业时间令消费者感到便利
P27	超市接受多数主流信用卡
P28	超市提供自己的信用卡

8.2.5 其他模型

1. 三因素模型

1994 年，鲁斯特（Rust）和奥利弗（Oliver）提出了服务质量的三因素模型。在该模型中，服务质量由服务产品、服务传递和服务环境共同组成。其中，服务产品即所谓的技术质量，是服务的结果；服务传递是所谓的功能质量，表示服务的提供过程；而服务环境则是指服务质量的有形性，指服务生产与消费场所的环境。服务质量三因素模型如图 8-3 所示。

图 8-3 服务质量三因素模型

2. 扩展的三因素模型

2001 年，布雷迪（Brady）和克罗宁（Cronin）在鲁斯特和奥利弗的服务质量三因素模型基础上，提出了扩展的服务质量三因素模型。在该模型中，服务质量是由交互质量、实体环境质量和结果质量三个维度构成的，如图 8-4 所示。

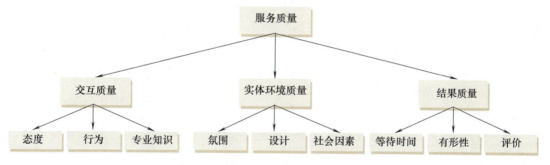

图 8-4 扩展的服务质量三因素模型

3. 四维度模型

2004 年，郑容（Yong Jae Ko）和帕斯托（Pastore）在布雷迪和克罗宁的扩展的服务质量三因素模型的基础上，提出了顾客评价体育休闲服务质量的四维度模型。在该模型中，服务质量包含项目质量、交互质量、结果质量和实体环境质量四个维度，如图 8-5 所示。

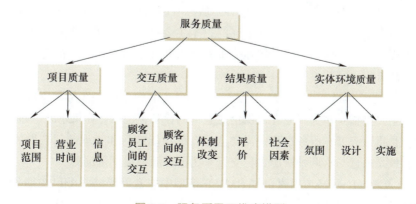

图 8-5 服务质量四维度模型

8.3 服务交互过程模型

服务是通过服务提供者和顾客之间的交互完成的,因此对服务交互过程的理解有利于企业的服务管理和服务改进,同时对客户关系管理也具有一定的指导意义。现有研究中描述服务交互过程的模型和方法主要包括 CAMSE 模型、客户服务过程蓝图以及电子商务服务交互。

8.3.1 CAMSE 模型

1. 基本含义

CAMSE 模型(见图 8-6)强调的是客户服务体系中基本组件的交互作用对于客户服务质量的影响,主要包括顾客、服务代理、设备、支持和环境 5 个基本组件,其具体含义如下:

(1) 顾客(C) 顾客包括潜在客户以及接受服务的所有人。

(2) 服务代理(A) 在大多数的服务系统中,服务代理指的是和顾客直接进行接触的服务人员,代表着服务系统和顾客最基本的交互界面。

(3) 设备(M) 设备是指在与客户接触的过程中,服务代理需要操作的一系列设备,主要是指以电子计算机为基础、提供服务需求以及服务信息传递过程中的各种设备。

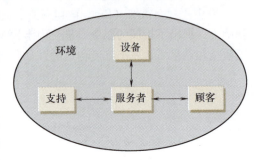

图 8-6 CAMSE 模型

(4) 支持(S) 支持是指支持资源为服务交互提供的支持保障,包括技术支持或管理支持。

(5) 环境(E) 环境是指服务过程中的环境因素,包括物理环境、气氛、交流媒介以及整个服务系统的相关规章制度、行为约束等。

2. 交互过程

CAMSE 模型将服务过程看作是由一系列交互所构成的过程,包括顾客与服务者的交互、服务者与资源的交互,以及与环境的交互。

(1) 顾客与服务者的交互(C-A) 顾客与服务者的交互是整个交互模型中非常重要的一个环节。由于服务者是顾客与整个服务系统的一个主要接触面,其代表服务组织协助顾客完成整个服务过程中的各种操作,因此顾客与服务者之间交互的好坏直接决定着顾客对整个服务质量感知的高低。

(2) 服务者与资源的交互(A-M 和 A-S) 在 CAMSE 模型中存在两种资源——设备和支持。设备资源主要是指一些为服务者提供信息查询的设备,包括计算机系统、账本、记录等;支持资源主要是指服务者在服务过程中需要从后台的功能部门和管理部门获取的一些帮助和授权。服务者就是通过与这两种资源进行交互来为前台服务提供帮助的。

(3) 环境因素(E) 环境因素也是 CAMSE 模型中非常重要的一个组成部分,无论是其余 4 个组件还是它们之间的交互都是处在一个特定的环境之中,因此必然会受到环境对它们的制约和影响。值得注意的是，组件交互所处的环境有时并不是完全相同的，需要根据特定的交互来分析特定的环境。

8.3.2 客户服务过程蓝图

1. 基本含义

客户服务过程蓝图是一种服务过程流程图，是将服务过程可视化的方法，可用于隔离过程潜在的失败点。客户服务过程蓝图通过持续的描述服务提供过程、服务遭遇、员工和顾客的角色以及服务的有形证据来直观地展示服务。通过服务过程蓝图的描述，服务被合理地分解成服务提供的步骤、任务及完成任务的方法。更为重要的是顾客与服务人员的接触点在客户服务过程蓝图中被清晰地识别，从而达到通过这些接触点来控制和改进服务质量的目的。

2. 行动区域

客户服务过程蓝图主要划分为 4 个行动区域。

（1）**顾客行为**　此部分主要描述顾客在采购、消费和评价服务过程中所采取的步骤、所做的选择、表现的行为，以及他们之间的相互作用和关系。

（2）**接触员工行为（前台）**　客户服务体系中直接向用户提供服务、并且用户可以看得见的员工行为。

（3）**接触员工行为（后台）**　发生在客户服务体系的后台、用户看不见的员工行为，主要为前台服务员工提供技术、知识等保障服务。

（4）**支持过程**　涵盖了所有保障客户服务体系正常运行的辅助工作，主要是指那些与提供服务相关，但属于服务体系本身不可控的外部相关部门的行为。

3. 作用

客户服务过程蓝图作为一种形象客观的服务逻辑和服务链的描述，对整个客户服务系统起到了很大的作用。

（1）**建立全局观念**　客户服务过程蓝图能够更好地描述整个客户服务系统的结构和功能，有利于服务供应商促使员工把个体工作与顾客活动以及其他部门的工作联系起来，将服务系统视为不可分割的服务整体。

（2）**完善和改进服务**　客户服务过程蓝图描述了客户服务工作的服务链，便于服务供应商发现瓶颈环节和服务联系，从而易于判断整个服务过程是否合理、高效。

（3）**加强服务有形化管理**　服务供应商可以根据客户服务过程蓝图来选择和确定哪些员工、环境、设施将直接与客户接触，既可以重点管理这些有形化部分的形象，又节约了有形化成本。

（4）**明确内部职责和协调性**　客户服务过程蓝图显示了组成客户服务的各要素和服务逻辑，从而有助于明确各部门的职责和协调性，也有利于设计合理的绩效考评体系。

8.3.3 电子商务服务交互

电子商务是以信息网络技术为手段，以商品交换为中心的商务活动，是传统商业活动各环节的电子化、网络化和信息化。随着国内互联网基础设施的逐渐完善和电子商务意识的进一步深化，电子商务总体市场交易规模逐年上升。根据中国电子商务研究中心的监测数据，2017 年中国电子商务交易规模 28.66 万亿元，同比增长 24.77%。其中，B2B 交易额 20.5 万亿元，同比增长 22.75%，包括 B2C 和 C2C 的网络零售交易额达 71751 亿元，同比增长 39.17%。预计 2018 年我国网络零售市场交易规模有望达到 93863 亿元。电子商务市场交易规模不断扩大的同时，网络购物交易额占比社会消费品零售总额也迅速增长。目前，我国电子商务发展仍保持较快增长。政策继续加持，体系已较为完备。

电子商务作为一种新兴的商务模式，是一种自我服务（Self-service）技术的应用。在电子商务模式下，消费者和电子商务企业的交互在很大程度上是和网站界面（设备、软件程序）的交互。这种交互具有虚拟性，无论是从形式上还是内容上，完全不同于传统商务中人与人之间的交互。值得注意的是，顾客和电子商务企业的交互不仅仅是顾客和网站的交互，顾客也有可能需要和网站的相关人员进行交互，共同完成整个交易过程。

在电子商务服务中，交互主要分为人机交互和人际交互两大类。二者的区别在于：人机交互过程中服务者并不需要参与进来；而人际交互过程不能脱离电子商务企业服务者以及顾客的参与。一般说来，在电子商务服务的交互中，人机交互要多于人际交互，而人际交互中，非面对面的交互（人际交互Ⅰ）多于面对面的交互（人际交互Ⅱ）。电子商务服务中交互概念的界定如表 8-4 所示。

表 8-4　电子商务服务中交互概念的界定

交互类型	概念界定
人机交互	人机交互Ⅰ：顾客和网站系统的交互（不涉及服务者） 人机交互Ⅱ：服务者和网站系统的交互
人际交互	人际交互Ⅰ：服务者和顾客通过网站或通信工具的交互（非面对面） 人际交互Ⅱ：服务者和顾客面对面的交互（面对面） 人际交互Ⅲ：顾客和顾客的交互

8.4　服务质量测量

无论是在消费市场还是产业市场，服务质量都是消费者做购买决策时最重要的考虑因素之一，也是服务企业赖以立足市场的基础。因此，对于服务质量的测量就显得尤为关键。传统商务环境下的服务质量测量大多是在消费市场背景下、以个体消费者为研究对象展开的。随着研究的进一步深入，产业市场背景下的服务质量测量也成了一个值得探索的方面。此外，由于近年来电子商务的迅速发展，网络环境下的服务质量也开始引起越来越多的关注。

8.4.1　C2C 服务的质量测量

网上零售市场目前主要分为 2 种类型：一种是 B2C 模式，另一种是 C2C（Customer to Customer）模式。C2C 模式是指消费者个人间的电子商务行为。与国外成熟的网上购物市场不同，在 C2C 类型的电子商务中，第三方物流是主要的物流，用户对 C2C 购物网站的满意度明显低于 B2C 购物网站。根据 C2C 电子商务的自身特点，按照服务的提供方分为 C2C 交易网站和 C2C 网上卖家两个方面。其中将交易网站服务质量的测量指标分为 6 个质量维度，共 27 个测试项目，如表 8-5 所示；将网上卖家服务质量的测量指标分为 4 个质量维度，共 21 个测试项目，如表 8-6 所示。

表 8-5　C2C 交易网站服务质量测量指标

质量维度	服务质量测量指标
安全与隐私	该网站保护个人信息免受未经授权的访问 在该网站上消费者觉得隐私受到了保护 在该网站提供敏感信息（如银行卡号码）时感到安全 该网站会保护消费者的银行账号和登录账号信息 该网站会保护消费者的网上购物行为的相关信息 该网站不会将消费者的个人信息分享给其他网站
网站设计质量	该网站的布局结构合理 该网站的界面很友好 该网站的设计很专业 该网站富有视觉冲击力 该网站设计富有创新性
信息内容质量	该网站的商品目录设置合理且容易使用 该网站的有关付款、质量保证、退货等条款易于阅读和理解 该网站的内容很容易阅读和理解 该网站的信息清楚且有条理 该网站的信息相关度很高 该网站的导航很容易使用
网站补偿性	该网站能迅速处理消费者的投诉 该网站使消费者得到了想要的投诉处理结果 遇到问题消费者可以通过电话联系到网站工作人员 该网站会积极主动地解决交易纠纷
系统可靠性	消费者输入订单信息后，网页不会停止响应 该网站不会因故障而无法使用 在该网站上不会迷失方向
愉悦性	在该网站上购物是令人兴奋的 在该网站上购物使消费者专注于购物的过程 在该网站上购物感觉很好

表 8-6　C2C 网上卖家服务质量测量指标

质量维度	服务质量测量指标
卖家补偿性	退货时卖家从消费者家里或办公室将货物运回 网上卖家能迅速处理消费者的意见 网上卖家对由其产生的问题给予消费者补偿 网上卖家能有效处理消费者的意见 网上卖家能妥善处理产品退货 网上卖家为消费者退货提供了便利措施

(续)

质量维度	服务质量测量指标
客户服务	网上卖家很乐于帮助消费者 消费者需要时,很容易联系到网上卖家 网上卖家拥有诚意帮助消费者解决问题 网上卖家在解决问题时的态度很客气 网上卖家解决问题时非常积极
配送准确性	网上卖家对产品配送能做出明确的承诺 网上卖家提供的付款金额是准确的 网上卖家会按照订单准确出货 网上卖家的运费是合理的 消费者收到的商品是正确的 商品的配送是准确无误的
配送准时性	网上卖家只要声称有货的商品,就会有现货供应 网上卖家有存货以便准时交货 网上卖家在承诺的时间内送达货物 网上卖家会很快地送达消费者购买的商品

根据中国网络购物市场研究报告显示,全国每年网络零售交易额 B2C 逐年增长,且网络零售交易额已经超越 C2C。根据已有文献研究发现,C2C 与 B2C 相比存在以下方面的缺陷:

第一是网站信用问题。B2C 网站存在时间长,网站设计合理,网上交易安全和隐私的保证都能使顾客产生信任;在 C2C 交易中,卖方信誉、价格等因素会影响消费者购买意愿。

第二是商品质量问题。B2C 网上商城扮演了中间商的角色,其重要任务之一就是解决信息不对称问题;在 C2C 交易中,买家不能识别商品质量,C2C 网站只负责交易平台的正常运作,本身不对商品质量负责。

第三是企业物流问题。B2C 商城可以采用多种物流手段,比 C2C 更加灵活;C2C 主要采用第三方物流。

8.4.2 B2C 服务的质量测量

1. 传统 B2C 服务质量的测量

传统商务环境中的 B2C(Business to Customer)主要是指消费市场,关注的是线下的企业与个体消费者之间的服务质量,因此针对服务质量的测量基于企业和个体消费者的背景而被提出。在众多 B2C 服务质量测量模型中,最具代表性的就是 SERVQUAL 模型。

SERVQUAL 模型的理论核心是"服务质量差距模型",服务质量取决于顾客所感知的服务水平与顾客所期望的服务水平之间的差别程度,顾客的期望是开展优质服务的先决条件,提供优质服务的关键就是要超过用户的期望值。SERVQUAL 模型将服务质量分为有形性、可靠性、响应性、保证性、移情性 5 个层面。每一层面又被细分为若干问题,通过调查问卷的方式,让顾客对每个问题的期望值、实际感受值及最低可接受值进行评分,并由其确立相关的 22 个具体测量指标来描述,然后通过综合计算得出服务质量的分数。SERVQUAL 模型量如表 8-7 所示。

表 8-7 SERVQUAL 模型量表

维 度	问 项
有形性	有现代化的服务设施 服务设施具有吸引力 员工有整洁的服装和外表 公司设施与他们所提供的服务相匹配
可靠性	公司向顾客承诺的事情能及时完成 顾客遇到困难时，能表现出关心并提供帮助 公司是可靠的 能准确提供所承诺的服务 正确记录相关的服务
响应性※	不能指望他们告诉顾客提供服务的准确时间 期望他们提供及时的帮助是不现实的 员工并不总是愿意帮助顾客 员工因为太忙以至于无法立即提供服务来满足顾客需求
保证性	员工是值得信赖的 在从事交易时顾客会感到放心 员工是有礼貌的 员工可以从公司得到适当的支持，以提供更好的服务
移情性※	公司不会针对不同的顾客提供个别的服务 员工不会给予顾客个别的关怀 不能期望员工了解顾客的需求 公司没有优先考虑顾客的利益 公司提供的服务时间不能符合所有顾客的需求

注：※表示对这些问题的评分是反向的，在数据处理时需要注意。

SERVQUAL 模型在服务业中广泛应用于服务质量的评价、顾客需求的理解等方面。由于 SERVQUAL 模型的开发基于对电话维修、银行零售和保险这三个行业的调查，因此具有很强的 B2C 背景，同时也适合于测量信息系统服务质量，是一个评价服务质量和用来决定提高服务质量行动的有效工具。

2. B2C 电子商务服务质量的测量

根据 2017 年中国网络零售市场数据监测报告显示，我国 B2C 网络零售市场仍然占据着网络零售市场的主要份额，并且在逐步提升。

在 B2C 模式下，B2C 卖方一般都是正式注册的大中型商业公司，由卖方通过电子商务网站直接向顾客提供产品或服务，因此顾客只需要与 B2C 卖方交互，感知的服务质量主要受到 B2C 电子商务企业的影响。此外，物流配送也是电子商务服务质量中顾客较为关注的环节，通常规模较大的 B2C 电子商务企业都有自己的物流系统，通过自己的配送中心向顾客交付商品，因此物流配送能力也是顾客衡量 B2C 卖方企业服务质量的一个关键性因素。根据 B2C 电子商务服务的特性，可以将其服务质量的测量指标分为 5 个质量维度，共 22 个质量问题，如表 8-8 所示。

表 8-8　B2C 电子商务服务质量测量指标

质量维度	服务质量测量指标
网站质量	① 该网站系统很少出错 ② 该网站对消费者操作响应速度快 ③ 该网站具有令人愉悦的外观设计 ④ 该网站的个性化设计水平适当
信息质量	⑤ 消费者的个人信息会得到网站的保护 ⑥ 该网站具有足够的安全特征 ⑦ 该网站提供准确的信息 ⑧ 该网站提供详细的信息
易用性	⑨ 消费者很容易找到所需要的商品 ⑩ 消费者可以随时查询订单状态 ⑪ 消费者可以方便地修订、取消订单 ⑫ 在该网站消费者可以快速地完成交易 ⑬ 该网站的交易流程简单
客户服务质量	⑭ 消费者的询问能得到迅速的答复 ⑮ 该网站能及时解决顾客抱怨 ⑯ 该公司很愿意满足顾客需求 ⑰ 该网站很愿意为顾客考虑 ⑱ 该网站提供完善的售后服务
服务承诺	⑲ 消费者会在该网站承诺的时间内收到所订购的商品 ⑳ 消费者收到的商品正是其在该网站所订购 ㉑ 该网站提供便利的付款方式 ㉒ 收到订购商品后，消费者发现该网站对产品的描述很准确

8.4.3　B2B 服务的质量测量

　　B2B（Business to Business）电子商务平台是一种把多个买方和卖方及供应链的各个相关企业集中到互联网上进行相关商业活动的电子市场。

　　B2B 服务质量主要是指在产业市场背景下，企业与企业之间的服务质量。现有的研究表明，在不同的背景下，服务质量的测量也会发生或多或少的变化。B2B 服务和 B2C 服务的主要区别就体现在驱动因素、交易目标、目标市场、交易过程等几个方面，如表 8-9 所示。此外，B2B 买方和 B2C 买方在制定产品/服务的购买决策时也存在着差异，如表 8-10 所示。

表 8-9　B2B 服务和 B2C 服务的区别

	驱动因素	交易目标	目标市场	交易过程	品牌形象	购买决策
B2B 服务	关系驱动	最大化关系价值	小而集中	多个过程、周期长	通过私人关系建立品牌形象	基于商业价值的理性决策
B2C 服务	产品驱动	最大化交易价值	大而分散	单一过程、周期短	通过肖像建立品牌形象	基于现状、需求和价格的情绪化决策

资料来源：http://vista-consulting.com/marketing-b2b-vs-b2c/。

第 8 章 服务质量管理

表 8-10 B2B 买方和 B2C 买方的区别

	产品/服务熟悉程度	购买标准	决策过程
B2B 买方	对产品/服务非常了解	企业利益、竞争力	基于卖方提供的必要信息
B2C 买方	对产品/服务不太了解	产品/服务的价格	基于对销售人员的信任

资料来源：http://vista-consulting.com/marketing-b2b-vs-b2c/。

由于 B2B 服务和 B2C 服务存在较大的差异，因此以有形性、可靠性、响应性、保证性和移情性等为主要维度的 B2C 服务质量测量工具和方法就不再适用于 B2B 服务质量的测量。考虑到中国企业的适用性，服务过程、服务结果以及未来的服务能力都应被纳入到 B2B 服务质量的测度结构当中，具体的组成如表 8-11 所示。B2B 服务质量的测量模型如图 8-7 所示。

表 8-11 B2B 服务质量基本维度结构

因子维度	含　义
过程服务能力	服务过程中，顾客对服务提供方服务能力的评价
过程交互质量	服务过程中，顾客对双方交互行为的质量评价
潜在质量	顾客对服务方能够持续提供高质量服务能力的评价
结果质量	顾客对最终服务结果的评价

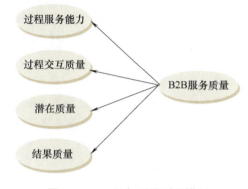

图 8-7 B2B 服务质量测量模型

复习思考题

1. 服务具有哪些特性？服务质量又具有哪些特点？
2. 典型的服务质量模型有哪些？它们各自的主要思想是什么？
3. 差距分析模型中，可以将差距分为几类？分别是什么含义？
4. 什么是 CAMSE 模型？其交互过程主要由哪几方面组成？
5. 客户服务过程蓝图的具体含义是什么？对客户服务系统起什么样的作用？
6. 电子商务服务交互与传统服务交互的区别何在？
7. 什么是 SERVQUAL 模型？其具体思想是什么？
8. B2B 服务质量的测量可以从哪几方面进行？

案例分析题

案例一：控制服务质量——细节决定成败

美国某信用卡公司的卡片分部认识到高质量客户服务是多么重要。客户服务不仅影响公司信誉，也和公司利润息息相关。例如，一张信用卡早到客户手中一天，公司可获得33美分的额外销售收入，这样一年下来，公司将有140万美元的净利润，及时地将新办理的和更换的信用卡送到客户手中是客户服务质量的一个重要方面，但这远远不够。

公司决定对客户服务质量进行控制来反映其重要性的想法，最初是由卡片分部的一个地区副总裁凯西·帕克提出来的。她说，"一段时间以来，我们对传统的评价客户服务的方法不太满意，向管理部门提交的报告有偏差，因为它们很少包括有问题但没有抱怨的客户，或那些只是勉强满意公司服务的客户。"她相信，真正衡量客户服务的标准必须基于和反映持卡人的见解。这就意味着要对公司控制程序进行彻底检查。第一项工作就是确定用户对公司的期望。对抱怨信件的分析指出了客户服务的3个重要特点：及时性、准确性和反应灵敏性，持卡者希望准时收到账单、快速处理地址变动、采取行动解决抱怨。

了解了客户期望，公司质量保证人员开始建立控制客户服务质量的标准。所建立的180多个标准反映了诸如申请处理、信用卡发行、账单查询反应及账户服务费代理等服务项目的可接受的服务质量。这些标准都基于用户所期望的服务的及时性、准确性和反应灵敏性上。同时也考虑了一些其他因素。

除了客户见解，服务质量标准还反映了公司竞争性、能力和一些经济因素。例如，因为竞争引入，一些标准受组织现行处理能力影响，另一些标准反映了经济上的能力。考虑了每一个因素后，适当的标准就成型了，所以开始实施控制服务质量的计划。

计划实施效果很好，如处理信用卡申请的时间由35天降到15天，更换信用卡从15天降到2天，回答用户查询时间从16天降到10天。这些改进给公司带来的潜在利润是巨大的。例如，办理新卡和更换旧卡节省的时间会给公司带来1750万美元的额外收入。另外，如果用户能及时收到信用卡，他们就不会使用竞争者的卡片了。

该质量控制计划潜在的收入和利润对公司还有其他的益处，该计划使整个公司都注重客户期望。各部门都以自己的客户服务记录为骄傲，而且每个雇员都对改进客户服务做出了贡献，使员工士气大增。每个雇员在为客户服务时，都认为自己是公司的一部分，是公司的代表。

信用卡部客户服务质量控制计划的成功，使公司其他部门纷纷效仿。无疑，它对该公司的贡献将是巨大的。

请根据案例回答下列问题

1. 如何制定客户服务质量标准？
2. 客户服务质量管理的原则是什么？

（资料来源：客户服务案例分析，豆丁网，http://www.docin.com/p-1362215017.html）

案例二：苏宁易购的核心竞争力——一站式购物服务

苏宁易购在10年前上线，作为苏宁电器旗下新一代综合网上购物平台，现已发展成为中国B2C电子商务平台中的佼佼者，这是因为它不仅具有苏宁电器自身品牌的优势，而且还具有独立运营、自行采购的优势，采用网络平台与实体店铺的有效结合的形式，销售渠道有了实体店的支撑，又融合了互联网思维，扩大了网络市场份额占有量，实现了线上线下的双渠道同步并行、相互促进、协同发展。

苏宁易购除了销售家电产品外，还将平台产品销售品类拓展到虚拟产品、快消品、图书、娱乐产品、家居产品、百货产品等诸多领域。苏宁易购在完成从单一的家电 3C 零售商向综合产品零售商的主体角色的转变中，着力建设一站式的购物服务，并延伸到满足顾客需求的方方面面。

物流服务是苏宁易购竞争的核心优势之一，作为零售行业在互联网络上的延伸，苏宁易购以网络完善和快捷的物流配送体系和优质的售后服务体系，成为其区别于传统 B2C 电商企业的显著特征。

苏宁易购以强大的苏宁电器为依托，将网络销售和实体销售模式相结合。借助特有的品牌价值、长效供应链以及丰富的零售经验，实现效益与规模的成倍增长，成为电商领域领军企业。目前，由于与线下实体店共同分享物流配送网络，这样使得苏宁易购配送的网点覆盖率和配送可到达的范围大大提高。

苏宁易购刚成立时，采用的运营模式是通过线下的实体连锁店来实现网络营销的，也就是"实体+网销"形式，但网络营销面对的消费者来自全国各地，分布零散，为了能产生更高的经济效益，苏宁易购应该选择最佳的配送中心以及物流模式。迄今为止，苏宁易购在全国共有 3 个物流基地、93 个配送中心、196 个配送点、3000 多个售后服务点，以"1+3"物流配送方式将商品直接配送到顾客手中。目前苏宁易购采用的电子物流配送体系是由配送中心统一采购、进货、保管，再根据订单的商品性质和数量进行分析和销售预测，并且按时送到客户手中，因此所有在苏宁易购购买的大小件商品都可以配送到家。

苏宁易购的物流配送不仅有大型配送所需的货车，还有一支分工明确，逐渐壮大的配送小分队，这就是苏宁易购针对小件商品的特性，组建成的其特有的物流配送速递队伍体系——"轻骑队"。他们穿梭于城市的大街小巷，把丰富多样的小件商品送达到客户手中，2000 多位专业的速递人员分布在全国 8 个城市的 208 个快递点，每天顾客在苏宁易购网站上购买的商品，如生活电器、服饰鞋帽、数码产品、母婴、厨房用品等，由这些专业的快递人员送货到千家万户。目前苏宁易购已实现大家电 83 个城市半日达、220 个城市次日达，小件商品的配送逐渐渗透到全国 300 多个城市，只要有服务网点的城市都可以体验到十分便捷的服务。

请根据案例回答下列问题

1. 苏宁易购的竞争优势体现在哪些方面？
2. 苏宁易购为什么构建如此完善的物流体系？

（资料来源：赵雪娟. B2C 电子商务物流服务质量评价研究及应用 [D]. 太原：中北大学. 2017）

视频思政案例

推进民航信息化的汉字终端主板

小邮票上的大机场

第 9 章
供应链质量管理

以质量推进企业发展

1998年7月,由广州汽车集团公司与日本本田技研工业株式会社共同出资组建的合资公司——广州本田汽车有限公司(以下简称广州本田)成立。2007年7月,广州本田成立广州本田汽车研究开发有限公司,这是国内第一个由合资企业独立投资、以独立法人模式运作、具有整车独立开发能力的汽车研发机构。2009年7月,广州本田汽车有限公司正式更名为广汽本田汽车有限公司(以下简称广汽本田),从一个单纯的制造工厂发展为具备一定独立自主研发能力、拥有自主品牌、产供销体系完整、发展方向明晰的汽车企业,从经营产品向经营品牌迈出了关键的一步。

十多年来,广汽本田在发展模式、生产体系、营销服务体系、采购体系、品质管理体系、人才培养体系等方面,都具备了雄厚的基础。广汽本田产品一直受到市场的热捧,但销量并非广汽本田唯一的追求,为广大顾客提供"品质始终如一"的产品,是广汽本田永恒不变的原则。在此基础上,广汽本田始终严格把控产品质量,进一步强化产品质量管理体系。广汽本田成立伊始,本着"起步就与世界同步"的理念,在引进日本本田最新车型和技术的同时,也同时引进了日本本田先进和成功的质量管理标准,并根据自身的实际情况和世界质量管理的发展方向,建立起一套既反映本田管理思想又符合中国国情和企业实际的质量管理体系——"广汽本田质量标准"。广汽本田采用精益生产的质量管理,发挥生产线上每一员工的作用,实行全员过程的质量控制。同时,广汽本田强化源头管理,在国内率先把质量保证活动延伸到了供应商处,构筑了供应商的质量保证体系,确保供应商提供的零部件在交付给广汽本田时就是合格的、高质量的。

在历年的中国新车质量调研中,广汽本田的产品都名列前茅。特别是2009年,广汽本田成为主流汽车厂家中唯一的所有产品均排名前三的厂家,成功诠释了"世界品质,一脉相承"的品质承诺,为顾客提供了高品质、高质量的产品。2018年3月,广汽本田获得2018年度中国汽车卓越品质金口碑奖。

如今,广汽本田在中国市场已经耕耘了整整20个年头,也为超过600万用户带来喜悦。

对于广汽本田来说，600万是信任、是信心，更是"不止于此"的决心。为此，广汽本田正以坚实的步伐，开启下一个20年。

讨论题：试分析广汽本田汽车有限公司的举措体现了质量管理的哪些原则？结合案例，试讨论在供应链中开展质量管理工作的有效方法和手段是什么。

（资料来源：广汽本田词条，搜狗百科，https://baike.sogou.com/v26436480.htm?FromTitle=%E5%B9%BF%E5%B7%9E%E6%9C%AC%E7%94%B0）

学习目标

1. 熟悉供应链质量管理的定义。
2. 熟悉供应链质量管理的内容。
3. 了解供应链质量管理的方法。
4. 了解供应链质量绩效评价方法。
5. 掌握供应链质量管理的核心思想。

9.1 供应链质量管理的理论基础

9.1.1 供应链管理的概念

1. 供应链的概念和特点

供应链是目前广泛使用的术语，它将企业的采购、生产、交付产品和服务的所有活动都包含进来，将企业的活动向前延伸（如对供应商的活动进行协调和控制），并且向后拓展（如对产品进行销售和服务）。供应链的概念自从产生以来，引起了不同学者和组织的讨论，对其定义也有着不同的观点。

美国学者史迪文斯（Stevens）认为，通过增值过程和分销渠道控制从供应商到用户的流程就是供应链，它开始于供应的源头，结束于消费的终点。

《中华人民共和国国家标准物流术语》（GB/T 18354—2006）对供应链的定义是："生产及流通过程中，涉及将产品或服务提供给最终客户的上游或下游组织，所形成的网链结构。"

目前通用的供应链定义是马士华教授在《供应链管理》一书中所提出的：供应链是围绕核心企业，通过对信息流、物流、资金流的控制，从采购原材料开始，制成中间产品以及最终产品，最后由销售网络把产品送到消费者手中的将供应商、制造商、分销商、零售商、直到最终用户连成一个整体的功能网链结构模式。

从以上定义可知，供应链考虑的不仅仅是核心企业，还将其与相关企业联系起来，产品制造的每个环节成为一个节点，通过对节点企业的信息、物流、资金的协调和控制，形成价值增值与流通的链条，形成协同效应，达到供应链管理的目标。总的来讲，供应链主要包括以下4个特点：复杂性、动态性、交叉性和面向用户需求。

2. 供应链管理的概念和内容

《中华人民共和国国家标准物流术语》（GB/T 18354—2006）对供应链管理的定义是："对供应链涉及的全部活动进行计划、组织、协调与控制。"全球供应链论坛（GSCF）对供应链管理的定义为："供应链管理是对从原始供应商到最终用户之间所有关键商业流程进行的整合，并被用于为客户及其他参与者提供对他们有价值的产品、服务及信息。"供应链管理就是通过各种管理手段对供应链进行优化，用最少的成本将产品或服务以合理的价格及时准确地提供给最终用户。

供应链管理主要包括 4 个主要领域：供应（Supply）、生产计划（Schedule Plan）、物流（Logistics）、需求（Demand）。供应链管理是以同步化、集成化生产计划为指导，以各种技术为支持，尤其以 Internet/Intranet 为依托，围绕供应、生产作业、物流（主要指制造过程）、满足需求来实施的。供应链管理主要包括计划、合作、控制从供应商到用户的物料（零部件和产品等）和信息。供应链管理的目标在于提高用户服务水平和降低总的交易成本，并且寻求两个目标之间的平衡。值得注意的是，近年来学者逐渐将废弃物回收和退货（简称反向物流）也纳入供应链管理领域，成为第五大领域。

3. 供应链质量因素分析

在供应链的大背景下，产品的各个环节都是由相应的供应链成员企业来共同完成的，产品和服务的质量完全是由整个供应链范围内的全体成员共同保证和实现的，而传统的质量管理理论和方法关注的是企业自身内部的情况，对于供应商、分销商等供应链伙伴缺乏有效的管理，对质量的管控缺乏必要的手段和策略。因此，质量管理理论的研究和实践重点已经从传统的以企业为中心转向整个供应链体系，企业与企业之间的竞争不仅仅是产品质量上的，更体现在整个供应链体系的质量控制水平上。想要提高产品的质量，要从供应链的视角着手，从原材料的采购，到生产过程控制，一直到产品的交付，产品的生命周期的每个环节都会对产品的质量产生至关重要的影响。2005 年肯德基的苏丹红事件中，苏丹红是来自调料中的辣椒粉，而辣椒粉来自河南一家小公司，对采购原材料的质量控制失误导致了肯德基 4 天内损失了 2600 万元，声誉也遭到了不可估量的损害。因此，将质量管理方法引入供应链的管理是很有必要的，供应链质量管理离不开传统质量管理框架和思想。

9.1.2 供应链中的全面质量管理（TQM）

1961 年费根堡姆出版了《全面质量管理》一书，第一次系统阐述了全面质量管理的思想和方法，之后，在半个多世纪里全面质量管理运动迅速发展，至今仍方兴未艾。尤其是近年来，供应链管理被引入到全面质量管理中，对供应链的发展产生了重要作用，并提升了供应链管理的水平。1992 年，美国九大公司的主席联合重点大学经济学院和工程学院的院长及著名经济顾问，确定了一种 TQM 的定义。定义中提出，全面质量水平作用于所有职能，涉及从高层到基层的所有员工，并向前向后扩展至供应链与顾客链，这就将供应链与全面质量管理紧紧地结合在了一起。

在供应链中引入全面质量管理，首先应该体现 TQM 以人为本的核心思想。人是所有质量活动的策划者和执行者，只有不断提高人的质量，才能不断提高活动或过程质量、产品质量、组织质量、体系质量及其组合的实体质量，因此质量管理要以人为本。供应链中要不断加强员工的质量意识，提高质量管控的技能，将供应链各个环节的员工紧密团结在一起，使全体员工参与到质量改进的运动中来。另外，供应链企业的生存之源在于为顾客提供产品和服务，以人为本还要注意以顾客为导向。供应链中，顾客分为外部顾客和内部顾客，外部顾客是企业产品和服务的最终接受者，而内部顾客是由产品和服务的流程和工序产生的，下一道工序就是上一道工序的顾客，内部顾客和外部顾客都是供应链企业应该关注的对象。

此外，要在供应链中进行体系管理和过程监控。建立质量体系是在供应链中开展质量管理工作的一种有效的方法和手段，全面质量管理的一切活动都是以体系化的方式来运行的，质量体系使得质量管理的组织、程序、资源等都实现了标准化、系统化和规范化。供应链可以借鉴国际通用的 ISO 9000 族标准建立质量管理体系。在供应链中，要识别质量管理的关键环节，建立各个环节的质量管理体系，如采购质量管理体系、生产质量管理体系等。同时，要实施过程监控。由于供应链是由成员共同协作完成任务的，因此所有的质量工作也都是通过过程来完成的。传统的质量管理重点在质量的检验等事后措施上，而现代质量管理需要对质量产生的所有过程进行管控。供应链的成员应该识别、组织、建立和管理活动过程网络及其接口，做好过程标准的制定和执行，才能保证持续稳定的质量。

9.1.3　ISO 9000 与供应链管理

1. ISO 9000 质量管理原则

ISO 9000 族标准的主要目的在于"帮助各种类型和规模的组织建立并运行有效的质量管理体系"，一经颁布就受到了制造业、服务业等各个领域的欢迎，得到了广泛的应用。ISO 9000 作为 ISO 9000 族标准的核心部分，表述了质量管理体系基础知识并规定了质量管理体系术语，其提出的八项质量管理原则引导企业建立了完善的质量管理体系，也为供应链质量管理提供了一个可操作的框架。

ISO 9000：2015 的这七项质量管理原则是：

（1）**以顾客为关注焦点**　质量管理的主要关注点是满足顾客要求并且努力超越顾客的期望。理解顾客和其他相关方当前和未来的需求，有助于公司的持续成功。

（2）**领导作用**　各层领导建立统一的宗旨和方向，并且创造全员参与的条件，以实现公司的质量目标。统一的宗旨和方向，以及全员参与，能够使公司将战略、方针、过程和资源保持一致，以实现其目标。

（3）**全员参与**　整个公司内各级人员的胜任、授权和参与，是提高公司创造和提供价值能力的必要条件。为高效管理公司，各级人员得到尊重并参与其中是极其重要的。通过授权、提高和表彰能力，促进在实现公司质量目标过程中的全员参与。

（4）**过程方法**　当活动被作为相互联系的功能连贯过程系统进行管理时，可更有效和高效地始终得到预期的结果。质量管理体系是由相互关联的过程所组成。理解体系是如何产生结果的，能够使公司尽可能完善体系和绩效。

（5）**改进**　成功的公司持续关注改进。改进对于公司保持当前的绩效水平，对其内、外部条件的变化做出反应并创造新的机会都是非常必要的。

（6）循证决策　基于数据和信息的分析和评价的决策更有可能产生期望的结果。决策是一个复杂的过程，总是包含一些不确定因素。它经常涉及多种类型和来源的输入机器解释，而这些解释可能是主观上的。重要的是理解因果关系和潜在的非预期后果。对事实、证据和数据的分析可导致决策更加客观，因而更有信心。

（7）关系管理　为了持续成功，公司需要管理与相关方的关系。相关方影响公司的绩效，当公司管理与所有相关方的关系，尽可能地发挥其在公司绩效方面的作用时，持续成功更有可能实现。

2. 基于 ISO 9000 的供应链管理

七项质量管理原则实质上也是组织管理的普遍原则，充分体现了科学管理的原则和思想。在供应链大环境下，按照 ISO 9000 标准去建立供应链的质量管理体系，将有利于质量管理体系的规范化和程序化，能够使供应链全体成员参与质量管理，并对供应链全过程进行有效的控制，而且 ISO 9000 在供应链管理中也有着具体的要求和内涵。

（1）以顾客为关注焦点　关注顾客的本质是关注顾客的需求，建立以顾客为中心的快速反应机制，对顾客需求的变化做出及时、积极的反应。在供应链背景下，顾客不仅仅是指最终消费者，还包括中间商、分销商等。快速反应机制应该将中间商等纳入管理范畴。供应链核心企业应定期通过调查，识别最终顾客的需求和期望，确保企业的目标与顾客的需求和期望相一致，将调查分析得知的顾客需求和期望在整个的供应链体系中进行层级分解，通过供应链各个层次对其下游用户需求的满足来确保最终用户的满意和忠诚。

以顾客为中心，还要注意将顾客需求转化为产品、服务以及过程的规范。在供应链中，只有各个节点都能有效协同合作，才能使供应链的整体质量达到最好。然而协同的过程是复杂的，需要大量的沟通成本，因此需要建立规范的管理过程和方法，使之成为顾客需求反应机制的一部分，实现长期稳定的产品质量。

（2）领导作用　质量管理活动要取得良好的执行效果，就必须得到管理层的大力支持。在供应链中，各成员构成一个具有共同目标的组织，核心企业构成了组织中的领导者。核心企业领导供应链各成员制定了总体的发展方向和经营目标，同样核心企业也需要与成员一起制订和实施质量管理计划。在这个过程中，核心企业需要充分考虑供应链各节点企业的需求和期望，建立清晰、可达到的质量管理目标，同时核心企业应严格要求自身，在供应链成员中做好示范，引导和鼓励其他成员为实现共同的质量管理目标而努力。

（3）全员参与　组织中的各级人员都是管理活动的主体，也是管理活动的客体，只有他们的充分参与，才能使整个质量管理活动得以有效执行。供应链背景下，要充分调动员工的积极性、创造性，让他们的才干给组织带来收益。一方面要对员工进行培训，让每个员工了解自身贡献的重要性及其在供应链中的角色，营造不断进取、向上的环境，让员工以主人翁的责任感去解决各种问题。另一方面，要使员工积极学习全面质量管理和 ISO 9000 的原则、实践、技巧和技术条件，增强他们的技能，为员工提供提高自身能力和水平的机会。

此外，在供应链环境中，全员参与还意味着要与所有供应链成员进行充分的协作。供应链关注的是在满足各成员利益的基础上实现整体效益的最大化，这就需要成员企业的协同作用。供应链成员应该明确各自的责任，明确分工，实现责任、风险和收益的共担，充分调动成员的积极性。

(4) 过程方法　传统的质量观所关注的只是产品本身，而现代质量管理更加重视创造产品过程中的质量管理。由于供应链的每个环节都存在供方和需方，各环节（如采购、物流、生产、库存、销售、服务等）之间都是相互关联的，但是这些环节各自又具有不同的目标和计划，难免会产生冲突。因此需要明确各活动的职责和权限，识别各环节之间的接口，注重能改进企业活动的各种过程。系统地识别和管理组织所应用的过程，特别是这些过程之间的相互作用，就是过程方法。

(5) 改进　质量改进是现代质量科学实践和研究的焦点，在激烈的市场竞争中，环境变化多端，企业提供的产品今天能够使顾客满意，明天可能就会被市场淘汰，因此企业需要通过改进来满足消费者的需求，保持产品的竞争力。在供应链环境下，不仅核心企业要进行改进，而且包括供应商、分销商等在内的成员都要对市场积极做出反应，对管理过程中出现的问题及时做出处理，实现产品和服务全过程的改进，从而确保供应链具有持续、稳定和协调的质量保证能力。

同时供应链成员之间也可以进行水平比较活动从而相互学习和沟通，在供应链内部和外部寻找提高管理绩效的方法和活动，努力使自身改进的速度超过竞争对手，保持竞争优势。

(6) 询证决策　有效的决策必须是基于事实和证据的，也就是要通过数据和信息的分析来进行科学决策。决策方案能否达到最优，在很大程度上取决于输入数据和信息的全面与否、真实与否、准确与否，因此采用先进可靠的数据和信息收集工具就很有必要。在供应链内部，成员企业可以采用 POS、EDI、ERP、Internet 等途径收集有效数据和信息（不仅仅局限于本企业，还包括供应链中与之关系密切的其他企业的数据和信息），然后采用科学有效的分析方法，将逻辑分析的结果作为决策和行动的依据。

(7) 关系管理　供应链成员之间应该是战略伙伴关系，成员之间保持良好的关系可以增强双方创造价值的能力。在供应链环境下，产品的生产、销售和售后服务需要全体供应链成员的共同完成，产品的质量不仅仅是依靠核心企业保证的，还需要各节点企业的共同努力。同时，供应链质量管理不能仅局限于建立一套产品质量检验体系和综合评价体系，还必须强化和供应商的关系管理能力。这就需要核心企业识别和选择主要的供应商，简化供应体系，与供应商一起理解顾客的需求和期望，共同开发新产品，共享信息、技术和资源，帮助供应商及其他相关方改进流程，确保产品质量的改进，分享其他相关方的改进所带来的收益。

9.2　供应链质量管理的定义与内涵

9.2.1　供应链质量管理的定义

供应链质量管理至今没有统一的定义，麻书城、唐晓青 2001 年指出，供应链质量管理就是对分布在整个供应链范围内的产品质量的产生、形成和实现过程进行管理，从而实现供应链环境下的产品质量控制与质量保证。

C. J. Robinson 等在 2005 年认为，供应链质量管理是对供应链中各方的商业过程的整合，以持续改进产品质量、服务质量、过程质量,从而创造价值,使供应链内部和最终的顾客都达到满意。

Fawcett 等于 2006 年提出,如今的商业竞争已经是供应链整体不断发掘自身优势,从而在诸多与之竞争的供应链中胜出这样一个水平上。这个水平上的竞争要求供应商、运输商、生产商、顾客这样一个网络之间更紧密的合作。

从以上可以看出,供应链质量管理就是在供应链的背景下,保证产品和服务的质量及其持续改进,使得供应链成员和最终的顾客都满意,而实现的方法就是供应链成员之间的紧密协作。在此基础上,蒲国利、苏秦等于 2011 年对于供应链质量管理的定义具有更好的综合性和概括性:供应链质量管理就是供应链系统内所有成员面向直接和最终顾客,通过上下游企业运作流程的整合以及协同管理,分析和持续改进质量,从而达到改进供应链绩效和获得顾客满意的目的。

9.2.2 供应链质量管理的内涵

要做好供应链质量管理,就必须构建完整有效的供应链质量保证体系,确保供应链有持续而稳定的质量保证能力,能够对用户和市场的需求做出快速的响应,并提供优质的产品和服务,这些都是供应链质量管理的重要内容。然而,传统质量管理是在企业内部进行质量管理活动,而供应链需要与成员企业进行合作,共同实现质量目标,因此供应链质量管理相比传统质量管理又有了新的内涵。

(1) **供应链成员除了面对直接顾客,还要共同面对最终顾客** 这是供应链服务的对象。在供应链中,顾客分为内部顾客和外部顾客。外部顾客就是最终顾客,是企业产品和服务的最终接受者;而内部顾客是由产品和服务的流程和工序产生的,下一道工序就是上一道工序的顾客。传统质量管理只需要保证企业内部产品的生产质量就好,而现在还需要与下游生产者进行沟通协作,保证最终消费者接受的产品和服务的高品质,使其满意。

(2) **供应链成员的最终目标是改进绩效和达到顾客满意** 这是供应链成员的目标。供应链的建立就是基于共同的目标和愿景,实现整体效益的最大化,以此使供应链成员都获益,其最终目标是赢得顾客,使顾客满意。由于技术的革新,市场环境的变化,消费者的需求也在发生变化,因此供应链成员需要依据市场环境、消费者需求和期望的变化,对自身的流程进行不断的改进,以提高绩效,使顾客持续满意。

(3) **核心企业是供应链质量管理的组织者和发起者** 这就体现了质量管理活动的领导原则。核心企业应当首先对自己的质量活动进行优化和保证,为供应链其他成员做好表率,同时也为自身与其他企业的合作创造条件。在供应链中,很多活动需要与其他企业进行配合,核心企业在做好自己的同时积极与其他企业进行沟通,优化产品和服务产生过程中与其他企业打交道的活动。

(4) **供应链成员通过流程整合和协同的方式来实现上述目标** 这是实现目标的手段。质量管理活动已经不再局限于质量检验等手段,而是注重对过程、流程的管理和控制。供应链成员应识别产品生产和交付过程中的关键环节,也即对产品会产生重大影响或者会对产品、服务产生较大增值的过程进行重点关注,对其进行改进,使其更优。同时对非关键环节进行整合或精简，减少流程，降低成本，提升质量。在供应链的背景下，这些活动尤其是企业间的环节都需要成员的共同协作才能完成，因此要实现供应链质量管理目标，必须进行协同。

9.2.3 供应链质量管理的内容

1. 供应链质量管理的特点

供应链是由供应商、制造商、分销商、销售商、服务商和最终顾客组成的网络组织结构，供应链质量管理主要是对供应链上关键节点的质量进行管理和控制，它是一种全新的管理理念，各方面研究都还不够成熟，但是就目前的研究状况来看，其研究内容具有层次性和系统性的特点。

（1）供应链质量管理的层次性 在供应链质量管理的内容方面，张翠华（2012年）在《供应链质量控制理论与方法》中将其分为4个层次：目标层、基础环境层、技术平台层和执行层。

1）目标层。目标层是指供应链成员关于产品和服务的质量所达成的共同目标，目标层是供应链协作的基础，为各方的努力提供了正确的方向。

2）基础环境层。基础环境层是指供应链质量管理的方法和策略实施的前提条件。基础环境层主要包括信息基础、标准化基础、组织基础、文化基础和社会环境基础，这些是供应链质量管理的软条件。

3）技术平台层。技术平台层是进行供应链质量管理的硬条件，包括供应链的数据和信息采集系统，质量管理的考核、评价体系等技术支持平台。

4）执行层。执行层是供应链成员以目标层为导向，以基础环境层和技术平台层为支撑，为实现供应链质量目标而努力的人、活动等的集合。执行层组建和运行的高效与否是衡量供应链质量管理好坏的关键。

（2）供应链质量管理的系统性 供应链质量管理是一项系统的工程，一个成员是无法单独完成的，仅仅对一个过程进行严格管控也是远远不足的，必须对其进行系统、全面的考虑。获得卓越的质量不能只依靠企业内部的资源，必须从传统的基于产品的观念转变为供应链环境下基于流程的观念，一个个的流程连接起来就构成了产品和服务质量产生的链。供应链质量管理应该注重链的质量，而不仅仅是将传统的基于成本、顾客满意度的质量管理延伸到供应链中，保证了供应链的协调和快速应变，就可以保证供应链质量管理的高效。

2. 供应链质量管理的内容

（1）顾客产品质量需求的获取与分析 满足顾客需求是企业存在的价值和生存的前提，顾客的需求千差万别，包括产品的外观、功能、质量、价格等，其中产品的质量是顾客需求的重中之重，也是供应链质量管理活动的出发点。只有准确获取了顾客对产品的质量需求，才能够对产品进行进一步的设计，进而生产质量合格满足顾客要求的产品。要获取顾客的质量需求可以通过最终的分销商，也可以通过市场调查的方式，在供应链中建立顾客信息的反馈机制，使得核心企业能够及时获取和分析顾客的质量要求。

（2）产品设计质量的保证 产品的设计是产品生命过程中的关键环节，有学者研究表明，产品的质量问题的70%是由设计造成的。供应链背景下，产品的生产环节，包括设计、制造、销售等并非在同一个企业内部进行,供应链核心企业应该将各节点企业协同起来,确保设计质量的实现,目前具体方法有并行工程法和质量屋法等。

（3）**供应商质量评选和管理** 供应商对供应链的影响至关重要,供应商是供应链的源头,产品的质量应该从源头抓起,为接下来的产品生产企业打下良好的基础。供应商质量的评选和管理一直是供应链管理的重要内容,已经有许多的方法应用于这个领域。目前得到广泛使用的方法包括定性法、定量法、定性和定量结合的方法。其中定性方法主要有直观判断法、图形评价法、标杆法和招标法等;定量方法包括数据包络法、人工神经网络算法、基因算法等;定性定量相结合的方法有层次分析法、线性权重法、模糊数学法等方法。

（4）**经销商和零售商服务质量的保证** 经销商和服务商也是供应链的重要组成部分,它们负责直接与顾客进行沟通和交流,服务质量的好坏直接影响到顾客体验。一旦经销商和零售商的服务质量出现问题,即使产品设计得再优秀,产品质量再过硬,也不能够使顾客满意,从而使得供应链丧失顾客忠诚度。

（5）**供应链质量信息的协同和管理** 供应链是由很多的节点企业组成的,具体有原材料供应商、制造商、销售商、零售商和最终顾客,它们组成了供应链的网格组织结构。这些节点企业分布在各个行业,甚至分布在各个国家,组成了跨行业、跨国界的供应链,造成了供应链成员间的沟通成本的增加。这就需要在供应链中建立质量信息的协同和管理平台,交流产品和服务信息,降低沟通成本,提升效率。目前应用于供应链信息协同和管理的技术有互联网技术、企业资源规划、高级计划系统、电子商务技术等。

9.3 供应链质量管理的工具与方法

9.3.1 传统质量管理工具的适用性

质量管理自 20 世纪初诞生以来,一共经历了质量检验阶段、统计质量阶段、全面质量管理 3 个阶段,研究的主要内容有产品可靠性、质量控制与分析、顾客满意、绩效测量和过程等,同时也形成了很多质量管理的工具和方法,如 PDCA 循环、质量功能展开（QFD）等。然而企业外部的竞争已经使传统的面向内部的质量管理工具和方法受到挑战,企业意识到不仅需要持续的质量改进,满足企业的直接顾客,而且需要在不断变化的国际市场环境中进行快速有效的竞争满足顾客的需求。供应链跨组织的经营方式,改变了企业被动的竞争,通过上下游企业战略和流程的整合,使得企业获得了最佳绩效。

传统的质量管理工具和方法在供应链节点企业内部,依然可以较好地发挥其作用,而在面临供应链成员与成员之间的协作性、外部性等特性时,就必须进行改进,做好流程接口的识别、沟通,使得传统的质量管理工具更具开放性和灵活性。同时在供应链背景下,质量管理应该引入供应链管理的一些方法和手段,达到质量控制的目的,例如,供应商评价和选择技术能够为核心企业筛选优质的供应商,降低材料供应出现质量问题的风险。

SCQM（供应链质量管理）对传统的质量管理技术和方法提出了挑战,同时也催生了新的方法的不断涌现。Benita M. Beamon 和 Tonja M. Ware 提出了过程质量模型来分析、改进和控制供应链系统。当前对 SCQM 的研究以实证研究为主,方法主要包括案例研究、调查研究、回归分析、因子分析、统计分析和结构方程模型等,但是对 SCQM 理论模型的研究还存在不足。

9.3.2 供应链背景下的质量管控策略

供应链质量管理的核心是供应链质量控制和协调,当前供应链质量控制与协调研究可分为供应链双方合作和非合作两种情形,目前研究还未有对称信息下供应链双方的质量管控方法与策略,因此以下阐述的都是供应链双方面临非对称信息条件的情况,也即自主决策的生产或检验策略等参数不被对方所观测,但是双方拥有自主决策的能力。

1. 供应链双方非合作情形

(1) 双方质量控制与选择策略 供应链双方的质量策略选择主要是指供应链双方制定生产和检验策略,目的是达到效益最优。在供应商—买方两阶段供应链的生产和检验模型中,买方对供应商提供的产品进行检验,合格的产品得以进行加工,并将加工后的产品卖给顾客。这种供应链结构在现实中比较普遍,包括 3 种情况:①供应链内部故障等因素可合同化和不可合同化。②供应链最终产品结构可分和不可分。③供应链双方签订保证合同的情况。研究表明,供应商在将产品提供给买方前进行检验活动对供应链双方的质量策略选择和最终供应链质量的协调均具有重要影响。

(2) 基于质量的供应链合同设计 基于产品质量的合同设计是供应链质量控制与协调的实施方法和途径,主要包括供应商和买方以及买方和顾客签订的产品质量惩罚合同和产品质量担保合同等。根据合同依据的项目不同可分为基于内部故障和基于外部故障的供应链合同:供应链的内部故障是指买方在对供应商的来料检验过程中检验出不合格品;供应链外部故障是指顾客在产品的使用过程中发现产品存在质量问题。一方面,当内部故障发生时,需要对供应商提供的不合格品实施惩罚,另一方面,当外部故障发生时,需要供应链双方共同承担外部故障造成的损失。

2. 供应链双方合作的情形

当供应链双方进行合作时,双方主要通过谈判的形式实现自身利益的最大化,其核心问题是供应链整体利润的合理分配。供应链双方合作情形下,质量控制与协调的主要手段是进行基于产品质量的供应链合同设计。通过谈判将避免由于信息不对称而产生额外的交易成本问题,且谈判结果的合理性将保证谈判结果实施的稳定性和长期性。

现实的供应链运作中,大量的供应链合同是通过谈判达成的,同时受到很多因素的影响。主要包括:①供应链双方的实力对比不同造成最终签订的合同也不同,现代谈判理论关注的核心就是谈判双方的实力对比。②供应链双方的时间价值。③谈判破裂造成的风险。④供应链双方的外部选择(除选择谈判之外一方还有其他选择)。⑤供应链双方的承诺战术等。

9.3.3 供应链的质量绩效测量与评价

供应链质量绩效评价是供应链绩效评价的重要组成部分,但到目前为止,供应链质量绩效测量和评价仍没有公认的测量方法。目前的研究主要将供应链绩效的评价方法应用于供应链质量绩效测评，常用的绩效测量方法主要有如下两种：

1. 平衡计分卡模型（Balanced Scorecard，BSC）

平衡计分卡最早于1992年由哈佛教授Robert Kaplan与诺顿研究所最高行政长官David Norton共同提出。平衡计分卡主要使用一套财务及非财务指标来描述整个组织的绩效。平衡计分卡模型重点集中于组织战略业务单元，同时这些战略单元的目标是获得顾客满意度和体现股东价值，在企业绩效评价中已经得到了广泛的应用。

BSC模型从4个角度来评价组织的绩效：财务、顾客、内部业务流程以及革新与增长角度。通过BSC的设计，管理者能够澄清组织战略远景与策略，沟通连接策略目标与衡量的基准，规划与设定绩效指标。其实施流程包括转化组织战略远景、沟通与联结、规划与设计指标、反馈与学习。

2. 供应链运作参考模型（Supply Chain Operational Reference，SCOR）

供应链运作参考模型是第一个标准的供应链流程参考模型，由供应链委员会开发，能够适用于不同工业领域。目前SCOR模型已经发行了五个版本，最新的版本为5.0版。SCOR模型能够使企业间准确地交流供应链问题，客观地评价其绩效，确定绩效改建的目标，流程参考模型包括了一整套流程的定义、测量指标和比较标准，以帮助企业开发流程改进的策略。

SCOR模型包括4个部分：供应链流程的一般定义、对应于流程绩效的指标基准、供应链"最佳实践"的描述以及选择供应链软件产品的信息。按供应链流程的定义的详细程度可分为三个等级：顶级、配置级、流程单元级，每一级都可以用于分析集成供应链的运作。顶级列出了供应链管理的基本流程：计划、采购、生产、分发和退货。配置级主要用来定义标准的供应链核心流程，指导企业在实施供应链时对流程进行标准划分。流程单元级应该定义其输入和输出、流程绩效指标、可应用的最佳实践及其要求的系统能力等。

除了这两种常见的绩效测量方法之外，还包括物流计分卡模型、经济增加值模型、基于作业成本模型。这些在供应链绩效评价中都有实践的意义，但是在供应链质量绩效测量和评价中，是否能够适用，或者是否需要进行改进等问题目前都还未能有统一的答案。然而，供应链质量管理在供应链的基础上发展，方法也必将结合供应链和质量管理的特点，产生更具适用性的方法。

复习思考题

1. 供应链的含义是什么？
2. 供应链质量因素有哪些？
3. 全面质量管理和供应链质量管理有哪些联系？
4. ISO 9000质量管理原则是什么？
5. 基于ISO 9000供应链质量管理是什么？
6. 供应链质量管理的定义是什么？
7. 供应链质量管理的特点是什么？
8. 供应链质量管理的内容包括哪些？

第 9 章 供应链质量管理

9. 供应链质量管理的内涵是什么？
10. 供应链质量绩效评价方法有哪些？

 案例分析题

海澜之家发力供应链质量管理

　　海澜之家股份有限公司（以下简称海澜之家）从粗纺起家、精纺发家、服装当家，再到品牌连锁经营，专注于做品牌、做设计、做销售、做物流，而将生产外包通过整合社会产能资源、打造产业链战略联盟，实现了从传统的生产制造向服务经济、总部经济的转型，走出一条良性发展之路。海澜之家近几年来通过外包生产制造环节将更多的资金和精力放到品牌管理、产品设计研发、物流和零售等高附加值环节，重点建立并拓展品牌和渠道资源，创造核心竞争力。海澜之家品牌于 2015 年荣获服装家纺品牌价值榜榜首，蝉联中国服装家纺行业第一品牌。

　　质量是企业的生命，是企业发展的灵魂和竞争的核心，关系到企业的生死存亡与健康发展。海澜之家制定了一系列质量管理策略来促进企业的发展，具体如下：

　　1. 供应链领导——"质量理念"贯彻全局

　　领导始终坚持海澜之家产品"高品质、中价位"的方针，秉持"品质至上"的质量理念，坚持"以顾客为本，尽善尽美"的产品与服务；以店铺为纲，明确"工作质量零差错、服务质量零投诉"的工作目标。建立全体员工企业文化及质量意识培训机制，在供应链管理的全流程中不断强调"质量责任制"，建立了从"店员、领班、店长、主管、部长到区总"各岗位的服务质量连带责任制度。海澜之家高层领导积极探索服务质量管理新机制，建立了服务质量奖励基金及配套的奖惩办法，将服务质量指标纳入到各部门指标体系，并跟踪检查、落实整改。

　　2. 供应链战略——"供应商联营"互利共赢

　　为确保供应链管理过程的有效运行，海澜之家制定了一系列供应链管理规章制度，主要有供应商选择与评估、供应商生产流程跟踪与管理、供应商设计样稿的选择与修改、产品采购与质检、供应商核算、供应商淘汰制度、物流运输等一系列规章制度。此外，海澜之家与供应商联合开发产品、形成互利共赢的合作伙伴关系，与供应商签订附带滞销商品可退货条款的采购合同，与供应商有机结合为利益共同体，各司其职、各获其利、共同发展。

　　3. 供应链资源——"信息化"助推发展

　　在海澜之家 SAP 项目中，系统实施涉及零售管理、商品计划、物流仓储、财务管理、人事管理、数据分析等各个环节，支撑着海澜之家总部与零售店以及供应商之间的信息共享、协作配合。把企业所有的资源，通过 SAP 系统紧密地结合起来，达到资源利用的协调。通过整合使业务各环节资源的利用效率得到提高，通过数字指标体现并且从共享平台能够有效降低决策的不确定性和控制风险，支持组织和管理模式的变革，为企业在转型时期提供有力保障，提高企业的核心竞争力。

　　4. 供应链过程管理——"全流程"追求卓越

　　为发展新兴服装业态，海澜之家开启"轻资产运作模式"，把研发和销售留下来，把生产和加工转出去。与此相适应，一方面精心打造利益共同体，另一方面着力提升运营效率，增强核心竞争力。在工作流程上，除研发中心和物流中心外，还设立拓展、质控、调配、品牌管理等部门，围绕新型商业模式，分工协作、形成合力。在服务机制上，发挥"总部经济"优势，尽心尽职为产业链上、下游提供全流程服务。在销售环节，采取"所有权与经营权相分离"的合作模式。

请根据案例回答下列问题

1. 试分析以海澜之家为核心企业的供应链组成及特点。

2. 结合案例及本章所学内容，分析基于 ISO 9000 标准，企业还可以采取哪些措施对供应链全过程进行有效控制。

（资料来源：宋如燚. 基于 PEM 的企业供应链质量管理研究［D］. 镇江：江苏科技大学，2017.）

视频思政案例

非同凡响产业园

第10章
可靠性设计与分析

加强可靠性设计以提高产品固有可靠性

2011年3月11日,日本发生了9.0级大地震,为历史第四大地震,导致福岛第一核电厂所有的厂外供电丧失,3个正在运行的反应堆自动停堆。此外,强震引发的海啸及其夹带的大量废物冲破了所有防御设施,不仅造成该核电厂丧失所有交、直流电,同时对核电厂现场的厂房、门、道路、储存罐和其他厂内基础设施造成重大破坏。使现场操作人员陷入电力供应中断、反应堆仪控系统失灵、厂内厂外的通信系统受到严重影响等无法预计的困境之中。由于无法将堆芯热量排到最终热阱,该核电厂1、2、3号机组在堆芯余热的作用下迅速升温,锆金属包壳在高温下与水作用产生了大量氢气,随后引发了一系列氢气爆炸,造成核泄漏、反射性物质剧增。

可靠性的设计是指为了满足产品的可靠性要求而进行的设计,对系统和结构进行可靠性分析和预测,采用简化系统和结构、余度设计和可维修设计等措施以提高系统和结构可靠性的设计。日本一向以其优良的产品质量而自豪,但通过专家对该事故进行调查发现,造成事故发生的主要问题在于工程设计可靠性不足、安全冗余不够。这些防御设施的原始设计只能够抵御浪高5.7m的海啸,而当天袭击电厂的最大浪潮高达10m,局部达到20m以上,防御设施无法发挥作用。海啸浪潮深入到电厂内部,造成除一台应急柴油发电机之外的其他应急柴油发电机电源全部丧失,核电厂的直流供电系统也由于受水淹而遭受严重损坏,仅存的一些蓄电池最终也由于充电接口损坏而导致电力耗尽。此外,另一重要原因在于事故影响也超出了电厂严重事故管理指南所针对的工况,即操作人员不具备把堆芯热量排到最终热阱这一手段,从而导致了爆炸的发生。

据资料数据统计,此次地震及其引发的海啸对日本整个东北部造成了重创,约20000人死亡或失踪,成千上万的人流离失所,经济损失巨大,给全球带来了强烈的经济冲击,并对日本东北部沿海地区的基础设施和工业造成了巨大的破坏,后续影响也极为严重。而造成事故发生的主要原因在于工程设计可靠性不足,导致核电厂结构设计不合理,安全系数低,从而影响其固有可靠性的实现。

试分析讨论可靠性设计对产品质量的重要性。

(资料来源：福岛核事故词条，搜狗百科，https://baike.sogou.com/v101750411.htm?fromTitle=%E7%A6%8F%E5%B2%9B%E6%A0%B8%E4%BA%8B%E6%95%85)

学习目标

1. 掌握可靠性的定义、故障及其分类。
2. 熟悉可靠性要求、可靠性的设计分析流程。
3. 掌握可靠性建模和可靠性预计，并可以对其进行深入讨论。
4. 掌握可靠性设计方法的相关概念，熟悉这些设计方法，如简化设计、容错设计。
5. 掌握故障模式影响及分析，熟悉主要分析方法，如故障树分析、电路容差分析。

10.1 可靠性介绍

可靠性是衡量产品质量的一个重要指标，它与系统的生产能力或额定功率一样，是系统的一个固有属性。一切讲信誉的生产厂家，为了提高产品质量争取顾客，都在提高其产品的可靠性。

早在 20 世纪 50 年代，国外就进行了可靠性技术的研究。在朝鲜战争中，由于武器设备的可靠性问题，使美国军方投入了大量的人力、物力来维修，并影响了武器设备的可用性。于是，美国在 1952 年 8 月成立了国防部电子设备可靠性顾问团（Advisory Group on Reliability of Electronic Equipment，简称 AGREE），研究电子元件和系统的可靠性问题。20 世纪 60 年代以后，可靠性问题的研究取得了长足的进展，许多国家相继建立了可靠性研究机构。随着空间科学和宇航技术的发展，逐步提高了可靠性的研究水平，扩展了其研究的范围，由尖端工业部门扩展到一般产业部门，扩展到工业产品的各个领域。

我国原机械电子工业部 1990 年颁布的《加强机电产品设计工作的规定》中规定，可靠性、适应性、经济性三性作为我国机电产品设计的原则。在新产品鉴定定型时，必须要有可靠性设计资料和试验报告。在现代生产中可靠性技术已成为质量保证不可缺少的依据和手段。提高产品的可靠性，已成为提高产品质量的关键。

10.1.1 可靠性的概念

1. 可靠性定义

通常人们将可靠性理解为元件、组件、零件、部件、机器、设备等产品，在正常的使用条件下，工作是否可靠，性能是否稳定的特性。

我国国家标准可靠性基本名词术语及定义 GB/T 3187—1994 规定的可靠性定义为："产品在规定的条件和规定的时间内，完成规定功能的能力。"该定义包含了可靠性的四大要素：可靠性的对象、规定的条件、规定的时间、规定的功能。

（1）**可靠性对象** 研究可靠性问题时，要有明确的对象。研究对象是指元件、组件、零件、部件、总成、机器、设备或整个系统等产品。例如，简单的产品有轴、弹簧、电阻器、电容器等，复杂产品有机床、飞机、汽车、空间站等。

(2) 规定的条件 是指对可靠性有很大影响的条件，包括运输条件、储存条件、维护条件、使用时的环境条件、使用方法、操作水平等。对象产品在超负荷运行、操作不当或人为破坏等情况下，会引起功能的失效。因此，研究对象的可靠性时必须在规定的条件下进行。

(3) 规定的时间 是指对象的工作期限或工作寿命。根据对象的属性，规定的时间可以用时间来表示，也可用次数、转数、里程数等来表示。

(4) 规定的功能 是指对象的预期功能，即对象应实现的使用目的。例如，机床的切削加工功能、发电机的发电功能、电灯的照明功能等。当对象在使用过程中，能完成规定的功能，就称该对象工作可靠，能正常工作。相反，对象不能完成规定的功能，则称该对象的功能失效或发生故障。

2. 故障及其分类

故障是产品不能执行规定功能的状态，通常指功能故障。但因预防性维修或其他计划性活动或缺乏外部资源造成不能执行规定功能的情况除外。失效是指产品丧失完成规定功能的能力的实践。在实际应用中，特别是对硬件产品而言，故障与失效很难区分，故一般统称故障。

故障可以简单理解为产品无法完成规定功能。其表现形式称为故障模式，例如，短路、开路、断裂、过度损耗等。引起故障的物理的、化学的、生物的或其他的过程被称为故障机理。

产品的故障按照其后果可以分为灾难故障、严重故障和一般故障。灾难故障是指导致人员伤亡、系统毁坏、重大财产损失的故障。严重故障是指导致产品不能完成规定任务的故障。灾难故障和严重故障的发生将影响任务的完成，而一般故障的发生不影响任务的完成，但会导致非计划的维修和保障需求。

产品的故障按照其原因可以分为早期故障和耗损故障。早期故障是指产品在寿命的早期因涉及、制造、装配的缺陷等原因发生的故障，其故障率随着寿命单位数的增加而降低。损耗故障是指疲劳、磨损、老化等原因引起的故障，其故障率随着寿命单位数的增加而增加。

产品的故障按照其规律可以分为偶然故障与渐变故障。偶然故障是由偶然因素引起的故障，例如，电容在规定的使用条件下使用时出现击穿等。偶然故障发生的概率由产品本身的材料、工艺、设计所决定。渐变故障是产品性能随时间的推移逐渐变化而产生的故障，这种故障一般可通过事前的检测或监控来预测，有时可通过预防性维修加以避免，例如，轴承由于磨损，性能逐渐退化，最终超过规定技术指标而不能再用；对于电子产品也可以称之为漂移故障。

产品的故障按照其统计特性可以分为独立故障与从属故障。不是由另一产品故障引起的故障称为独立故障，亦称原发故障；反之称为从属故障，也称为诱发故障。在进行产品的故障次数统计时，只统计产品本身的独立故障数。由两个或两个以上的独立故障所组成的故障组合称为多重故障，它可能造成其中任一故障不能单独引起的后果。

产品或其组成部分将不能完成规定功能的可鉴别的状态称之为潜在故障。如果不同产品由共同原因引起的故障则称为共因故障。此外，在实际工作中有时出现这样的故障：产品的故障可以在有限时间内，不经修复而自行恢复，这类故障叫间歇故障。例如，元器件在震动过程中出现瞬间短路，这类故障有时会导致严重后果。间歇故障原因也多种多样，例如，元器件瞬间短路可能是由封装时混入金属细丝，在震动中与金属引线表面接触造成的。

3. 可靠性与性能综合设计

随着科技的不断发展，现代工程产品日益规模庞大、结构复杂，研发这些复杂产品时面临着来自产品自身技术和工程过程的诸多挑战。为解决这一工程复杂性难题，在国内外科学与工程界形成了三种代表性的先进设计理念，即系统工程、并行工程和综合集成。系统工程率先于20世纪60年代初期，逐渐成熟并正式成为一门独立学科。系统工程的思想与方法来自不同的行业和领域，其核心思想是按照系统科学的原理和方法组织管理复杂工程活动的过程。

并行工程最早是由美国国防先进研究计划局（DARPA）在1986年提出的。美国防御分析研究所（IDA）定义并行工程为："对产品及其相关过程（包括制造过程和保障过程）进行并行、一体化设计的一种系统化的工作模式。这种工作模式力图使开发者从一开始就考虑产品全寿命周期的所有要素，包括质量、成本、进度和用户需求。"并行工程的核心思想是通过组织以产品为核心的跨部门的集成产品开发团队（Integrated Product Team，IPT）进行产品开发，并通过产品开发过程的改进与重组实现开发过程的合理化。

综合集成方法论率先由钱学森于1990年提出。综合集成方法论明确主张定性研究与定量研究相结合、科学理论与经验知识相结合，采用系统思想将多种学科结合起来进行综合研究，将复杂巨大的系统的宏观与微观研究统一起来，必须有大型计算机系统支持，不仅具备管理信息、决策支持等功能，而且还要有综合集成的功能。

三种先进设计理念仍然各自在不断发展，尚没有形成完全统一的方法论，但它们都强调综合与集成可靠性工作的重要性。早在20世纪60年代，系统工程就提出将可靠性、维修性等通用特性通过工程专业综合融入产品研制过程中。到20世纪90年代，并行工程兴起时，美国也明确提出可靠性、维修性等是并行工程重要组成因素，必须集成到并行工程环境中来。可靠性工程实践中面临的一个重大挑战就是如何以系统工程思想为引导，在数字化环境下实现可靠性与性能设计同步开展和综合优化，即可靠性与性能的综合设计。

4. 可靠性要求

（1）可靠性定性要求　可靠性定性要求是指通过非量化的形式提出可靠性要求，以便通过设计、分析工作，保证产品的可靠性。可靠性定性要求对数值无确切要求，在缺乏大量数据支持的情况下，提出定性要求并加以实现就显得尤为重要。可靠性定性要求一般可分为6个方面，即简单性、冗余、降额、采用成熟技术、环境适应性和人机工程。

1）简单性的定性要求。例如，在满足功能和预期使用条件的前提下，尽可能将产品设计成具有最简单的结构和外形。

2）冗余的定性要求。例如，重要的承力结构件，应按损坏—安全原则设计，要提供足够的冗余，以保证产品在某一承力结构件损坏时，仍可执行任务或安全返回。

3）降额的定性要求。例如，选用的电子元器件、液压元件、气动元件、电动机、轴承、各种结构件，应采用降低负荷额定值的设计，以提供更大的安全储备。

4) 采用成熟技术的定性要求。例如，设计应在满足功能要求的前提下，尽量采用经过工程实践考验具有高可靠性的设计。

5) 环境适应性的定性要求。例如，应选用耐腐蚀的材料，依据使用环境和材料的性质，对零件表面采用镀层、涂料、阳极化处理或其他表面处理，以提高其防腐蚀性能。

6) 人机工程的定性要求。例如，驾驶（乘员）舱内的环境条件（如温度、湿度、灯光、振动、气压等）应满足驾驶员（乘员）在舱内正常使用（操作）设备的要求。

（2）**可靠性定量要求** 可靠性定量要求是确定产品的可靠性参数、指标以及验证时机和验证方法，以便在设计、生产、试验验证、使用过程中用量化方法评价或验证产品的可靠性水平。可靠性参数要反映战备完好性、任务成功性、维修人力费用及保障资源费用等四个方面的要求。

可靠性定量要求分为基本可靠性要求和任务可靠性要求。一般地讲，我们把成熟期的规定值作为产品设计的依据，而把研制阶段的门限值（或最低可接受值）作为该阶段必须达到的现场（或实验室）考核验证的依据，是能否进入下一阶段的依据。

在产品研制各阶段，可靠性各参数值之间的时序关系如下：

1) 在论证阶段，由使用方根据产品的使用需求和可能，经过论证提出产品的"目标值"，并依据此确定"门限值"（一般是针对使用参数的）。例如，对于歼击机来说，使用可用度 A_0、平均故障间隔飞行小时 T_{FBF} 门限值通常取目标值的80%；成功概率 P_0 门限值取目标值的90%。

2) 在方案阶段，由使用方与承制方协调，确定最终的"目标值"和"门限值"，并确定研制结束时的门限值——"研制结束门限值"，并将其转化为合同参数对应的"规定值""最低可接受值"及"研制结束最低可接受值"。

3) 在工程研制阶段，进行可靠性分配确定系统以下各层次产品的设计目标——"设计值"（即与产品成熟期的"目标值"对应的"规定值"，而非研制结束时的最低可接受值），经过可靠性设计分析及可靠性增长，实现设计目标。

4) 在设计定型阶段，经过验证获得"验证值"，用以验证是否达到研制结束时的最低可接受值。

5) 在使用阶段，经过验证获得此阶段的"验证值"，用以验证产品可靠性是否达到使用方要求的"目标值"。

（3）**可靠性工作项目要求** 可靠性工作项目要求一般是在产品研制过程中要求采取的可靠性设计措施或可靠性分析工作，以保证和提高产品可靠性。这些要求都是概要性的设计措施和分析工作，需要在产品研制的各个阶段根据产品的实际情况和设计分析方法的特序进行细化，并具体组织实施。主要的可靠性工作项目要求如表10-1所示。

表10-1 主要的可靠性工作项目要求

序 号	工作项目要求名称	目 的
1	制定和贯彻可靠性设计准则	将可靠性要求及使用中的约束条件转换为设计边界条件，设计人员规定专门的技术要求和设计原则，以提高产品可靠性
2	简化设计	减少产品的复杂性，提高其基本可靠性
3	余度设计	用多于一种的途径来完成规定的功能，以提高产品的任务可靠性和安全性

（续）

序　号	工作项目要求名称	目　的
4	容错设计	能够自动地实时检测并诊断出产品的故障，并采取对故障的控制后处理的策略，以达到对故障的"容忍"，仍能完成规定功能
5	降额设计	降低元器件、零部件的故障率，提高产品的基本、任务可靠性和安全性
6	元器件、零部件、原材料的选择与控制	对电子元器件、机械零部件、原材料进行控制与管理，提高产品可靠性，降低保障费用
7	确定关键件和重要件	把有限的资源用于提高关键产品的可靠性
8	环境防护设计	选择能抵消环境作用或影响的设计方案和材料，或提出一些能改变环境的方案，或把环境应力控制在可接受的极限范围内
9	热设计	通过元器件选择、电路设计、结构设计、布局来减少温度对产品可靠性的影响，使产品能在较宽的温度范围内可靠地工作
10	软件可靠性设计	通过采用 N 版本编程法、恢复块法和贯彻执行软件工程规范等来提高软件的可靠性
11	包装、装卸、运输、储存等设计	通过对产品在包装、装卸、运输、储存期间性能变化情况的分析，确定应采取的保护措施，从而提高其可靠性
12	故障模式影响及危害性分析（FMECA）	评价每个零部件或设备的故障模式对产品或系统产生的影响，确定其严酷度，发现设计中的薄弱环节，提出改进措施
13	故障树分析（FTA）	分析造成产品某种故障状态（或事件）的各种原因和条件，以确定各种原因或原因的组合。发现设计中的薄弱环节，提出改进措施
14	潜在通路分析	在假定所有元件、器件均正常工作的情况下，分析确认能引起非期望的功能或抑制所期望的功能的潜在状态
15	电路容差分析	分析电路的组成部分在规定的使用温度范围内其参数偏差和寄生参数对电路性能容差的影响，并根据分析结果提出相应的改进措施
16	耐久性分析	发现可能过早发生耗损故障的零部件，确定故障的根本原因和可能采取的纠正措施
17	有限元分析	在设计过程中对产品的机械强度和热特性等进行分析和评价，尽早发现承载结构和材料的薄弱环节及产品的过热部分，以便及时采取设计改进措施

10.1.2　可靠性的设计分析流程

不同研制阶段的可靠性设计分析流程有所差异，但都是由一组彼此交互的可靠性设计分析任务所构成的。其中，最基本的任务可以分为三类：①提出可靠性要求，包括通过分配提出不同层次产品的可靠性设计要求。②可靠性设计与分析，通过可靠性设计与分析为产品研制过程提供输入，形成考虑可靠性的产品设计。③验证可靠性设计的效果，验证是否满足产品的可靠性要求。以这三类任务及相应决策活动为基础，即可构成一个可靠性设计分析的概念流程，如图 10-1 所示。完成这三类任务需要开展各类可靠性技术与管理活动（工作项目），包括各类与可靠性相关的系统设计、建模与分析、数据收集与分析，以及配套的管理工作。

该概念流程具有自封闭性质，且对产品研制各阶段具有借鉴意义，主要区别是在不同的研制阶段应用的具体手段不同。需要指出，在工程实际中一旦签订合同，通常情况下不会变更可靠性要求。在确定具体流程时，需结合该概念流程和系统特点，系统地规划和恰当地应用各种可靠性设计分析方法，以保证可靠性设计与分析流程和性能研制是协调匹配的，从而使研制出的产品具有较高的可靠性水平。

按照系统工程过程，当前大型工程系统的寿命周期过程可划分为 6 个阶段。分析系统各阶段的主要研制任务，并结合目前工程中开展可靠性设计分析工作的经验可知：各类可靠性设计与分析工作主要集中在论证阶段、方案阶段，以及工程研制中的初步设计和详细设计阶段。

产品各个研制阶段开展的可靠性设计分析工作项目有所不同，某些可靠性工作在多个研制阶段都需要开展，存在一定的继承性，但是使用的数据源及开展的深入程度不同。此外，不少可靠性工作项目之间存在依赖性。因此，要在产品研制工作中有效地组织开展可靠性设计分析工作，达到高效、全面地提高系统的可靠性水平的目标，就必须对各研制阶段中可靠性设计分析工作的关系和流程有清楚的认识。

需要注意的是，可靠性工作虽然具有自封闭特征，但作为产品研制的有机组成部分，需要合理融入研制过程。在这一过程中，可靠性与性能设计存在着广泛的数据交互，一方面依据当前产品状态获取开展可靠性工作所需要的基本信息数据，另一方面可靠性设计分析的结果还需要反馈到产品设计中。

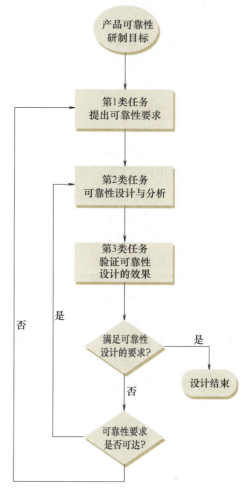

图 10-1 可靠性设计分析的概念流程

10.1.3 可靠性相关技术介绍

1. 可靠性建模

系统，即指复杂产品，是完成特定功能的综合体，是协调若干工作单元（子系统和设备）的有机组合。对于由子系统组成的大系统，其各个子系统本身又可以单独成为一个系统，该子系统也可能会分为若干个子系统。随着科学技术的发展，系统的复杂程度越来越高；而系统越复杂则发生故障的可能性就越大。某些复杂系统包含成千上万个元件。为了保证系统的高可靠性，对元件的可靠性就得提出更高的要求。一方面由于对元器件可靠度提出过高的要求，而元器件的生产又受到材料及工艺水平的限制，很可能无法达到过高的可靠度指标；另一方面也将导致系统本身价格十分昂贵。万一系统失效，将会在人力和物力上造成重大损失，甚至会引起严重后果。因此应重视系统可靠性的研究。建立系统、子系统或设备的可靠性模型，是为了分析、定量分配、估算和评价产品的可靠性。

系统的可靠性模型，包括可靠性框图和可靠性数学模型两部分内容。系统的可靠性框图说明子系统故障对系统性能的影响，它是一种逻辑框分析，这种分析要求把复杂的系统分成一些子系统或元件。可靠性框图应与系统的工作原理图相协调。系统工作原理图表示系统各单元或子系统之间的物理关系，而可靠性框图则表示系统各子系统或单元的功能关系。

（1）可靠性框图　在完全了解产品任务定义和寿命周期模型的基础上，应该通过简明扼要的直观方法，表示出产品每次使用能成功地完成任务时所有子系统或单元之间的相互依赖关系，即建立系统的可靠性框图。框图中每一方框代表在评定系统可靠性时必须要考虑的，并具有与方框中相联系的可靠性值的单元或功能。所有连接方框的线没有可靠性值。导线或连接器单独放入一个方框或作为一个单元的一部分。所有方框就故障率或失效率而言是相互独立的。清楚规定系统定义的实质是建立系统的可靠性物理模型，即系统的工作原理模型，然后才能用可靠性框图表示系统各子系统或单元之间的功能关系，最后才能根据可靠性框图建立系统的可靠性数学模型。

对于特定的系统，可靠性框图的结构形式取决于该系统可靠性的定义。例如，对于一个简单的双重开关，如图 10-2a 所示。如果关心的是当需要时该电路能接通，这就要求两个开关都要处于接通状态，整个开关连接的电路才能接通。两个开关中只要有一个不能接通，那么整个电路也就不能接通。因此在这种情况下其可靠性逻辑关系呈串联形式，其可靠性框图如图 10-2b 所示。如果需要电路断开，那么两个开关需同时断开方可。因此在这种情况下，其可靠性逻辑关系呈并联形式，其可靠性框图如图 10-2c 所示。

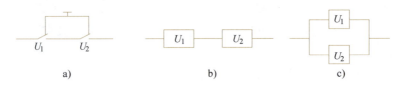

图 10-2　双重开关示意图

a）双重开关　b）双重开关串联框图　c）双重开关并联框图

（2）串联模型

1）串联模型的可靠性框图。组成系统的所有单元中的任一单元的失效或出现故障，都会导致整个系统失效或出现故障的系统称为串联系统。可靠性串联系统是最常见和最简单的系统，如图 10-3 所示。

图 10-3　串联系统的可靠性框图

2）串联模型的可靠度计算。由于串联系统中所有单元都正常工作时，系统才能正常工作，因而事件 U 只有当 U_1，U_2，…，U_n 事件同时发生时才能发生，即

$$U = U_1 \cap U_2 \cap \cdots \cap U_n$$

根据概率计算的基本规则，可得串联系统中可靠度的表达式为

$$R_s = P(U) = P(U_1 \cap U_2 \cap \cdots \cap U_n)$$

式中，R_s 为系统的可靠度；$P(U)$ 为系统正常工作时的概率。

如果系统中各子系统或各单元是相互独立的，则有

$$R_s = \prod_{i=1}^{n} P(U_i) = \prod_{i=1}^{n} R_i$$

这就是常用的可靠性乘积法则：串联系统的可靠度等于各独立子系统的可靠度的乘积。若子系统或单元可靠性是时间 t 的函数时，有

$$R_s(t) = \prod_{i=1}^{n} R_i(t) \tag{10-1}$$

从式（10-1）可知，系统的可靠度小于或最多等于各个串联单元可靠性的最小值，系统串联的子系统越多，系统可靠度就越低。

例 10-1 已知某系统由 6 个串联零件组成，零件的可靠度分别为 $R_1 = 0.9981$，$R_2 = 0.9992$，$R_3 = 0.9975$，$R_4 = 0.9932$，$R_5 = 0.9995$，$R_6 = 0.9953$。试求该系统的可靠度。

解 根据式（10-1），该串联系统的可靠度为

$$\begin{aligned} R_s(t) = \prod_{i=1}^{n} R(t) &= R_1 R_2 R_3 R_4 R_5 R_6 \\ &= 0.9981 \times 0.9992 \times 0.9975 \times 0.9932 \times 0.9995 \times 0.9953 \\ &= 0.9829 \end{aligned}$$

(3) 并联模型

1) 并联模型的可靠性框图。组成系统的所有子系统或单元都失效或出现故障时才会失效或出现故障的系统称为并联系统。只要有一个子系统或单元正常工作，并联系统就能正常工作，因此并联系统的可靠性大于或至少等于各个并联子系统或单元可靠性的最大值。对于可靠性较低的单元可采用并联方法提高系统的可靠性。并联系统的可靠性框图如图 10-4 所示。

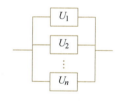

图 10-4 并联系统的可靠性框图

2) 并联模型的可靠度计算。设系统的不可靠度为 F_s，即各个子系统或单元都不正常工作时，系统也就不工作，则有

$$F_s = P(\overline{U}_1 \cap \overline{U}_2 \cap \cdots \cap \overline{U}_n)$$

式中，$\overline{U}$ 是事件 U 的对立事件。如果各个子系统或单元之间是相互独立的，则有：

$$F_s = P(\overline{U}_1) P(\overline{U}_2) \cdots P(\overline{U}_n) = \prod_{i=1}^{n} (1 - R_i)$$

式中，R_i 表示事件 U 发生的可靠度。于是得到系统的可靠度计算式为

$$R_s = 1 - F_s = 1 - \prod_{i=1}^{n} (1 - R_i)$$

若子系统或单元可靠性是时间 t 的函数时，有

$$R_s(t) = 1 - F_s(t) = 1 - \prod_{i=1}^{n} [1 - R_i(t)] \tag{10-2}$$

从式（10-2）可知，对于并联系统，一般系统可靠度在数值上大于各个零部件的可靠度，并且随着组成系统并联零部件数目的增大而增大。

例 10-2 有一照明系统，为了保证其工作可靠，采用 4 个同型号的照明灯并联使用。假定 4 个灯具的可靠度为 $R_1 = R_2 = R_3 = R_4 = 0.785$，试求该照明系统的可靠度。

解 根据式（10-2），该并联系统的可靠度为

$$R_S(t) = 1 - \prod_{i=1}^{n}[1 - R_i(t)] = 1 - (1-0.785)^4 = 0.9979$$

由例 10-2 可知，单个照明灯的可靠度只有 0.785，但并联 4 个同样的照明灯后，照明系统的可靠度大大增加了，增加到 0.9979。

（4）串-并联混合模型

1）串-并联混合模型的可靠性框图。把若干个串联系统或并联系统重复地加以串联或并联，得到更复杂的可靠性结构模型，称为串-并联混合系统。如图 10-5 所示，它是两个并联子系统再串联起来组成的一个简单的串-并联混合系统。

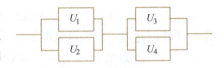

图 10-5 串-并联系统可靠性框图

2）串-并联混合模型的可靠度计算。串-并联混合模型，是基本串联和并联系统组合，对于其可靠性的计算，可以连续地用串联和并联的基本公式来分析计算。例如计算图 10-5 中的可靠度时，先计算并联子系统的等效可靠度，然后按照串联系统的可靠度计算方法用该等效可靠度来计算整个系统的可靠度值。

例 10-3 某系统由 7 个单元串并联组成，如图 10-6 所示，已知这 7 个单元的可靠度为 $R_1 = R_2 = R_3 = R_4 = R_5 = R_6 = R_7 = 0.91$，试求该系统的可靠度。

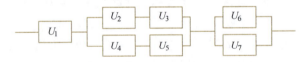

图 10-6 例 10-3 串并联系统可靠性框图示意图

解 根据式（10-1）计算 U_2 和 U_3、U_4 和 U_5 组成的串联子系统 U_{23} 和 U_{45} 的可靠度分别为

$$R_{23}(t) = R_2 R_3 = 0.91 \times 0.91 = 0.8281$$
$$R_{45}(t) = R_4 R_5 = 0.91 \times 0.91 = 0.8281$$

根据式（10-2）U_{23} 和 U_{45} 再并联的子系统 U_{2345} 以及 U_6 和 U_7 组成的并联子系统 U_{67} 的可靠度分别为

$$R_{2345}(t) = 1 - [1 - R_{23}(1)][1 - R_{45}(t)] = 1 - (1 - 0.8281)^2 = 0.97045$$
$$R_{67}(t) = 1 - (1 - R_6)(1 - R_7) = 1 - (1 - 0.91)^2 = 0.9919$$

整个系统就由单元 U_1、U_{2345} 和 U_{67} 串联组成，据式（10-1）得整个系统的可靠度为

$$R_S(t) = R_1 R_{2345} R_{67} = 0.91 \times 0.97045 \times 0.9919 = 0.8760$$

（5）复杂系统模型 有些复杂系统不是由简单的串联、并联子系统组合而成的，因此就不能用计算串联、并联可靠度的方法来计算系统的可靠度。例如图 10-7 所示的系统，子系统 U_3

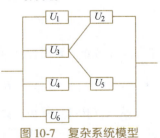

图 10-7 复杂系统模型

的故障都会将路线 U_3、U_2 和 U_3、U_5 中断,因此对于此系统无一纯并联系统方案。对于复杂系统的可靠度计算,常常采用状态枚举法(或称为真值表法)、全概率公式法(或称为分解法)、路径枚举法等。

状态枚举法的原理是将系统中各个子系统或单元的完好和失效两种状态的所有可能出现的情况一一搭配排列出来,排出来的每一种情况为一种状态,并确定对应的系统状态是失效或是完好状态,然后,计算各种状态是失效或完好的概率,最后累加起来就得到系统失效或完好的概率即可靠度。若一个系统有 n 个子系统或单元,而每个子系统或单元都有两种状态即完好和失效,那么系统就有 2^n 个状态,并且每个状态是互不相容的。

全概率公式法的原理是首先选出系统中的主要单元,然后把该单元分成正常工作与故障两种状态,再用全概率公式计算系统的可靠度。

路径枚举法类似状态枚举法,其原理是根据系统的可靠性逻辑框图,将所有能使系统正常工作的路径一一列举出来,再利用概率加法定理和乘法定理来计算系统的可靠度。

2. 可靠性预计

可靠性预计是在设计阶段对系统可靠性进行定量的估计,是根据历史的产品可靠性数据、系统的构成和结构特点、系统的工作环境等因素估算组成系统的部件及系统可靠性。系统的可靠性预计是根据组成系统的元件、部件的可靠性来估计的,是一个自下而上、从局部到整体、由小到大的一种系统综合过程。

可靠性预计的目的和用途主要有:

1)评价是否能够达到要求的可靠性指标。

2)在方案阶段,通过可靠性预计,比较不同方案的可靠性水平,为最优方案的选择及方案优化提供依据。

3)在设计中,通过可靠性预计,发现影响系统可靠性的主要因素,找出薄弱环节,采取设计措施,提高系统可靠性。

4)为可靠性增长试验、验证及费用核算等提供依据。

5)为可靠性分配奠定基础。

可靠性预计的主要价值在于,它可以作为设计手段,为设计决策提供依据。因此,要求预计工作具有及时性,即在决策点之前做出预计,并提供有用的信息,否则这项工作就会失去其意义。为了达到预计的及时性,在设计的不同阶段及系统的不同层次上可采用不同的预计方法,由粗到细,随着研制工作的深入而不断细化。

可靠性预计与可靠性分配都是可靠性设计分析的重要工作,两者相辅相成,相互支持。前者是自下而上的归纳综合过程,后者是自上而下的演绎分解过程。可靠性分配结果是可靠性预计的目标,可靠性预计的相对结果是可靠性分配与指标调整的基础。在系统设计的各个阶段均要相互交替反复进行多次,其工作流程如图 10-8 所示。

(1)**单元可靠性预计** 单元可靠性预计包括相似产品法和预计评分法。

相似产品法就是利用与该产品相似的已有成熟产品的可靠性数据来估计该产品的基本可靠性,成熟产品的可靠性数据主要来源于现场统计和实验室的试验结果。

相似产品法考虑的相似因素一般包括产品结构、性能的相似性,设计的相似性,材料和制造工艺的相似性,使用剖面(保障、使用和环境条件)的相似性。

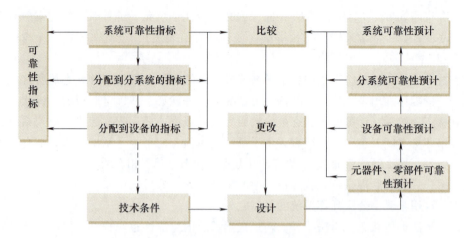

图 10-8　可靠性预计与分配关系工作流程

这种方法非常简单、快捷,适用于系统研制的各个阶段,可应用于各类产品的可靠性预计(如电子、机械、机电等产品),其预计的准确性取决于产品的相似性。成熟产品的详细故障记录越全,数据越丰富,比较的基础越好,预计的准确性越高。

相似产品的预计程序包括以下步骤:

1)确定相似产品,考虑前述的相似因素,选择确定与新产品最为相似的,有可靠性数据的产品。

2)分析相似因素对可靠性的影响,分析所考虑的各种因素对产品可靠性影响程度,分析新产品与老产品的设计差异及这些差异对可靠性的影响。

3)产品可靠性预计根据上述分析,确定新产品与老产品的可靠度值的比值,当然,这些比值应由有经验的专家评定。最终,根据比值预计出新产品的可靠度。

评分预计法是在可靠性数据非常缺乏的情况下(可以得到个别产品可靠性数据),通过有经验的设计人员或专家对影响可靠性的几种因素评分,对评分进行综合分析而获得各单元产品之间的可靠性的相对比值,再以某一个已知可靠性数据的产品为基准,预计其他产品的可靠性。应用这种方法时,时间因素一般应以系统工作时间为基准,即预计出的各单元 MTBF,是以系统工作时间为其工作时间的。

评分预计法通常考虑的因素有复杂程度、技术水平、工作时间和环境条件,在工程实际中可以根据产品的特点而增加或减少评分因素。

以产品故障率为预计参数说明评分原则。各种因素评分值范围为 1~10,评分值越高说明可靠性越差。

具体评分原则如下:

1)复杂程度是根据组成单元的元部件数量以及它们组装的难易程度来评定的,最简单的评 1 分,最复杂的评 10 分。

2)技术水平是根据单元目前的技术水平的成熟度来评定的,水平最低的评 10 分,水平最高的评 1 分。

3)工作时间是根据单元工作的时间来评定的,其前提是以系统的工作时间为时间基准。

系统工作时，单元一直工作的评 10 分，工作时间最短的评 1 分。如果系统中所有单元的故障率是以系统工作时间为基准，即所有单元故障率统计是以系统工作时间为统计时间计算的，则各单元的工作时间不相同，而统计时间均相等（实际工作中，外场统计很多是以系统工作时间统计的），因此，必须考虑此因素。如果系统中所有单元的故障率是以单元自身工作时间为基准，即所有单元故障率统计是以单元自工作时间为统计时间计算的，则单元的工作时间各不相同，故障率统计时间也不同，不考虑此因素。

4）环境条件根据单元所处的环境来评定，单元工作过程中会经受极其恶劣和严酷的环境条件的评 10 分，环境条件最好的评 1 分。

对于评分可靠性的预计方法，在工程上，若各个单元的故障率 λ_i 均是以系统工作时间为基准时间，即 $d_i = t_i/t_s = 1.0$；或无法得知各单元故障率的时间基准，为简单起见，将系统内各单元工作时间视为均等，即

$$t_1 = t_2 = \cdots = t_n = t_s$$

则

$$R_s(t_s) = e^{-\lambda_1 t_s} e^{-\lambda_2 t_s} \cdots e^{-\lambda_n t_s} = e^{-\sum_{i=1}^{n} \lambda_i t_s} = e^{-\lambda t_s} \tag{10-3}$$

式中，$i = 1, 2, 3, \cdots, n$。

(2) **系统可靠性预计** 系统可靠性预计是以组成系统的各个单元的预计值为基础，根据系统可靠性模型，对系统基本可靠性和任务可靠性进行预计。而对于使用以前的系统或产品和所购买的货架产品则不再进行预计值或可靠性指标的计算？

任务可靠性预计即对系统完成某项规定任务成功概率的估计。在任务期间系统可分为不可修系统和可修系统。因此，任务可靠性预计分为不可修系统任务可靠性预计和可修系统任务可靠性预计（也称为可信度预计）。同时，对于不同任务剖面，由于系统工作状态、工作时间及工作环境条件有所不同，其可靠性模型也不同。所以，任务可靠性预计是针对某一任务剖面进行的。

此外，任务可靠性预计时，单元的可靠性数据应当是影响系统安全和任务完成的故障统计而得出的数据。例如，产品的任务故障率，平均严重故障间隔时间（MTBCF）等。但当缺乏单元任务可靠性数据时，也可用基本可靠性的预计值代替，但系统预计结果偏保守。

10.2　可靠性设计方法

10.2.1　可靠性设计准则

1. 概述

可靠性设计准则是把已有的、相似产品的工程经验总结起来，使其条理化、系统化、科学化，成为设计人员进行可靠性设计所遵循的细则和应满足的要求。制定并贯彻可靠性设计准则是设计人员开展可靠性设计的途径，普遍适用于电子、机电、机械等各类产品和装备、系统、分系统、设备等各产品层次。

通过制定并贯彻可靠性设计准则，把有助于保证、提高可靠性的一系列设计要求设计到

产品中去。可靠性设计准则的主要作用与特点如下：

(1) **可靠性设计准则是进行可靠性定性设计的重要依据**　为了满足规定的可靠性设计要求，必须采取一系列的可靠性设计技术，制定和贯彻可靠性设计准则是其中一项重要内容。可靠性设计准则作为研制规范，在设计中必须逐条予以实施。

(2) **贯彻可靠性设计准则可以提高产品的固有可靠性**　产品的固有可靠性是设计和制造所赋予产品的内在可靠性，是产品的固有属性。设计人员在设计中遵循可靠性设计准则，可避免一些不该发生的故障，从而提高产品的固有可靠性。

(3) **贯彻可靠性设计准则是实现与产品性能设计同步的有效方法**　设计人员只要在设计中贯彻可靠性设计准则就可以把可靠性设计到产品中去，使产品的性能设计和可靠性设计相互有机地结合。

(4) **可靠性设计准则是研制经验的总结与升华**　可靠性设计准则是以往产品研制经验的结晶，是一项宝贵的技术财富。可靠性设计准则用于指导设计人员进行可靠性设计，保证实现产品合同规定的可靠性要求。制定并实施可靠性设计准则不仅有益于企业经验和知识的传承，还能为年轻设计人员的成长提供帮助。

可靠性设计准则对企业的适用性和针对性强。通用标准、手册提供的可靠性设计准则往往不能直接用于型号，因此需要根据型号的具体需要和特征，一方面要尽量吸收通用标准和手册中可靠性设计准则的精华，另一方面也要进行合理的裁减，去掉该产品不适用的内容。此外，还要充分运用研制单位的工程设计经验，将可靠性设计准则中的条款予以细化，提高准则的适用性和可操作性。

需要注意的是，可靠性设计准则在方案阶段就应着手制定，并在初步设计和详细设计阶段认真贯彻实施。

2. 可靠性设计准则的制定

产品可靠性设计准则是在产品设计中能够直接贯彻实施的可靠性设计要求细则与保证措施，可靠性设计准则文件基本内容包括：概述、目的、适用范围、依据、可靠性设计准则。

(1) **概述**　说明产品名称、型号、功能和配套关系，产品合同规定的可靠性定性要求等。

(2) **目的**　说明编制可靠性设计准则的目的。

(3) **适用范围**　说明所编制的可靠性设计准则适用的产品范围。

(4) **依据**　说明编制可靠性设计准则的主要依据。一般包括：合同规定的可靠性定性要求；合同规定引用的有关规范、标准、手册等提出的与可靠性设计相关的内容；同类型产品的可靠性设计经验以及可供参考的通用可靠性设计准则等。

(5) **可靠性设计准则**　将产品的可靠性设计准则以"××产品可靠性设计准则"条款形式输出。这些条款从诸如简化设计、耐环境设计、冗余设计等多种不同的方面对可靠性设计提出了具体详细的要求。可靠性设计准则可根据需要分为通用部分和专用部分。

可靠性设计准则的制定流程如图 10-9 所示，具体过程如下：

(1) **明确产品可靠性设计准则的适用范围**　明确产品可靠性设计准则贯彻实施的对象产品类型（电子、机电、机械等或者各种组合），以及产品层次范围（装备、系统、分系统、设备、元部件等）的适用条款以及裁剪原则。据此可以确定出产品可靠性设计准则的适用条

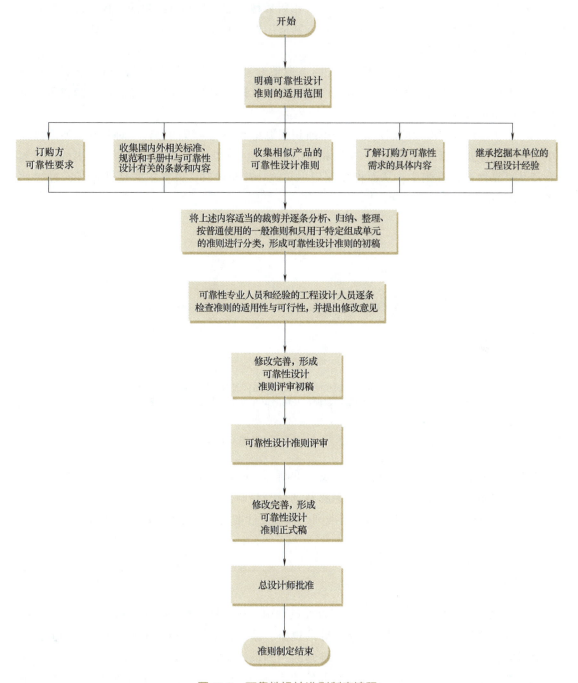

图 10-9 可靠性设计准则制定流程

款及裁剪原则。

（2）**制定产品可靠性设计准则初稿** 通过对订购方提出的产品可靠性设计要求、相似产品的可靠性设计准则、研制单位的可靠性设计经验等分析和对收集到的备用准则条款进行归纳整理，编写产品可靠性设计准则的初稿。

（3）形成产品可靠性设计准则评审稿　由可靠性专业人员和有经验的工程设计人员对产品可靠性设计准则初稿进行逐条审查，评审其适用性与可行性。根据提出的修改意见完成产品可靠性设计准则的评审稿。

（4）形成产品可靠性设计准则正式稿　邀请专家对产品可靠性设计准则评审稿进行评审。根据评审意见进行修改完善，形成产品可靠性设计准则的正式稿，经总设计师或研制单位最高技术负责人批准。

产品可靠性设计准则的制定是一个不断积累总结和补充完善的过程。对研制与使用过程中出现的故障要认真分析其原因，采取相应的措施，并将获得的经验与教训加以提炼，充实到产品可靠性设计准则中，从而构成制定—实施—补充修改—再实施的良性循环，过程如图10-10所示。

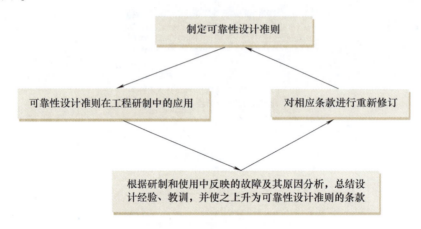

图 10-10　产品可靠性设计准则的修订

根据产品的可靠性要求，其可靠性设计准则一般应包括简化设计，余度设计，耐环境设计，热设计，电子元器件、零部件、原材料选择与控制，降额设计，人机工程，电磁兼容设计，稳定性/防异变设计，新技术采用准则，安装设计准则，安全保护设计准则等。

10.2.2　主要设计方法介绍

1. 简化设计

（1）概述　简化设计就是指产品在设计过程中，在满足战术、技术要求的前提下尽量简化设计方案，尽量减少零部件、元器件等的规格、品种和数量，并在保证性能要求的前提下达到最简化状态，以便于制造、装配、维修的一种设计措施。例如，尽可能实现零部件的标准化、系列化和通用化，控制非标准零部件的比例；尽可能减少标准件的规格、品种数；争取用较少的零部件实现多种功能；尽可能采用模块化设计等。

系统简化设计是提高基本可靠性的重要措施之一，它对于提高可靠性的主要贡献在于：

1）元器件、零部件等数量减少，发生故障的机会也减少。

2）压缩品种和规格，容易实现标准化、通用化，提高了产品的继承性、互换性，也提高了维修性。

3）改善了工艺性，减少了降低可靠性的因素。

4）简化了使用操作方法，减少了人为差错，提高了使用可靠性。

（2）**简化设计的基本原则与主要技术**

1）应对产品功能进行分析权衡，合并相同或相似功能，消除不必要的功能。

2）应在满足规定功能要求的条件下，使其设计简单，尽可能减少产品层次和组成单元的数量。

3）尽量减少执行冗余功能的零部件、元器件数量。

4）应优先选用标准化程度高的零部件、紧固件与连接件、管线、缆线等。

5）最大限度地采用通用的组件、零部件、元器件，并尽量减少其品种。

6）采用不同工厂生产的相同型号成品件时必须能安装互换和功能互换。

7）产品的修改，不应改变其安装和连接方式以及有关部位的尺寸，使新旧产品可以互换安装。

（3）**简化设计的形式和基本步骤** 任何系统的可靠性都与其复杂程度相关，降低系统复杂程度的设计手段都有益于提高系统可靠性。

简化设计就其简化内容而言可分为两种形式：

1）零部件结构简化。若一个元件有多处较高精度的尺寸和形位要求或形状较为复杂，产品在制造过程中无疑会因难度较大而降低合格率。零件简化的目的就是要将过剩的功能或要求降低到保证该零件在使用过程中必需的状态或性能要求下的结构，使该零件具有较低的成本和较高的合格率。

2）零部件数目和品种简化。使构成产品的整个结构件在保证使用要求的条件下，将产品中可以取消的额外功能或可以合并的零部件简化，以达到满足可靠性要求的最简化状态。

简化设计的基本步骤包括两个阶段：

1）在设计阶段，进行功能分析，确定所有的元器件、零部件对于完成设计功能的要求都是必需的，需要去除不必需的部分。

2）在选型阶段，尽量使用集成部件，以减少系统中部件的数目，并尽量保证剩余部件不会承受更高的应力。

2. 容错设计

（1）**概述** 容错的基本思想是由冯·诺伊曼（J. V. Neumann）在1962年提出的，他指出人的大脑细胞在人的一生中不断地死亡，令人惊奇的是这并不影响任何生理系统的正常工作。另外，动物体内的自修复能力和克服故障的能力也引起人们的深思。生物界的自动恢复的能力如果引用到技术领域，使系统也具有这种自修复和容忍故障的能力，就可以达到高可靠性系统的目的。这就是容错的思想。

一般来说，"错"可以分为两类：第一类是先天性的固有错，例如，元器件生产过程中造成的错，或者线路与程序在设计过程中产生的错。这一类错只能对其拆除、更换或更正，是不能容忍的。第二类是后天性的错，是由于系统在运行中产生了缺陷所导致的故障。这类故障具有永久性、瞬间性和间歇性的区别。对瞬间性及间歇性的故障不能采用检测定位等措施（因为检测时也许就不见了，过一段时间又会出现），但可以考虑随机地消除其作用，使其不影响到系统的正常工作。由于瞬间性故障占全部故障的大多数，它成为容错技术的主要对象。对运行中产生的永久故障,也可以暂时消除其影响,但根本的办法仍是检出其存在。最好诊断出它存在的范围或部件,将有关零部件或分系统进行切换、修理。如任其存在,就会使它与另一故障(永久性或瞬间性)相遇而构成双重故障,造成灾难性故障。

(2) **容错技术包含的内容**　容错技术能达到对故障的"容忍",但并非是"无视"故障的存在。它首先要能自动地实时检测并诊断出系统的故障,然后采取对故障的控制事后处理的策略。根据故障的不同情况,一个容错系统的容错所包含的内容为:故障限制、故障检测、故障屏蔽、重试、诊断、重组、恢复、重启动、修复及重构。

相比冗余设计,容错设计包含的内容更为广泛,它通过在产品设计中增加消除或控制故障(错误)影响的措施,实现提高产品任务可靠性和安全性的目的。容错技术包含的内容如图 10-11 所示。

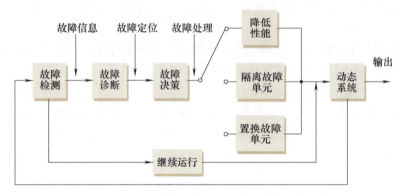

图 10-11　容错技术包含的内容

根据系统的这些故障响应阶段,可以把容错技术分成三种主要的类别,即故障检测、屏蔽(静态余度)和动态余度。

1) 故障检测在发生故障时给出一个警告而不是容错,因为它不能容忍这些故障。

2) 屏蔽能容忍故障,但不给出故障警告。屏蔽多用于纠错码存储器或数表决系统中。

3) 动态余度包括其配置的可随故障动态改变的系统或自身中的屏蔽可作联机修复的系统。

(3) **容错设计的主要方法**　容错设计通常和余度设计密不可分,在容错设计中,经常需要利用余度提供抵消故障效应所需的信息。现代复杂系统经常采用余度技术以提高系统的可靠性和容错能力,基于余度设计的容错设计方法有基于硬件结构的设计方法和基于解析余度的设计方法两种。

1) 基于硬件结构的设计方法。基于硬件结构的容错设计过程中,其硬件结构分硬件冗余和智能结构两种。硬件冗余对系统中的主要部件或易发生故障的部件提供备份;智能结构对故障具有自诊断、自适应和自修复功能。

硬件冗余又分静态硬件冗余和动态硬件冗余两种。静态硬件冗余,例如,设置三个模块执行同一项任务,把它们的处理结果按多数原则做出判决;动态硬件冗余,例如,某在干预范围内的装置发生故障,就将备用装置切换上去,用完好部件代替故障部件,以保证系统继续正常工作。还可以采用双重或者多重备份的办法提高系统的可靠性。

智能结构犹如生物器官,具有感知周围环境变化并针对这种变化做出相应反应的能力。例如,当环境温度发生变化使结构发生变形时,智能结构能够感知这种变化,并可通过调节机制使温度变化所产生的变形消失,以补偿温度变化对故障的影响。

2) 基于解析余度的设计方法。在早期的设计方法中,容错设计主要采用硬件余度技术,这是建立在多通道基础之上的。硬件余度结构不仅使得系统的结构复杂、重量增加和成本提高,还增加了系统的故障率和其他诸多问题。在可靠性要求较高而且需要的部件余度等级较高的情况下,可以引入解析信号作为解析余度来代替部分硬件余度,构成混合余度配置结构,或者直接应用解析余度信号代替硬件余度,在减轻系统重量和费用的同时达到和硬件余度相同的功能。

解析余度就是在动态系统中建立系统的解析模型,根据作为系统被控对象的数学模型所揭示的各个变量之间的解析关系,估计对象的某些变量的值。当一些变量发生变化时,用这些估计值作为余度信息,并且运用一些有效的算法检测出这些发生故障的对象,从而进行故障隔离,提高系统的可靠性。

(4) 容错技术的实现方法 常用的容错技术的实现方法有信息容错、时间容错、结构(硬件)容错和软件容错。

1) 信息容错。信息容错是为了检测或纠正信息在运算或传输中的错误为目的而外加的一部分信息。在通信和计算机系统中,信息常以编码的形式出现。采用奇偶码、定重码、循环码等就可以发现甚至纠正这些错误。为了达到此目的,这些码(统称误差校正码)的码长远远超过不考虑误差校正时的码长,增加了计算量和信道占用的时间。

2) 时间容错。时间容错是以牺牲时间来换取计算系统的高可靠性的一种手段。通常为了诊断系统是否出故障,让系统重新执行某一段程序或者指令,即用时间的冗余进行故障诊断,然后根据出错的位置加以纠错而达到容错的目的。

3) 结构(硬件)容错。目前数字系统中广泛利用硬件余度进行数字系统的故障检测与诊断,同时利用硬件冗余实现容错,这是由于近几年数字电路的集成化程序提高,硬件的体积、重量、性能及成本大幅度下降,同时技术上利用硬件冗余实现容错较简单可靠,所以应用十分广泛。

4) 软件容错。软件容错技术是软件工程可靠性的重要课题,软件容错是增加程序以提高软件可靠性的一种手段。通常采用的手段有增加用于测试检错或诊断的外加程序;用于计算机系统自动重组、降级运行的外加程序;一个程序用不同的语言或途径独立编写;按一定方式将执行结果分阶段进行表决,然后用静态余度方式,或采用恢复块的动态余度方式来诊断软件的故障并隔离故障的软件,从而达到软件容错的目的。

5) 故障检测与诊断。故障检测与诊断是容错技术中的主要内容,容错技术要求当系统一旦出现故障时应能立即报警,及时做出决策,并采取措施以保证系统的正常运行。当系统内发生故障时能自动发现故障,并确定出故障的部位、类型、大小,同时自动地隔离故障,是故障检测和诊断的目的。故障检测与诊断的成功与否直接影响系统的容错能力,也就是可靠性。在容错系统中故障检测与诊断应满足以下要求:

● 在系统所处的各种工作方式和状态下,均能自动地可靠地进行检测,并能指示出系统在各种工作方式下是处于正常工作还是发生故障,或直接指示故障的位置。

- 能够检测、诊断和显示95%以上的系统故障，并能把其中90%以上的故障定位到单元或组件。
- 故障检测诊断装置的故障直接影响系统的可靠性，因此要求该部分的故障率不超过系统故障的50%。
- 错误告警率（包括漏诊率和虚警率）应小于5%。

当然，以上对故障检测与诊断的基本要求也应根据实际工作对系统可靠性的要求以及实际的技术水平来确定。

系统故障检测和诊断的方法有很多种，主要是利用现代控制理论、信息处理技术、冗余资源以及与计算机相结合的方法。同时，要求容错系统具有一定的故障检测、诊断和隔离能力。

（5）**决策过程** 系统的决策目的在于针对故障的部件、类型和大小采取相应的容错处理。在检测与诊断出系统的故障后立即决策出处理故障的方案并付诸实现。例如，在故障存在的情况下采用降低系统性能，保证系统可靠性在所允许的一定范围之内，或隔离故障部分并重新组织系统的结构，使之能完成系统的功能，这种结构的重组有可能简单到从已计算出的表中读出一组新的信息，也有可能复杂到再设计一个新的系统。这两种处理方案在技术上都有一定的难度，但在计算机技术发展的今天是可望实现的。目前，广泛采用的处理方案多是通过冗余资源来置换故障的单元，使系统继续正常工作而不降低系统性能。

故障检测与识别包括两部分内容：余差的产生和决策。利用各传感器的输出比较以及故障检测滤波器，可以得到动态系统的余差信号，在提取余差信号时要设法增强故障对余差的效应。余差产生基于对系统正常状态下性能的认识，余差产生的方法复杂性差异很大，设计FDI时首先应考虑检测过程的性能，这包括检测故障的及时性和正确性，具有最小的时间延迟和最小的虚警率，检测性能对模型误差和不确定部分的敏感度最小，即检测具有强的鲁棒性，等等。因此，上述设计问题往往导致复杂的数学问题在实际中难以解决。

决策过程包括决策函数的计算和决策规则。决策过程可以是简单的对余差瞬时值或移动平均值的门限测试，也可以根据统计决策理论进行。

对于可靠性和安全性要求高的系统（如航空系统），监控检测已经作为整个控制系统的一个组成部分，比较监控已大量应用于这些控制系统中，自监控的进一步发展也为控制系统的故障检测、诊断决策、故障隔离与重构提供更为广阔的途径。

（6）**容错设计的基本步骤** 实施容错设计的前提是特定的故障是可识别的。这种识别特定故障的能力，可通过可靠性分析与试验工作相结合来实现。容错设计也是一个迭代过程，其流程如图10-12所示。

（7）**注意事项** 容错设计的最终目的是达到对故障的"容忍"，以使系统即使出现"故障"，也不会发生导致功能丧失的"失效"行为。在容错设计过程中，应注意以下3个方面的内容。

1）容错设计与余度设计的区别。余度设计通过增加通道，并辅助以合理的故障诊断隔离手段，可以提高系统的容错能力。容错能力在很大程度上通过冗余实现，对冗余方式的选取是容错设计首先需要考虑的问题。但两者具有概念上的根本区别，余度水平高的系统并不一定具有高的容错能力。

第 10 章 可靠性设计与分析

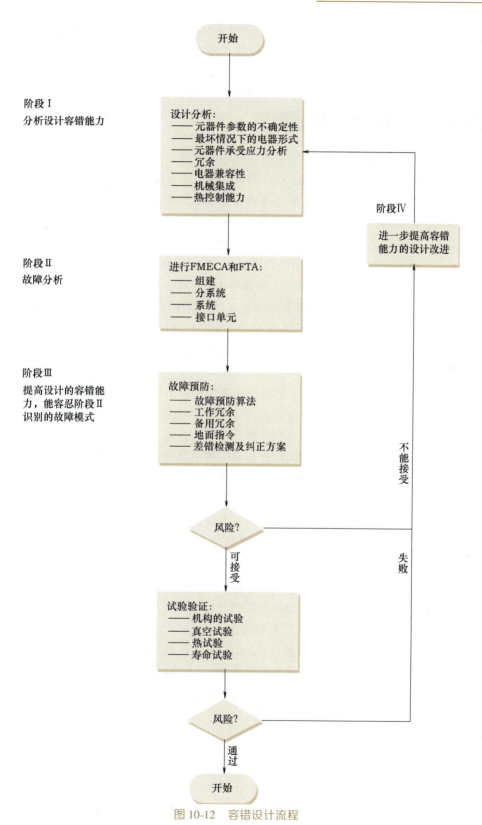

图 10-12 容错设计流程

2）容错设计前要对系统容许故障的类型进行全面的分析，确定故障原因、故障模式、故障类型等，容错设计不可能实现对未覆盖故障的"容忍"。

3）容错设计时，通常是多种实现方法综合使用，以达到最优的容错能力。

10.3 可靠性分析方法

保障产品可靠性要从设计开始。为保障设计的可靠性，就要对系统的设计方案进行可靠性分析。系统可靠性分析是利用归纳、演绎的方法对系统可能发生的故障进行研究，研究故障的原因、后果和影响及危害程度，确定薄弱环节，并预测系统的可靠性，从而为系统设计提供改进建议。常用的分析方法有故障模式及影响分析（FMEA），以及故障模式、故障影响及危害性分析（FMECA）和故障树分析（FTA）。

故障模式、故障影响及危害性分析（Failure Mode, Effect and Criticality Analysis, FMECA）方法，如果不作危害性分析，则称为故障模式及影响分析（Failure Mode and Effect Analysis, FMEA）。因此，故障模式、故障影响及危害性分析法可分为两步，即故障模式及影响分析（FMEA）和危害性分析（CA），合起来称为 FMECA。FMECA 是 FMECA 的发展。一般来说，FMECA 只能进行定性分析，而 FMECA 可以进行定量分析。

FMECA 方法是自底向上的分析方法，属于归纳分析法，先确定系统可能出现故障的一切方式，并确定这种故障对系统的影响。它是面向系统的各个组成部分的分析方法，即从最基本的零部件故障分析到整个系统的故障分析，是一种从原因到后果的分析方法。故障树分析（Fault Tree Analysis，FTA）是自顶向下的一种分析方法，属于演绎分析法。它是先假设系统出现故障，并分析出现故障的可能原因，它是面向整个系统的分析方法，即从最终出现故障的事件分析到各个基本的零部件的故障，是一种从后果到原因的分析方法。

进行 FMECA 分析时，不应漏掉任何一种可能的故障模式。对于新研究设计的产品，原则上要普遍分析每一个组成部分可能发生的故障对系统的影响。因此，在产品设计过程中，总是先进行 FMECA 分析，它适合于分析单个零部件的故障情况。根据 FMECA 的分析结果，可以确定一切灾难性和严重性的系统故障事件。FTA 是一种逻辑图解法，直观地确定故障组合和传递的逻辑关系，便于分析多重故障。一般对于复杂的系统的分析都是根据 FMECA 的分析结果，选取一切重要的系统故障事件进行故障树分析。因此，故障模式、故障影响及危害性分析（FMECA）和故障树分析（FTA）是相辅相成的。

故障模式、故障影响及危害性分析（FMECA），是在系统设计过程中，通过对系统各组成单元潜在的各种故障模式及其对系统功能的影响，与产生后果的危害程度进行分析，提出可能采取的预防改进措施，以提高系统可靠性的一种设计分析方法。

10.3.1 故障模式影响及分析

1. FMEA 实施的步骤

进行 FMEA 分析时的基本步骤如下：

1）根据设计文件，弄清所有零部件、接口的工作参数及其功能，从各方面全面确定产品的定义，并按重要度递减的原则分别考虑产品的每一种工作模式（即工作状态）。

2）针对每一种工作模式分别画出系统的功能原理图和可靠性框图。

3）确定分析的范围，列出每一个部件、零件与接口明显和潜在的故障模式、发生的原因与影响。

4）按可能的最坏结果评定每一种故障模式的危害性级别。

5）研究检测每一种故障模式的方法。

6）针对各种故障模式，找出故障原因，提出可能的补救措施或预防措施。

7）提出修改设计或采取其他措施的建议，同时指出设计更改或其他措施对各方面的影响。

8）写出分析报告，总结设计上无法改正的问题，并说明预防故障或控制故障危险性的必要措施。

典型的 FMEA 分析的表格如表 10-2 所示。

表 10-2　典型的故障模式及影响分析（FMEA）表格

系统＿＿＿＿＿＿＿＿＿＿＿＿　　　　　日期＿＿＿＿＿＿＿＿＿＿

结构级别＿＿＿＿＿＿＿＿＿＿　　　　　共＿＿＿＿页第＿＿＿＿页

参考图样＿＿＿＿＿＿＿＿＿＿　　　　　制表＿＿＿＿＿＿＿＿＿＿

规定功能＿＿＿＿＿＿＿＿＿＿　　　　　批准＿＿＿＿＿＿＿＿＿＿

序号	项目/功能名称	功能	故障模式与原因	任务阶段工作模式	故障影响			故障检测方法	补救措施	危害性级别	备注
					局部影响	对上一级	最终影响				

2. FMEA 的用途

FMEA 分析每一个的所有故障模式，用于单一故障分析，采用归纳方法进行分析。该方法只能进行定性分析，但由于 FMEA 分析法容易掌握，因此被广泛接受，已经标准化。其缺点是只能分析硬件，花费时间较多，经常不能考虑故障与人为因素的关系。

在设计管理上，FMEA 的用途有如下几种：

1）在建立系统可靠性模型时要与 FMEA 相结合，FMEA 与产品和线路应力分析相结合，是可靠性预测、分配和评定时的一项原始资料。

2）在系统设计方案对比选择中，FMEA 是评定设计方案的一种手段。为了指定满足产品目的要求而最可靠的设计方案需要修改设计时，FMEA 是修改设计的依据。

3）在设计评审、质量复查和事故预测等活动中，FMEA 是依据和证明，也是评审和复查的对象。

FMEA 在其他方面的用途如下：

1）在安排测试点、制造和质量控制，实验计划和其他有关工作汇总时作为一种依据

（判别标准）。

2）FMEA 的主要作用在于预防故障，但它在实验、测试和试验中又是一种有效的故障诊断工具；为制定故障检测程序和设计内部诊断装置建立基础。

3）与试验结果和产品故障报告一起，对可靠性验证结果进行定性评定。

4）是故障危害性分析之前的第一步，是进行可维修性分析、事故预测分析的原始资料。

10.3.2 故障模式、故障影响及危害性分析（FMECA）

故障模式、故障影响及危害性分析（FMECA）包括故障模式及影响分析（FMEA）和危害性分析（CA），目的在于查明一切可能的故障模式，重点在于查明一切灾难性和严重性的故障模式，以便通过修改设计或采取某种补救和预防措施，消除或减轻其影响的危害性，最终目的是提高系统的可靠性和可维修性。前面已讨论了故障模式及影响分析（FMEA），现在讨论故障的危害性分析。

对于一种故障模式，在某一危害度级别下，危害度数字为：

危害度数字 = 故障模式故障率 × 故障影响发生概率 × 工作时间（或工作次数）

危害度分析的目的是按照危害性级别及危害度数字或故障发生时间的联合影响来对 FMEA 所确定的每一种故障模式进行分级。

危害度分析有定性分析和定量分析两种。计算危害度数字时为定量分析，评定发生的概率时为定性分析。

1. 故障的危害性级别

为了定量量度由于设计上的错误或产品故障而造成的最坏潜在影响，规定一个危害性级别，一般分为 4 类。

Ⅰ类——灾难性故障：它是一种会造成操作人员死亡或使系统毁坏的故障。

Ⅱ类——致命性故障：它是一种导致人员严重受伤，器材或系统严重损坏，从而任务失败的故障。

Ⅲ类——严重故障：它将使人员轻度受伤，器材及系统轻度损坏，从而导致系统不工作。

Ⅳ类——轻度故障：其严重程度不足以造成人员受伤、器材或系统损坏，但这些损坏会导致非计划性维修。

2. FMECA 的定性分析

当得不到零部件结构的故障率时，用故障模式出现的概率等级做定性分析。一般可分为 5 个等级来评定故障发生的概率。

A 级——经常发生的故障模式：产品在工作期间发生故障的概率很高，单一故障模式发生概率大于整个系统总故障概率的 20%。

B 级——极普通的故障模式：产品在工作期间出现故障的概率为中等，单一故障模式概率大于整个系统总故障概率的 10%，但小于 20%。

C 级——偶然发生的故障模式：产品在工作期间出现故障的概率是偶然的，单一故障模式概率大于整个系统总故障概率的 1%，但小于 10%。

D 级——很少发生的故障模式：产品在工作期间出现故障的概率是很小的，单一故障模式概率大于整个系统总故障概率的 0.1%，但小于 1%。

E 级——极少发生的故障模式：产品在工作期间出现故障的概率接近于零，单一故障模式概率小于整个系统总故障概率的 0.1%。

根据故障的严重性级别和故障模式的概率等级综合考虑，可对系统的危害度分级如下。

1 级——I_A。

2 级——I_B，II_A。

3 级——I_C，II_B，III_A。

4 级——I_D，II_C，III_B，IV_A，III_E，I_E，II_D，III_C，IV_B，IV_D，IV_E，II_E，III_D，IV_C。

式中，I_A 的含义是严重度为 I 类且故障模式的概率等级为 A 级，其余类推。

3. FMECA 的定量分析

FMECA 分析法的定量分析可从 3 个方面进行，即通过计算故障后果概率、故障模式危害度数字和产品危害度数字来定量分析系统的可靠性。

（1）**故障后果概率** 故障后果概率 β，或称为损失概率，是一种工程判断，是当故障模式发生时由故障后果造成危害性级别的条件概率。β 值与故障后果之间的关系如表 10-3 所示。

表 10-3 β 值与故障后果之间的关系

故障后果	β 值
必然损失	1.00
可能损失	0.10～1.00
很少损失	0～0.10
无影响	0

（2）**故障模式危害度数字 C_m** 故障模式危害度数字 C_m 是在一种危害度级别下由故障模式之一所占危害度数字的份额，其表示为：

$$C_m = \beta \alpha \lambda_p t$$

式中，C_m 为故障模式危害度数字；β 为工作任务失败的条件概率（即故障后果概率）；α 为故障模式相对频率；λ_p 为元件的故障率；t 为某任务阶段内的工作时间，常以小时或工作次数表示。

（3）**系统或产品危害度数字 C_r** 一个系统的危害度数字是在某一任务阶段内，同一危害度级别下各故障模式危害度数字 C_m 之和，用 C_r 表示如下：

$$C_r = \sum_{i=1}^{n} (\beta \alpha \lambda_p t)_i$$

式中，C_r 表示系统危害度数字；i 表示属于某一危害度的故障模式数；n 表示系统在该危害度下的最后一个故障模式。

10.3.3 主要分析方法介绍

1. 故障树分析

（1）**故障树分析概述** 故障树分析法（Fault Tree Analysis，FTA）也称为失效树分析法，故障树分析法研究的是引起整个系统出现故障这一事件的各种直接的和间接的原因（这些原因也是事件），在这些事件间建立相应的逻辑关系，从而确定系统出现故障原因的可能组合方式及其发生的概率。它是一种可靠性、安全性分析和预测的方法。

国家标准 GB/T 3187—1994 对故障树分析法的定义是"在系统设计过程中，通过对可能造成系统失效的各种因素（包括硬件、软件、环境、人为因素）进行分析，画出逻辑框图（即故障树），从而确定系统失效原因的各种可能组合方式或其发生概率，以计算系统失效概率，采取相应的纠正措施，以提高系统可靠性的一种设计分析方法。"

在故障树分析中，把系统的各种故障状态都称为故障事件，各种完好状态称为成功事件。故障事件和成功事件均简称为事件，用特定的事件符号表示系统中的各种事件。故障树分析中用逻辑门描述各个事件时间的逻辑因果关系，而转移符号是为了避免画故障逻辑树时重复和使树形结构图简明而设置的符号。

故障树分析法以系统不希望发生的事件（即顶事件）作为分析的开始目标，然后在整个系统中追查这个事件，以发现基本原因。先找出导致顶事件发生的所有直接因素和可能的原因；然后将这些直接因素和可能的原因作为第二级事件（即中间事件），再往下找出造成第二级事件发生的全部直接因素和可能原因，并依次逐级类推找下去，直到追查到最基本的事件（即底事件）。用相应的符号表示顶事件、中间事件和底事件，并用逻辑门符号把这些事件连接成倒立树状图形表示出来，从而找出系统内可能存在的元件故障、环境影响、人为失误、程序处理等方面的因素（这些因素即为最基本的底事件）与系统出现故障（即顶事件）之间的逻辑关系。根据故障树之间的逻辑关系，就可定性分析和定量计算各个底事件对顶事件的影响情况。

故障树分析法的一般步骤为：①选择和确定顶事件。②自上而下建造故障树。③建立故障树的数学模型。④根据故障树对系统进行可靠性的定性分析。⑤根据故障树对系统进行可靠性的定量计算。

（2）故障树中的符号　故障树中常常使用的符号有 3 类：事件符号、逻辑门符号和转移符号，分别如图 10-13、图 10-14 和图 10-15 所示。

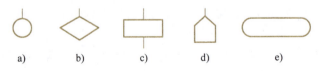

图 10-13　常用的事件符号

a) 基本事件　b) 未探明事件　c) 结果事件　d) 开关事件　e) 特殊事件

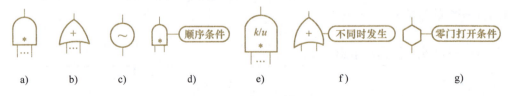

图 10-14　常用的逻辑门符号

a) 与门　b) 或门　c) 非门　d) 顺序与门　e) 表决与门　f) 异或门　g) 禁门

1) 事件符号主要包括以下各类：

底事件包含基本事件和未探明事件。基本事件是指在特定的故障树分析中无须探明其发生原因的底事件或基本故障事件（如基本的零部件失效、人为因素或环境因素），它是导致其他事件发生的原因事件，位于故障树的底端，是逻辑门的输入事件而不是输出事件。未探明事件是指原则上应进一步探明其原因但暂时不必或暂时不能探明其原因的底事件，位于故障树的底端，其发生的概率较小。

图 10-15　常用的转移符号

a）相同转向　b）相同转此
c）相似转向　d）相似转此

结果事件包含顶事件和中间事件。结果事件是由其他事件或事件组合所导致的事件，分为顶事件和中间事件。顶事件总是位于某个逻辑门的输出端，而不是输入端；中间事件是位于顶事件和底事件之间的结果事件，它既是某个逻辑门的输出，同时又是别的门的输入事件。

特殊事件包含开关事件和条件事件。开关事件是指在正常工作条件下必然发生或必然不发生的特殊事件，即可能发生，也可能不发生的事件。条件事件是描述逻辑门起作用的具体限制的特殊事件。

2) 逻辑门符号主要包括以下各类：

与门：与门是指只有所有输入事件全部同时发生时，输出事件才会发生。

或门：或门是指输入事件中至少有一个事件发生时，输出事件才会发生。

非门：非门表示输出事件是输入事件的对立事件。

顺序与门：顺序与门是指在与门的输入事件中，按规定的顺序发生时，输出事件才会发生。

表决与门：表决与门是指在 n 输入事件中，有 k 或 k 以上事件发生时，输出事件才会发生。

异或门：异或门是指在输入事件中，仅当一个输入时间发生时，输出事件才发生。

禁门：禁门是指只有当条件事件发生时，输入事件的发生才会使输出事件发生，否则即使输入事件发生也不会使输出事件发生。

3) 转移符号主要包括以下各类：

相同转移是将故障树的某一完整部分（即子树）转移到另一处复用，用以指明子树的位置。说明在这个位置上的子树与另一个子树完全相同，以减少重复和简化故障树。转向符号表示转到以字母数字为代号所指的子树去；转此符号表示由具有相同字母数字的转向符号转到这里来。

相似转移，包含相似转向和相似转此。用以指明形似子树的位置，说明在这个位置上的子树与另一个子树相似，但事件标号不同。

(3) **故障树的建立**　建树工作在整个故障树分析过程中，直接关系到定性分析和定量计算结果的准确性，是故障树分析的关键。建树之前应对所分析的系统进行深入的分析，了解系统及其组成部分产生故障的原因、后果以及各种影响因素。一个复杂系统的建树过程需要多次反复，逐步深入和逐步完善，发现系统的薄弱环节，采取改进措施，以提高系统的可靠性。

故障树的建树方法可以分为人工建树和计算机辅助建树。人工建树采用演绎法进行，计算机辅助建树采用合成法和决策表法进行。人工建树从顶事件开始，由上而下，逐级追查事件的原因，直到找出全部底事件。人工建树主要有以下两个步骤。

1）选择和确定顶事件。通常选定最不希望发生的系统故障事件作为故障树分析的顶事件。系统中出现的任何故障，只要它有明确的定义并可以分解为基本的底事件，都可以作为故障树分析中的顶事件。因此，顶事件不是唯一的。

2）建造故障树。确定顶事件后，将其作为故障树分析的起始端，找出导致顶事件的所有可能的直接原因，作为第一级中间事件。将这些事件用相应的事件符号表示，将这些事件和上一级事件（此处为顶事件）用适合于它们之间逻辑关系的逻辑门连接。依次类推，逐级追查，直到找出引起系统故障的全部原因，作为故障树的底事件，完成故障树的建立。

(4) **故障树的定性分析**　故障树分析方法中定性分析是找寻导致顶事件发生的所有可能的故障模式，也就是找出所有导致顶事件发生的最小割集。

割集是一些能使事件发生的底事件的集合。当这些底事件同时发生时顶事件必然发生。系统故障树的一个割集，代表该系统发生故障的一种可能性，即指一种故障模式。

最小割集是指如果割集中的任一底事件不发生时，顶事件也不发生，这样的割集称为最小割集。系统故障树的全部最小割集的集合代表了顶事件发生的所有可能性。最小割集指出了处于故障状态的系统所必须修理的基本故障，指出了系统的最薄弱环节。组成最小割集的底事件个数称为最小割集的阶。阶数愈小，愈容易出故障，最低阶的最小割集是最容易出故障的薄弱环节。

如图 10-16 所示的故障树，若将各底事件分别用 β_1，β_2，β_3，β_4，β_5 表示，则该故障树的割集为：$\{\beta_1\}$，$\{\beta_2\}$，$\{\beta_3,\beta_4,\beta_5\}$，$\{\beta_1,\beta_2\}$，$\{\beta_1,\beta_2,\beta_3\}$，…，$\{\beta_1,\beta_2,\beta_3,\beta_4,\beta_5\}$。最小割集只有：$\{\beta_1\}$，$\{\beta_2\}$ 和 $\{\beta_3,\beta_4,\beta_5\}$，就说明导致该系统出现故障只有这 3 种可能的形式。该最小割集中，$\{\beta_1\}$ 和 $\{\beta_2\}$ 为一阶割集，$\{\beta_3,\beta_4,\beta_5\}$ 为三阶割集。

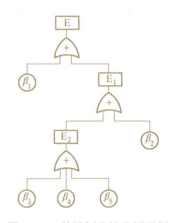

图 10-16　故障树定性分析示例

(5) **故障树的定量分析**　故障树定量计算是利用故障树作为计算模型，在确定各底事件的故障模式和分布参数或故障概率值的情况下，按故障树的逻辑结构逐步向上运算，计算出系统顶事件发生的概率，从而对系统的可靠性、安全性和风险做出评估。

定量分析计算中最常用的方法是直接概率法。该方法的前提：假定所有底事件相互独立，并且同一底事件在故障树中只能出现一次。在此前提下把故障树的或门相当于可靠性框图中的串联模型，与门相当于并联模型，这样按故障树的逻辑结构逐级向上，计算系统顶事件发生的概率。

2. 电路容差分析

容差分析是预测电路性能参数稳定性的一种分析技术，研究电子元器件和电路在规定的使用条件范围内，电路组成部分参数的容差对电路性能容差的影响。进行容差分析的目的，就是为了保证电子产品在未来使用环境条件下，电路各组成部分的参数变化对性能稳定性的影响控制在允许范围内，能够满足设计要求，避免电路参数的变化导致产品不能正常工作，并据此对电路组成部分参数容差进行修正。

电路容差分析一般在做过 FMEA 之后进行，最佳时机应在电路初步设计完成，获得设计、材料、元器件等方面详细信息后进行。随着研制过程的深入，电路修改后应再进行容差分析。

进行容差分析的待分析电路要根据任务的重要性、经费与进度的限制条件以及 FMEA 或其他分析结果来确定各研制阶段需要进行容差分析的关键电路，主要有以下几种电路：

1）严重影响产品安全性的电路。
2）严重影响任务完成的电路。
3）昂贵的电路。
4）采购或制作困难的电路。
5）需要特殊保护的电路。

例如，空空导弹系统中的引信信号处理电路、舵机控制电路、导引头前置放大电路等。

复杂电路的容差分析计算量非常大，难以用手工计算的方法完成，一般应通过计算机进行。目前很多电子设计自动化（Electronic Design Automatic，EDA）软件都具有仿真计算和容差分析功能，如 MEN-TOR、SABER、CADENCE 等。MEN-TOR、CADENCE 适用于电路仿真，SABER 可用于对电、机械、液压及其他工程系统组成的混合信号系统进行综合仿真。

目前，常用的电路容差分析方法有试验法、阶矩法等，下面将介绍这些方法。

（1）**试验法**　试验法是在实际电路板上改变电路的元器件参数和输入量，测量实际的输出性能。试验前应制定试验方案，规定试验条件，可通过改变下列（选择有关的）试验条件进行试验。

1）改变试验温度（最低工作温度、最高工作温度）。
2）改变电源参数（电压及频率的上下限）。
3）改变关键元器件参数（容差上下限）。
4）改变输入信号参数（电压、幅频特性、阻抗的上下限）。
5）改变负载阻抗（阻抗的上下限）。

试验时在电路板元器件的连接节点及电路输入输出节点上检测有关电参数，观察容差和寄生参数对电路输出特性的影响。为了合理地组合试验条件、减少试验次数和试验费用，可利用正交试验方法，进行有代表性的 N 次组合试验，通过检测得到的 N 次数据来评估试验的结果。

试验法只用在不太复杂、进度和经费较充裕、性能可靠性要求很高的关键电路，也可与其他容差分析方法结合进行，对其他分析方法的结果进行验证。

（2）**阶矩法**　阶矩法是一种解析计算方法。该方法基于电路的数学模型，根据电路组成部分参数的均值和方差，求出电路性能参数的均值和方差。该方法计算简单快速，适用于可建立数学模型的小型电路。对于较为复杂且非线性较强的电路，可能会带来较大的误差。

该方法需要建立电路组成部分参数和电路性能参数之间的数学模型，根据数学模型推导出电路组成部分参数均值与方差和电路性能参数均值与方差之间的关系式，并据此进行偏差计算。

阶矩法进行电路容差分析的实施步骤如下：

1）确定电路组成部分参数的均值和方差。
2）推导出电路性能参数均值和方差的近似计算公式。

3）根据近似计算公式计算出电路性能参数的均值和方差。

4）根据容许偏差要求和正态分布假设，计算出电路性能参数在偏差容许范围内的出现概率，或者根据方差估计性能参数的偏差范围。

复习思考题

1. 什么是质量可靠性？简述可靠性要求。
2. 简述可靠性的设计分析流程。
3. 什么是可靠性建模？可靠性建模的目的和用途是什么？
4. 可靠性建模有哪些方法？各方法都适用于什么情况？
5. 什么是可靠性预计？可靠性预计的目的和用途有哪些？
6. 可靠性预计有哪些方法？都适用于什么情况？
7. 简述可靠性设计及其设计准则。
8. 可靠性设计方法有哪些？
9. 简述故障模式分析方法及其应用情况。
10. 结合现实中的事例简述可靠性技术的重要性。

案例分析题

可靠性——制造业发展的必经之路

改革开放以来，中国制造业发展迅速，规模已跃居世界第一位。目前，我国虽然已建立起门类齐全、独立完整的制造体系，却仍称不上是制造业强国。原因在于我国产品的质量与世界领先水平相比存在较大的差距，具体表现在我国制造产品的可靠性较低。例如，我国客车首次故障里程一般为 1000~5000km，而国际先进水平是 16000~20000km。现如今，竞争异常激烈，企业只有不断提高经营绩效，才能生存与发展。有效的质量管理方法是决定企业能否满足顾客需求、在激烈竞争中生存并发展的关键因素。国内越来越多的公司意识到可靠性的重要性所在，并着重于可靠性工作，且取得了突出成绩。

上海日用—友捷汽车电气有限公司是我国知名的汽车散热风扇总成生产基地，已经连续多年在国内市场占有份额保持第一位。该公司之所以取得长足的发展，主要源于其抓住了质量管理这个"牛鼻子"，把可靠性管理作为质量管理的抓手和中心环节，坚持不懈近30年。主要表现在以下几个方面：

1. 转变观念，提高认识

公司经营者认识到有效的质量管理方法在当今市场竞争中对企业的生存至关重要，它是决定企业能否满足顾客需求的关键因素，而可靠性工程是实现这个目标的很好的载体。产品的可靠性不是算出来的，也不是试出来的，而是设计出来、制造出来和管理出来的，是在产品的全生命周期中坚持与缺陷和故障斗争出来的。因此，公司经营者注重抓好产品设计的源头，强调预防为主，事先控制，即产品的"优生、优育"，在这方面建立了一套可靠性流程。此外，公司多年来把销售收入的4%~5%用于研究开发，用在可靠性的设计、验证及增长试验上。

2. 设计创新满足用户需求

可靠性强调一定要以用户为中心，最大限度地满足顾客现在的和潜在的需求。公司以顾客关注点为切入点，从顾客和售后反馈中收集信息。并采用FTA、QFD、FMEA、故障模拟再现试验等方法，抓住可靠性设计的关键环节，进行全新的设计，提高设计产品的可靠性。新设计的产品在降低了能耗和噪音的同时，提供了更好的冷却效果。

随着人们对汽车舒适指标的不断追求，对噪声、振动、抗无线电性能等指标要求也越来越高，该公司率先进行产品开发流程规范化、高效化、高质化的探索，以求缩短产品设计周期并轻松控制设计变更。

3. 精益生产促使可靠性价值延伸

公司注重工艺设计源头、质量控制过程，使其现场质量可靠性控制活动始终处于一个不断提高的良性循环之中。着眼于提高人的工作绩效，防止人的失误，在尽可能使系统中人员处于安全、舒适的工作环境这一基本条件下，统一考虑人—机器—环境系统总体性能的优化。此外，注重建立群众性的可靠性制造平台，即以现场改善为主体，通过该平台使全员关注如何实现产品形成的可靠性。

30多年的可靠性工作，使该公司成为现在蜚声中外的小巨人。领导者对质量管理，对可靠性工作认识程度、能动程度和作用程度是决定企业可靠性工作成败的关键。

请根据案例回答下列问题

1. 试分析可靠性管理如何使公司在制造业中提升竞争力。
2. 如何开展可靠性工作，从而使国内的制造业实力增强？

（资料来源：《上海日用—友捷汽车电气有限公司：实施以可靠性管理为核心的企业管理》，百度文库，http://www.chinajx.com.cn/html/report/530052-1.htm）

视频思政案例

我们的征途——
国探月工程（1）

我们的征途——
国探月工程（2）

我们的征途——
国探月工程（3）

神舟一号返回舱

附录 标准正态分布表

$$\Phi(x)=\int_{-\infty}^{x}\frac{1}{\sqrt{2\pi}}e^{-\frac{x^2}{2}}dx$$

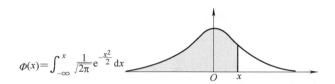

x	0.00	0.01	0.02	0.03	0.04	0.05	0.06	0.07	0.08	0.09	x
0.0	0.50000	0.50399	0.50798	0.51197	0.51595	0.51994	0.52392	0.52790	0.53188	0.53586	0.0
0.1	0.53983	0.54379	0.54776	0.55172	0.55567	0.55962	0.56356	0.56749	0.57142	0.57534	0.1
0.2	0.57926	0.58317	0.58706	0.59095	0.59183	0.59871	0.60257	0.60642	0.61026	0.61409	0.2
0.3	0.61791	0.62172	0.62551	0.62930	0.63307	0.63683	0.64058	0.64431	0.64803	0.65173	0.3
0.4	0.65542	0.65910	0.66276	0.66640	0.67003	0.67364	0.67724	0.68082	0.68438	0.68793	0.4
0.5	0.69146	0.69497	0.69847	0.70194	0.70540	0.70884	0.71226	0.71566	0.71904	0.72240	0.5
0.6	0.72575	0.72907	0.73237	0.73565	0.73891	0.74215	0.74537	0.74857	0.75175	0.75490	0.6
0.7	0.75803	0.76115	0.76424	0.76730	0.77035	0.77337	0.77637	0.77935	0.78230	0.78523	0.7
0.8	0.78814	0.79103	0.79389	0.79673	0.79954	0.80234	0.80510	0.80785	0.81057	0.81327	0.8
0.9	0.81594	0.81859	0.82121	0.82381	0.82639	0.82894	0.83147	0.83397	0.83646	0.83891	0.9
1.0	0.84134	0.84375	0.84613	0.84849	0.85083	0.85314	0.85543	0.85769	0.85993	0.86214	1.0
1.1	0.86433	0.86650	0.86864	0.87076	0.87285	0.87493	0.87697	0.87900	0.88100	0.88297	1.1
1.2	0.88493	0.88686	0.88877	0.89065	0.89251	0.89435	0.89616	0.89796	0.89973	0.90147	1.2
1.3	0.90320	0.90490	0.90658	0.90824	0.90988	0.91149	0.91308	0.91465	0.91621	0.91773	1.3
1.4	0.91924	0.92073	0.92219	0.92364	0.92506	0.92647	0.92785	0.92922	0.93056	0.93189	1.4
1.5	0.93319	0.93448	0.93574	0.93699	0.93822	0.93943	0.94062	0.94179	0.94295	0.94408	1.5
1.6	0.94520	0.94630	0.94738	0.94845	0.94950	0.95053	0.95154	0.95254	0.95352	0.95448	1.6
1.7	0.95543	0.95637	0.95728	0.95818	0.95907	0.95994	0.96080	0.96164	0.96246	0.96327	1.7
1.8	0.95407	0.96485	0.96562	0.96637	0.96711	0.96784	0.96856	0.96926	0.96995	0.97062	1.8
1.9	0.97128	0.97193	0.97257	0.97320	0.97381	0.97441	0.97500	0.97558	0.97615	0.97670	1.9
2.0	0.97725	0.97778	0.97831	0.97882	0.97932	0.97982	0.98030	0.98077	0.98124	0.98169	2.0
2.1	0.98214	0.98257	0.98300	0.98341	0.98382	0.98422	0.98461	0.98500	0.98537	0.98574	2.1
2.2	0.98610	0.98645	0.98679	0.98713	0.98745	0.98778	0.98809	0.98840	0.98870	0.98899	2.2
2.3	0.98928	0.98956	0.98983	0.99010	0.99036	0.99061	0.99086	0.99111	9.99134	0.99158	2.3
2.4	0.99180	0.99202	0.99224	0.99245	0.99266	0.99286	0.99305	0.99324	0.99343	0.99361	2.4
2.5	0.99379	0.99396	0.99413	0.99430	0.99446	0.99461	0.99477	0.99492	0.99506	0.99520	2.5
2.6	0.99534	0.99547	0.99560	0.99573	0.99585	0.99598	0.99609	0.99621	0.99632	0.99643	2.6
2.7	0.99653	0.99664	0.99674	0.99683	0.99693	0.99702	0.99711	0.99720	0.99728	0.99736	2.7
2.8	0.99744	0.99752	0.99760	0.99767	0.99774	0.99781	0.99788	0.99795	0.99801	0.99807	2.8
2.9	0.99813	0.99819	0.99825	0.99831	0.99836	0.99841	0.99846	0.99851	0.99856	0.99861	2.9
3.0	0.99865	0.99869	0.99874	0.99878	0.99882	0.99886	0.99899	0.99893	0.99897	0.99900	3.0
3.1	0.99903	0.99906	0.99910	0.99913	0.99916	0.99918	0.99921	0.99924	0.99926	0.99929	3.1
3.2	0.99931	0.99934	0.99936	0.99938	0.999940	0.99942	0.99944	0.99946	0.99948	0.99950	3.2
3.3	0.99952	0.99953	0.99955	0.99957	0.99958	0.99960	0.99961	0.99962	0.99964	0.99965	3.3
3.4	0.99966	0.99968	0.99969	0.99970	0.99971	0.99972	0.99973	0.99974	0.99975	0.99976	3.4
3.5	0.99977	0.99978	0.99978	0.99979	0.99980	0.99981	0.99981	0.99982	0.99983	0.99983	3.5
3.6	0.99984	0.99985	0.99985	0.99986	0.99986	0.99987	0.99987	0.99988	0.99988	0.99989	3.6
3.7	0.99989	0.99990	0.99990	0.99990	0.99991	0.99991	0.99992	0.99992	0.99992	0.99992	3.7
3.8	0.99993	0.99993	0.99993	0.99994	0.99994	0.99994	0.99994	0.99995	0.99995	0.99995	3.8
3.9	0.99995	0.99995	0.99996	0.99996	0.99996	0.99996	0.99996	0.99996	0.99997	0.99997	3.9

参考文献

[1] 苏秦. 现代质量管理学 [M]. 2版. 北京：清华大学出版社，2013.

[2] 苏秦. 质量管理 [M]. 北京：中国人民大学出版社，2011.

[3] Madnick, Wang, Lee, Zhu. Overview and Framework for Data and Information Quality Reasearch [J]. ACM Journal of Data and Information Quality, 2009（2）：1-19.

[4] 王军玲，李华，王强. ISO 8000 数据质量系列标准探析 [J]. 标准科学，2010（12）：44-46.

[5] 孟小峰，慈祥. 大数据管理：概念、技术与挑战 [J]. 计算机研究与发展，2013，50（1）：146-149.

[6] 陈明奇，姜禾，张娟，等. 大数据时代的美国信息网络安全新战略分析 [J]. 信息网络安全，2012（8）：32-35.

[7] Jeff Kelly. 解析大数据市场格局 [J]. 果苹，译. 通讯世界，2012（5）：34-37.

[8] 宋敏，覃正. 国外数据质量管理研究综述 [J]. 情报杂志，2007（2）：7-9.

[9] 宋立荣，李思经. 从数据质量到信息质量的发展 [J]. 情报科学，2010（2）：182-186.

[10] 韩京宇，徐立臻，董逸生，等. 国外数据质量管理研究综述 [J]. 计算机科学，2008（2）：1-5.

[11] 向上. 信息系统中的数据质量评价方法研究 [J]. 现代情报，2007（3）：67-69.

[12] Lee, Pipino, Funk, Wang. Journey to Data Qaulity [M]. Boston：The MIT Press，2005.

[13] 苏秦. 服务质量、关系质量与顾客满意——模型、方法及应用 [M]. 北京：科学出版社，2010.

[14] 韦福祥. 服务质量评价与管理 [M]. 北京：人民邮电出版社，2005.

[15] 于干千，秦德智. 服务管理 [M]. 昆明：云南大学出版社，2006.

[16] 韩经纶，董军. 顾客感知服务质量评价与管理 [M]. 天津：南开大学出版社，2006.

[17] 刘勇胜，杜志平，白晓娟. 供应链管理 [M]. 北京：北京大学出版社，2012.

[18] 贾平. 供应链管理 [M]. 北京：清华大学出版社，2011.

[19] 李开鹏. 全面质量管理在提升供应链质量水平中的应用 [J]. 质量与管理，2007（8）：64-66.

[20] 朱帮助，花均南，袁旭. ISO 9000 优化供应链管理的研究 [J]. 经济与管理科学，2002（12）：63-64.

[21] 常广庶. 基于 ISO 9000 的供应链采购管理 [J]. 中国物流与采购，2011（24）：60-61.

[22] 朱晓宁，李岭. 基于 ISO 9000 族标准的供应链质量管理实施框架 [J]. 商业研究，2009（2）：38-40.

[23] 李小东，陈远高，赵志强. 借鉴 ISO 9000 的管理思想精髓优化供应链管理 [J]. 管理工程学报，2003（17）：102-103.

[24] 蒲国利，苏秦，刘强. 一个新的学科方向——供应链质量管理研究综述 [J]. 科学学与科学技术管理，2011，32（10）：70-78.

[25] 周明，张昪，李勇，等. 供应链质量管理中的最优合同设计 [J]. 管理工程学报，2006（3）：120-122.

[26] 麻书城，唐晓青. 供应链质量管理特点及策略 [J]. 计算机集成制造系统，2001，7（9）：32-35.

[27] 朱曦，吴圣佳. 供应链环境下的质量管理探讨 [J]. 企业管理，2005（10）：201-203.

[28] 蒲国利，苏秦. 供应链管理和质量管理集成研究评述 [J]. 工业工程，2010（12）：115-124.

［29］祝雅辉．供应链管理的研究现状及发展方向［J］．昆明大学学报，2008（19）：40-43．

［30］刘恩辉．博弈论视角下的供应链质量管理研究［D］．无锡：江南大学，2010．

［31］查敦林．供应链绩效评价系统研究［D］．南京：南京航空航天大学，2003．

［32］张鑫．供应链质量管理［D］．北京：北京交通大学，2007．

［33］吴绮，许统邦．供应链质量管理——21世纪质量管理新思路［J］．中国质量，2001（12）：45-47．

［34］金国庆．供应链质量管理若干关键问题研究［D］．武汉：华中科技大学，2009．

［35］梅莉．供应链质量管理与企业绩效关系的实证研究［D］．西安：西安科技大学，2012．

［36］陈江宁．供应链质量管理与企业绩效间关系的实证研究［D］．上海：同济大学，2008．

［37］马帅旭．供应链质量过程评价及优化研究［D］．郑州：郑州大学，2012．

［38］李培敬．供应链质量绩效测评体系及实证研究［D］．郑州：郑州大学，2007．

［39］徐志涛．制造企业供应链质量管理与控制技术研究［D］．重庆：重庆大学，2008．

［40］曾声奎．可靠性设计与分析［M］．长沙：国防科技大学出版社，2011．

［41］刘晓论，柴邦衡．ISO 9001：2015质量管理体系文件［M］．2版．北京：机械工业出版社，2017．

［42］张勇，柴邦衡．ISO 9000质量管理体系［M］．3版．北京：机械工业出版社，2016．

［43］田园．SCP范式下中国电子商务行业发展现状分析［J］．商业研究，2015（6）：68-70．

［44］曹尔黎．第三方电子商务平台服务质量分析［J］．商业研究，2012（6）：213-216．

［45］邓之宏，郑伟亮，秦军昌．C2C电子商务服务质量评价实证研究——基于中国C2C市场的问卷调查［J］．图书情报工作，2015（7）：141-147．

［46］蒋媛媛．B2B、B2C和C2C电子商务物流的问题与对策研究［J］．商业经济研究，2018（5）：94-96．